Siegwalt Lindenfelser
Kreolsprache Unserdeutsch

Koloniale und Postkoloniale Linguistik
Colonial and Postcolonial Linguistics

Herausgegeben von Stefan Engelberg,
Peter Mühlhäusler, Doris Stolberg, Thomas Stolz
und Ingo H. Warnke

Band 17

Siegwalt Lindenfelser

Kreolsprache Unserdeutsch

Genese und Geschichte einer kolonialen Kontaktvarietät

DE GRUYTER

ISBN 978-3-11-111101-8
e-ISBN (PDF) 978-3-11-071406-7
e-ISBN (EPUB) 978-3-11-071411-1

Library of Congress Control Number: 2020949824

Bibliografische Information der Deutschen Nationalbibliothek
Die Deutsche Nationalbibliothek verzeichnet diese Publikation in der Deutschen Nationalbibliografie; detaillierte bibliografische Daten sind im Internet über http://dnb.dnb.de abrufbar.

© 2022 Walter de Gruyter GmbH, Berlin/Boston
Dieser Band ist text- und seitenidentisch mit der 2021 erschienenen gebundenen Ausgabe.
Druck und Bindung: CPI books GmbH, Leck

www.degruyter.com

"The world is evolving into a state of Creoleness. [...] A new humanity will gradually emerge which will have the same characteristics as our Creole humanity: all the complexity of Creoleness. The son or daughter of a German and a Haitian, born and living in Peking, will be torn between several languages, several histories, caught in the torrential ambiguity of a mosaic identity. To present creative death, one must perceive that identity in all its complexity. *He or she will be in the situation of a Creole.*"
(Bernabé et al. 1990: 902f., Hervorhebung im Original)

Danksagung

Ich danke allen Angehörigen der Unserdeutsch-Sprachgemeinschaft, den Vunapope mixed-race Germans aus Australien und Papua-Neuguinea, deren faszinierende Sprache ich im Rahmen der vorliegenden Dissertationsschrift, angenommen im Februar 2020 an der Universität Bern, untersuchen durfte. Mein besonderer Dank gilt dabei allen denen, die für Fragen und Datenerhebungen ihre Zeit zur Verfügung gestellt und ihre Kenntnisse und Lebensgeschichten mit mir und anderen geteilt haben. *Dankeshen fi ales, i wid ni fegesen du ale!*

Ermöglicht wurde die vorliegende Arbeit durch die finanzielle Förderung der Deutschen Forschungsgemeinschaft im Rahmen des DFG-Projekts „Unserdeutsch (Rabaul Creole German): Dokumentation einer stark gefährdeten Kreolsprache in Papua-Neuguinea".

Herzlich danken möchte ich den Hiltruper Missionaren und den Missionsschwestern vom Hlst. Herzen Jesu in Hiltrup-Münster, besonders Provinzial P. Martin Kleer MSC und Provinzoberin Sr. Irmgard Lahmann MSC für die freundliche Erlaubnis, Recherchen in den MSC-Ordensarchiven durchführen zu dürfen. Mein ebenso großer Dank gilt den ArchivarInnen der beiden Ordensarchive, Sabine Heise und Norbert Wenger, die mir bei meinen Recherchen mit großer Hilfsbereitschaft zur Seite standen und mir außerdem ZeitzeugInnen für Gespräche vermittelten. Diesen ZeitzeugInnen – Sr. Basilia MSC, Sr. Frederika MSC, Sr. Gerhildis MSC, P. Aloys Escher MSC – bin ich sehr dankbar für ihre Bereitschaft, mit mir über ihre vergangene Ordenstätigkeit in Vunapope zu sprechen. Mein gleicher Dank gilt Superior P. Meinhard Wittwer des MSC-Zentrums in Vunapope für die freundliche mehrtägige Aufnahme und die Möglichkeit, auch hier Recherchen im Provinzarchiv durchzuführen und mit Ordensangehörigen zu sprechen. Genauso danke ich der Erzdiözese Rabaul für die Genehmigung, vor Ort in ihrem Archivbestand zu recherchieren.

Mein Dank gilt auch den Projektverantwortlichen Péter Maitz und Werner König sowie Craig Volker. Craig Volker, dem das große Verdienst der ersten Beschreibung von Unserdeutsch zukommt, verdanke ich auch meine nötigen Sprachkenntnisse in Tok Pisin, der Nationalsprache Papua-Neuguineas. Ich danke vielen weiteren Personen, die ich aufgrund nicht zu erreichender Vollständigkeit hier nicht namentlich nenne, für ihre hilfreichen Anregungen und Ideen auf Konferenzen, bei Gastvorträgen und anderen Gelegenheiten.

Ganz besonders dankbar bin ich meinen beiden Gutachtern Fernando Zúñiga und Guido Seiler für ihre Hilfsbereitschaft und ihre wertvollen Anregungen zur weiteren Verbesserung der vorliegenden Arbeit. Für Korrekturanmerkungen und kritische Hinweise danke ich zudem herzlich Lena Schmidtkunz und Saskia

Grandel. Ich danke auch allen ehemaligen Hilfskräften, mit denen ich im Laufe dieses Projekts in Augsburg und in Bern eng zusammenarbeiten durfte, für die stets sehr angenehme, freundschaftliche Zusammenarbeit. Gleiches gilt für meine KollegInnen in Augsburg und in Bern, von denen ich hier namentlich noch einmal Lena Schmidtkunz danken möchte und auch Marc-Oliver Ubl, Sebastian Franz, Hümeyra Uzunkaya sowie Varinia Vogel. Sie alle haben zum erfolgreichen Abschluss dieser Arbeit maßgeblich beigetragen. Für die druckfertige Einrichtung des Manuskripts danke ich herzlich Cornelia Stroh.

Inhalt

Danksagung —— VII

Abbildungsverzeichnis —— XIII

Abkürzungsverzeichnis —— XV

1	**Einleitung: Ein Fenster schließt sich** —— **1**	
1.1	Steckbrief: Die Kreolsprache Unserdeutsch —— 1	
1.2	Relevanz für die Forschung —— 3	
1.3	Ziel, Methoden, Materialbasis —— 7	
1.4	Aufbau der Arbeit —— 9	
1.5	Forschungsstand —— 9	
2	**Sozialer und historischer Kontext** —— **14**	
2.1	Babel in den Tropen —— 14	
2.1.1	Heutige Gegebenheiten —— 14	
2.1.2	Damalige Gegebenheiten —— 15	
2.2	Die Kolonie Deutsch-Neuguinea und die Sprachenfrage —— 18	
2.3	Deus lo vult! —— 23	
2.3.1	Missionsarbeit in Deutsch-Neuguinea —— 23	
2.3.2	Die Herz-Jesu-Missionare (MSC) und ihr Weg nach Neubritannien —— 26	
2.4	Die Missionszentrale Vunapope —— 29	
2.4.1	Der florierende „Ort des Papstes" —— 29	
2.4.2	Das internationale Missionspersonal —— 30	
2.5	Die Evangelisierungspolitik der MSC —— 35	
2.5.1	Die Christianisierung indigener Kinder —— 36	
2.5.1.1	Das Grundkonzept —— 37	
2.5.1.2	Das Erziehungsprogramm —— 39	
2.5.1.3	Der Sprachunterricht —— 42	
2.5.2	Die Christianisierung nicht- und halbindigener Kinder —— 45	
2.5.2.1	Das Grundkonzept —— 45	
2.5.2.2	Das Erziehungsprogramm —— 47	
2.5.2.3	Der Sprachunterricht —— 52	
2.6	Der Missionsalltag der mixed-race Kinder —— 54	
2.6.1	Tagesablauf und Sprachen an der Mission —— 55	
2.6.2	Soziale Verhältnisse im Missionsalltag —— 60	

3	**Die Entstehung von Unserdeutsch —— 64**	
3.1	Die Sprachschöpfer und ihre Erwerbssituation —— 64	
3.1.1	Herkunft und soziale Umstände der Kinder —— 64	
3.1.1.1	Die Herkunft der Kinder —— 65	
3.1.1.2	Die sozialen Umstände der Kinder —— 66	
3.1.2	Das Sprachrepertoire der Kinder bei ihrer Ankunft —— 69	
3.1.3	Der Deutscherwerb der Kinder —— 72	
3.1.3.1	Das Erwerbsszenario —— 72	
3.1.3.2	L2-Effekte beim Erwerb des Standarddeutschen —— 80	
3.2	Warum ist Unserdeutsch entstanden? —— 86	
3.2.1	Motivierung der Fragestellung —— 87	
3.2.2	Unserdeutsch als Kommunikationsbrücke —— 90	
3.2.3	Unserdeutsch als Geheimsprache —— 92	
3.2.4	Unserdeutsch als Spielsprache —— 96	
3.2.5	Unserdeutsch als Gruppensprache —— 102	
3.3	Welche Prozesse haben Unserdeutsch geprägt? —— 109	
3.3.1	Die Rolle von Substrattransfer —— 110	
3.3.2	Die Rolle von Superstrattransfer —— 122	
3.3.3	Die Rolle von Adstrattransfer —— 141	
3.3.4	Die Rolle von L2-Simplifizierungen —— 148	
3.3.5	Die Rolle von Innovation —— 159	
3.4	Die Klassifizierung von Unserdeutsch —— 163	
3.4.1	Ist Unserdeutsch überhaupt eine Kreolsprache? —— 163	
3.4.2	Unserdeutsch als Internatskreol —— 170	
3.4.3	Weitere Aspekte zur Verortung von Unserdeutsch —— 175	
3.4.3.1	Ist Unserdeutsch aus einem Pidgin hervorgegangen? —— 176	
3.4.3.2	Ist Unserdeutsch graduell oder abrupt entstanden? —— 179	
3.4.3.3	Ist Unserdeutsch durch beschränkten Zugang zum Superstrat entstanden? —— 181	
4	**Die Nativisierung von Unserdeutsch —— 184**	
4.1	Historischer Wandel —— 184	
4.2	Die (Sprach-)Verhältnisse in Vunapope —— 186	
4.3	Linguistische Konsequenzen —— 190	
4.3.1	Strataänderungen —— 190	
4.3.2	Kreolisierung —— 191	
5	**Unserdeutsch vom 2. Weltkrieg bis zur Unabhängigkeit PNGs —— 194**	
5.1	Historischer Wandel —— 194	

5.2	Die (Sprach-)Verhältnisse in Vunapope —— **198**	
5.3	Linguistische Konsequenzen —— **204**	
5.3.1	Strataänderungen —— **204**	
5.3.2	Dekreolisierung und Kreolkontinuum —— **205**	
6	**Unserdeutsch von der Emigration bis heute —— 210**	
6.1	Historischer Wandel —— **210**	
6.2	Die (Sprach-)Verhältnisse seit der Emigration —— **214**	
6.3	Linguistische Konsequenzen —— **216**	
6.3.1	Strataänderungen —— **217**	
6.3.2	Attrition und Revitalisierung —— **218**	
7	**Fazit —— 225**	

Literaturverzeichnis —— 229

Autorenindex —— 255

Sprachenindex —— 259

Sachindex —— 261

Abbildungsverzeichnis

Abb. 1 Namen von Unserdeutsch-SprecherInnen auf der Gründungstafel des Ralum Country Clubs in Kokopo (Foto: Lena Schmidtkunz 2017) —— **10**

Abb. 2 Blick vom Ressort einer Unserdeutsch-Sprecherin in Kokopo auf die Blanchebucht; im Hintergrund die Vulkane Tarvurvur und Vulcan bei Rabaul (eigenes Foto 2017) —— **17**

Abb. 3 Entstehungsort von Unserdeutsch: Vunapope auf der Insel Neubritannien —— **18**

Abb. 4 Das Missionsareal von Vunapope in der Zwischenkriegszeit (Foto: Familienbesitz Fam. Kikuchi) —— **31**

Abb. 5 Bischof Louis Couppé mit zwei indigenen Knaben aus den Waisenhäusern von Vunapope auf Heimatbesuch in Hiltrup (1900, GAMS) —— **33**

Abb. 6 Taufen durch die MSC auf Neupommern 1882–1897 (Schmidlin 1913: 173) —— **36**

Abb. 7 Lebensplan für indigene Kinder an der Mission —— **42**

Abb. 8 Indigener Waisenknabe an der Zentralstation Vunapope (MSC-Album ca. 1900: 6) —— **43**

Abb. 9 Sr. Raphaele erteilt mixed-race Mädchen in Vunapope gutbürgerlichen Klavierunterricht (nach 1907, GAMS) —— **48**

Abb. 10 Lebensplan für mixed-race Kinder an der Mission —— **51**

Abb. 11 Grundschule der halbweißen Knaben von Vunapope (vor 1912, GAMS) —— **52**

Abb. 12 Mixed-race Erstkommunikanten vor dem ersten Haus der MSC-Schwestern in Vunapope (2. Februar 1909, GAMS) —— **59**

Abb. 13 Sr. Secunda mit mixed-race Schulkindern bei der Gartenarbeit. Vunapope (um 1930, GAMS) —— **59**

Abb. 14 Indigene Frauen (links) und mixed-race Schülerinnen der Haushaltungsschule (rechts) mit MSC-Schwestern beim Bügeln der Wäsche. In der Mitte Sr. Carola. Vunapope (vor 1920, GAMS) —— **60**

Abb. 15 Theaterspiel der mixed-race Kinder anlässlich des 75-jährigen Missionsjubiläums. Szene: Gedenken an die Opfer des Baining-Massakers 1904. Vunapope (1957, GAMS) —— **61**

Abb. 16 MSC-Schwestern mit Pensionatszöglingen und Phoebe Parkinson („Queen Emma") (etwa 1907, GAMS) —— **69**

Abb. 17 Brief von B. Kraus an seine Pflegemutter (eine Missionsschwester), S. 3, 08.11.1937 —— **76**

Abb. 18 Brief von H. Hoerler an seine Tochter H. Hoerler, Toriu, 23.12.1939 —— **76**

Abb. 19 Rezept „Schwartemagen", B. Assanuma, 1940er Jahre —— **77**

Abb. 20 Brief von Karl H. an seinen Bruder, Ralum (Kokopo), undatiert —— **79**

Abb. 21 Reflexe ausgeprägten Code-switchings im Tagebuch eines Unserdeutsch-Sprechers (Eintrag vom 5. Mai 1967) —— **80**

Abb. 22 Orthographischer Reflex der g-Spirantisierung im Rezeptbuch einer Unserdeutsch-Sprecherin (Adolfa M. Firth: Kitchen Cooking Book, 1978, S. 2) —— **125**

Abb. 23 Verteilung der Missionare in Vunapope auf binnendeutsche Sprachräume nach Herkunft —— **131**

Abb. 24	Genesemodell zu Unserdeutsch, orientiert an Maitz (2017: 221) ——	**193**
Abb. 25	Missionsschwestern nach der Befreiung des Ramale-Konzentrationslagers am Eingang eines Schutzstollens (1945, PAHM) ——	**196**
Abb. 26	Eingangstafel auf dem Areal von Vunapope heute (Foto: Lena Schmidtkunz 2017) ——	**213**
Abb. 27	Ein Teil der Unserdeutsch-Sprechergemeinschaft heute bei Brisbane (Foto: Unserdeutsch-Projekt 2016). Drei der abgebildeten SprecherInnen sind in der Zwischenzeit (Stand: Herbst 2019) bereits verstorben ——	**213**
Abb. 28	Brief von Familie Hartig sen. an Familie Lundin sen., Vunapope, 12. September 1982 ——	**217**
Abb. 29	Brief von Paul Aming (Ah-Ming) an Ehepaar Hartig sen., Vunapope, 13. Juli 1984 ——	**217**

Abkürzungsverzeichnis

ADJ	Adjektiv
AEDR	Archiv der Erzdiözese Rabaul, Vunapope
AKK	Akkusativ
ART	Artikel
ATTR	attributiv
AUX	Auxiliar
Br.	Missionsbruder
COP	Kopula
DEF	definit
DIM	diminutiv
EN	English
F	feminin
FDNSC	Filiae Dominae Nostrae a Sacro Corde = Orden der Töchter Unserer Lieben Frau vom Heiligen Herzen („blaue Schwestern")
FMI	Figlie di Maria Immacolata = Orden der Schwestern der Unbefleckten Empfängnis Mariens („schwarze Schwestern")
FUT	Futur
GAMS	Generalarchiv der Missionsschwestern vom Hlst. Herzen Jesu, Hiltrup-Münster
HAB	habituell
INDF	indefinit
INF	Infinitiv
IRR	Irrealis
M	maskulin
MSC	Missionarii Sacratissimi Cordis = Orden der Herz-Jesu-Missionare (MSC-Schwestern = „weiße Schwestern")
NOM	Nominativ
OBJ	Objektkasus
PAHM	Provinzarchiv der Hiltruper Missionare, Hiltrup-Münster
PAMV	Provinzarchiv der MSC Vunapope, Vunapope (seit 2016 ins PAHM überführt)
PASS	Passiv
PERF	Perfekt
PL	Plural
PNG	Papua-Neuguinea
POSS	possessiv
PROG	progressiv
PST	Vergangenheit
PTCP	Partizip
RLH	Relexifizierungshypothese
REL	Relativum
SG	Singular
Sr.	Missionsschwester
STD	Standarddeutsch
TP	Tok Pisin
TR	transitiv
UDT	Unserdeutsch
V	Verbmarker

1 Einleitung: Ein Fenster schließt sich

> If a language dies without being documented, its disappearance robs science of a unique window into the human mind [...]. (Thomason 2015: 100)

Wie und unter welchen Umständen entstehen Sprachen? Diese zentrale Fragestellung fällt in den Gegenstandsbereich der Evolutions- und Historiolinguistik und ist in diesem Rahmen zwangsläufig auf Rekonstruktion und Theoriebildung a posteriori angewiesen: Die Genese der gut 7.000 uns global umgebenden Sprachen (Zählung nach Lewis et al. 2016) liegt ungünstigerweise meist bereits Hunderte bis Tausende Jahre zurück. Doch neue Sprachen können heute noch immer entstehen.

Als besonders fruchtbringend erweist sich bei der Erforschung jüngerer Sprachen die Kreolistik, die in den letzten Jahrzehnten zu erheblichem Erkenntnisgewinn beigetragen hat. Nur treten auch KreolistInnen in der Regel erst verspätet auf den Plan, zumal bei der „Live"-Beobachtung von Sprachkontaktkonstellationen schwer die Schwelle feststellbar ist, ab der von einer neu entstandenen, eigenständigen Sprache gesprochen werden kann. Bei der Kurzlebigkeit vieler Kontaktvarietäten kann es daher leicht passieren, dass eine Sprache schon in ihr Endstadium eingetreten ist, bevor sie überhaupt von der Forschung „entdeckt" und beschrieben wurde. So erging es auch Unserdeutsch (Rabaul Creole German), der Sprache der mixed-race[1] Gemeinschaft von Vunapope, von deren Entstehung und Entwicklung diese Arbeit handelt. Glücklicherweise liegt die Genese von Unserdeutsch so unweit zurück und fand in einem so überschaubaren Rahmen statt, dass in diesem Fall eine selten nahe Annäherung an die Anfänge einer Sprache möglich ist.

1.1 Steckbrief: Die Kreolsprache Unserdeutsch

Unserdeutsch ist die einzige deutschlexifizierte Kreolsprache weltweit, zugleich die einzige noch kaum dokumentierte teilgermanische Sprache und auch eine der jüngsten bekannten Sprachen (vgl. Maitz 2017: 239). Es handelt sich außerdem um eine der wenigen Sprachen, für die der genaue Entstehungsort und

---

[1] Die SprecherInnen von Unserdeutsch bezeichnen sich selbst stolz als *Vunapope Mixed-race* bzw. *Vunapope mixed-race Germans*. Deshalb wird in dieser Arbeit die Bezeichnung *Mixed-race* für sie verwendet.

-zeitpunkt angegeben werden kann (vgl. Maitz und Volker 2017: 372); ja, sogar alle an der Entstehung der Sprache beteiligten AkteurInnen sind namentlich und mit weiteren Sozialdaten bekannt. Die Wiege von Unserdeutsch ist die zentrale Missionsstation des katholischen Ordens der Missionare vom Heiligsten Herzen Jesu (Missionarii Sacratissimi Cordis, MSC) in Vunapope, heute Teil der Stadt Kokopo, auf der Insel Neubritannien im papua-neuguineischen Bismarck-Archipel. Dieser stand von 1884 bis 1914 als zum „Schutzgebiet" Deutsch-Neuguinea gehörig unter deutscher Kolonialherrschaft. Entstanden ist Unserdeutsch um die Wende vom 19. zum 20. Jahrhundert in einem multilingualen Kontext unter mixed-race Kindern. Der Name der Sprache geht darauf zurück, dass einzelne SprecherInnen in Interviews von 1979/80 dem Explorator Craig Volker gegenüber ihre Sprache als *unsere Deutsch* gegenüber seinem andersartigen Standarddeutsch abgrenzten, vgl. bspw. (hier auf Englisch):

How would you say it in your Deutsch?
[Sprecherin VK, Kokopo, 12.1979/01.1980]

Es handelt sich bei *Unserdeutsch* nicht um eine emische Sprachbezeichnung. Tok Pisin, die Hauptverkehrssprache Papua-Neuguineas, hat besonders die Lautung und die Grammatik von Unserdeutsch maßgeblich beeinflusst. Prägend wirkte im Verlauf der Sprachgeschichte zunehmend auch die englische Sprache, speziell im Bereich der Lexik und der Syntax.

Besondere Umstände machten es möglich, dass die Varietät innerhalb kürzester Zeit nativisiert wurde – bereits die zweite Generation sprach Unserdeutsch als L1. Die Transmission innerhalb einer kleinen, geschlossenen Sprechergemeinschaft[2] wurde selbst durch zwei Weltkriege nicht unterbrochen. Heute leben noch höchstens etwa 100 SprecherInnen in fortgeschrittenem Alter (vgl. Maitz et al. 2016: 93), die meisten von ihnen geographisch verstreut in Ballungsgebieten an der Ostküste Australiens, wohin sie im Zuge der Unabhängigkeit Papua-Neuguineas im Jahr 1975 nach und nach auswanderten. An die nachfolgende Generation wurde die Sprache in diesem extrem englischdominanten neuen Umfeld nicht mehr weitergegeben. Unserdeutsch ist heute nach dem Sprachvitalitätsindex der UNESCO (vgl. UNESCO 2003) als ernsthaft bis kritisch gefährdet einzustufen (vgl. Maitz und Volker 2017: 385).

---

2 Für Komposita (wie bspw. die häufig vorkommenden Wörter *Sprechergemeinschaft* oder *Sprechergeneration*) werden in dieser Arbeit bewusst keine binnengegenderten Formen verwendet, weil darunter aus Sicht des Autors die Lesbarkeit leiden würde und es sich zudem teils auch um Termini technici handelt. Die Bezeichnungen schließen selbstverständlich alle weiblichen Referentinnen mit ein.

1.2 Relevanz für die Forschung

Schon allein daraus, dass es sich bei Unserdeutsch um das einzige deutschbasierte Kreol handelt, ergibt sich für die germanistische Linguistik ein Forschungsauftrag. Auf das Fehlen einer kreolistischen Tradition innerhalb der germanistischen Linguistik, verständlich durch den bislang vermeintlich sehr überschaubaren Gegenstandsbereich, ist das so lange Zögern mit der näheren Erforschung von Unserdeutsch nach dessen Entdeckung mit zurückzuführen. Der deutschbasierten Kontaktsprache Namibian Kiche Duits (Namibian Black German) – ebenfalls ein moribundes deutsches Erbe der Kolonialzeit, jedoch nie nativisiert – erging es ähnlich, auch sie rückte erst unlängst, kurz vor knapp, in den Fokus der Forschung (vgl. Deumert 2003, 2009). Das Ende der 1970er Jahre soziohistorisch anskizzierte Ali Pidgin (Ali German) von der nördlich der Hauptinsel Papua-Neuguineas gelegenen Insel Ali (vgl. Mühlhäusler 1977, 1979) ist bereits extinkt. Das Gastarbeiterdeutsch (vgl. HFP 1975), für das zwar der Pidgin-Status diskutiert wurde, das aber letztlich besser als Bündel von Lernervarietäten zu fassen ist (vgl. Riehl 2014: 129–134), hat sich nicht stabilisiert.

Pidgins und Kreols als unter kolonialen Bedingungen neu entstandenen, formal eigenständigen Sprachen kommt eine besondere Bedeutung zu neben den vielen bekannten, erst in jüngerer Zeit zunehmend besser erforschten Varietäten deutschsprachiger Minderheiten im Ausland (vgl. Eichinger et al. 2008; Boas et al. i. V.), die von Auswanderern dorthin „mitgebracht" wurden. Unserdeutsch bietet der germanistischen Linguistik die Chance, sich nun mit einem „eigenen" Kreol in den internationalen Fachdiskurs einzubringen. Denn die Erforschung der Sprache verspricht wertvolle Erkenntnisbeiträge für eine Reihe linguistischer Subdisziplinen weit über die Grenzen der Germanistik hinaus:

a) *Relevanz für die Kreolistik:* Unter den knapp 100 bekannten Kreolsprachen weltweit[3] sind jene, die auf den Sprachen der zur Zeit des Imperialismus erfolgreichsten europäischen Kolonialmächte basieren, mit am differenziertesten untersucht. Besonders die großen englisch- und französischlexifizierten Kreols nehmen einen breiten Raum im kreolistischen Diskurs ein und haben damit naturgemäß die Grundkonzepte und Theorien des Fachs entscheidend geprägt. Kreols mit anderen Lexifikatorsprachen[4] sind aus diesem Grund wich-

---

[3] Lewis et al. (2016) listen 93 Kreolsprachen. Die angesetzte Zahl hängt naturgemäß von der Weite der verwendeten Definition und angenommenen weiteren distinkten Kategorien ab (etwa: Semikreols/Kreoloide, Pidginkreols, mixed languages). Kritisch zum Problem der Zählung und zur Kategorie überhaupt s. Mufwene (2015: 352–354).
[4] Der Gebrauch des Terminus *Lexifikatorsprache* für die dominante Sprache in einer Kontaktsituation, die den weitaus größten Teil des Lexikons stellt, soll hier nicht implizieren, dass

tig für zusätzliche crosslinguistische (Gegen)-Evidenz, gerade hinsichtlich der stark polarisierenden Frage nach sogenannten Kreoluniversalien (vgl. bspw. McWhorter 2005 vs. Ansaldo et al. 2007; Bakker et al. 2011 vs. Fon Sing 2017). Unserdeutsch als einzige bekannte deutschbasierte Kreolsprache ist insofern eine willkommene Bereicherung für die Forschung. Als neues Fallbeispiel mit einer Reihe ontogenetischer Besonderheiten kann es darüber hinaus einen wichtigen Beitrag zur Schärfung des Kreolbegriffs leisten, über den noch immer kein Konsens herrscht (vgl. McWhorter 2000a: 117).

b) *Relevanz für die Sprachkontaktforschung:* Pidgin- und Kreolsprachen sind Produkte extremen sprachlichen Kontakts, hervorgegangen aus einem regelrechten *clash of languages*. Unserdeutsch entstand dabei unter einer ungewöhnlich starken Dominanz des Superstrats, das am Ort der Entstehung omnipräsent war. Die SprecherInnen der Sprache waren und sind grundsätzlich mindestens trilingual. Im Sprachsystem lässt sich unterschiedlich verteilter Kontakteinfluss aus mindestens drei Sprachen nachweisen. Die weitere Entwicklung der Kontaktsprache[5] weist zudem durch historische Umbrüche eine Reihe scharfer Zäsuren auf, die zu merklichen Veränderungen in der Gemengelage der Spracheinflüsse führten. Der Druck der zentralen beteiligten Sprachen war also zu verschiedenen historischen Zeitabschnitten unterschiedlich stark. Damit bietet Unserdeutsch über die Entstehungssituation hinaus ein plastisches Beispiel für das Studium sprachstruktureller Konsequenzen aus der temporären Zu- und Abnahme des Einflusses verschiedener Sprachen (wenn letzterer Aspekt in der vorliegenden Arbeit auch nur randständig behandelt wird).

c) *Relevanz für die Sprachwandelforschung:* Pidgin- und Kreolsprachen bieten eine einmalige Gelegenheit zum Studium stark beschleunigten Sprachwandels und sind daher eine wahre „Goldmine" für die Historiolinguistik (vgl. Lefebvre 2004: 128). Die Sprachgeschichte von Unserdeutsch lief selbst für die Maßstäbe der Kreolistik in auffällig geraffter Weise ab: Zwischen der Geburt und dem nahen Sprachtod liegen nur drei Sprechergenerationen. Die Nativisierung erfolgte unmittelbar mit der zweiten Generation, in der vierten Generation sind bereits nur noch Erinnerer (*rememberers*, vgl. Thomason 2015: 56f.) vertreten.[6]

---

nicht auch grammatischer Transfer stattgefunden hätte (kritisch etwa Mufwene 2005: 40). Der Terminus *Superstrat* (überlagernde Sprache im Gegensatz zum überlagerten *Substrat*) wird in dieser Arbeit synonym verwendet.

5 Der Terminus *Kontaktsprache* wird an dieser Stelle im folgenden Sinn verwendet: Eine aus einer Sprachkontaktsituation neu hervorgehende Sprache ist eine Kontaktsprache (vgl. Thomason 2001: 158; Bakker und Matras 2013). Grundsätzlich kann der Terminus auch auf eine an der Entstehung einer neuen Sprache (= Kontaktsprache im obigen Sinn) beteiligte Sprache referieren.

6 Die Sprechergenerationen sind in dieser Arbeit historisch nach dem Zeitraum ihres Aufwachsens definiert, siehe nachfolgendes Kapitel.

Mit der parallelen Kompetenz der Sprechergenerationen I und II in der Kreol- wie auch in der Lexifikatorsprache hat eine wechselseitige Beeinflussung beider Varietäten stattgefunden (vgl. Maitz 2017). Erst für die Sprechergeneration III brach der Kontakt zur Lexifikatorsprache dann (in unterschiedlichem Ausmaß) zunehmend ab. Für das Unserdeutsch der ersten Sprechergeneration ist die Forschung auf eine reine Rekonstruktionsleistung angewiesen: Die Datenlage ist für die Anfangszeit erwartungsgemäß äußerst spärlich – in Frage kommen hier nur noch vereinzelte Meta-Zeugnisse über eine eigentlich rein mündlichen Sprache. Auch die frühesten Sprachdaten von ältesten SprecherInnen der Generation II (Interviewreste von 1979/80), der letzten gleichzeitig noch standardkompetenten Generation, sind leider nahezu alle verlorengegangen und zudem aufgrund der Standardkompetenz und der Erhebungssituation nicht wirklich für einen strukturellen Vergleich mit neueren Daten geeignet. Trotz dieser erschwerenden Umstände bieten sich für die Sprachwandelforschung vielversprechende Perspektiven.

d) *Relevanz für die Soziolinguistik:* Bei der Herausbildung von Unserdeutsch spielten Schlüsselkonzepte der Soziolinguistik wie *Identität, Prestige, Macht* und *soziale Zugehörigkeit* eine entscheidende Rolle. Die Funktion von Unserdeutsch als identitätsstiftende Gruppensprache innerhalb einer hierarchischen, rassenideologisch motivierten Klassengesellschaft ist offensichtlich. Spracheinstellungen wirkten sich neben externen Restriktionen auf die Wahl der Varietät in einem polyglossischen Kontext aus. Die Variation der Sprechlagen der heutigen SprecherInnen ist aus soziolinguistischer Sicht ebenfalls aufschlussreich, da sie offensichtlich eng vom sozialen Umfeld, der individuellen Sprachbiographie und wiederum auch sprachideologisch gesteuert erscheint (vgl. Maitz 2017: 16ff.). Für die pädagogische Soziolinguistik *(educational sociolinguistics)* bietet der Wechsel der Kinder und Jugendlichen zwischen Standarddeutsch und Unserdeutsch in einem Internatskontext eine interessante Fallstudie (vgl. Mesthrie et al. 2009: 344ff.).

e) *Relevanz für die Erwerbsforschung:* Die Entstehung von Pidgin- und Kreolsprachen wird immer wieder mit Mustern des L2-Erwerbs in Zusammenhang gebracht. Vereinfacht gesprochen wären sie demnach als Produkte spezieller L2-Erwerbssituationen (mit) zu erklären (vgl. Lefebvre 2004: 129; Plag 2008a und 2008b, 2009a und 2009b) und somit für die Erwerbsforschung relevant. Während sich die Erwerbsforschung bislang vorrangig mit individuellen Lernprozessen befasst, bieten Pidgin- und Kreolsprachen Einblick in Mechanismen gruppalen Spracherwerbs (vgl. Mufwene 2010: 378). Unserdeutsch ist aus dieser Perspektive besonders deshalb ertragreich, weil bei seiner Entstehung Kindern eine tragende Rolle zukommt. Die Rolle von Kindern bei der Entstehung von Pidgin- und Kreolsprachen wird seit langem kontrovers diskutiert (vgl. etwa Singler 2006: 158; kritisch: Mufwene 2008: 78ff.) und ist auch für die Erklärung der Sprachstruktur von Bedeutung, etwa im Lichte der Thesen Trudgills zur Simplifizierung und Komplexifizierung von Sprachen ("lousy language-learning abilities of the human adult", Trudgill 2001: 372). Es kommt hinzu, dass für einen Teil der ersten jungen Unserdeutsch-SprecherInnen noch kaum der L1-Erwerb abgeschlossen war, als sie mit der deutschen Sprache konfrontiert wurden. Nicht zuletzt herrschte an der Mission für die Kinder ein Nebeneinander gesteuerten Erwerbs (Schulunterricht) und ungesteuerten Erwerbs (gesprochenes, regional gefärbtes Standarddeutsch des Missionspersonals sowie Interlanguages in der Peergroup-Kommunikation, aus denen heraus sich Unserdeutsch dann stabilisierte) – eine vielschichtige Erwerbssituation.

f) *Relevanz für die Evolutionslinguistik:* Ein neuerer, wenngleich umstrittener (vgl. Mufwene 2008: 74ff.) Zugang der Evolutionslinguistik zur Frage der Sprachentstehung stützt sich auf die Analyse von Pidginsprachen. Dahinter steht die Annahme, dass Pidginsprachen Züge von Protosprachen abbilden und somit als „Fenster" in die Urzeit der Sprachentstehung dienen könnten (*windows approach,* vgl. Botha 2016: 7f. und 83). Mit anderen Worten: Ein Pidgin sei die größte Annäherung an eine Protosprache, die wir in der modernen Welt finden könnten (vgl. Bickerton 2009: 224). Unter dieser – allerdings in diverser Hinsicht problematischen – Annahme ließe sich der Prozess der Kreolisierung als Übergang von einer Protosprache zu einer voll ausgebildeten Sprache verstehen (vgl. Roberge 2012: 539). Die Analogie stützt sich auf das Labov'sche Prinzip der Gleichförmigkeit (*uniformitarian principle):* Die sprachlichen Prozesse, die heute um uns herum stattfinden, seien dieselben, die vormals die historischen Daten hervorgebracht haben (vgl. Labov 1972b: 101; kritisch: Kusters 2008: 203; Bergs 2012; Trudgill 2019). Unserdeutsch kann diesem evolutionären Ansatz ein weiteres Entstehungsszenario bieten, dazu eines, dass sich aufgrund der geringen zeitlichen Distanz relativ genau rekonstruieren lässt.

Zuletzt gilt auch für Unserdeutsch das kumulative Paradoxon William Labovs: Je mehr über eine Sprache bekannt ist, desto mehr können wir über sie herausfinden (vgl. Labov 1972a: 202). Und je mehr über eine Einzelsprache herausgefunden wird, desto mehr davon kann befruchtend in die Theoriebildung linguistischer Teildisziplinen einfließen. Gerade für gefährdete Sprachen besteht dabei ein vorrangiges Dokumentations- und Forschungsdesiderat (vgl. Whalen 2004). Und gerade kleine Sprachen können für die Linguistik besonders instruktiv sein.[7]

---

[7] So beispielsweise auch der Grundgedanke einer Konferenz an der Universität Zürich im April 2019 mit dem passenden Titel "small languages big ideas".

1.3 Ziel, Methoden, Materialbasis

Die vorliegende Arbeit dient der Rekonstruktion und detaillierten Beschreibung der Genese und Sprachgeschichte von Unserdeutsch im soziohistorischen Kontext der Sprache. Damit einher geht eine Verortung der Sprache innerhalb verschiedener, besonders kreolistischer Modelle zu Sprachentstehung und -wandel. Explanative Ansätze aus der allgemeinen Kontakt- und Soziolinguistik fließen mit ein. Auf dieser Grundlage möge später eine umfassende strukturelle Beschreibung (Referenzgrammatik) von Unserdeutsch aufbauen, wie sie ebenfalls noch aussteht und von dieser Arbeit nicht geleistet werden kann noch möchte. Insbesondere quantitativ gestützte Aussagen sind hier leider noch nicht möglich, da ein umfangreiches Unserdeutsch-Sprachkorpus erst parallel und über die Fertigstellung dieser Arbeit hinaus aufgebaut wurde.

Zum Zweck der historischen Rekonstruktion werden in dieser Arbeit, wie bereits oben geschehen, insgesamt vier Sprechergenerationen von Unserdeutsch unterschieden. Sie werden wie folgt rein chronologisch definiert:
a) Sprechergeneration I: aufgewachsen vor dem 1. Weltkrieg;
b) Sprechergeneration II: aufgewachsen in der Zwischenkriegszeit;
c) Sprechergeneration III: aufgewachsen um die Zeit des 2. Weltkriegs bis zur Unabhängigkeit Papua-Neuguineas 1975;
d) Sprechergeneration IV: aufgewachsen nach 1975.

Die zeitlichen Schwellen sind dabei nicht willkürlich rein historisch gewählt, sondern bedeuten zugleich starke Zäsuren innerhalb der Sprachgeschichte von Unserdeutsch (vgl. Kap. 4, 5 und 6). Nach diesem Vorgehen umfasst bspw. Sprechergeneration II auch Kinder, die erst zur australischen Besatzungszeit nach dem 1. Weltkrieg neu an die Missionsstation kamen, aber selbst keine Unserdeutsch-SprecherInnen (aus Sprechergeneration I) als Vorfahren haben.

Die diachron orientierte Erschließung von Unserdeutsch erfolgt auf Basis einer Methodentriangulation:

a) *Oral History:* Die inhaltliche Auswertung von Zeitzeugen-Interviews. Zu diesen zählen erstens die Reste[8] der 1979/80 von Craig Volker erhobenen Interviews (gut 6 Std. Material), die teils noch mit Vertretern der standardkompeten-

---

[8] Ein Großteil der Sprachaufnahmen fiel zum einen 1994 der heftigen Eruption der zur Rabaul-Kaldera gehörigen Vulkane Tavurvur und Vulcan zum Opfer, durch die Rabaul zum Großteil zerstört wurde, zum anderen der Nachlässigkeit einer aufbewahrenden australischen Institution. Die noch erhaltenen Aufnahmereste wurden am Institut für Deutsche Sprache (IDS) in Mannheim restauriert und sind dort über das AGD (Archiv für Gesprochenes Deutsch) zugänglich: „Korpus Ozeanien: Deutsch in der Südsee (OZ)".

ten Sprechergeneration II geführt wurden. Den Hauptteil bilden zweitens die im Rahmen des DFG-Projekts „Unserdeutsch (Rabaul Creole German): Dokumentation einer stark gefährdeten Kreolsprache in Papua-Neuguinea" 2014–2019 v. a. von Péter Maitz und Craig Volker durchgeführten teilgesteuerten narrativen Interviews mit SprecherInnen und HalbsprecherInnen der Sprechergeneration III (knapp 60 Std. Material). Schließlich sind hierzu drittens noch Informationen aus Gesprächen mit vier aus dem Bismarck-Archipel heimgekehrten MSC-Missionaren[9] in Hiltrup (Münster) sowie mit den zwei letzten derzeit noch in Vunapope weilenden deutschen MSC-Missionaren zu rechnen.

b) *Archivrecherchen:* Die Auswertung von historischen Archivalien aus Archiven des MSC-Ordens sowie der Erzdiözese Rabaul. Eingeflossen sind in diese Arbeit Quellen des Provinzarchivs der Hiltruper Missionare (PAHM), Quellen des Generalarchivs der MSC-Schwestern in Hiltrup (GAMS), Quellen des Archivs der Erzdiözese Rabaul in Vunapope (AEDR) und Quellen des 2016 zum Großteil von Vunapope nach Hiltrup überführten Missionsarchivs der MSC (PAMV). Als Grundlage dienten dabei insbesondere Briefe der Missionare in die Heimat (häufig an das Stammhaus in Hiltrup), private Tagebücher und Notizen, Chroniken und Berichte sowie Erinnerungen (etwa an die Zeit des 2. Weltkriegs) und, nicht zuletzt, Verwaltungsberichte sowie ein Schulregister der Missionsinternate.

c) *Strukturanalysen:* Die linguistische Auswertung von Sprachdaten. Hierunter fallen erstens Analysen des bereits genannten Interview-Materials. Zweitens stehen für diesen Zweck mündliche Übersetzungen eines rund 320 Sätze und Syntagmen in Englisch und Tok Pisin umfassenden Fragebuchs durch ausgewählte SprecherInnen zur Verfügung (rund 15 Std. Material). Drittens gehört hierzu die Auswertung sämtlicher Schriftdaten in Unserdeutsch (vor allem spontan produzierte Kommentare in einer geschlossenen Facebook-Gruppe und in privater Kommunikation mit SprecherInnen via Facebook-Messenger und WhatsApp) und im Standarddeutsch der Sprechergenerationen I und II (vor allem Briefe und Rezepte). Ein Manko stellt das Fehlen originaler, d. h. nicht nur durch Hörer in Briefen wiedergegebener Unserdeutsch-Daten aus der Entstehungszeit der Sprache dar – ein Aspekt, der aufgrund des mündlichen Charakters und der Kurzlebigkeit fast alle Kreolsprachen mehr oder minder betrifft (vgl. Harris und Rampton 2007: 267).

Der in dieser Arbeit dargelegte Werdegang der Kreolsprache Unserdeutsch entspricht einer Synthese der Befunde dieser Herangehensweisen. Im Auge zu behalten ist dabei, dass Aussagen über die Entstehung von (Kreol-)Sprachen bei

---

[9] Die Bezeichnung *Missionare* fungiert in dieser Arbeit als Sammelbegriff für Missionsbrüder, Missionspatres und Missionsschwestern gleichermaßen.

aller Daten- und Methodenvielfalt naturgemäß ihren spekulativen Charakter nie abstreifen können (vgl. Harris und Rampton 2007: 267) – mit anderen Worten: "[...] we must remember that it wasn't filmed, it wasn't written down, nobody was here, that's just a hypothesis, we don't know" (McWhorter 1999: 315).

1.4 Aufbau der Arbeit

Ausgangspunkt der vorliegenden Untersuchung ist eine soziohistorische Situierung des Entstehungskontextes von Unserdeutsch (Kap. 2). Die darauffolgenden Ausführungen sind an konkreten linguistischen Fragen und Aspekten orientiert, die der Fall Unserdeutsch aufwirft, und dabei zugleich chronologisch geordnet: von den frühesten Anfängen der Entstehung einer pidginisierten Varietät unter der Sprechergeneration I (Kap. 3) über die Nativisierung und damit zugleich Konsolidierung der Sprache in Generation II (Kap. 4) hin zur Phase einer beginnenden Regression in Generation III (Kap. 5) bis zur Situation heute (Kap. 5). Der Schwerpunkt der Arbeit liegt dabei eindeutig auf der Rekonstruktion der Entstehung (bis inkl. Kap. 3). Die weitere Sprachgeschichte (Kap. 4 bis 6) bietet mehr einen zusammenfassenden Überblick, wenngleich ein solcher bislang in der vorliegenden Breite ebenfalls noch nie geleistet wurde. Eine entscheidende Rolle kommt dabei der Stärkung oder Schwächung beteiligter Sprachen im Kontaktszenario zu sowie Änderungen im Schulwesen und in den Lebensumständen. Am Ende der Arbeit steht nach einem Blick auf die gegenwärtige Sprach- und Sprechersituation eine kurze Wiederholung zentraler Einsichten und Thesen zur Sprachgeschichte von Unserdeutsch. Die Gliederung der vorliegenden Arbeit wird in dieser Form zugleich den vier gegenwärtigen Hauptstoßrichtungen der Forschung zur Kreolgenese nach Migge (2003: 9) gerecht:
a) soziohistorische Forschung: *Beschreibung des Kontaktsettings* (in Kap. 2)
b) komparative Forschung: *Vergleich mit Inputsprachen* (in Kap. 3)
c) kontaktlinguistische Forschung: *Vergleich mit anderen Kontaktsprachen* (in Kap. 3)
d) diachrone Forschung: *Entwicklung einzelner Kreols* (in Kap. 4–6)

1.5 Forschungsstand

Im Jahr 1978 schnappt die Linguistin Ulrike Mosel während eines Feldforschungsaufenthalts in Rabaul wiederholt Gesprächsfetzen in Unserdeutsch auf – bei Besuchen des *Ralum Country Clubs* in Kokopo. Der 1961 gegründete Club[10] war in einer noch stark nach Hautfarbe und Geschlecht stratifizierten Gesellschaft mit die erste „barrierefreie" Lokalität dieser Art, offen für jedermann und jederfrau. Ein idealer Treffpunkt für die mixed-race Unserdeutsch-SprecherInnen über viele Jahre, aus deren eigenen Reihen der Club auch hervorging: Die 23 Namen auf der Gründungstafel[11] (Abb. 1) bezeichnen Mitglieder der Unserdeutsch-Community, vor allem die Eltern der heutigen Sprechergeneration III.

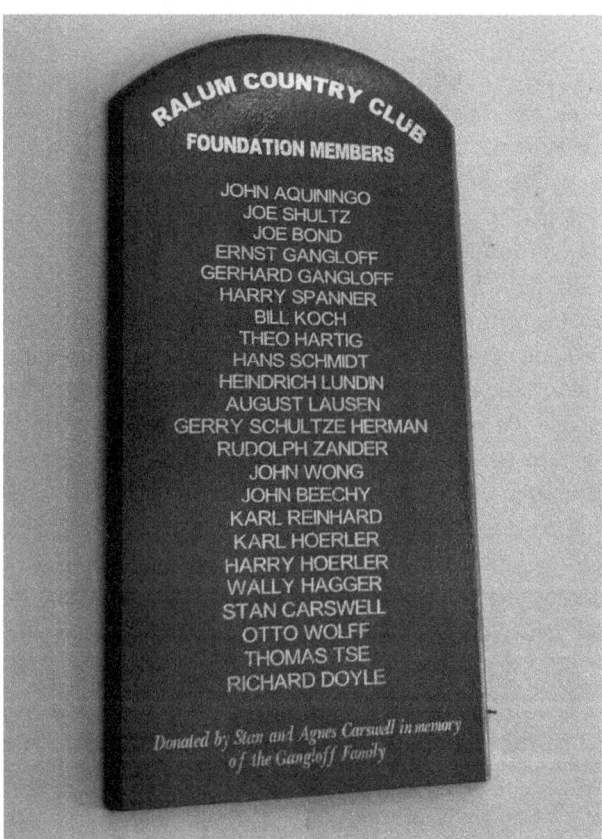

Abb. 1: Namen von Unserdeutsch-SprecherInnen auf der Gründungstafel des Ralum Country Clubs in Kokopo (Foto: Lena Schmidtkunz 2017).

---

10 Am 3. Dezember 2011 wurde der 50. Gründungstag des Ralum Country Clubs unter dem Motto "Back to the 60s" gefeiert, vgl. Facebook-Auftritt "The Ralum Country Club Inc.".
11 Nach Auskunft der Sprechergemeinschaft enthält die Tafel in dieser Form auch Mitglieder, die eigentlich keine Gründungsmitglieder waren, während zugleich andere wichtige Gründungsmitglieder fehlen.

Über Ulrike Mosel,[12] die aufgrund ihrer Forschungen zu indigenen Sprachen Unserdeutsch nicht weiter verfolgen konnte, erfuhren auf informellem Weg erstmals Linguisten von der offenkundigen Existenz einer deutschbasierten Kontaktsprache auf der Gazelle-Halbinsel Neubritanniens. Die wohl erste schriftliche Erwähnung in der Fachliteratur findet Unserdeutsch schließlich in einem Absatz über potenzielle deutschbasierte Kreolsprachen in Mühlhäusler (1979):

> Möglicherweise gehört [...] in diese Kategorie ebenso das leider noch nicht beschriebene Deutsch der Mischlingsgemeinschaft von Rabaul, der Hauptstadt des ehemaligen Deutsch-Neuguinea. (Mühlhäusler 1979: 63)

Etwa zeitgleich wird auch der junge Sprachstudent Craig Volker auf Unserdeutsch aufmerksam: Er gibt abseits seines Studiums Deutschunterricht und trifft in einem seiner Kurse die Unserdeutsch-Sprecherin Yvonne Lundin an. Ihr ungewohnt-fremdartig klingendes Deutsch weckt Volkers Interesse, und so führt ihn ihre Vermittlung schließlich 1979/80 mit einem Aufnahmegerät nach Papua-Neuguinea zu mehreren weiteren SprecherInnen. Die erste und bislang einzige grundlegendere Arbeit zur Entstehung von Unserdeutsch und zu seinen zentralen strukturellen Merkmalen ist dann Volker (1982), eine unveröffentlichte Masterarbeit. An diese Arbeit schließen sich drei einige Jahre später vom Autor auf Grundlage seiner Daten publizierte Aufsätze an: Volker (1989a) zur Syntax von Unserdeutsch, Volker (1989b) zum Verhältnis von Unserdeutsch zu traditionellen Geheimsprachen in Papua-Neuguinea und Volker (1991) als knappe Skizze zu Entstehung und Niedergang der Sprache. Das Erscheinen dieser Aufsätze in Fachzeitschriften mit einer sehr eingeschränkten Reichweite hat wohl mit dazu beigetragen, dass Unserdeutsch von der Forschung bis in jüngste Zeit kaum zur Kenntnis genommen wurde (vgl. Maitz 2016: 225). Zur Bekanntmachung der Sprache zentral beigetragen hat Peter Mühlhäusler, der die Befunde Volkers rasch aufgreift und auch Einblick in die Daten nimmt.[13] In Mühlhäusler (1984) wird Unserdeutsch in den Kontext der Frage nach deutschbasierten Pidgin- oder Kreolvarietäten verortet. Es erfolgt außerdem ein struktureller Abgleich von Unserdeutsch mit den zwölf von Derek Bickerton (1981) postulierten Kreolmerkmalen mit dem Befund, dass sich Unserdeutsch mit diesen sehr schlecht vereinbaren lasse (vgl. Mühlhäusler 1984: 53ff.; ebenso später 1986: 224). Mit Mühlhäusler (1986) wird Unserdeutsch schließlich erstmals in einem maßgeblichen Einführungsband zur Kreolistik näher behandelt. Darin

---

12 Die Schilderung zum Erstkontakt mit Unserdeutsch beruht auf Volker, pers. Mitteilung.
13 Vgl. "I have recently had the privilege of examining data from a hitherto virtually unknown creole, Unserdeutsch, a German-based creole of Papua New Guinea [...]" (Mühlhäusler 1986: 222).

formuliert Mühlhäusler auch unter Vorbehalt eine neue These zur Entstehung von Unserdeutsch (vgl. Mühlhäusler 1986: 8, 222). In Mühlhäusler (1996a) wird Unserdeutsch an den Diskurs um die deutsche Sprache im Pazifik angeknüpft.

Wie in der Kreolistik (und der Sprachtypologie) ein bekanntes Problem, fehlen häufig die Möglichkeiten und Ressourcen für eigene Feldforschungen. So ist festzustellen, dass sich noch 30 Jahre nach dem Erscheinen der Masterarbeit Volkers sämtliche weiteren Publikationen exklusiv auf die von Volker angeführten Sprachbeispiele und seine Beschreibungen stützen. In den 2000er Jahren bis einschließlich 2015 sind an Publikationen, die auf Unserdeutsch eingehen, vor allem zu nennen: Mühlhäusler (2001a) unter dem Blickwinkel der deutschen Sprache im Pazifik, Mühlhäusler (2012) zu sprachlichen Kontakten in den Missionen Deutsch-Neuguineas, Klein (2004) zum Phonemsystem von Unserdeutsch auf Basis einer partiell problematischen Beschreibung Volkers, Voeste (2005) im Kontext der Sprachfrage und Sprachpolitik in Deutsch-Neuguinea, Frowein (2005) zu einzelnen Funktionswörtern im Unserdeutsch unter der Perspektive der Grammatikalisierung, Frowein (2006) zu syntaktischem Transfer im Unserdeutsch, Volker (2011) zur Anwendbarkeit des Bickerton'schen Bioprogramms (vgl. Bickerton 1981) auf Unserdeutsch sowie Engelberg (2008) unter dem Fokus von Sprachpolitik und Spracheinstellungen in den Südseekolonien. Mit Velupillai (2015) ist Unserdeutsch erstmals eine mehrseitige Sprachskizze in einem umfassenden Einführungsband gewidmet (vgl. Velupillai 2015: 124–129).

Vielsagend ist die Tatsache, dass Unserdeutsch im *Atlas of Pidgin and Creole language structures* (APiCS = Michaelis et al. 2013) nicht verzeichnet ist. Im Sprachatlas *Ethnologue – Languages of the world* (Eberhard et al. 2019) war Unserdeutsch noch bis Anfang 2017 (vgl. Lewis et al. 2016 sowie die Printausgabe Lewis et al. 2015) mit dem Vermerk zur Sprecherzahl: "No known L1 speakers. May be extinct" eingetragen. Bis 2014 war in der Tat nicht klar, ob überhaupt noch Unserdeutsch-SprecherInnen am Leben seien.

Beginnend mit dem Jahr 2016 entsteht im Rahmen eines DFG-Projekts zur Dokumentation von Unserdeutsch an der Universität Augsburg (2018 Umzug des Projekts an die Universität Bern) eine Reihe von Publikationen auf der Basis einer großen Menge neu erhobener Daten. Es handelt sich dabei um die ersten profunden Analysen überhaupt seit Volkers Masterarbeit (1982) und den daran anschließenden Aufsätzen. Exemplarisch seien hier nur angeführt Maitz (2016) als Überblicksdarstellung unter historischer und varietätentypologischer Perspektive, Maitz (2017) zur Dekreolisierung von Unserdeutsch und der Variation im Kreolkontinuum, Maitz und Volker (2017) u. a. über den Sprachstatus von Unserdeutsch, Lindenfelser und Maitz (2017) und Maitz und Lindenfelser (2018b) über die Kreoltypikalität der Sprache, Maitz und Lindenfelser (2018a) zur Superstratbestimmung von Unserdeutsch sowie Maitz et al. (i. E.) als ausführlicher Handbuchartikel mit neuen Erkenntnissen zum Sprachsystem von Unserdeutsch.

Bis jetzt existiert keine einzige Monographie zu Unserdeutsch. Zudem beruhen die bisherigen Thesen zur Entstehung von Unserdeutsch auf einer wenig soliden Daten- und Quellenbasis, sind empirisch nur schwach gestützt und noch nicht weitergehend in aktuelle linguistische Theorien eingebettet worden. Noch nahezu gar nicht beschrieben wurde zudem die Entwicklung von Unserdeutsch zwischen den Polen von Entstehung und nahem Sprachtod. Die vorliegende Arbeit soll diese klaffende Forschungslücke füllen, bevor sich das Fenster Unserdeutsch durch den drohenden Sprachtod bald endgültig schließt. Sie soll darin zugleich ein für die Theoriebildung zur Kreolgenese relevantes Fallbeispiel illustrieren.

2 Sozialer und historischer Kontext

> [B]efore attempting to apply a general theory of creolisation onto a given creole, we first need to have a very good idea of its social and demographic history.
> (Speedy 2013b: 201)

Die Genese und weitere Entwicklung von Unserdeutsch ist nur aus den lokal- und soziohistorischen Gegebenheiten heraus verstehbar. In einem trichterförmig zulaufenden Zoom wird daher im Folgenden der *status quo ante* von der rahmengebenden Südseewelt hin zur Gruppe der mixed-race Kinder auf der Missionsstation in Vunapope sukzessive verengt. Die Annäherung erfolgt dreistufig über (1) die Landesverhältnisse, (2) die politisch-historischen Umstände der Zeit und (3) das missionsgeschichtliche Szenario vom Makrokontext bis hinab zu den konkreten Bedingungen in Vunapope. Diese breite Grundlage dient als Basis für die anschließende linguistische Beschreibung und Diskussion. Die historische Beschreibung konstituiert in diesem Sinne den Außenrahmen des Mosaiks der Unserdeutsch-Entstehung.

2.1 Babel in den Tropen

2.1.1 Heutige Gegebenheiten

Land des Geschehens ist der heutige Inselstaat Papua-Neuguinea im melanesischen Teil Ozeaniens. Angrenzend an Indonesien leben hier auf knapp 130 % der Fläche Deutschlands nur rund 8 % von dessen Einwohnern (errechnet aus CIA 2016). Entlang des Pazifischen Feuerrings liegend, ist die seismische Aktivität entsprechend hoch. Das Klima ist über das Jahr hinweg konstant tropischschwülwarm und niederschlagsreich, die Vegetation eine der reichsten der Erde (vgl. Paijmans 1982: 92).

Rund 700 bis 800 verschiedene ethnische Gruppen sind in Papua-Neuguinea anzutreffen (vgl. Richter 2009: 62). Diese sprechen ebenso viele Sprachen – 840 lebende Sprachen dokumentiert Ethnologue für Papua-Neuguinea (vgl. Eberhard et al. 2019), die höchste Sprachdichte weltweit. Etwa 200 dieser Sprachen gehören zur austronesischen Sprachfamilie, historisch betrachtet Immigrantensprachen in Papua-Neuguinea (vgl. Wurm 1982: 34). Die Vielzahl indigener, sehr diverser Sprachen wird unter die Mischkategorie der Papua-Sprachen subsumiert. Heute sind als überregionale Amtssprachen Papua-Neuguineas Tok Pisin, Englisch und Hiri Motu verzeichnet, wobei die beiden erstgenannten von nur jeweils knapp 2 % der Bevölkerung als Erstsprache gesprochen werden und Hiri Motu grundsätzlich nur noch von den wenigsten beherrscht wird. Mehr als jeder Zweite beherrscht allerdings Tok Pisin als L2, etwas weniger als die Hälfte Englisch (vgl. Lewis et al. 2016). Besonders Tok Pisin dominiert die lokalen Medien.

Die animistisch orientierten indigenen Naturreligionen üben noch heute, trotz beinahe durchgängiger Christianisierung (96,4 % gehören einer christlichen Konfession an, vgl. CIA 2016), im papua-neuguineischen Alltag einen nicht zu unterschätzenden Einfluss aus (vgl. Loeliger 1982: 24). Der Hautfarbe kommt, ein fragliches Relikt der Kolonialzeit, weitgehend nach wie vor eine gesellschaftsstrukturierende Funktion zu, wobei die der indigenen Bevölkerung dunkel bis tiefschwarz getönt ist.

2.1.2 Damalige Gegebenheiten

Zur deutschen Kolonialzeit, vor dem drastischen Wandel durch westliche Einflüsse und damit zusammenhängende Urbanisierungsprozesse, bestand die Bevölkerung im Gebiet des heutigen Papua-Neuguinea „überwiegend aus kleinen und kleinsten Einheiten" (Koch 2001: 116). Eine schwer überschaubare Zahl indigener und teils auch immigrierter Stämme lebte in zumeist kriegerischer Koexistenz, in der Regel angeführt von einem *bikman* und patri- oder matrilinear organisiert innerhalb des traditionellen Wantok-Systems. *Wantok* (Tok Pisin 'Freund') ist, wer die gleiche Sprache spricht (aus engl. *one talk*), damit zum selben Stamm gehört. Wantok ist traditionell die wichtigste soziale Einheit, die gegenseitig in vielfacher Hinsicht verpflichtet. Die soziale Kategorie hat gegenüber der biologischen Abstammung primären Status (vgl. Meyer zum Farwig 2012: 38f.). Die Anrede mit Verwandtschaftsbezeichnungen ist daher in Tok Pisin auch keineswegs auf biologische Verwandte beschränkt. Üblich war unter den Clans in der Regel Exogamie, zum Teil verbunden mit einem ausdrücklichen Verbot der Heirat unter engen Verwandten (vgl. etwa Parkinson 2010: 32).

Die enorme Sprachenzahl entfällt in der deutschen Kolonialzeit sogar noch auf weniger als eine Million Einwohner (vgl. Mühlhäusler 2001a: 240). Oder, wie der MSC-Missionar Bernhard Bley seine Eindrücke schilderte:

> Ein babylonisches Sprachengewirr herrscht durchweg auf den Inseln der Südsee, wie sonst nirgends auf der Welt. Ganz nahe zusammen wohnen oft kleine Volksstämme, die durchaus verschiedene Sprachen aufweisen. Hatte doch auf einer kleinen Insel bei Neuguinea der Missionar drei verschiedene Sprachen für seine kaum 300 Seelen zählende Pfarrei zu erlernen. (Bley 1925: 9)

Was die sprachliche und ethnische Vielfalt betrifft, fällt auch Neubritannien, die größte Insel des Bismarck-Archipels, nicht aus der Reihe. Sie ist flächenmäßig recht genau zwischen Belgien und der Schweiz anzusiedeln, wobei hier der östliche Teil, die Gazelle-Halbinsel, und von dieser wiederum der nordöstliche Küstenstrich, die Blanchebucht (benannt nach dem 1872 dort ankernden engl. Kriegsschiff *Blanche*, vgl. Parkinson 2010: 365), relevant ist. Diese erstreckt sich zwischen den Städten Rabaul und Kokopo. Auf zwei der damals wichtigsten Stämme in dieser Region, die ein sehr unterschiedliches Verhältnis zu den Missionaren vor Ort hatten, sei kurz eingegangen:

a) *Die Baining:* Die eigentlichen Ureinwohner der Gazelle-Halbinsel (vgl. Parkinson 2010: 26), beheimatet im Hochland, den nach ihnen benannten Baining-Bergen. Sie waren ursprünglich Nomadenstämme und bis zum steigenden Einfluss christlicher Missionare praktizierende Kannibalen (vgl. Parkinson 2010: 71). Sie genossen geringes Ansehen, wurden regelmäßig als sehr primitiv beschrieben (kritisch dazu Hiery 2007) und von Küstenstämmen auf der Gazelle-Halbinsel teils versklavt (vgl. Mertens 1932: 34). Selbst heute noch werden sie von Angehörigen des Tolai-Stamms abwertend als *kaulong* ('primitiv, tierisch') bezeichnet (vgl. Hiery 2007: VII). Ihr schwieriges Verhältnis zu den europäischen Eindringlingen gipfelte 1904 im Baining-Massaker von St. Paul, dem zwei Patres (darunter Matthäus Rascher, Leiter der hiesigen Missionsstation), sowie drei Brüder der Herz-Jesu-Missionare und fünf MSC-Schwestern zum Opfer fielen. Sie sprechen verschiedene Baining-Sprachen, deren Verbreitung sich auf die Gazelle-Halbinsel beschränkt (vgl. Hammarström et al. 2017, Family: Baining). 1980 gab es geschätzt bis zu 8.000 Baining auf der Gazelle-Halbinsel (vgl. Edgerly 1982: 558).

b) *Die Tolai:* Eine matrilinear organisierte Stammeskultur, zum größten Teil im Flachland der Gazelle-Halbinsel angesiedelt, seit 1960 etwa konstant 40.000 Personen umfassend (vgl. Salisbury 2009: 115f.). Die Matrilinearität sowie die von ihnen gesprochene austronesische Sprache Kuanua (auch: Tolai, Gunantuna, Blanchebay-Dialekt) beziehungsweise deren Dialekte deuten auf eine ursprüngliche Herkunft des Stammes von der benachbarten Insel Neuirland hin. Die traditionelle Währung des *Tabu*-Muschelgelds geht auf sie zurück (vgl. Parkinson 2010: 38ff.). Bekannt waren die Tolai (von der Grußanrede *to lai!* 'hi, man!', vgl. Threlfall 2012: 27) für ihre stolze Unnahbarkeit. Sie nahmen unter den indigenen Stämmen eine Führungsstellung ein und handelten mit der europäischen Bevölkerung (vgl. Mosel 1980: 5). Daher sahen sie auch herab auf jene Indigenen und Immigranten, die sich von den Kolonialisten und Missionaren als Plantagenarbeiter einsetzen ließen (vgl. Chowning 1986: 158). Selbst nahmen sie nur prestigeträchtige Arbeiten an. Rituelle Tänze und Zeremonien spielten eine wichtige Rolle in ihrer Stammeskultur.

Für die Missionare und Kinder von Vunapope in unweiter Nähe (ca. 20 km Luftlinie) war die Stadt Rabaul (Kuanua *ra baul* 'Mangrovenbaum', vgl. Threlfall 2012: 27, ein Hinweis auf die hiesige Tropenflora). Das Landschaftspanorama mutet paradiesisch an:

> The newcomer's first impression of the town [...] is one of tranquil beauty. The green hills around the harbour seem to sleep in the sun. The warm, moist air creates a sense of indolence; temperatures seldom exceed 32 or fall below 22 degrees Celsius and the relative humidity often reaches 100 %. Time seems to slide uneventfully past, for there are not the seasonal changes of more temperate latitudes to mark the passing of the months. Days and nights hardly vary in length all round the year. (Threlfall 2012: 18)

Abb. 2: Blick vom Ressort einer Unserdeutsch-Sprecherin in Kokopo auf die Blanchebucht; im Hintergrund die Vulkane Tarvurvur und Vulcan bei Rabaul (eigenes Foto 2017).

Am Fuße der aktiven Vulkane Tarvurvur und Vulcan liegend, war und ist die Stadt allerdings wiederholt von Ausbrüchen betroffen (zuletzt 2014). Besonders heftig war die Eruption im Jahr 1994, die einen großen Teil von Rabaul faktisch in eine Geisterstadt verwandelte. Eine Reihe von Verwaltungszentren wurde in der Folge nach Kokopo verlegt.

Schon zur Kolonialzeit war Rabaul ein kosmopolitischer Treffpunkt für eine Vielzahl ethnischer Gruppen (vgl. Threlfall 2012: 16). An neueren Immigrantengruppen sind hier, neben Europäern und Australiern, besonders Mikronesen, Malaien, Ambonesen, Filipinos, Japaner und, die größte Gruppe, Chinesen hervorzuheben (vgl. Threlfall 2012: 95ff.). In den Ahnenlinien der Unserdeutsch-SprecherInnen sind die meisten dieser Gruppen vertreten und zeugen damit für die einstige bunte Vielfalt in der Gegend um Rabaul – und damit auch in Vunapope, das heute der Stadt Kokopo zugehört.

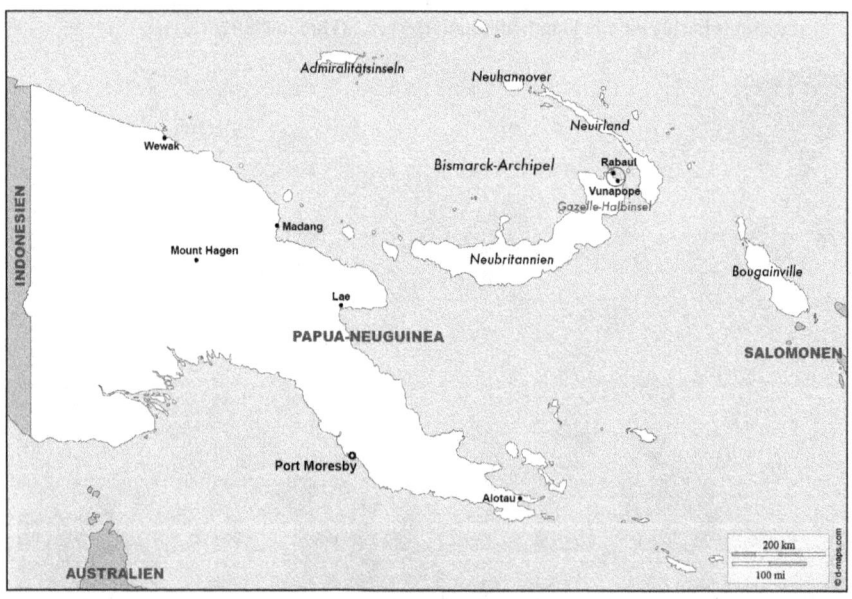

Abb. 3: Entstehungsort von Unserdeutsch: Vunapope auf der Insel Neubritannien.

2.2 Die Kolonie Deutsch-Neuguinea und die Sprachenfrage

Das 1882 gegründete Neuguinea-Konsortium (ab 1885: Neuguinea-Kompagnie), eine deutsche Kolonialgesellschaft, forcierte unter der Laissez-faire-Kolonialpolitik Bismarcks (vgl. Gründer 2001: 38) den Gebietserwerb im melanesischen Pazifik. Nach diversen Erkundungsfahrten und Landerwerbungen vor Ort erhielt es im Mai 1885 durch einen kaiserlichen Schutzbrief die Hoheit über das Schutzgebiet – Bismarcks Bezeichnung für „Kolonie" – Deutsch-Neuguinea zugeschrieben (vgl. Schnee 1920: 629). Die reichsdeutsche Flagge war bereits am 3. November 1884 auf der damaligen Insel (seit der großen Vulkaneruption von 1937 nur mehr Halbinsel) Matupi in der Blanchebucht gehisst worden und kurz darauf an mehreren weiteren Orten.

Neuguinea, die zweitgrößte Insel der Welt nach Grönland (deren Fläche sich heute die Staaten Indonesien und Papua-Neuguinea teilen), war fortan dreigeteilt: Niederländisch-Neuguinea im heute zu Indonesien gehörigen Westen, Britisch-Neuguinea im Südosten (Papua) und das „Kaiser-Wilhelms-Land" als Teil Deutsch-Neuguineas im Nordosten. Nach diplomatischen Querelen mit England (und Australien) wurden bis April 1886 die Interessensphären endgültig abgesteckt (vgl. Gründer 2001: 45). Unter deutsche Verwaltung fiel – neben Teilen Mikronesiens und den nordwestlichen Salomonen – der über 200 Inseln umfassende Bismarck-Archipel. Dessen wichtigste Inseln sind neben Neubritannien (damals: Neupommern) die Nachbarinsel Neuirland (damals: Neumecklenburg) sowie die Admiralitätsinseln, die Duke-of-York-Inseln (damals: Neulauenburg) und Lavongai (damals: Neuhannover). Auf der Gazelle-Halbinsel wurden unter deutscher Administration ebenfalls zentrale geographische Orte umbenannt, so etwa Rabaul zu „Simpsonhafen" und Kokopo zu „Herbertshöhe".

Der Sitz des Gouverneurs von Deutsch-Neuguinea lag unweit der Zentralstation der MSC in Vunapope: bis 1909 in Herbertshöhe, danach in Simpsonhafen. Dieses Amt wurde zur Zeit der Entstehung von Unserdeutsch durch Albert Hahl bekleidet (Gouverneur 1902–1914), zu dem der MSC-Orden, insbesondere der Apostolische Vikar Louis Couppé, zeitlebens ein ambivalentes Verhältnis pflegte.[14]

Mit Ausbruch des Ersten Weltkriegs, auf den die Deutschen vor Ort militärisch in keinster Weise vorbereitet waren (vgl. Hiery 2001b: 805ff.), ging das Schutzgebiet Deutsch-Neuguinea binnen kürzester Zeit in australischen Besitz über: Die Kapitulationsverhandlungen in Herbertshöhe waren bereits am 17. September 1914 abgeschlossen. Die Bedingungen fielen für die Deutschen ausgesprochen günstig aus (vgl. Hiery 2001b: 814); bspw. wurde das deutsche Missionspersonal nicht ausgewiesen – eine zentrale Voraussetzung dafür, dass Unserdeutsch bis heute überleben konnte.

Von Relevanz ist an dieser Stelle noch der Umgang mit der „Sprachenfrage" in Deutsch-Neuguinea: der Diskurs um die zu verwendende Verkehrssprache in der Kolonie, besonders um den Status des Deutschen, und ggf. nötige sprachpo-

---

14 In der katholischen Zeitschrift *Freeman's Journal* wurde das Verhältnis zwischen Gouverneur Hahl und der MSC als "of the most cordial nature" (O'Malley 1903: 37) beschrieben, was wohl eine Übertreibung darstellt. Loosen (2014: 131) spricht ganz im Gegenteil von einem „Dauerkonflikt" zwischen den beiden. Da es dem von Bismarck geforderten nationalen Prinzip widersprach, dass ein französischer Bischof eine Mission auf deutschem Kolonialterritorium leitete, hatte Couppé sowohl bei der Neuguinea-Kompanie als auch bei Hahl einen schweren Stand (vgl. Gründer 1982: 59f.). Letztlich war er aber, ob er wollte oder nicht, auf Zusammenarbeit angewiesen.

litische Maßnahmen. Während im täglichen Umgang vor Ort schnell pragmatische Lösungen zur Verständigung gefunden waren, wurde die Sprachenfrage anfangs weit mehr von einer kolonial interessierten Öffentlichkeit in der Heimat verhandelt und ideologisch aufgeladen (vgl. Engelberg 2014: 311). Mehrere denkbare Lösungen standen zur Debatte und wurden kontrovers beurteilt:

a) *Deutsch als Lingua franca:* Von einer Reihe nationalistisch eingestellter Anhänger des Kolonialgedankens sowie in höheren Regierungsebenen wurde der verklärte Traum von der deutschen Sprache in den deutschen Kolonien vehement eingefordert. Verwiesen wurde dabei sendungsbewusst auf die Funktion des Deutschen als Kulturträger: Seine Vermittlung sei ein nötiges Vehikel, um die indigene Bevölkerung kulturell und sittlich zu „heben" (vgl. Voeste 2005: 163). Abseits dieser kulturchauvinistischen Vorstellung hätte die Verbreitung des Deutschen politisch eine Unterstreichung des Herrschaftsanspruchs gegenüber den anderen Kolonialmächten bedeutet. Die Idee, der indigenen Bevölkerung die deutsche Sprache zu vermitteln, fand allerdings auch leidenschaftliche Gegner im eigenen Lager. Im Raum stand die Befürchtung einer Einebnung der gewollten sozialen Kluft sowie die rassistisch motivierte Sorge, „keine Sprache mehr für die Herrenrasse zur Verfügung zu haben, in der man nicht von unbefugten Eingebornen verstanden oder belauscht werden könne" (Friederici 1911: 97, zit. nach Engelberg 2014: 313). Behauptet wurde auch, das Deutsche sei für die Einheimischen zu komplex und nicht erlernbar (vgl. Voeste 2005: 164), sie könnten die Schönheit und auch die Abstraktheit der deutschen Sprache ohnehin nicht erfassen und würden sie im Gebrauch nur entstellen. Der Mythos von den primitiven Urwaldsprachen war allerdings damals schon linguistisch entkräftet – exemplarisch mit den Worten eines zeitgenössischen Anthropologen:

> Jetzt wissen wir, daß die Papua, anstatt zu lallen und zu grunzen, Sprachen sprechen, welche an verwickelten grammatikalischen Besonderheiten die Mehrzahl der europäischen Sprachen übertreffen. (Neuhauss 1914: 31, zit. nach Voeste 2005: 164)

Zudem zeigte die Erfahrung bald, dass die ohnehin durchgängig mehrsprachigen Einheimischen auf für die Europäer ganz erstaunlich rasche Weise neue Sprachen erlernten. Gegen die Einführung einer allgemeinen Verkehrssprache überhaupt wurde schließlich, wiederum von politischer Seite, auch mit Sicherheitsinteressen argumentiert: Die sprachliche Zersplitterung erschwere den Stämmen günstigerweise die Planung einer Revolte. De facto fehlten letztlich auch die Mittel für einen offiziellen, breitangelegten Deutschunterricht (vgl. Mühlhäusler 2001a: 241). Pionierarbeit leisteten hier die Schulen verschiedener Missionsorden. Tatsächlich sollte zwar im Januar 1915 eine allgemeine Schulordnung in Kraft treten, die obligatorischen Deutschunterricht vorsah (vgl.

Voeste 2005: 168), diesem Entwurf kam jedoch der 1. Weltkrieg und damit einhergehend der Verlust des Schutzgebiets zuvor. So bleibt festzuhalten, dass von dem Projekt „Deutsch in der Südsee" kaum eine Spur erhalten geblieben ist (vgl. Mühlhäusler 2001a: 260) – eben mit Ausnahme von Unserdeutsch.

b) *Indigene Sprache als Lingua franca:* Aufgrund der enormen Vielfalt indigener Sprachen wäre die Entscheidung für eine bestimmte Stammessprache den Angehörigen der anderen Stämme gegenüber ein Affront gewesen (vgl. Voeste 2005: 166). Zur Debatte stand kurzzeitig Kuanua, die Sprache der Tolai. Die Siedler hatten an einem solchen Vorschlag allerdings kein Interesse:

> Wie sollen nun Weiße und Schwarze die To-Sprache lernen? Man kann doch dem ein hartes Brot erntenden Pflanzer und seinen im Schweiße ihres Angesichts schaffenden Arbeiter nicht zumuten, nach vollbrachtem Tagewerk in die Schule zu gehen! (Friederici 1911: 95, zit. nach Mühlhäusler 2001a: 240f.)

Als regionale Verkehrssprachen etablierten sich im Umfeld lutheranischer Missionen die Papuasprache Kâte und die austronesische Sprache Yabem (vgl. Richter 2009: 102). Wirklich überregional als Lingua franca im multikulturellen Verkehr durchgesetzt hatte sich allerdings das Pidgin-Englisch (Tok Pisin bzw. dessen Vorgänger Tok Boi), gerade jene Sprache, die aus Sicht kolonialer Kreise und der Regierung am wenigsten erwünscht war. Zum einen wurde es „als Einladung an die australischen Nachbarn eingestuft, die Kolonie zu übernehmen" (Voeste 2005: 166), zum anderen wurde es nicht als eigenberechtigte Sprache angesehen,[15] sondern als eine inferiore Verballhornung des Englischen diskreditiert, als „Kauderwelsch", „verstümmelt", „in schauderhaftem Zustand", "unlovely dog-English" usw. bewertet, das nicht als Kulturträger dienen könne. Befürchtet wurde ohnehin eine „Verkanakerung" deutscher Siedler durch die Übernahme hiesiger Gepflogenheiten, zu der die Verwendung des Pidgin-Englisch ebenfalls gezählt wurde (vgl. Engelberg 2014: 322). Letztlich waren die zuständigen Stellen allerdings machtlos gegenüber der rasanten Ausbreitung des Pidgin-Englisch:

> The simple truth is that whether the Germans liked it or not, they had to use this Pidgin because it was so deeply entrenched before they established the Protectorate and because, with its Melanesian grammar and syntax, it was so easy for newly-contacted tribes to learn. (Threlfall 2012: 66f.)

---

[15] Vgl. auch eine Bewertung in der *Deutschen Kolonialzeitung* (die sich im Übrigen aus praktischen Gründen für die Verwendung des Pidgin-Englisch in den Kolonien aussprach): „[E]s ist vielmehr ein ganz lächerliches Idiom, welches Worte aus allen möglichen europäischen und außereuropäischen Sprachen entlehnt hat und auch noch immerfort weiter entlehnt; es ist keine eigentliche Sprache, nur ein brauchbarer Wortschatz [...]" (Schellong 1889: 75).

Diese tiefe Verwurzelung des Pidgin-Englisch, die verwundert angesichts der Tatsache, dass sich die Sprache mit der Ankunft der Kolonialisten gerade eben erst stabilisiert hatte,[16] spielt auch bei der Entstehung von Unserdeutsch eine wichtige Rolle.

c) *Nicht-indigene Sprache als Lingua franca:* In Verbindung mit den Vorbehalten gegenüber Tok Pisin war es, wieder mit Blick auf die australischen Nachbarn, „ein anscheinend permanenter Albtraum der kolonialen Lobby" (Mühlhäusler 2001a: 240), dass sich die englische Sprache als Lingua franca durchsetzen könnte. Dies geschah in größerem Ausmaß nicht. Als illusorisch erwies sich auch der in Betracht gezogene Ausweg, über sprachpolitische Maßnahmen eine andere nicht-indigene Sprache zur Lingua franca zu erheben, wie etwa das Malaiische (vgl. Mühlhäusler 1996b: 94). Dieses sei zwar, so wurde argumentiert, verhältnismäßig leicht erlernbar und immerhin beherrschten es die indonesischen Plantagenarbeiter bereits. Allerdings hätte die Sprache von allen anderen von Grund auf neu erlernt werden müssen und wurde nicht zuletzt von den Missionsorden ihrer Verbindung zum Islam wegen abgelehnt (vgl. Voeste 2005: 166).

d) *Vereinfachte Plansprache als (provisorische) Lingua franca:* Da die sprachliche Verständigung möglichst ökonomisch vonstattengehen sollte (vgl. Mühlhäusler 2001a: 240), wurde auch der Einsatz leicht erlernbarer Plansprachen in Erwägung gezogen. Bei deutschbasierten Plansprachen stand dabei der Gedanke im Hintergrund, über diesen Zwischenschritt langfristig zur Erlernung des Deutschen überzuleiten. Zu diesen nie realisierten „Schubladenlösungen" (Mühlhäusler 2001a: 262) gehörten vor allem das am Schreibtisch entworfene *Kolonialdeutsch* (Schwörer 1916) und das *Wede* bzw. *Weltdeutsch* (Baumann 1915; 1916). Vorgeschlagen wurde auch die Einführung des *Volapük* (Schleyer 1880) sowie eines *Vulgär-Papuanisch* (Zöller 1891: 414).

Letztlich hat es in der Kolonie Deutsch-Neuguinea keine einheitliche Sprachpolitik gegeben und das Pidgin-Englisch setzte sich in der Praxis sukzessive durch, auch über die Ära der deutschen Herrschaft hinaus bis heute. Die „Sprachenfrage" zeigt, wie auch die Entstehung von Unserdeutsch, besonders deutlich das Auseinanderklaffen von theoretischen, buchstäblich am Schreibtisch entworfenen Sprachkonzepten und der ganz eigenen Sprachdynamik in der Praxis.

---

16 Wurm und Mühlhäusler (1985: 35) schätzen Tok Pisin 1985 als "barely 100 years old" ein und schreiben weiter: "The year 1884 [Anm.: eben das Jahr der Hissung der dt. Reichsflagge] marks an important event in the history of Tok Pisin; one could almost call it the year of its birth" (Wurm und Mühlhäusler 1985: 44).

2.3 Deus lo vult!

2.3.1 Missionsarbeit in Deutsch-Neuguinea

Papua-Neuguinea ist eines der am stärksten missionierten Länder der Welt (vgl. Robin 1980: 262). Der Einfluss der westlich-christlichen Missionsbestrebungen ist nach wie vor auf vielen Ebenen sichtbar und war wohl oft sogar größer als der Einfluss der Regierung (vgl. Robin 1980: 261). Die Vielzahl von Kirchen, Orden und kleineren Glaubensgemeinschaften, die sich im Laufe der Zeit in Papua-Neuguinea niedergelassen haben, ergeben eine höchst diverse Collage (vgl. Loeliger 1982). Zu Beginn der christlichen Aktivitäten in Melanesien, Mitte des 19. Jahrhunderts, war die Lage in dieser Hinsicht noch übersichtlicher.

1844 errichtete Papst Gregor XVI. nominell das Apostolische Vikariat Melanesien und vertraute es zunächst den Maristen (Societas Mariae) an, die ein Jahr später mit einer ersten Delegation dort eintrafen. Widrige Umstände, Krankheit und Tod zwangen die Maristen nach zwei Anläufen und dem Tod mehrerer Missionare bis 1852 zum Rückzug. Auch ihre Nachfolger, Mailänder Missionare, sahen sich gezwungen, Melanesien drei Jahre später wieder zu verlassen. Von 1855 bis 1880 bestand das Vikariat somit wiederum nur auf dem Papier (vgl. Steffen 2001: 345). Es folgte im Rahmen eines zwielichtigen Siedlungsprojekts des Betrügers Marquis de Rays der französische Geistliche Abbé Lannuzel, bis schließlich 1881 das Vikariat an die erst unlängst gegründete französische Gesellschaft der Herz-Jesu-Missionare übergeben wurde, nachdem die indigenen Einwohner „länger als ein Vierteljahrhundert der Glaubensboten beraubt gewesen" (Hüskes 1932: 20) seien.

Vier protestantische Missionsgesellschaften (Wesleyanische Methodisten, Neuendettelsauer Mission, Rheinische Mission und Liebenzeller Mission) sowie drei katholische (Herz-Jesu-Mission, Maristen und Steyler Missionare) waren während der deutschen Kolonialherrschaft in Deutsch-Neuguinea tätig. Keiner der katholischen Orden ist ursprünglich deutsch, da katholische Missionsgesellschaften im Deutschen Reich zur Zeit des Kulturkampfes in den 1870er Jahren verboten waren. Wohl zu gerne hätte die Regierung zum einen nur deutsche Missionare und zum anderen auch nur protestantische Missionare in Deutsch-Neuguinea zugelassen, konnte sich dies jedoch nicht erlauben (vgl. Dornseif 2010a: 10). Mit den 1880er Jahren entspannte sich das Verhältnis zwischen Bismarck und dem katholischen Zentrum wieder und das Wirken katholischer Missionsorden war fortan nicht mehr behindert. 1887 wurde das Apostolische Vikariat aufgeteilt, woraus ein eigenes Vikariat Neupommern hervorging (vgl. Zwinge 1932: 29). In der Heimat genossen die Missionare einen zunehmend guten Ruf und wurden als mutige Bahnbrecher der Zivilisation angesehen, was zum Beispiel in dem mehrteiligen Beitrag „Die Kulturarbeit der Heidenmission" 1884 in der Deutschen Kolonialzeitung zum Ausdruck kommt (vgl. Büttner 1884).

Ein intensives Konkurrenzverhältnis entstand zwischen den katholischen Herz-Jesu-Missionaren und den evangelischen Methodisten (Wesleyanern) australischer Herkunft (vgl. Garrett 1992: 38). Letztere waren die erste christliche Mission im Bismarck-Archipel und bereits seit 1875 dort aktiv, doch bald errangen die Herz-Jesu-Missionare eine klare Monopolstellung auf der Gazelle-Halbinsel. Die Methodisten mit Hauptsitz in Raluana unweit von Kokopo wurden von der Kolonialregierung gerügt, da sie im Gegensatz zu den Katholiken zunächst keine deutschen Missionare rekrutierten (vgl. Pech 2001: 413).[17] Der Konflikt zwischen den Herz-Jesu-Missionaren und den Methodisten führte unter anderem zur australischen Besatzungszeit zu gegenseitigen behördlichen Diffamierungen, woran auch der damalige Bischof Louis Couppé sich rege beteiligte (vgl. Waldersee 1995: xiv). In ihren Publikationen klagten sie ihr Leid über die jeweils andere Gruppe, die ihnen das Leben schwermache. So schrieb Heinrich Fellmann, seiner Zeit Vorsitzender der Methodistenkonferenz Neuguineas, in der australischen Wochenzeitung *Methodist* über das schwierige Verhältnis zu den Herz-Jesu-Missionaren:

> Strange as it may sound to readers, we have not to battle so much against an opposition put forth by wild savages and cannibals – this is a thing of the past, at least where we are working now – but against a wealthy so-called Christian community [...]. (Fellmann 1903: 8)

Noch deutlicher zum Ausdruck kommt das feindselige Verhältnis in Worten Pater Raschers in einer Publikation der Herz-Jesu-Missionare:

> Wahrscheinlich möchten sie den „armen Katholiken" beweisen, daß sie ihnen um vieles voraus sind. Anmaßender Stolz, Selbstgefälligkeit und Pharisäerwesen wird nicht nur von den wesleyanischen schwarzen Missionaren, sondern auch von ihren Schülern gepflegt. Überall, wo diese fanatische Sekte neben einer katholischen Mission arbeitet, kommt es zu Mißhelligkeiten. (Rascher 1909: 232)

Die Erfolge der katholischen Missionen mögen mit dem Umstand geschuldet sein, dass diese tendenziell eher als evangelische Missionare bereit waren, traditionelle Elemente der melanesischen Kultur, etwa Tänze, im christlichen Kon-

---

17 Erst 1897 wurde mit Heinrich Fellmann ein deutscher methodistischer Missionar in den Bismarck-Archipel entsandt. Er übersetzte in den Folgejahren das Neue Testament in Kuanua, die Sprache der Tolai. Vgl. auch die Tagebücher seiner Frau Johanna (Fellmann 2009). Dies ist, neben der unterschiedlichen Sprachpolitik, mit ein Grund, weshalb kein deutschbasiertes Pidgin oder Kreol an einer Missionsstation der Methodisten entstand.

text zu dulden (vgl. Robin 1980: 266). Zwar galten die Herz-Jesu-Missionare wiederum unter den katholischen Missionen in dieser Hinsicht als am wenigsten tolerant (vgl. Hiery 2001a: 201), doch wurden sie darin von der Vorgehensweise der Methodisten, die „den radikalsten Bruch mit der Vergangenheit bezweckte" (Hiery 2001a: 201), übertroffen. Über ganz Papua-Neuguinea hinweg betrachtet haben sich heute allerdings protestantische Konfessionen mit rund 70 % Bekennern gegenüber katholischen durchgesetzt (vgl. CIA 2016).

In ihrem Selbstverständnis sahen sich die Missionare der indigenen Bevölkerung gegenüber als selbstlose Heilsbringer, Retter in der Seelennot. Dies verdeutlichen exemplarisch Zeugnisse aus dem Umfeld des MSC-Ordens: „Geschöpfe, die in sittlicher Beziehung kaum mehr Menschen gleichen" (MSC-Album: 9), hätten verroht und apathisch im Urwald vegetiert; dabei

> regte sich in den Besseren und besonders den Leidenden unter ihnen ein Sehnen, aus diesen Zuständen herauszukommen, eine wahre Erlösungsbedürftigkeit [...]. Nur die christliche Religion konnte das ganze Sehnen ihres Herzens stillen, und nur die Missionare, die ihnen die Religion brachten, konnten diese wilden Barbaren in gesittete Menschen umwandeln. (Bley 1925: 10)

Ein theatralisches, wirklichkeitsfremdes Bild des Empfangs der ersten Missionare mit offenen Armen wird dabei gezeichnet:

> Es dürfte hinlänglich bekannt sein, mit welcher Sehnsucht die noch heidnischen Eingeborenen einen Missionar erwarten. [...] Die Kanaken wenden sich an uns wie die Kinder im Evangelium, die um Brot flehten, aber niemanden fanden, der es ihnen gereicht hätte. (Rascher 1909: 119)

So hätten die Missionare auch gar nicht anders reagieren können, als sogleich in die Südsee aufzubrechen, nachdem die Hissung der deutschen Flagge

> eine bisher unbeachtete, im Heidentum verdorbene Welt vor den Horizont der deutschen Christenheit rückte und das naturgemäße Verlangen hervorrief, den neu hinzugekommenen Gebieten im Gefolge der deutschen Okkupation auch die Segnungen der wahren Religion mitzuteilen. (Schmidlin 1913: 4)[18]

Dementsprechend wurde das Missionswerk von MSC-Bischof Louis Couppé aus den eigenen Reihen heraus nur in den schönsten Farben gezeichnet:

---

18 Ebenso der damalige Hiltrup-Provinzial Hubert Linckens: „Die armen wilden Eingeborenen müssen zu einem menschenwürdigen Zustand erhoben werden" (Linckens 1921: 77).

> All Bishop Couppé's gifts of heart and mind were brought to bear on spreading the peace and joy of our religion to the poor people steeped in the fear and darkness of paganism. (Adela, Sr. 1971: 13f.)[19]

Der MSC-Missionar Zwinge (1932: 32) bringt das Selbstverständnis auf den Punkt: „Gott hat diese Mission gewollt [...]. Ja! Gott hat es so gewollt!" Bei diesem Sendungsbewusstsein war es kein Wunder, dass die eigenen Lehren als alleingültig betrachtet wurden und es nebenbei als „heilige Pflicht" angesehen wurde, die Einheimischen auch vor den vermeintlichen Irrlehren anderer Missionsorden zu bewahren (vgl. Threlfall 2012: 49).

2.3.2 Die Herz-Jesu-Missionare (MSC) und ihr Weg nach Neubritannien

In diesem Kapitel werden die Entwicklungen zusammengefasst, die dazu führten, dass die Herz-Jesu-Missionare deutsche Missionare ausbildeten und diese auf die Gazelle-Halbinsel schickten. Die nachfolgenden Ereignisse bilden damit die missionshistorischen Rahmenbedingungen für die Genese von Unserdeutsch in Vunapope, wie sie sich in der Folge ereignete.

1854 gründete Pater Jules Chevalier in Issoudun im Herzen Frankreichs den katholischen Orden der *Missionare vom Heiligsten Herzen Jesu* (MSC). Diesem wurde 1881 per Schreiben von Papst Leo XIII. das verwaiste Doppelvikariat Melanesien-Mikronesien übertragen (vgl. Hüskes 1932: 20). In den Folgejahren expandierte der Orden über die Grenzen Frankreichs hinaus,[20] zunächst mit der Gründung einer Niederlassung im niederländischen Tilburg 1881 und anschließend mit der Eröffnung eines Missionshauses im belgischen Antwerpen 1886, das explizit der „Heranbildung des Nachwuchses aus Deutschland" (Bender 1932: 198) diente.

Die von Pater Chevalier angestrebte Gründung einer Niederlassung auf deutschem Boden erwies sich anfangs als schwierig, da zum einen das deutsch-französische Verhältnis strapaziert war, zum anderen als Folge des Kulturkamp-

---

19 Ähnlich wieder Hubert Linckens: „Die armen Eingeborenen saßen wirklich in den tiefsten Finsternissen und im Schatten des Todes, woraus die Missionare sie befreien wollten." (Linckens 1921: 62)

20 Der Hauptgrund ist in dem kirchenfeindlichen Klima des Frankreichs jener Jahre zu sehen, das zur Vertreibung kirchlicher Gemeinschaften und auch des MSC-Ordens führte (vgl. Bender 1932: 197). Wie notwendig die Expansion über die französischen Grenzen hinaus rückblickend für das Überleben des Ordens war, zeigt die 1903 in Frankreich erfolgte Auflösung aller Ordensgemeinschaften.

fes dort keine katholische Missionsbasis vorhanden war. Für die auf nun seit 1884 deutsch kolonialisiertem Gebiet tätigen Missionsgesellschaften war es aber mehr als ratsam, deutsche Missionare für diese Gebiete auszubilden, um der Gefahr einer Ausweisung zu entgehen (vgl. Gründer 1982: 49). 1888 konnte schließlich in Salzburg-Liefering ein erstes Missionshaus auf deutschsprachigem Boden gegründet werden. Erst 1896 wurde der MSC-Orden auch im Deutschen Reich zugelassen (vgl. Gründer 2004: 113) und konnte im Folgejahr sein Missionshaus in Hiltrup bei Münster eröffnen (Hiltruper Missionare), das dann für die Südsee-Mission zentral werden sollte. Die Eröffnung ging einher mit der Gründung einer deutschen Ordensprovinz durch den gebürtigen Niederländer Pater Hubert Linckens. Diese wurde neben Hiltrup und Salzburg-Liefering 1902 um eine dritte Niederlassung bereichert, das Ordenshaus im westfälischen Oeventrop bei Arnsberg (Mückler 2010: 141).

Später, 1925, wurde die deutsche Provinz in eine norddeutsche Provinz (Sitz: Hiltrup) und eine süddeutsch-österreichische Provinz (Sitz: Salzburg) zweigeteilt, wobei die große Mehrzahl der deutschen Missionare weiterhin vom Standort Hiltrup in der nun norddeutschen Provinz aus in die Südsee entsandt wurde. Linckens gründete 1900 auch den Orden der *Missionsschwestern vom Heiligsten Herzen Jesu* in Hiltrup (Hiltruper Missionsschwestern), von dem aus in den Folgejahren regelmäßig Ordensschwestern nach Vunapope entsandt wurden (vgl. Steffen 2001: 353f.; Löhr 2008: 176).[21] Zwar hatte bereits 1874 Pater Chevalier zusammen mit Maria Luise Hartzer den Frauenorden *Töchter Unserer Lieben Frau vom Heiligen Herzen* (Filiae Dominae Nostrae a Sacro Corde = FDNSC) in Issoudun gestiftet, der in den ersten Jahren ebenfalls Schwestern nach Vunapope entsandte, doch dieser hatte keine Genehmigung zur Gründung einer Niederlassung auf deutschem Boden erhalten (vgl. Bender 1932: 203). Einen dritten Schwesterorden, der sich ausschließlich aus indigenen Schwestern des Missionsgebiets rekrutierte und administrativ an die FDNSC angelehnt war, gründete schließlich noch Louis Couppé im Jahr 1912 in Vunapope (vgl. Kleintitschen 1932: 136). Es handelte sich um die *Schwestern der Unbefleckten Empfängnis Mariens* (Figlie di Maria Immacolata = FMI), die auch als „schwarze Schwestern" bekannt waren – zur Unterscheidung von den „blauen Schwestern" der FDNSC und den „weißen Schwestern" der MSC (vgl. Bley 1925: 64ff.).

Das Verhältnis zwischen Louis Couppé als Apostolischem Vikar von Neupommern seit 1889 und Provinzial Linckens in Hiltrup war von Anfang an ange-

---

21 Der Orden wurde explizit mit dem Ziel gründet, „hauptsächlich in den Heidenländern" an der Verbreitung des Glaubens mitzuwirken, wobei unter anderem der „Unterricht in den Schulen, Waisenhäusern und Pensionaten" zu den Aufgaben der Schwestern gehören sollte (aus den Ordensstatuten von 1900, zit. nach Frings 2000: 58).

spannt und von Machtkämpfen geprägt. Die Rede ist von einem „Kleinkrieg" *(running battle)* zwischen beiden, der selbst während der für die Mission dringenden Zusammenhalt erfordernden schwierigen Zeit des Ersten Weltkriegs weitergeführt wurde (vgl. Waldersee 1995: xxii).

Die Ankunft der ersten Herz-Jesu-Missionare in der Blanchebucht erfolgte nach einer hindernisreichen Überfahrt bereits zwei Jahre vor der Ausrufung des Schutzgebiets Deutsch-Neuguinea, am 28. September 1882. Zwei französische Patres (André Navarre, 1887–1889 Apostolischer Vikar des Vikariats Melanesien, und Théophile Cramaille) sowie ein Bruder (Mesmin Fromm, später Pater) gingen an Land und ließen sich zunächst in Nodup (Nondup) bei Rabaul nieder. Bald darauf zogen sie ins günstiger gelegene Kinigunan[22] bei Kokopo um (vgl. Steffen 2001: 347), mussten dieses jedoch nach einem Brand ihrer Missionshütte[23] wieder verlassen und siedelten sich schließlich 1883 in Vlavolo (nordwestlich von Rabaul) an. In der Zwischenzeit wurde von Navarre die Gründung einer „Nachschubs- und Erholungsbasis für die Missionare" (Steffen 2001: 348) in Sydney veranlasst. Durch die Erweiterung des Missionsfelds auf ein Gebiet in Britisch-Neuguinea und die Verlegung von Personal dorthin zersplitterte man allerdings seine Kräfte, und durch zusätzliche krankheitsbedingte Ausfälle kam die Arbeit 1887 auf Neupommern beinahe zum Erliegen (vgl. Linckens 1921: 7f.).

Ende Dezember 1888 setzte ein neuer Aufschwung ein, als Pater Louis Couppé mit drei weiteren Missionaren die Gazelle-Halbinsel erreichte. Er wurde ein Jahr darauf, nach einer kurzen Übergangszeit unter Bischof Henri Verjus, als Apostolischer Vikar eingesetzt und zum Bischof geweiht. Sein Auftreten stellte eine Zäsur dar: Couppé wird vielfach als „[d]er eigentliche Gründer" (Bögershausen 1932: 172) der systematischen MSC-Mission auf Neubritannien betrachtet. Beschrieben wird Couppé als markante Persönlichkeit, die „einen autokratischen Willen und eine zähe Energie" hatte (Bögershausen 1932: 176). Nach der Gründung der Zentralstation Vunapope 1891 durch ihn schossen in den Folgejahren im Umland weitere Stationen wie Pilze aus dem Boden. Allein bis 1912 waren auf Neubritannien insgesamt 26 MSC-Stationen errichtet, 6 weitere auf der benachbarten Insel Neuirland (vgl. Schmidlin 1913: 175). Auch die 1891 durch Reichskanzler von Caprivi verfügte Aufteilung der Gazelle-Halbinsel in zwei Missionsdistrikte – die formal erst 1899 wieder aufgehoben wurde – hin-

---

[22] In älteren Quellen teils *Kininigunan;* in dieser Arbeit wird die verkürzte Schreibung *Kinigunan* verwendet.
[23] Es handelte sich offensichtlich um Brandstiftung, veranlasst durch den Kolonialisten Farrel, der Anspruch auf das Grundstück erhob und einige Indigene mit der Durchführung beauftragte (vgl. Bley 1925: 17; Delbos 1985: 72). Der einstweilige Sitz der Kolonialadministration wurde an dieser Stelle 1899 errichtet.

derte die MSC nicht daran, aus dem benachbarten wesleyanisch-methodistischen Gebiet sukzessive immer mehr Einheimische an sich zu ziehen und diese dort in Eigeninitiative katholische Gebetsstätten errichten zu lassen (vgl. Steffen 2001: 351f.).

Bis zum Beginn der eigentlichen Missionsarbeit verging nach der Gründung einer neuen Station allerdings immer eine ganze Weile der sozialen Akklimatisierung:

> So oft sich eine Gelegenheit bot, mußten die Missionare mit den Eingeborenen in Verkehr treten, mußten freundschaftliche Beziehungen mit ihnen anknüpfen, um sie auf diese Weise genauer kennenzulernen, ihre Lebensweise, ihren Charakter, ihre Sitten und Gebräuche [...]. Das allererste Erfordernis jedoch war die Erlernung der Sprache. (Bley 1932: 93)

Daneben floss, dem chronischen Personalmangel geschuldet, üblicherweise viel Zeit in die eigentliche Anlage der Station und damit verbundene Existenzfragen, sodass „im günstigsten Falle" mit eineinhalb bis zwei Jahren Vorlauf bis zur eigentlichen Schriftenlehre zu rechnen war (vgl. Schellong 1889: 85). Auch Couppé war in der Anfangszeit viel mit handwerklichen Arbeiten, Erkundungsreisen und dem möglichst raschen Lernen der Tolai-Sprache beschäftigt.

2.4 Die Missionszentrale Vunapope

2.4.1 Der florierende „Ort des Papstes"

1891 erhielten die MSC-Missionare auf der Gazelle-Halbinsel in Nachbarschaft zum damaligen Sitz der Kolonialadministration[24] ein Grundstück in Kinigunan bei Kokopo (Herbertshöhe) zugeteilt (vgl. Zwinge 1932: 31), das 50 Hektar Land umfasste (vgl. Delbos 1985: 389) und auf dem im selben Jahr der Grundstein für die künftige Zentralstation gelegt wurde. Der Ort wurde in den Folgejahren unter dem Namen *Vunapope*[25] bekannt: Ursprünglich eine abschätzige Bezeichnung der konkurrierenden Methodisten-Missionare (Kuanua 'Ort des Papstes', zunächst negativ konnotiert als 'Papistenplatz' zu lesen), griff Couppé das kursierende Schimpfwort selbstbewusst zur Benennung der Station auf (vgl. Freeman's Journal 1904: 21; Schmidlin 1913: 1/2).

Rege Tätigkeit bestimmte die nächsten Jahre, in denen das „Herz der Mission" (Ischler 1932: 180) einen beispiellosen Ausbau erfuhr, der Pater Madigan

---

24 Dieser wurde unter Albert Hahl 1907 nach Simpsonhafen (Rabaul) verlegt.
25 Anfangs in den Schreibungen Wunapope, Vuna Pope, Vuna-Pope.

rückblickend von einem der Wunder der Südsee sprechen ließ (vgl. Madigan 1940: 3). Der angelegte Hauptweg teilte das Areal bald nach Geschlechtern in einen Bereich der Patres und Brüder und einen der Schwestern (vgl. Ischler 1932: 182). Wohnhäuser, Ställe und Werkstätten entstanden, ein Sägewerk, eine Schneiderei und Schmiede, eine Druckerei und Wäscherei, ein Lagerhaus, eine Bäckerei und ein Missionsgeschäft, Gärten und Kokosplantagen, eine Werft sowie ein Friedhof[26] – im Grunde ein „ganzes Dorf" (Linckens 1921: 41). Stolz der Missionare waren zweifelsohne die prächtige zweitürmige Kathedrale und die sozialen Einrichtungen der Station. Hier ist das spätere Hospital inklusive Zahnklinik zu nennen, besonders aber unter dem Fokus dieser Darstellung die Mehrzahl an Schulen und Waisenhäusern. Mehrere Einrichtungen eines mehrstufigen Erziehungsprogramms, das indigene Kinder von nicht- und halbindigenen Kindern separierte, sind hier zu unterscheiden (vgl. Kap. 2.5).

Hand in Hand mit dem zügigen Wachstum der Infrastruktur und der Einrichtungen der Station ging auch die beständige Zunahme der zu versorgenden Missionare, angestellten Arbeiter und Kinder. Nach rund 30 Jahren des Aufbaus wurden in Vunapope permanent über 500 Personen unterhalten (vgl. Ischler 1932: 184). Im Jahr 1912 war dies noch die Zahl aller Arbeiter gewesen, die die Mission im ganzen Bismarck-Archipel auf ihren damals knapp 3.500 Hektar Land insgesamt beschäftigte. Schon zu dieser Zeit war sie allerdings die „größte und bedeutendste Mission auf Neupommern" (Gründer 2004: 112). Auch gegenwärtig kann Vunapope als eines der wichtigsten Missionszentren Papua-Neuguineas gelten.

2.4.2 Das internationale Missionspersonal

Für die zeitliche Verortung der Entwicklungsphasen von Unserdeutsch ist der wechselnde sprachliche Hintergrund des Missionspersonals in Vunapope von Bedeutung. Grob können hier fünf ineinandergreifende Phasen unterschieden werden, die jeweils mit dem Boden eines anderen Sprachgebiets zusammenhängen:

---

26 Der Friedhof führt in der Aufteilung der Gräber die praktizierte Rassentrennung weiter fort: Die Gräber der Weißen sowie der mixed-race Missionszöglinge – die hierarchisch eine Zwischenstufe einnahmen, vgl. Kap. 2.6.2 – auf der linken Seite, die Gräber der (getauft verstorbenen) Indigenen auf der rechten Seite.

Abb. 4: Das Missionsareal von Vunapope in der Zwischenkriegszeit (Foto: Familienbesitz Fam. Kikuchi).

1. *Personal aus Frankreich (1882–1891):* Die ersten drei MSC-Missionare, die 1882 den Fuß auf Land setzten, waren Franzosen. Nur einer von ihnen, Mesmin Fromm, verstand ein wenig Deutsch, tat sich aber später schwer, deutsche Regierungsschreiben zu übersetzen (vgl. Waldersee 1995: 463f.). Englisch beherrschte zunächst allein André Navarre, und dieser auch nur passiv (vgl. Waldersee 1995: 103). Drei weitere französische Patres und ein Bruder erreichten das Vikariat in den Folgejahren (vgl. Bender 1932: 204), bis 1888 die beiden französischen Patres Couppé und Gouthérand an Land gingen. Louis Couppé war des Englischen mächtig, aber nicht des Deutschen und somit in der Korrespondenz mit Gouverneur Hahl auf einen Übersetzer angewiesen (vgl. Garrett 1992: 51). Der letzte französische Bruder wurde 1891 nach Neubritannien entsandt (vgl. Steffen 2001: 353). Wenige Jahre später schon wurden die französischen Missionare durch deutsche und niederländische Missionare aus der Nordprovinz der MSC ersetzt und wirkten fortan missionarisch in Papua, auf den Thursday-Inseln und der Insel Yule (vgl. Delbos 1985: 387). In der Folge waren Couppé und Generalvikar Gouthéraud bald die einzigen französischen Missionare in Vunapope. Als dann noch 1907 Gouthéraud verstarb, verblieb mit Couppé allein der Apostolische Vikar ein Franzose (vgl. Steffen 2012: 21). Auf Seite der Schwestern kam Ende Januar 1892 eine von Issoudun ausgehende

Abordnung von fünf FDNSC-Schwestern – drei französische, zwei deutsche – in Vlavolo an. Zwei von ihnen blieben in Vunapope: die französische Schwester Catherine Rosteau und die Oberin Schwester Odile aus dem Elsass, die deutsch-französisch zweisprachig war. Noch drei weitere Schwesterngruppen wurden im Zwei-Jahres-Abstand von Issoudun aus in Südsee geschickt, allerdings waren unter ihnen kaum mehr Französinnen. In der Gruppe von Anfang 1894 war nur eine Französin (Schwester Hilaire Brillouet), die drei anderen Schwestern waren belgischer und niederländischer Herkunft. Es folgte eine Gruppe mit sechs weiteren Schwestern 1896 und zwei weiteren 1898 (vgl. Steffen 2012: 21f.). Die FDNSC-Schwestern, ausgebildet in Issoudun, beherrschten unabhängig von ihrer Herkunft das Französische, weshalb ihnen Bischof Couppé noch nach der Jahrhundertwende die Exerzitien auf Französisch hielt (vgl. Janssen, Tagebuch 1902–1922: 1903, 20). Sie wurden 1920 nach Niederländisch-Indien versetzt (vgl. Huygens Instituut voor Nederlandse Geschiedenis 2011).

2. *Personal aus Belgien und den Niederlanden (1891–1905):* Solange der Betrieb einer Ausbildungsstätte auf deutschem Boden noch nicht möglich war, wurden in der Ordensniederlassung Antwerpen (gegründet 1886) gezielt auch deutsche Missionare ausgebildet und nach Neupommern entsandt (vgl. Linckens 1921: 74; Bögershausen 1932: 174). Ähnliches galt für die Niederlassung im niederländischen Tilburg (gegründet 1881), der unter anderem zwei der dem Baining-Massaker 1904 in St. Paul, einer Nachbarstation Vunapopes, zum Opfer gefallenen MSC-Missionare entstammten (vgl. Steffen 2001: 356). Provinzial Linckens selbst war gebürtiger Niederländer und hatte in Antwerpen unterrichtet. Mit MSC-Bruder Geboers war bereits 1888 ein einzelner gebürtiger Niederländer in Neupommern angekommen (vgl. Mückler 2014: 167). Ab 1891, mit der Gründung der Zentralstation Vunapope, kamen dann in kurzen Abständen weitere niederländische Brüder und Patres dorthin (vgl. Mückler 2014, Bender 1932: 204). Dieser Trend wurde erst ab 1905 rückläufig: Die Nordprovinz hatte 1902 zusätzlich die Mission in Niederländisch-Neuguinea übernommen und versetzte nun sukzessive ihre niederländischen Missionare aus Deutsch-Neuguinea dorthin. Trotzdem kamen sporadisch noch Niederländer nach Vunapope, wobei besonders die Ankunft des späteren Apostolischen Vikars Gerard Vesters 1923 zu erwähnen ist. Da die belgischen Missionare Französisch oder Deutsch sprachen und die niederländischen stets in der Unterzahl waren und sich offensichtlich des Englischen oder Deutschen an der Missionsstation bedienten, ist davon auszugehen, dass sich ihr sprachlicher Einfluss auch auf diese Sprachen beschränkt. Dies trifft ebenso auf die wenigen niederländischen Schwestern zu, die in Vunapope waren (die erste war Sr. Hubertine Schellens FDNSC 1894).

Abb. 5: Bischof Louis Couppé mit zwei indigenen Knaben aus den Waisenhäusern von Vunapope auf Heimatbesuch in Hiltrup (1900, GAMS).

3. *Personal aus Österreich und Deutschland (ab 1890):* Vier deutschsprachige Missionare (zwei Patres und zwei Brüder), die der MSC-Niederlassung in Salzburg entstammten, erreichten im Juli 1890 Neupommern (vgl. Waldersee 1995: 465). Bis nach der Errichtung des Ordenshauses Hiltrup 1897 sind alle weiteren deutschsprachigen Missionare, die Vunapope erreichten, auf die Häuser in Salzburg, Tilburg und insbesondere auch Antwerpen (vgl. Bley 1925: 22) zurückzuführen. Bis zum Ersten Weltkrieg folgen dann fast nur noch deutschsprachige Missionare. Schon im Juli 1894 schrieb der MSC-Orden an Reichskanzler Caprivi, dass 21 von 27 Missionaren in Vunapope bereits des Deutschen mächtig seien (vgl. Waldersee 1995: 462). Verkehrssprache mit den nicht deutschsprachigen Missionaren war das Englische. In einem Schreiben an Provinzial Linckens im Frühjahr 1895 drückte die Reichsregierung ihren Wunsch aus, auch die Missionsschwestern anderer Nationalitäten möglichst bald durch deutsche zu ersetzen (vgl. Frings 2000: 44). Die ersten sechs deutschen Schwestern aus dem neu errichteten Haus in Hiltrup erreichten Vunapope 1902 (vgl. Steffen 2012: 23).

4. *Personal aus dem angelsächsischen Raum (ab 1920):* Nach der mehrjährigen Pause infolge des Ersten Weltkriegs und der australischen Okkupation, die den personellen Nachschub zum Erliegen brachte (seit 1914 war allein 1917 Pater Bailey nach Neubritannien gekommen), kamen 1920 drei englischsprachige Priester an die Mission und später weitere. Hierbei handelte es sich vor allem um Australier (vgl. Waldersee 1995: 553) und um Schwestern aus der amerikanischen MSC-Niederlassung. Ab 1925 kamen dann parallel auch wieder deutsche Missionare nach Neubritannien (vgl. Waldersee 1995: 554; Bender 1932: 205). So war zwar die offizielle Sprache an der Mission inzwischen das Englische, doch aufgrund des vielen deutschen Personals – deutsche Missionare und ebenso die Schwestern hatten das Land nicht verlassen müssen – war weiterhin auch die deutsche Sprache allgegenwärtig. Stark rückläufig wurde der deutsche Sprachgebrauch erst nach dem 2. Weltkrieg.

5. *Indigenes Personal:* Den Grundstein zur Ausbildung einheimischer Missionare hatte Couppé bereits 1898 mit der Gründung der Katechistenschule und 1912 mit der Gründung des Schwesternordens der FMI gelegt. Auch Provinzial Linckens formulierte später (1921: 76), dass das letzte Missionsziel erst erreicht sei, wenn das Missionsgebiet seinen eigenen Klerus zu stellen vermöge. Er sah dieses Ziel allerdings in weiterer Ferne: Es könne „bei einer so tief stehenden Bevölkerung" frühestens ab der dritten Generation an indigene Priester gedacht werden, weshalb noch „mehrere Jahrzehnte" für diesen Schritt zu veranschlagen seien. Inzwischen ist dieser Schritt zwar gegangen, doch liegt die Leitung der Erzdiözese Rabaul nach wie vor in den Händen eines Europäers (bis 2011 des Deutschen Karl Hesse, seitdem des Italieners Francesco Panfilo).

Grundsätzlich entstammte das Missionspersonal allen Ständen und Bildungsschichten (vgl. Büttner 1884: 142). Was die ersten FDNSC-Schwestern betraf, beklagte sich Couppé des Öfteren über deren geringen Bildungsstand und mangelnde Qualifikation:

> While they are good pious nuns, they are all incapable of managing an orphanage or teaching children. They have far too little education and intelligence. None of them can write correctly *in any language,* none is interested in learning the local language of the natives; none can sing the simplest hymn. (Schreiben an Jules Chevalier vom 2. Mai 1892, zit. nach Waldersee 1995: 472; Hervorhebung im Original)[27]

Ebenso war er in der Anfangszeit mit einer Reihe von Brüdern aus dem Hause Antwerpen nicht zufrieden.[28] Doch die Situation besserte sich stetig: Von 1894 bis 1912 nahm das gesamte MSC-Personal im Missionsgebiet von 24 auf 118 zu (vgl. Linckens 1921: 96). Mit Stand 2015 waren seit der Ankunft der ersten Missionare 1882 insgesamt über 400 MSC-Missionare im Gebiet von Papua-Neuguinea im Einsatz. Über die Hälfte von ihnen wurde aus der Norddeutschen Provinz entsandt (vgl. Kleer 2015: 131).

2.5 Die Evangelisierungspolitik der MSC

Die von den Herz-Jesu-Missionaren auf der Zentralstation Vunapope – aber ebenso auf den Außenstationen – verfolgte Missionspolitik beruht fundamental auf Konzepten Louis Couppés und Vorüberlegungen André Navarres. Zum Verständnis des Entstehungskontextes von Unserdeutsch ist hier in erster Linie der Ansatz der möglichst frühzeitigen Evangelisierung von Kindern relevant. Dabei ist zwischen indigenen Kindern (bzw. Heranwachsenden) auf der einen Seite und nicht- sowie halbindigenen Kindern (bzw. Heranwachsenden) auf der anderen Seite zu unterscheiden, da die Ziele und Methoden der Christianisierung beider Gruppen nicht dieselben waren, beide Gruppen auch in der Erziehung strikt getrennt wurden.

---

27 In einem Schreiben an P. Maillard vom 1. August 1893 äußerte sich Couppé ganz ähnlich (vgl. Waldersee 1995: 472f.).
28 So schrieb er 1892 polemisch: "I fear that, at least as far as my mission is concerned, the policy of this house [des Ordenshauses Antwerpen] is to send to the mission only subjects they do not want themselves" (zit. nach Waldersee 1995: 472).

Unserdeutsch entstand in der Gruppe der nicht- und halbindigenen Kinder.[29] Die indigenen Kinder und später Erwachsenen sind jedoch aufs Engste mit der Mission verbunden und gehören sprachlich zum Gesamtbild, zudem fällt die Zuordnung in den historischen Quellen bei fehlender vertiefter Kenntnis teils schwer. Aus diesen Gründen wird, auch der Klarheit und Vollständigkeit halber, in diesem und im Folgekapitel auf sie ebenfalls eingegangen.

2.5.1 Die Christianisierung indigener Kinder

Die Versuche der Missionare, erwachsene Einheimische zum Christentum zu bekehren, verliefen zunächst wenig erfolgversprechend. Dies zeigt die folgende Übersicht der Taufen durch die MSC deutlich (siehe Abb. 6).

In den ersten acht Jahren auf der Gazelle-Halbinsel konnte demnach nicht ein einziger Erwachsener getauft werden.[30] Dafür war die Zahl der Kindertaufen in den Anfängen vergleichsweise hoch. Erst nach der Gründung der Zentralstation Vunapope mehren sich langsam die Erwachsentaufen, bis deren Zahl ab 1893 regelmäßig die der Kinder übertrifft.

Tauftabelle der katholischen Mission auf Neupommern 1882—1897:

	Kinder	Erwachsene	Summe
Seit Beginn 1882 bis 1. August 1891	135	—	135
Berichtsjahr 1891/92	103	7	110
„ 1892/93	26	49	75
„ 1893/94	71	79	150
„ 1894/95	117	383	500
„ 1895/96	417	1231	1648
„ 1896/97	815	1504	2319
	1684	3253	4937

Abb. 6: Taufen durch die MSC auf Neupommern 1882–1897 (Schmidlin 1913: 173).

---

29 Das Erziehungsprogramm richtete sich ausdrücklich auch an europäische und asiatische Kinder, die nicht gemischter Abstammung waren. Abseits des Erziehungskonzepts wird in dieser Arbeit jedoch vereinfachend von mixed-race Kindern gesprochen, da diese auch den allergrößten Teil ausmachten.
30 Bley (1925: 24) nennt als Tag der ersten Erwachsenentaufe den 5. August 1890.

2.5.1.1 Das Grundkonzept

Gleich in seinem ersten Jahr auf der Gazelle-Halbinsel sah André Navarre das geringe Interesse der Erwachsenen, zum Christentum zu konvertieren, und skizzierte in einem Brief sein zukunftsweisendes Konzept, das auf den Nachwuchs der indigenen Bevölkerung abzielte:

> I was wondering how we could gain some status in the eyes of the natives, and give them a more exalted idea of our Holy Religion. I then thought of founding children's orphanages, which would belong to us and where we would have more influence than we would over free children [...]. (zit. nach Waldersee 1995: 110)

Mit Hilfe dieser Kinder – „die einzige Hoffnung der Mission" (Bley 1932: 99) – sollte eine mustergültige christliche Gemeinschaft entstehen, und schon der Grundstückskauf in Kinigunan 1883 erfolgte primär mit dem Ziel des Aufbaus von Internaten für Jungen und Mädchen (vgl. Zwinge 1932: 26). Louis Couppé griff die Pläne Navarres später auf, dachte sie weiter und setzte sie um. Er bekräftigte 1891 die Einsicht seines Vordenkers:

> It will be a long time before we can expect anything by way of adult conversions; our hope lies in our ministry to the children, especially orphans being raised in the mission. (zit. nach Waldersee 1995: 471)

Die von möglichst frühem Alter an christlich sozialisierten Kinder sollten später „die alte Gesellschaft gewissermaßen wie ein Sauerteig durchwirken" (vgl. Gründer 1997: 31)[31] und damit eine „christliche Revolution" ins Rollen bringen. Letztlich wurde damit auf eine Austilgung der indigenen Lebens- und Denkweise abgezielt (vgl. Gründer 1997: 31), wie dies allgemein der damaligen Missionspolitik in Melanesien entsprach:

> As a significant agent of change, the mission agency has generally pursued a policy which discourages many aspects of traditional Melanesian culture, while at the same time attempting to reshape the indigenous society to reflect its own Christian theological framework and cultural model. (Robin 1980: 261f.)

Nachdem nicht damit zu rechnen war, dass die indigenen Eltern freiwillig ihre Kinder in die Internate der Mission abgeben würden (vgl. Frings 2000: 40), war Couppé auf eine andere primäre Zielgruppe angewiesen: Waisenkinder. Vor

---

[31] Die Sauerteig-Metapher klingt auch in einem Bericht über ein Gespräch mit dem MSC-Bischof Alan de Boismenu (Yule Island, PNG) an, zugleich fällt hier das bezeichnende Wort einer „Elite": "What was the best? [...] To prepare an elite that would help the whole mass to ferment in the hope that elites will come out of it?" (P. Fastré, zit. nach Delbos 1985: 170).

allem von diesen wurde aus dem näheren und ferneren Umland durch die MSC über verschiedene Wege eine beachtliche Zahl gesammelt:[32]

a) *Ablösung von Stammessklaven:* Ein Großteil der Waisen wurde vom Stamm der Tolai abgelöst, es handelte sich dabei um von diesen versklavte Kinder und Jugendliche anderer Stämme wie der Baining und der Taulil. Auch die Kolonialverwaltung befreite gelegentlich Stammesgefangene,[33] die ihr die Mission dann abkaufte (vgl. Gründer 1997: 31).

b) *Ablösung kolonialer Arbeitssklaven:* Selbst von der Plantagenarbeit und von Schiffseignern ließ Couppé Arbeitssklaven loskaufen (vgl. Dornseif 2010a).

c) *Brautkauf:* Das Heiratssystem mancher indigenen Stämme, besonders der Tolai, basierte auf der Praxis frühzeitigen Brautkaufs. Dabei wurden junge Mädchen von einem „*Tabu*-Häuptling" in jungem Alter gekauft und schließlich in heiratsfähigem Alter an die eigenen Stammesangehörigen weiterverkauft (vgl. Parkinson 2010: 30; Schuy 1975: 46f.). Die Mission beteiligte sich an dieser Praktik, indem sie überhöhte Preise bezahlte (vgl. Gründer 2004: 115).

d) *Adoption:* Durch die permanenten blutigen Stammesfehden gab es im Missionsgebiet eine große Zahl verwaister Kinder (vgl. Gründer 2004: 115). Auch durften Witwen ihre Kinder nicht mit in eine zweite Ehe nehmen, welche in der Regel kurze Zeit nach dem Tod des Ehemanns eingegangen wurde (vgl. Philomena, Sr. 1932). Verwandte, für die die Erziehung dieser Kinder eine Mehrbelastung bedeutete, waren häufig bereit, sie der Mission zur Erziehung zu übergeben (vgl. Waldersee 1995: 471). Auch von seinen Erkundungsreisen auf verschiedene Nachbarinseln brachte Couppé regelmäßig solche Kinder mit (vgl. Adela, Sr. 1971: 7).

Wegen seiner Praxis des Kinderkaufs stand Couppé von verschiedenen Seiten aus in Kritik. Die Methodisten-Mission warf ihm öffentlich skrupelloseste Methoden vor ("methods of the most unscrupulous kind", Fellmann 1903: 8) und klagte ihn wegen Menschenhandels beim Gouvernement an. Couppé wurde daraufhin der Kinderkauf zunächst behördlich untersagt, er wendete sich jedoch protestierend an die Reichsregierung und erhielt dort Rückhalt (vgl. Dornseif 2010a: 11). Auch einige Regierungsbeamte tadelten allerdings seinen

---

[32] Die regional uneingeschränkte Rekrutierung, auch über Fahrten mit den missionseigenen Booten, war der Mission erst mit der Aufhebung der Distrikteinteilung im Frühjahr 1899 möglich (vgl. Linckens 1921: 34).
[33] Vgl. bspw. die von Rascher (1909: 299) geschilderte Befreiungsaktion auf der Massikonapuka-Insel direkt vor der Küste Neubritanniens, in deren Folge 37 Baining-Sklaven zur Erziehung an die MSC übergeben wurden.

Kurs in dieser Sache (vgl. etwa Waldersee 1995: 555), außerdem versuchte die Neuguinea-Kompanie „mit allen Mitteln, den Kinderkauf zu unterbinden" (Gründer 1997: 31), da sie darin den Verlust potenzieller Arbeitskräfte sah.

Zwei ethisch fragwürdige Teilstrategien sollten den Erfolg der Christianisierung sichern:

> (1) to retire the children as completely as possible from the pernicious influence of their tribes and family; (2) to keep them as long as it is possible under the influence of the mission. (O'Malley 1903: 37)[34]

Der Entzug der Kinder aus dem als „schädlich" erachteten Einflussbereich ihres Stamms und ihrer Familie war für die indigenen Waisenkinder weitestgehend ein vollständiger. Die praktische Umsetzung der zweitgenannten Strategie, die Kinder so lange wie möglich unter dem Einfluss der Mission zu behalten, wird nachfolgend umrissen.

2.5.1.2 Das Erziehungsprogramm

Die Schulen für indigene Kinder sollten „gleichzeitig Unterrichts- und Erziehungsanstalten" (Linckens 1905: 549) sein, mit dem Hauptziel, die Zöglinge „zu einem gesitteten und christlichen Leben heranzubilden" (Petri 1932: 126). Auf den täglichen Besuch der Messe, Gesang, tägliche Arbeit, Disziplin und Reinlichkeit wurde großer Wert gelegt: „Vor allem ein geregeltes Leben!" (Philomena, Sr. 1932: 148). Dies alles nicht als Selbstzweck, sondern im Sinne des Sauerteig-Gedankens vor allem auch als späteres Vorbild „der Kanakengemeinde, damit sie eine wesentliche Pastorationshilfe und die lebendige Grundlage zur Hebung des gesamten Volkes seien" (P. Vesters, Vunapope, 13. Mai 1938, PAHM). Die in der „Hebung des Volkes" implizierte Annahme der eigenen moralischen Überlegenheit ist dabei selbstredend zeitgenössischem ethnozentrischem, kolonial-rassistischem Denken zuzuordnen (vgl. George 1970).

Um die Zöglinge zu diesem Zweck möglichst lebenslang im Einflussbereich der Mission zu behalten, fand ein Konzept Anwendung, das drei konsekutive Phasen vorsah: 1. die Schulphase, 2. die Ausbildungsphase und 3. die Ansiedlungsphase (vgl. O'Malley 1903: 37). Von klein auf bemühte sich die Mission, den Einfluss von Familien- und Stammesangehörigen auf die Erziehung zu minimieren:

---

34 Vgl. auch die programmatischen Gedanken des MSC-Bischofs Alan de Boismenu (Yule Island, PNG), geäußert in einem Schreiben von 1904: "Hope lies in the young, in concentrating on the children baptised in infancy. [...] *Between them* [the new generation] *and the pagan environment, we must dig a trench*" (zit. nach Delbos 1985: 170, Hervorhebung SL).

Die Ferien zu Weihnachten, Ostern und August über eine Woche auszudehnen, scheint nicht geraten bei unserer Kanakenjugend. Anders natürlich in Internaten, in denen die Kinder mehr im „Geschirr" laufen, und die Ferien unter Aufsicht der Erzieher verbringen. (P. Laufer, Rakunai, 17. Juli 1938, PAHM)

In der Schul- und Ausbildungsphase der indigenen Kinder sind folgende Einrichtungen an der Zentralstation Vunapope zu unterscheiden:

- *Kindergarten:* Der Kindergarten beherbergte indigene Kinder, die noch zu jung für den Besuch des Internats waren. Er wurde später von den 1912 gegründeten „schwarzen" FMI-Schwestern betreut (vgl. Kleintitschen 1932: 144). Pläne der Mission, als Vorstufe zum Kindergarten zusätzlich ein eigenständiges Säuglingsheim für indigene Neugeborene einzurichten, waren aufgrund der hohen Sterblichkeit und der „schwierige[n] Ernährungsfrage" (Lidwina, Sr. 1932: 164) nicht realisierbar. Nichtsdestotrotz nahm die Mission einzelne Kinder gegebenenfalls „schon im Alter von wenigen Tagen oder Wochen auf" (Clothilde, Sr. 1912: 490).

- *Internat für eingeborene Knaben:* In der auch als *Knabenwaisenhaus* oder *Knabenschule* bezeichneten Einrichtung nahm die religiöse Unterrichtung einen hohen Stellenwert ein. Die Jungen lernten, neben weiteren Fächern, Lesen und Schreiben in der Tolai-Sprache (vgl. Rascher 1909: 180), ab 1895 auch etwas in Deutsch (vgl. Petri 1932: 125). Besonderer Wert wurde auf die Gesangsausbildung gelegt.[35] Bei hohem Besuch führten die Schüler auch deutsche Lieder auf. Während vormittags unterrichtet wurde, stand nachmittags Arbeit im Garten oder auf der missionseigenen Bananenpflanzung auf dem Programm. Die Knabenschule wurde 1891 errichtet, bereits zwei Jahre später musste das Gebäude vergrößert werden (vgl. Petri 1932: 125). Mit Stand April 1894 wurden hier 68 Knaben erzogen und unterrichtet (vgl. Linckens 1921: 15); zwischen 1902 und 1925 waren durchschnittlich 50 bis 60 Knaben im Internat. Die Besten unter ihnen wurden anschließend oft in die Katechistenschule übernommen. Zusammen mit der Katechistenschule wurde das Internat für indigene Kinder 1925 ins nahe Taliligap verlegt (vgl. Rascher 1909: 48f.; Bley 1925: 62f.; Petri 1932). Im Zuge des Wiederaufbaus der Station Vunapope nach dem 2. Weltkrieg wurde eine neue Schule für indigene Knaben auf dem zum Areal gehörigen Josephshügel errichtet (Kinigunan-Schule). Der Einzug erfolgte im Dezember 1947 (vgl. Chronik Vikariat Rabaul: 8).

- *Internat für eingeborene Mädchen:* Das weithin unter dem Namen *Palairam* (Kuanua 'Haus mit eisernem Dach') bekannte Internat (auch: *Mädchenwai-*

---

35 Die "ingenious idea of teaching Christian doctrine by music" (Delbos 1985: 99), die dahinter unter anderem auch steht, hatte bereits der MSC-Pater Vatan 1887 in Vlavolo forciert.

senhaus, Mädchenschule) wurde im Jahr 1893 gegründet (vgl. Kleintitschen 1932: 140; Philomena, Sr. 1932: 146) und war wahrscheinlich das erste Mädcheninternat in ganz Papua und Neuguinea (vgl. Adela, Sr. 1971: 59). Es trug nach der deutschkolonialen Ära den Namen "Our Lady of the Sacred Heart Boarding School for girls". Die Schülerinnen kamen von der Gazelle-Halbinsel, von Neuirland, der Insel Manus (Admiralitätsinseln) sowie dem Stamm der Baining und wurden hier neben Kuanua und später auch Englisch in Fächern wie Handarbeit, Gartenpflege, Gesang und weiteren unterrichtet. Mit Stand April 1894 wurden hier 33 Mädchen erzogen und unterrichtet (vgl. Linckens 1921: 15), 1911/12 bereits 114 Mädchen (vgl. Steffen 2001: 355) und Anfang der 1920er Jahre über 120 Mädchen „vom Säuglings- bis zum heiratsfähigen Alter" (Bley 1925: 67). Die Einrichtung stand unter der Obhut der „blauen" FDNSC-Schwestern (vgl. Adela, Sr. 1971: 59), allerdings waren in den praktischen Unterricht auch die „schwarzen" FMI-Schwestern involviert (vgl. Bley 1925: 67). Als Alternative zur Heirat stand den Absolventinnen der Mädchenschule der Weg in den FMI-Orden offen.

- *Katechistenschule:* Pater Johannes Dicks begann 1897 damit, besonders fähige indigene Knaben aus dem Knabeninternat um sich zu sammeln und sie für die Missionarbeit auszubilden. 1899 wurde dann offiziell die Katechistenschule eröffnet. Mit der Verlegung nach Taliligap im Jahr 1925 wurde sie fortan als Katechistenkolleg bezeichnet. Mit Stand 1911/12 wurden hier 52 angehende Katecheten ausgebildet (vgl. Lakaff 1932; Adela, Sr. 1971).

- *Technikerschule:* Nach dem 2. Weltkrieg wurde unter Mithilfe der Knaben der Kinigunan-Schule die Technikerschule (ebenfalls Kinigunan) mit Werkstätten für die Ausbildung indigener Jugendlicher in Anschluss an die Schulzeit errichtet. Sie wurde im Oktober 1948 eingeweiht (vgl. Chronik Vikariat Rabaul: 15). Ein vergleichbares Ausbildungsformat für die indigenen Schulabgänger unter Anleitung von Missionsbrüdern bestand allerdings schon in den Anfängen.

Im Erwachsenenalter folgte schließlich die Ansiedlungsphase: Sie sah die Errichtung von Christendörfern in der Nähe zu Missionsstationen vor. Zu diesem Zweck wurden die MissionsschülerInnen als junge Erwachsene untereinander verheiratet[36] und erhielten daraufhin kostenlos ein Stück Land (vgl. Gründer

---

36 Die Mission besorgte die gegenseitigen Heiratsanträge: „Wenn die Mädchen heiratsfähig sind, fragt man dieselben im Geheimen [...], ob sie nicht den oder jenen möchten, oder läßt sie auch selbst wählen. [...] Ebenso muß es der Pater mit den Jungens machen" (Sr. Elisabeth an das Mutterhaus Hiltrup, St. Paul, 02.05.1905). Ob die Verheiratung stets "with their own con-

2004: 115). Die ersten zwei aus den Internaten hervorgegangenen Brautpaare siedelten sich im Jahr 1896 bei Vunapope an (vgl. Philomena, Sr. 1932: 148). Damit wurden die jungen Christen allerdings keineswegs aus dem Einflussbereich der Mission entlassen: Die Missionare führten dort weiterhin „ein strenges sittliches Regiment" (Gründer 1997: 31)[37] – das Baining-Massaker 1904 war unter anderem eine Überreaktion auf eine demütigende Strafmaßnahme gegenüber einem jungen getauften Paar.

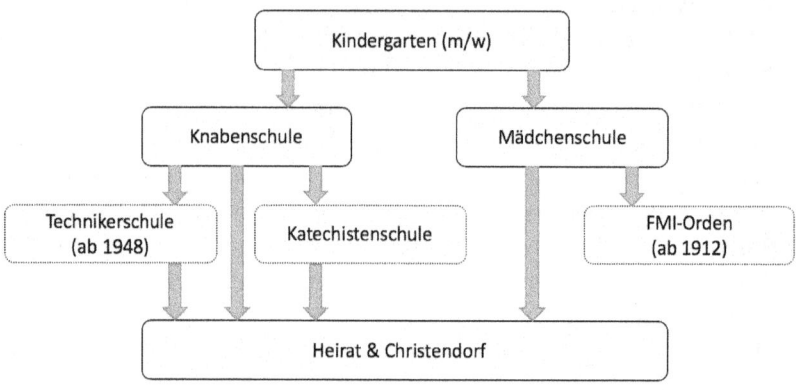

Abb. 7: Lebensplan für indigene Kinder an der Mission.

2.5.1.3 Der Sprachunterricht

Die Missionare der MSC zeigten nie Ambitionen, in ihrem Südsee-Vikariat die ursprüngliche Muttersprache des Ordens, das Französische, einzuführen. Schon Navarre in den ersten Anfängen beharrte in einem Leitfaden darauf, dass die Sprache der Mission aus pragmatischen Gründen Englisch sein solle und dieses auch in den Schulen zu unterrichten sei (vgl. Waldersee 1995: xv).

---

sent" (O'Malley 1903: 37) geschah, kann aufgrund abweichender Praktiken bzgl. der mixed-race Kinder (s. u.) in Zweifel gezogen werden.

37 Vgl. dazu Clothilde, Sr. (1913: 12) in den *Hiltruper Monatsheften* über die Christengemeinden, woraus dieses „Regiment" deutlich wird: „Unter unserer Anleitung lernen die Frauen die rechte Pflege und Erziehung ihrer Kinder, worin wir gar oft selbst eingreifen müssen. Die Mutter ist ja selbst noch sehr der Erziehung bedürftig ...".

Neupommern=Kinigunan: Ein Waisenknabe.

Abb. 8: Indigener Waisenknabe an der Zentralstation Vunapope (MSC-Album ca. 1900: 6).

Er sah von sich aus keine ideologische Notwendigkeit, der indigenen Bevölkerung überhaupt eine europäische „Kultursprache" zu vermitteln, um sie „sittlich zu heben" oder dergleichen; sein Fokus lag hier eindeutig auf der Evangelisierung. Dies kommt klar zum Ausdruck in einem privaten Schreiben Navarres von 1883 zu seiner Idee, Waisenkinder zu unterrichten:

> My aim would be to make them into good Christians, *teach them to read and write their own language*, instruct them in various trades, but above all train them for singing and ceremonies of the Church, so that we could attract other natives for instruction. (zit. nach Waldersee 1995: 110, Hervorhebung SL)[38]

Von Beginn an machte sich Navarre auch zusammen mit anderen Patres um die Aufzeichnung der Tolaisprache verdient (vgl. Zwinge 1932: 26) und erstellte erste Textübersetzungen. Diese Arbeit wurde später mit großem Einsatz von den Patres Gouthéraud und Bley sowie Bruder Hermann Müller fortgeführt, die Bibelgeschichten, einen kommentierten Bilderkatechismus sowie mehrere Schulbücher nebst Wörterbuch und Grammatik in Kuanua drucken ließen (Steffen 2001: 354).

Der Sprachfokus, der zunächst eindeutig auf den Sprachen der Einheimischen ruhte, verschob sich unter Couppé mit der beginnenden deutschen Kolonialherrschaft hin etwas zum Deutschen, da das Bleiberecht der Mission auf dem Spiel stand. In einem Schreiben der Kolonialabteilung vom 14. Februar 1895 wurde die Mission für die Aufnahme des Deutschunterrichts in den Lehrplan ihrer Erziehungsanstalt gelobt sowie die „Pflege deutscher Gesinnung" (zit. nach Linckens 1921: 14) bei ihren Zöglingen. Couppé bekräftigte in einem Schreiben um das Jahr 1888 herum seine Kooperationsbereitschaft:

> We have no intention of teaching French to the natives; on the contrary, we will do all we can to teach German in our schools [...]. (zit. nach der Übersetzung von Waldersee 1995: 461)

Englisch wurde im Nebenfach unterrichtet, was mit dem Spracherlass der Kolonialabteilung des deutschen Auswärtigen Amts von 1898 konform ging, welcher das Unterrichten nicht-indigener Sprachen nur unter der Voraussetzung erlaubte, dass auch die deutsche Sprache Teil des Lehrplans war (vgl. Engelberg 2008: 320f.). Bei Visitationen wurden die Deutschkenntnisse der indigenen SchülerInnen regelmäßig gelobt. Eine Sprachprobe:

---

[38] Vgl. auch Navarres Ausführungen zum Sprachgebrauch in seinem *Handbook for Missionaries* mit dem Fazit: "We conclude that the teaching of the indigenous language must be the foundation of religious teaching. For the missionary, the study of this language must be his first care [...]" (Navarre 1987: 79).

> Hören wir noch, was Leo Pupunata uns von den Palmen zu erzählen weiß. Die Arbeit ist auf Deutsch abgefaßt. Ich ändere gar nichts daran. „Die Kokospalme ist ein sehr nützlicher Baum. Die Nuß ist so groß wie ein Kindskopf und ist sehr schmackhaft. Das Holz dinnt zum häuser bauen und zu Waffen. Aus den Blättern werden Ratt (Körbchen) und Matten geflochten, auch werden hausdächer mit bedekt." (Rascher 1909: 184)

Aus dem zeitgleichen Bericht über die Besichtigung eines Kriegsschiffes geht jedoch hervor, dass die deutschen Erklärungen für die Kinder in die Tolaisprache übersetzt werden mussten, damit sie diesen folgen konnten (vgl. Rascher 1909: 184). Briefe der indigenen Kinder an die Missionare sind in der Zeit vor dem 1. Weltkrieg stets in Kuanua verfasst und wurden partiell in den *Hiltruper Monatsheften* mit Übersetzung abgedruckt. Nach dem 1. Weltkrieg ging der Stellenwert des Deutschen in den Schulen für Indigene wieder zurück, während zugleich die Rolle des Englischen zunahm. Eine Standardkompetenz vergleichbar jener der nicht- und halbindigenen Kinder haben die indigenen Zöglinge nie erworben; erst recht nicht wurden sie von den Missionaren angehalten, im Alltag Deutsch zu sprechen. Dies erklärt mit, warum unter ihnen keine Art Unserdeutsch entstanden ist.

2.5.2 Die Christianisierung nicht- und halbindigener Kinder

2.5.2.1 Das Grundkonzept

Abseits der indigenen Kinder standen die Kinder europäischer SiedlerInnen, asiatischer ImmigrantInnen und insbesondere die mixed-race Kinder, die aus dem Verkehr männlicher Siedler und Immigranten mit indigenen Frauen hervorgegangen waren. Die beiden Gruppen wurden an der Mission strikt separiert (vgl. auch Kap. 2.6.2), und die Tatsache der Rassentrennung ist, im Zuge der dadurch verstärkten Gruppenkohäsion sowie Isolation nach außen, von zentraler Bedeutung für die Entstehung von Unserdeutsch. Viele der mixed-race Kinder waren oder wurden später (vor allem mit der Ausweisung deutscher Kolonialisten nach der australischen Okkupation 1914, vgl. P. Janssen, Tagebuch 1902–1922: 11, PAHM) zu Halbwaisen. Ein staatliches Schulwesen existierte anfangs noch nicht und die Missionsschulen standen weitgehend außer Konkurrenz (vgl. Hiery 2001a: 201). Für die Väter (vgl. Kap. 3.1.1) waren sie deshalb die einzige Möglichkeit, ihren Kindern eine europäisch geprägte Schulbildung zukommen zu lassen. Dieser Aspekt wog so stark, dass selbst manche protestantischen Eltern in den Anfängen aus Mangel an besseren Alternativen ihre Kinder im MSC-Pensionat für Weiße und Halbweiße in Vunapope katholisch erziehen ließen.[39] Gleiches gilt für die Kinder (halb-)chinesischer Abstammung, deren Eltern der religiöse Aspekt gleichgültig war (vgl. Waldersee 1995: 556) und die teils für eine gute Ausbildung nach Vunapope geschickt wurden (vgl. Hüskes 1932: 85). Viele mixed-race Halbwaisen wiederum wurden auch ohne Einwilligung der indigenen Mutter an die Missionsstation gebracht (vgl. Kap. 3.1.1).

Welches Interesse aber hatte die MSC selbst überhaupt an der Erziehung und Unterrichtung nicht- und halbindigener Kinder in Vunapope? Die Antwort weist Parallelen zur Begründung für die Erziehung und Unterrichtung der indigenen Kinder auf. Hier wie dort werden die unter anderem schon von George (1970) konzise herausgearbeiteten kolonialrassistischen Grundannahmen damaliger missionarischer Bewegungen deutlich. Allgemein wurde speziell den mixed-race Kindern eine *Brücken-* und *Vorbildsfunktion* gegenüber der indigenen Bevölkerung zugesprochen:

> Sodann ist auch nicht zu übersehen, daß gerade die Halbweißen einen großen Einfluß auf die eingeborene Bevölkerung ausüben, die ihnen viel näher steht als die der Weißen. Haben nun diese Halbblutkinder keinerlei christliche Erziehung erhalten, so besteht die Gefahr, daß sie durch Wort und Beispiel bei den Eingeborenen das wieder niederreißen oder doch verderben, was der Missionar mit vieler Mühe aufgebaut hat. (Janssen 1912: 23)

Allerdings waren die nicht- und halbindigenen Kinder nicht nur Mittel zum Zweck der Indigenen-Mission, sondern auch selbst Zielgruppe eines zweifachen Bestrebens stark kolonialistischer Prägung:

a) *Christianisierung:* Die europäischen Kolonialisten selbst verhielten sich in der Mehrzahl offenbar nicht gerade wie vorbildliche Christen: „Die Weißen hier, und es sind deren viele, sind bis auf wenige Ausnahmen, bodenlos schlecht" (Sr. Agnes an die Schwestern der Ordensgemeinschaft von der Göttlichen Vorsehung, Vunapope, 18.09.1903, GAMS). Dementsprechend seien auch die mixed-race Kinder „schon fast alle verdorben, wenn sie zu uns kommen" (ebd.). Die wenigsten von ihnen seien „aus geordneten Verhältnissen hervorgegangen", daher täte ihnen „eine gute Erziehung doppelt not" (Janssen 1912: 22). Das Ziel der Pensionate war es explizit, „weißen & halbweißen Kindern eine gute katholische Erziehung angedeihen zu lassen" (P. Janssen, Tagebuch 1902–1922: 11, PAHM). Die Mädchen sollten zu guten Christinnen und guten Hausfrauen herangebildet werden (vgl. MSC-Schwesternchronik, Eintrag zum 21.01.1908, GAMS).

b) *Europäisierung:* Den mixed-race Kindern sollte außerdem eine europäische Erziehung zuteilwerden (vgl. MSC-Schwesternchronik, Eintrag zum

---

39 1898, als das Pensionat eben erst gegründet worden war, gehörten acht der neun Zöglinge protestantischen Eltern an, die der katholischen Erziehung im Vorfeld bedingungslos zustimmen mussten (vgl. Couppé 1898: 260; P. Janssen, Tagebuch 1902–1922: 11, PAHM).

21.01.1903, GAMS). Der Anspruch zeigte sich bereits optisch darin, dass sie (im Gegensatz zu den indigenen Kindern) europäisch eingekleidet wurden (vgl. Linckens 1905: 546) – wenn auch eine vollständige Gleichstellung mit Europäern nie Ziel war (vgl. Janssen 1932: 154). In der europäischen Erziehung der mixed-race Kinder wurde für sie rassenideologisch die Chance einer Art Charakterstärkung gesehen:

> The half-castes find themselves in a cleft position, excluded socially from the white and yet in intelligence above the natives. [...] Conscious of the inherent weakness of half-castes, the Mission encourages them to take up and pursue in leisure hours, music, woodcarving, painting or some other interesting study. (Anonymous, The Catholic Mission of the Most Sacred Heart in the Territory of New Guinea, 29. September 1932, S. 4. AEDR)

Gegenüber der Kolonialregierung wie auch Geldgebern in der Heimat war besonders der Deutschunterricht zudem ein starkes politisches Argument:

> Es ist nicht zu übersehen, daß auf diese Weise eine große Anzahl Kinder von Ausländern dem Deutschtume zugeführt werden, was besonders für unsere so nahe bei Australien gelegen [sic!] Kolonien von großer Wichtigkeit ist. (Janssen 1912: 22)

Die Heranbildung einer nichtindigenen christlichen Elite konnte für die Mission langfristig gesehen nur günstig sein. Doch auch die Eltern (resp. Väter) selbst forcierten teils diesen Anspruch einer Bildungsschicht, wobei das Attribut „christlich" für sie nebensächlich war:

> Ich glaube für das Unterrichten in diesem Pensionate genügt einfache Schulbildung nicht, denn die Eltern dieser Kinder sind zu eitel auf dieselben und wollen, daß dieselben recht viel Wissen in ihre Köpfchen bekommen. (Sr. Angela an das Mutterhaus Hiltrup, Vunapope, 20.03.1904, GAMS)

2.5.2.2 Das Erziehungsprogramm

Das Erziehungsprogramm für halb- und nichtindigene Kinder ist strukturell ähnlich aufgebaut wie jenes für indigene Kinder: Auf eine „Bewahranstalt" mit Vorschule für die Jüngsten folgte die später nach Geschlechtern getrennte Grundschule. Lediglich in den frühen Anfangsjahren wurden Mädchen und Jungen hier zusammen unterrichtet, „da ihre geringe Zahl für zwei getrennte Anstalten nicht genügt" (Linckens 1905: 546). Nach Abschluss der Grundschule erfolgte die Fortbildung der Jungen in einer Handwerkerschule und der Mädchen in einer Haushaltungsschule. Das europäische Bildungssystem, basierend auf Schrift und abstraktem Denken, das hier von den Missionaren buchstäblich mitten im Urwald etabliert wurde, war für Papua-Neuguinea und seine Bewohner naturgemäß völlig fremd (vgl. Hiery 2001a dazu und zum Schulsystem im Detail). Zu den einzelnen Einrichtungen:

Abb. 9: Sr. Raphaele erteilt mixed-race Mädchen in Vunapope gutbürgerlichen Klavierunterricht (nach 1907, GAMS).

- *Bewahranstalt:* Gegründet 1897 waren der „Bewahranstalt" alle Kinder bis zum Alter von sechs oder allerhöchstens sieben Jahren zugeordnet. Sogar einjährige Kinder waren vertreten (vgl. Schulregister). Die Kinder lernten dort „kleine Gebetchen, Gedichte, Lieder mit Bewegung, kleine Reigen usw." (Raphaele, Sr. 1909: 355). Für die älteren Kinder fungierte die Bewahranstalt zugleich als Vorschule. Mädchen und Jungen wurden hier noch zusammen erzogen und unterrichtet, erst mit der anschließenden *Grundschule,* der Bildungseinrichtung für das *Waisenhaus für weiße und Mischlingskinder,* erfolgte die Trennung. Unterrichtet wurden die Kinder in „Religion, Sprache, Spiel und Gesang, im letzten Jahre auch im Lesen, Schreiben und Rechnen" (Janssen 1932: 151). Ein Bericht von 1912 beziffert die Zahl der ein- bis sechsjährigen Kinder in der Bewahranstalt auf vier Jungen und fünf Mädchen (vgl. Janssen 1912: 22).

– *Grundschule der halbweißen Knaben:* Die auch als *Knabenpensionat* bezeichnete Einrichtung wurde am 31. Mai 1898 eingeweiht (vgl. Linckens 1921: 26) und hatte ab 1903 einen eigenständigen Unterrichtsapparat nach dem Muster deutscher Volksschulen. Hier wurde für die Dauer von acht bis neun Jahren „vertiefter Volksschulunterricht" erteilt. Neben Sprachunterricht und Religion wurde auch in „Rechnen, Naturgeschichte, Raumlehre, Geographie, Zeichnen, Musik, Schön- und Rundschrift, Turnen" (Janssen 1932: 153) unterrichtet, nebst praktischen Fächern wie Hand- und Gartenarbeit. Der Unterricht wurde vor der geschlechtlichen Trennung der Kinder von den FDNSC- und ab Anfang 1903 von den MSC-Schwestern erteilt (vgl. Frings 2000: 78). Nach der Trennung von Mädchen und Jungen bald darauf erteilten Missionsbrüder den Unterricht. Aus Personalmangel übernahmen nach dem Krieg zeitweilig wieder MSC-Schwestern den Unterricht (vgl. Bley 1925: 63).

– *Grundschule der halbweißen Mädchen:* Für die auch als *Mädchenpensionat* bezeichnete Einrichtung gilt in den Grundzügen dasselbe wie für das Knabenpensionat. MSC-Schwestern übernahmen nach ihrer Ankunft (1902) am 21. Januar 1903 (vgl. Historischer Abriss Vikariat Rabaul, GAMS) die Lehrtätigkeit von den schon seit zehn Jahren anwesenden FDNSC-Schwestern. Vor dem Krieg besuchten 21 Mädchen die Grundschule (vgl. Schmidlin 1913: 178).[40]

– *Handwerkerschule:* Für die Dauer von drei bis vier Jahren wurden hier die Absolventen des Knabenpensionats „in der Schreinerei, Schlosserei, Schneiderei, Schusterei, im Maschinenbetrieb oder im Baufach" (Janssen 1932: 154) unter Leitung eines Missionsbruders ausgebildet. Nebenbei erhielten sie weiteren Unterricht in der dazugehörigen „Fortbildungsschule". Mit Stand 1911/12 wurden hier 7 mixed-race Lehrlinge ausgebildet (vgl. Schmidlin 1913: 178).

– *Haushaltungsschule:* Absolventinnen des Mädchenpensionats wurden hier für die Dauer von zwei bis drei Jahren in der Haushaltsführung ausgebildet

---

40 Steffen (2001: 355) nennt für 1911/12 basierend auf dem Jahresbericht der Kolonialregierung 26 Mädchen und für die Jungen-Einrichtung noch einmal die gleiche Zahl.

und erhielten dazu „erweiterten Unterricht in Religion, Englisch, Deutsch, Musik und Handarbeit" (Janssen 1932: 154). 5 mixed-race Schülerinnen wurden hier 1911/12 gezählt (vgl. Schmidlin 1913: 178).

Auch hinsichtlich der Halb- und Nichtindigenen wurde Wert darauf gelegt, die Kinder möglichst früh dem Einflussbereich der Eltern, sofern noch vorhanden, zu entziehen. Mit Ausnahme der Ferienzeit standen sie „stets unter der Aufsicht und Leitung ihrer Lehrer oder Lehrerinnen" (Linckens 1905: 546). Mit dem Schulprogramm von 1903 wurde das häufige Fernbleiben vom Unterricht aus Gründen familiärer Feste (vgl. P. Janssen, Tagebuch 1902–1922: 1903, 11, PAHM) unterbunden, die Besuchszeiten für Eltern (bzw. Mütter) wurden festgelegt. Die Notwendigkeit einer an das Grundschulprogramm anschließenden Ausbildung, die in die meist lebenslange Arbeit in einem Anstellungsverhältnis zur Mission mündete, wurde ganz ähnlich begründet wie im Fall der indigenen Zöglinge: „[I]hr Fehlen würde bei vielen Kindern die Früchte der langjährigen und schwierigen Erziehung sehr in Frage stellen" (Janssen 1912: 23). Auch hier ging es innerhalb eines eurozentrisch-kolonialen Denkrahmens darum, die christlich erzogenen Kinder, in die viel investiert worden war, nicht aus der Einflusssphäre der Mission zu verlieren. Daher wurden auch sie nach Abschluss der Ausbildung untereinander verheiratet, erhielten ein Stück Land und errichteten sich dort ihr künftiges Heim. Die Partnerwahl wurde durch die Mission gelenkt bis hin zu arrangierten Eheschließungen ohne die Möglichkeit eines Vetos vonseiten der Zöglinge. Diese Praxis wurde lange beibehalten – selbst Unserdeutsch-SprecherInnen der Generation III berichten noch davon:

> Frauen is kohen und sorte art, bis du bis achsen, nointsen, dan mision wid sagen: du bis tsu alt jets su blaib bai Vunapope, du mus jets hairaten! Orait, un dan di sa: orait, dise mensh wid hairaten du. Du wil or du wil ni, du hat nix su sagen – nix su sagen. [...] De frau kan sa: i wil nich, abe mision sa: du mus. Heraus, heraus fon Vunapope jets. [...] Dain hergemal wid arbait bai dise flantsung or bai dise shif or bai dise garage, and du mus weg, whether du wil or du wil ni, no choice. (Sprecherin DK, Runcorn, 22.01.2016)[41]

---

41 Zitate aus Interviews sind geringfügig sprachlich geglättet, d. h. Häsitationselemente, Abbrüche und Versprecher sowie Hörersignale werden der besseren Lesbarkeit wegen nicht berücksichtigt. (Atem-)Pausen sind in den Zitaten getilgt. Die Verschriftung von Unserdeutsch ist in dieser Arbeit phonographisch orientiert (allerdings bleibt Morphemkonstanz erhalten, d. h. es werden keine Auslautverhärtungen verschriftet). Dies entspricht so voraussichtlich weitgehend der für Unserdeutsch geplanten Orthographie im Vorfeld der noch ausstehenden Erstellung von Wörterbuch und Referenzgrammatik. Die Distanz zur standarddeutschen Orthographie ist gewollt, da diese zum einen für die Unserdeutsch-SprecherInnen intransparent und unverständlich ist, zum anderen damit unterstrichen wird, dass es sich bei Unserdeutsch nicht

[Die Frauen lernten Kochen und diese Dinge, bis zum Alter von achtzehn, neunzehn Jahren. Dann sagte die Mission: Du bist jetzt zu alt, um in Vunapope zu bleiben, du musst jetzt heiraten! Und dann sagten sie [die Missionare]: Dieser Mann wird dich heiraten. Ob du wolltest oder nicht, du hattest nichts zu sagen – nichts zu sagen. Die Frau konnte sagen: Ich will nicht, aber die Mission sagte: Du musst. Heraus jetzt aus Vunapope. Dein Ehemann wird auf dieser Pflanzung, diesem Schiff oder in dieser Werkstatt arbeiten, und du musst weg. Ob du wolltest oder nicht, es gab keine Wahl.]

Un dan wir gen gröser, un dan ale pater un shwestern, di sach: orait, tsait fi hairaten jets, orait – [Name], du mus mit [Name] hairaten. So, susamen. (Sprecherin HT, Nerang, 27.01.2016)
[Und dann wuchsen wir heran, und dann sagten die Patres und Schwestern: Okay, es ist jetzt Zeit zu heiraten. [Name], du heiratest [Name]. So, schon waren sie zusammen.]

Ihren eigenen Nachwuchs, zu dem die Frauen von den Missionaren nach ihrer Schulzeit unmissverständlich angehalten wurden,[42] schickten sie selbstredend wiederum in Vunapope zur Schule.

Lebensplan für mixed-race Kinder an der Mission

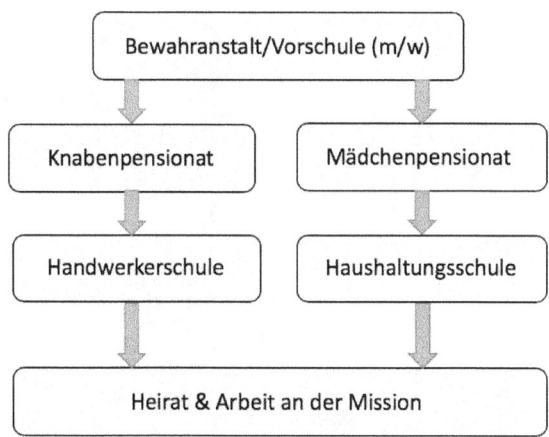

Abb. 10: Lebensplan für mixed-race Kinder an der Mission.

---

um eine Sprachinselvarietät des Deutschen handelt. Es findet eine gemäßigte Kleinschreibung Anwendung (Namen und Satzanfänge groß wie in Englisch und Tok Pisin).
42 So exemplarisch Sprecherin DK, Runcorn, 22.01.2016, über den von den Missionaren in dieser Hinsicht ausgehenden Druck: *Tsait fi di jets su hat kinder un anfang familie fi di!* 'Es ist jetzt an der Zeit, dass sie Kinder bekommen und eine Familie gründen!'

2.5.2.3 Der Sprachunterricht

In den ersten knapp fünf Jahren, zwischen 1898 und Anfang 1903, wurde die damals noch nicht nach Geschlechtern getrennte *Schule für Weiße und Halbweiße* von den international aufgestellten – aus Frankreich, Belgien, den Niederlanden, Deutschland und Australien stammenden (vgl. P. Janssen, Tagebuch 1902–1922: 1902, 3, PAHM) – FDNSC-Schwestern betreut. Erst am 21. Januar 1903, die Schule zählte 20 Kinder, übernahmen die im Vorjahr angekommenen deutschen MSC-Schwestern. Dieser Wechsel wirkte sich auf die Unterrichtssprache aus:

> Bis dahin war beim Unterricht die englische Sprache vorherrschend. Durch die neuen deutschen Lehrerinnen wurde die deutsche Sprache, sowie die Unterrichts- u. Erziehungsmethode gehobener deutscher Volksschulen eingeführt. (Historischer Abriss Vikariat Rabaul, o. J., GAMS)

Abb. 11: Grundschule der halbweißen Knaben von Vunapope (vor 1912, GAMS).

Im selben Jahr nahm die Schule 14 neue Kinder auf (vgl. Historischer Abriss Vikariat Rabaul, o. J., GAMS), die nun von Beginn an in deutscher Sprache unterrichtet wurden. Schon in der Bewahranstalt, also von frühesten Jahren an, erlernten die halb- und nichtindigenen Kinder spätestens ab 1903 „die deutsche Umgangs- und Unterrichtssprache" (Janssen 1912: 22) in Vorbereitung auf die Pensionate. Der Anspruch der Pensionate selbst wird aus einem zehn Jahre später geschilderten Bericht deutlich:

> Beim Betreten der Klassenzimmer glaubt man sich in eine Schule der Heimat versetzt, denn äußere Einrichtung wie Stundenplan und Sprache sind die einer deutschen Volksschule. Den dortigen Verhältnissen entsprechend, tritt noch Unterricht im Englischen und in Musik hinzu. (Clothilde, Sr. 1913: 55)

Laut dem Historiker Schmidlin (1913: 178) hatte die Missionsschule auf diesem Feld sogar eine Pionierrolle inne: „Diese Anstalt hat den Ruhm, zuerst im Bismarckarchipel die deutsche Sprache erfolgreich gepflegt zu haben." Für das Nebenfach Englisch war täglich eine Unterrichtsstunde anberaumt (vgl. Frings 2000: 78), „da hier die Kenntnis dieser Sprache, wegen des regen Verkehrs mit Sydney, auch notwendig ist" (Agnes 1904: 494). Der Missionar Janssen, der ebenfalls herausstellt, dass das Englische „hier von größtem Nutzen" (Janssen 1912: 22) sei, führt als Mitgrund außerdem an, dass „eine große Anzahl der Kinder englisch sprechende Väter haben" (Janssen 1912: 22).

Die Qualität des Englischunterrichts durch die MSC-Schwestern darf sicher stark in Frage gestellt werden. Dies geht klar hervor aus den großen Problemen, die die Schwestern anfangs mit der späteren Umstellung auf die englische Unterrichtssprache hatten (vgl. Kap. 4.2).[43] Auch das Englisch der FDNSC-Schwestern zuvor dürfte nicht besser ausgefallen sein, wie aus der bereits zitierten Klage Bischof Couppés (vgl. Kap. 2.4.2) über deren fehlende Bildung, mangelhafte Sprachkenntnisse und in seinen Augen auch Unfähigkeit zu unterrichten hervorgeht.

Von frühesten Anfängen an lernten die Kinder deutsche Lieder auswendig; neben der ganzen Bandbreite sakraler Lieder auch verschiedenste Volkslieder, wie etwa das sprachlich sehr anspruchsvolle „Es braust ein Ruf wie Donnerhall" und „Dort, wo der alte Rhein mit seinen Wellen" (vgl. Clothilde, Sr. 1913: 55). In seiner Erinnerung an den Namenstag von Bischof Louis Couppé im Jahr 1896 (!) berichtet P. Rascher bereits:

---

[43] Dieses Problem hatten die in Hiltrup ausgebildeten Schwestern zu dieser Zeit an allen ihren englischsprachigen Missionsorten. So hatte auch von den im Sommer 1908 von Hiltrup aus in die USA geschickten MSC-Schwestern alle „anfangs das gleiche Problem der fremden Sprachen. Kaum eine besaß schon soviel Englischkenntnisse, um ohne Komplikationen unterrichten zu können" (Frings 2000: 122).

> Ein Halbblutzögling trug ein deutsches Gedicht vor, was er sehr hübsch machte. (Rascher 1909: 117)

Und 1904, auch noch sehr früh, schreibt Sr. Agnes:

> Viele der deutschen Volkslieder singen bereits die kleinsten aus ihnen ganz tadellos. Der 5jährige Hans pflegt sein Spiel stets mit einem Liedchen zu würzen und es steht dem kleinen Kerl ganz drollig an, wenn er aus voller Kehle sein „Heil Dir im Siegerkranz" anstimmt [...]. (Agnes 1904: 493)

Es ist dabei stark zu bezweifeln, dass die Kinder die Inhalte der Lieder lexikalisch nachvollziehen konnten.[44] Zu festlichen Anlässen und Besuchen führten die Kinder auch regelmäßig Theaterstücke auf Deutsch auf. Sogar die altdeutsche Kurrent-Schreibschrift wurde mit den Kindern damals noch geübt (vgl. Clothilde, Sr. 1913: 56).

Mit der australischen Besetzung in Folge des 1. Weltkriegs wechselte die Unterrichtssprache wieder zunehmend zum Englischen (vgl. Bley 1925: 64), doch war das Deutsche an der Mission grundsätzlich, obwohl von der Administration ungern gesehen, weiterhin dominant (vgl. McMahon, Waldersee 1995: xvi; Näheres in Kap. 4.2).

2.6 Der Missionsalltag der mixed-race Kinder

Als Abschluss von Kapitel 2, das der Darstellung des sozialen und historischen Kontexts der Entstehung von Unserdeutsch dient, wird der Missionsalltag der mixed-race Kinder von Vunapope grob umrissen. Damit ist der Entstehungsrahmen von der Makroebene (kulturelle, kolonial- und missionsgeschichtliche Bedingungen) aus absteigend bis hin zum unteren Ende der Mesoebene (Gruppe der mixed-race Kinder in Vunapope) abgedeckt als Voraussetzung einer linguistischen Beschreibung und Diskussion.

Der Missionsalltag wird in diesem Unterkapitel aus zwei Perspektiven dargestellt, die beide für die Entstehung von Unserdeutsch hoch relevant sind. Zum einen werden, eingebettet in einen Abriss des regulären Tagesablaufs, kurz die

---

44 Vgl. die Ausführungen in Kap. 3 zum Sprachstand der Kinder in dieser Zeit. Noch heute gilt für die Unserdeutsch-SprecherInnen weitestgehend dasselbe: Sie beherrschen eine Reihe deutscher Volkslieder, verstehen aber deren Wortlaut kaum. Dies zeigen Reanalysen und Fälle, in denen bspw. eine Sprecherin zwar rege „Alle meine Entchen" sang, jedoch mit dem Lexem *Ente* (in Unserdeutsch *pato*, entlehnt aus Tok Pisin) nichts anzufangen wusste (Péter Maitz, pers. Mitteilung).

Facetten der sprachlichen Situation und des Sprachdrucks auf die mixed-race Kinder an der Mission erörtert. Zum anderen das Gefüge sozialer und ethnischer Differenzierung, in dem den Kindern eine klar definierte Position mit scharf gezogenen Grenzen zukam.

2.6.1 Tagesablauf und Sprachen an der Mission

Die Nachzeichnung des Missionsalltags der mixed-race Kinder der Sprechergeneration I stützt sich an dieser Stelle auch partiell auf Schilderungen der dritten Sprechergeneration (2. Weltkrieg und später). Der Rückschluss hinsichtlich des Tagesablaufs scheint vertretbar, da die mündlichen Schilderungen diesbezüglich mit den Angaben in Missionarsberichten und Schwesternbriefen übereinstimmen. Zugleich sind klare Parallelen zu dem andernorts (vgl. Schneider 1995: 99) für die Anfänge rekonstruierten Tagesablauf der indigenen Vunapope-Waisenkinder ersichtlich.

Täglich wurden die Pensionatszöglinge um 5 Uhr morgens geweckt, in den Anfängen offenbar, möglicherweise dem geringeren Zeitbedarf durch weniger Kinder geschuldet, erst um 5.30 Uhr (vgl. Sr. Philomena an das Mutterhaus Hiltrup, Vunapope, 18.02.1905, GAMS). Die Betten wurden gemacht, die Kinder gingen sich geordnet waschen: „ales in line, war ales mus so [...] regimental" (Sprecherin JE, Caboolture, 09.03.2015). Spätestens ab 1903 (Übergabe des Aufgabenbereichs von den FDNSC- an die MSC-Schwestern) bedienten sich die Schwestern im Alltag gegenüber den mixed-race Kindern gewiss nur noch des Deutschen, zumal sie unmittelbar nach ihrer Ankunft noch kaum Englisch beherrschten (die MSC-Schwester Agnes, der nach dem Wechsel 1903 der Englischunterricht zufiel, „scheute sich nicht, Töchter U. L. Frau [= FDNSC-Schwestern] dafür um Rat und Weisung zu bitten" – Sr. Clothilde posthum über Sr. Agnes, 1955, GAMS). Zu dieser Zeit wurde, wie schon vorher erwähnt, bereits "a certain amount of English" unterrichtet (vgl. Sr. Mary Venard, The History of the Daughters of our Lady of the Sacred Heart in Papua New Guinea, 1978, S. 100. AEDR), allerdings eben wohl recht rudimentär (vgl. die späteren Probleme mit der Umstellung auf Englisch, Kap. 4.2).

Um 6 Uhr, etwa mit Sonnenaufgang, nahmen Kinder und Missionare täglich geschlossen an der Hl. Messe teil, die eine dreiviertel bis ganze Stunde dauerte. Die Liturgie wurde bis zum 2. Vatikanischen Konzil und der daraus resultierenden Liturgiereform in den 1960er Jahren in Latein abgehalten (vgl. etwa Sprecher EHA & WR, Brisbane, 05.03.2015), was natürlich für die Mixed-race vollständig unverständlich war. Der französische Bischof Louis Couppé, Apostolischer Vikar von den Anfängen bis 1923, bediente sich abseits der lateinischen Liturgie den französischsprachigen Missionaren gegenüber des Französischen. Hierzu zählten auch jene ersten deutschen Missionare, die in Issoudun an der Schule des „Kleinen Liebeswerks" ausgebildet worden waren und daher des Französischen mächtig waren, etwa P. Bernhard Bley (vgl. Erinnerungen P. Bley, PAHM – er zitiert Couppé ausschließlich auf Französisch) sowie P. Arnold Janssen. Janssen erledigte dem Bischof zuliebe die Lager-Buchführung ab 1902 weiterhin auf Französisch (P. Janssen, Tagebuch 1902–1922: 1902, 11, PAHM), er vertrat Couppé auch, „weil er nicht genug deutsch verstehe" (Janssen 1902: 24 sowie vgl. 1903: 11), bei den Hiltruper Schwestern und hielt 1903 für sie die Exerzitien auf Deutsch, da sie den französischen Vorträgen des Bischofs für die FDNSC-Schwestern nicht folgen konnten (Janssen 1902: 20).

Für die Kinder deutet allerdings nichts darauf hin, dass sie aus den privaten Gesprächen von Missionaren auf Französisch – den Kindern gegenüber bedienten sie sich, wenn sie kein Deutsch beherrschten, des Englischen – die Sprache in irgendeiner Form aufgeschnappt hätten.[45] Allen gegenüber, die kein Französisch beherrschen, bediente Couppé sich des Englischen: „Unser alter Bischof hatte nämlich als echter Franzose kein Deutsch lernen wollen" (P. Anton Krähenheide an die Eltern, Paparatava, 07.09.1923). Die mixed-race Kinder beichteten bei Couppé stets auf Englisch (P. Janssen, Tagebuch 1902–1922: 1903, 11, PAHM). Ab 1903 wurde Janssen die Verantwortung für die Schule der Halbweißen übertragen, er gab dort ab diesem Zeitpunkt Katechismus- und Kommunionsunterricht. Dies offensichtlich auf Deutsch, da Janssen noch 1902 berichtet, wie ihm ein Wörterbuch Deutsch-Englisch „die besten Dienste geleistet" (Janssen 1902: 11) hätte beim Erlernen nötiger Englischkenntnisse, nachdem die Geschäftssprache der Firmen auf der Gazelle-Halbinsel und darüber hinaus (mit Ausnahme der Neuguinea-Kompagnie) das Englische war. Der Stellenwert des Englischen war so hoch, dass Couppé ihm riet, sich

> vorerst mehr auf die englische als auf die kanackische Sprache [die Tolai-Sprache] zu verlegen. Wenn damals 9 Deutsche & 1 Engländer zusammen waren, sprachen die Deutschen dem Engländer zu Liebe alle englisch. (P. Janssen, Tagebuch 1902–1922: 1902, 11, PAHM)

---

45 Nichtsdestotrotz haben die Großeltern vereinzelter SprecherInnen – also die mixed-race Missionskinder jener Zeit – nach deren Angaben auch Französisch beherrscht. Im Falle der Gangloff-Familie erklärt sich dies durch einen Vorfahren aus Frankreich bzw. dem Elsass, der sich also ganz offensichtlich in Deutsch-Neuguinea vor/mit seinen Kindern weiterhin des Französischen bedient hat.

Janssen unterscheidet hier auch klar vom frühen Tok Pisin (Tok Boi): Diese „Verbindungssprache, das Pidgin-Englisch, ein Gemisch von Englisch, Kanackisch & Malaiisch, worin jetzt selbst den Arbeitern gepredigt wird", benötigten die Missionare „[f]ür den Verkehr mit den Arbeitern, die von den verschiedensten Stämmen kamen" (P. Janssen, Tagebuch 1902–1922: 1902, 11, PAHM). Gleiches gilt für die mixed-race Kinder im Verkehr mit Indigenen.

Weiter im Tagesverlauf der Kinder: Nach Abschluss der Messe wurde gemeinsam gefrühstückt, um 8 Uhr begann unter der Woche die Schule (vgl. Kap. 2.5.2). Das Mittagessen wurde wieder gemeinsam eingenommen, der Unterricht endete nachmittags um 15 Uhr. Anschließend standen für die Kinder verschiedene Arbeiten auf der Tagesordnung:

> Da galt es: „Erst die Arbeit, dann das Spiel." Unter der Anleitung der Schwester sorgten sie für Ordnung und Reinlichkeit in Schule und Haus. [...] In der Zeit für Gartenarbeit halfen alle fleißig mit, vor dem Schulhause das wilde Gras und Gestrüpp auszuroden. (Sr. Clothilde 1955, GAMS)

Die Mädchen halfen häufig mit der Wäsche – ein Berührungspunkt zu den indigenen Mädchen und Frauen an der Mission (vgl. Abb. 14), die hierfür primär zuständig waren. Besonders viel Zeit verbrachten sowohl Mädchen als auch Jungen mit den Blumenbeeten und dem Gemüsegarten der Mission (vgl. Abb. 13); beides wurde von ihnen im Beisein von Schwestern angelegt und betreut (vgl. etwa Clothilde, Sr. 1913: 55). Auch um die Tiere der Mission kümmerten sich die Kinder später mit. Nach getaner Arbeit hatten die Kinder bis zum Abendessen frei und verbrachten diese Zeit mit Spielen. Auf das gemeinschaftliche Abendessen folgte teils ein weiterer Kirchgang, wie verschiedene SprecherInnen berichten. Dem schloss sich um 20 Uhr die Nachtruhe an. Auch des Nachts standen die Kinder unter dem wachenden Auge der Missionare:

> Die Mädchen schlafen im Schulhause bei uns, die Knaben in einem anderen Gebäude unter Aufsicht eines Bruders. (Brief Sr. Philomena, 06.08.1905, GAMS)

Am Wochenende fand kein Unterricht statt. Sonntags gingen die Kinder nach der Messe beispielsweise fischen und schwimmen (vgl. Sprecher EHO, Sydney, 08.02.2016). Alles in allem war das Missionsleben sehr strukturiert und von Arbeit und Disziplin geprägt: "It's a hard life we'd all" (Sprecherin EF, Cairns, 13.02.2016). Es zeigt sich, dass der Kontakt der Kinder zu den Schwestern sehr intensiv war; gleiches gilt später für den Kontakt der Knaben und besonders dann der Heranwachsenden (Handwerkerschule) zu den Missionsbrüdern. Somit war die deutsche Sprache für die Kinder allgegenwärtig.

Weitere Spracheinflüsse spielen an der Mission allerdings eine Rolle (zu den sprachlichen Einflüssen zu Hause vgl. Kap. 3.1):

a) *Tok Pisin:* Spielten die Kinder nicht untereinander, sondern zusammen mit indigenen Kindern, diente das Pidgin-Englisch der Verständigung (vgl. auch Maitz 2017: 9):

> Wen wi spilen mit ale kanak, wi spre Pidgin. (Sprecherin DK, Runcorn, 22.01.2016)
> [Beim Spielen mit den Indigenen haben wir Tok Pisin gesprochen.]

Auch bei der Ankunft neuer mixed-race Kinder, die noch weder Deutsch noch Englisch beherrschten, spielte das Pidgin-Englisch in der Verständigung eine Rolle (vgl. Kap. 3.1.2). Grundsätzlich war das Pidgin-Englisch allerdings vonseiten der Missionare offenbar nur dort geduldet, wo keine sprachliche Alternative bestand – an der Mission etwa im Verkehr mit indigenen Angestellten. Die mixed-race Kinder wurden sonst angehalten, es nicht zu verwenden:

> One woman remembered being scolded by her missionary teacher with "Ihr seid doch keine Kanaken!" when she used Tok Pisin. (Volker 1982: 13)

Dies wird auch von SprecherInnen der Generation III bestätigt. Laut Volker (vgl. 1991: 146) war den Kindern der Gebrauch des Tok Pisin in der Schule sogar explizit untersagt. Nach Gründung ihres Hausstands hatten die SprecherInnen später für gewöhnlich junge indigene Hausangestellte *(hausboi, hausmeri)*, mit denen sie auf Tok Pisin verkehrten. Somit hatten ihre Kinder selbst zu Hause bereits Input in Tok Pisin. Alle SprecherInnen der Generation III beherrschen Tok Pisin fließend und berichten selbiges über ihre Eltern und Großeltern (Generationen II/I).

b) *Kuanua:* Zu festlichen Anlässen und Empfängen gab es stets Gesangs- und Theatereinlagen sowohl der mixed-race (vgl. Abb. 15) als auch der indigenen Kinder. Die Lieder und Theaterstücke der indigenen Kinder wurden teils in der Tolai-Sprache aufgeführt.[46] Die mixed-race Kinder hörten somit auch die Sprache der Tolai, und es fällt auf, dass eine beachtliche Zahl der Großeltern wie auch der Väter und Mütter nach Angaben von SprecherInnen der Generation III Kuanua beherrschten (was allerdings mindestens zum Teil auch auf Tolai-Mütter zurückzuführen ist).

---

46 Beispielsweise Gesänge „nach deutscher Melodie in der kanakischen Sprache" (Schreiben Br. Hermann Hehsling, Vunapope, 19.11.1911). Zu den Theaterstücken vgl. Bley (1925: 68).

Abb. 12: Mixed-race Erstkommunikanten vor dem ersten Haus der MSC-Schwestern in Vunapope (2. Februar 1909, GAMS).

Abb. 13: Sr. Secunda mit mixed-race Schulkindern bei der Gartenarbeit. Vunapope (um 1930, GAMS).

Abb. 14: Indigene Frauen (links) und mixed-race Schülerinnen der Haushaltungsschule (rechts) mit MSC-Schwestern beim Bügeln der Wäsche. In der Mitte Sr. Carola. Vunapope (vor 1920, GAMS).

2.6.2 Soziale Verhältnisse im Missionsalltag

Zwei Aspekte seien hier besonders hervorgehoben, die die Stellung der mixed-race Kinder an der Missionsstation kennzeichnen. Beide tragen zur Erzeugung sozialer Distanz erheblich bei. Dies ist zum einen die de facto weitgehend nach der Hautfarbe strukturierte Klassengesellschaft, zum anderen die erzieherische Strenge, der die Kinder ausgesetzt waren. Beide Aspekte sind aus der damaligen Zeit heraus zu verstehen und somit keineswegs auf die Herz-Jesu-Mission beschränkt.

a) *Rassisch strukturierte Klassengesellschaft:* Jede Ethnie hatte – und hat häufig heute noch – ihren Rang in Papua-Neuguinea. Über diesen Rang besteht unter den verschiedenen Gruppen jedoch keineswegs Einigkeit, im Gegenteil: Jede Gruppe sieht sich selbst an der Spitze der Hierarchie, was einen andauernden Wettbewerb, Prestige- und Machtkampf zur Folge hat. Aus Sicht der weißen

Missionare, die an der Missionsstation selbst natürlich maßgebend war, stellte sich die ethnische Hierarchie wie folgt dar:

> Ale doitshe brüder, du konte das merken, they had their own level. Wir sin da unter ale, un dan ale waisen, waren au di Australian, warn oben. Un dan kom de Kinese, un dann de halbwaise, un dan de shwartse. (Sprecher EHO, Sydney, 08.02.2016)
> [Die deutschen Brüder hatten ihre eigene Stufe, das konnte man merken. Wir waren unter ihnen, und die Weißen, auch die Australier, waren oben. Und danach kamen die Chinesen, dann die Halbweißen und dann die Schwarzen.]

Abb. 15: Theaterspiel der mixed-race Kinder anlässlich des 75-jährigen Missionsjubiläums. Szene: Gedenken an die Opfer des Baining-Massakers 1904. Vunapope (1957, GAMS).

Es herrschte unter den Missionaren die Ansicht, die Mixed-race trügen „die Untugenden der Schwarzen und Weißen" (Brief Sr. Agnes, 18.09.1903, GAMS) in sich vereint. Sie stünden zwar „an Intelligenz über den Eingeborenen" (Sr.

Winfrieda 1931, GAMS), seien aber „gesellschaftlich [...] von den Weißen ausgeschlossen" (Sr. Winfrieda 1931, GAMS). Dass diese Zwischenstellung der Mixedrace offensichtlich genetisch begründet wurde, verdeutlicht noch einmal das folgende Zitat:

> Wenn auch einzelne Knaben an Befähigung den europäischen Kindern gleichstehen, so ist doch die Begabung geringer, obgleich sie die der Eingeborenen übertrifft. (Janssen 1912: 23)

Der vermeintliche Geburtsmakel wurde den Kindern gegenüber auch nicht verhehlt: „Da sich die Kinder der ihnen anhaftenden Schwächen der Halbweißen bewußt sind [...]" (Sr. Winfrieda 1931, GAMS). So schreibt eine Schwester, sie habe die Kinder, die „eben die Fehler der Weißen und der Kanachen [sic!] geerbt" hätten, eines Nachts „laut ‚die gelbe Rasse' gescholten" (Sr. Philomena an das Mutterhaus Hiltrup, Vunapope, 17.07.1905). Zu einer Feierlichkeit wurde in Vunapope nach der Jahrhundertwende von den indigenen Kindern ein humoristisches Stück aufgeführt, welches darin gipfelte, dass die junge indigene Protagonistin staunend von einer Reise nach Europa zurückkehrte:

> Hier wieder angekommen, wäscht sie sich alle Tage tüchtig mit Seife, um eine weiße Haut zu bekommen. Aber sie bleibt schwarzbraun, wie sie ist. (Brief Sr. Philomena, 10.09.1905, GAMS)

Auch im Erwachsenenalter hatte die mixed-race Gemeinschaft immer wieder mit Benachteiligung und Diskriminierung zu kämpfen, sowohl von Seiten der „Weißen" als auch von Seiten der „Schwarzen". Letzteres etwa im Rahmen der Ablehnung der mixed-race Kinder durch die Stämme ihrer Mütter (Sprechergeneration I) während der Kolonialzeit, aber auch später durch die Bevorzugung indigener Arbeiter *(indigenization policy)* im Zuge der Unabhängigkeitsbestrebungen (Sprechergeneration III, vgl. Kap. 6.2). Dieser Aspekt des Nicht-Dazugehörens hat sicher die Gruppenkohäsion von Anfang an bestärkt.

b) *Erzieherische Härte:* Den Erziehungsmethoden der Zeit, aber auch spezifisch deutschen Vorstellungen von Zucht und Ordnung geschuldet, griffen die Missionare regelmäßig hart durch, sowohl bei den indigenen als auch bei den mixed-race Kindern:

> Unsere Parole müßte sein: „Unerbittliche Strenge!" Als getreuer Gehilfe stellte Schw. Oberin uns den Stock vor, den sie tena vartovo (= geschickter Lehrer) [nannte]. Ohne diesen bringt man wirklich in die Kanachenköpfe nichts hinein. (Brief Sr. Philomena, 26.02.1905, GAMS)

So berichtet eine Schwester etwa von der erst eineinhalb Jahre alten Maria Luise:

> Bei diesem Kinde ist das Köpfchen ziemlich hart, was es oft genug büßen muß. Es kommt vor, daß es bis Mittag schon dreimal den Stock geschmeckt hat. (Brief Sr. Elisabeth, 11.09.1904, GAMS)

Zur Schulzeit der heutigen SprecherInnen (v. a. 1940er/50er Jahre) waren, im Kontrast zu den amerikanischen MSC-Schwestern, besonders einige deutsche Schwestern (aber auch vereinzelte Brüder) für ihre Strenge berüchtigt. Dass diese besonders schnell zum Stock griffen, wird von den SprecherInnen übereinstimmend berichtet. Sie handelten darin entsprechend den zeitgenössischen Erziehungsmethoden, wie sie zu Hause in Deutschland üblich waren. Ein strenges Regiment wurde auch im Schlafsaal der Mädchen geführt:

> Ale kinde wid shlafen, de shwester wokabaut herum mit ain grose kanda in ire hand." (Sprecherin EP, Wycliffe, 28.01.2016).
> [Wenn die Kinder schliefen, gingen die Schwestern immer mit einem großen Stock in der Hand herum.]

Hier ist sich die Community rückblickend weitestgehend einig:

> Di war tsu shtreng, ja, de doitshe, tsu shtreng. (Sprecher EHO, Sydney, 08.02.2016)
> [Sie waren zu streng, die deutschen [Schwestern und Brüder], zu streng.]
>
> War shön, abe di war ser shtreng. (Sprecherin MC, Brisbane, 30.01.2016).
> [Es war schön, aber sie [Schwestern und Brüder] waren sehr streng.]

Die durch ein autoritäres Auftreten erzeugte Kluft zwischen den Kindern und den Missionaren hat sicher ebenfalls zu einer Wahrnehmung des Auf-sich-gestellt-Seins beigetragen.

3 Die Entstehung von Unserdeutsch

> [T]he central interest of creoles for linguistics is the
> problem of their emergence. (Lefebvre 2004: 128)

Dieses Kapitel behandelt die Genese von Unserdeutsch (Sprechergeneration I) und zentrale linguistische Fragestellungen, die sich damit verbinden. Nachdem eine scharfe Trennung von extralinguistischen und linguistischen Faktoren bei der Beschreibung von Sprachentstehungsprozessen illusorisch ist (vgl. Faraclas et al. 2007: 233), wird sich in diesem Kapitel auch das bereits in seinen Grundzügen entfaltete kontextuelle Gesamtbild weiter vervollständigen.

3.1 Die Sprachschöpfer und ihre Erwerbssituation

Entstanden ist Unserdeutsch unter den mixed-race SchülerInnen der MSC-Zentralstation in Vunapope. Es handelt sich dabei um eine so überschaubare Gruppe, dass – eine große Seltenheit – alle an der Sprachentstehung beteiligten Personen namentlich und inklusive Sozialdaten benannt werden könnten. Eine Zusammenfassung soziolinguistisch relevanter Daten und näherer Hintergründe dieser Gruppe wird im Folgenden (Kap. 3.1.1) gegeben. Dem schließt sich eine kurze Rekonstruktion zum Sprachstand der Kinder bei ihrer Ankunft in Vunapope an (Kap. 3.1.2). Daraufhin (Kap. 3.1.3) wird der Erwerb der deutschen Sprache durch die Kinder grob nachgezeichnet, soweit dies aus historischen Quellen möglich ist. Damit ist zugleich ein Einblick in die strukturellen Anfänge von Unserdeutsch gegeben. Am Ende (Kap. 3.1.4) steht eine Betrachtung zum Umgang der Missionare mit der Varietät der Kinder.

3.1.1 Herkunft und soziale Umstände der Kinder

Die folgende Charakteristik bezieht sich auf alle nicht- und halbindigenen Kinder, die von 1897 (Gründung der „Bewahranstalt") bis einschließlich 1914 nach Vunapope gebracht wurden.[47] Dies entspricht exakt den ersten 110 Einträgen im Schulregister. Die Zäsur 1914 ist zum einen durch die Besetzung der Insel Neubritannien durch australisches Militär im Zuge des 1. Weltkriegs motiviert. Die

---

47 Nur ein Kind ist im Schulregister verzeichnet, das früher an die Mission kam und das zeitlich die erste Aufnahme sein mag: Der erst 14 Monate alte Ernst Gangloff im Jahr 1894.

Aufnahme neuer Kinder geriet dadurch zeitweilig ins Stocken, außerdem konnte bis nach Kriegsende kein neues Missionspersonal mehr nach Vunapope entsandt werden. Zum anderen hatten die ersten Mixed-race 1914 bereits die Handwerker- bzw. Haushaltungsschule durchlaufen und traten damit in das Erwachsenenleben ein.[48]

3.1.1.1 Die Herkunft der Kinder
Auffallend ist zunächst die anthropologische Vielfalt unter den Kindern:

> Ein bunteres Bild der Rassenmischung kann man wohl kaum irgendwo auf einem so kleinen Raume zusammenfinden: Deutsche, Halbblut von Deutschen, Engländern, Australiern, Schweden, Norwegern, Dänen, Finnländern, Manilen und Indiern mit farbigen Frauen aus dem Inselgebiet von Deutsch-Neuguinea, endlich noch Rein- und Halbchinesen. (Janssen 1912: 23)

Später erwähnt die leicht überarbeitete Beschreibung des Missionars keine deutschen Kinder mehr und vermerkt, die Hautfarbe der Kinder „schattier[e] vom tiefsten Dunkel bis zum fast rein europäischen Weiß" (Janssen 1932: 153). Die Erstnennung deutscher Kinder in der Erstfassung ist keineswegs quantitativ zu lesen, sondern wohl unter dem Vorzeichen des Heimatberichts aus einer deutschen Kolonie. Hinzu kommt, dass Familien deutscher Kolonialisten infolge der australischen Okkupation ab 1914 ausgewiesen wurden. Später nennt Janssen noch (vereinzelte) Mixed-race spanischer und französischer Abkunft (vgl. Janssen 1932: 153). Die ethnische Vielfalt hat bis heute ihr Abbild in der Unserdeutsch-Gemeinschaft:

> Main muter war ain halbwaise, un main fater war ain halbe Kinese. Shwarts un wais. Un main fater war shwarts un was? – Gelb! ((lacht)) (Sprecherin EW in SBS 2016)
> [Meine Mutter war eine Halbweiße, und mein Vater war ein halber Chinese. Schwarz und weiß. Und mein Vater war schwarz und was? – Gelb!]

Teils stammten die Kinder gebürtig aus dem nächsten Umland (bspw. Herbertshöhe, Matupi) und teils von umliegenden Inseln (etwa Samoa, Neuhannover, Duke of Yorks, Lord Howe, Ponape [heute Pohnpei]).

---

48 Nach dem Vikariatsbericht von 1912 „beteiligten sich 7 Halbweiße an der Handwerker-, 5 an der Haushaltungsschule" (Schmidlin 1913: 178). Die Handwerkerschule umfasste 3 bis 4 Jahre, die Haushaltungsschule 2 bis 3 (vgl. Janssen 1932: 154).

3.1.1.2 Die sozialen Umstände der Kinder

Gemäß Frings (2000: 78) kamen die Kinder „meist aus zerrütteten familiären Verhältnissen", d.h. waren unehelich (häufig aus Verbindungen von Kolonialisten mit indigenem weiblichem Dienstpersonal hervorgegangen, vgl. Janssen 1932: 150) und „hatten es wegen ihrer Hautfarbe schon grundsätzlich schwer" (Janssen 1932: 150): Weder die weißen Kolonialisten noch die asiatischen Immigranten noch die Indigenen behandelten sie als gleichrangig. Ihre Väter waren Europäer – häufig deutsche Kolonialisten[49] – oder teils auch Asiaten, die Mütter in der Regel indigen. Vereinzelt traten auch noch andere Konstellationen auf:

> Dieser Name [Pensionat für Mischlinge] ist sehr bezeichnend, denn die Kinder sind in der Tat sehr gemischt, Kinder, deren Eltern beide Europäer, oder der Vater ein Weißer, die Mutter eine Schwarze, der Vater ein Schwarzer und die Mutter eine Chinesin oder beide Mulatten sind. (Franziska, Sr. 1903: 20)

Die Mütter der Kinder hatten in der Regel kein Mitspracherecht hinsichtlich der Erziehung ihrer Kinder an der Missionsstation:

> They [die Großeltern und teils noch die Eltern] were all put in mission, whether muter fi di wolte or ni (jets). Du wais, ale mute blaib in de village [...]. De fate wo is wais or doitsh sa: „Nain, du get tsu mision!" Du wais, un de muter has nix su sagen [...]. You know, we were chucked into mission. (Sprecherin DK, Runcorn, 22.01.2016)
> [Sie wurden alle in die Mission gesteckt, ob die Mutter wollte oder nicht. Weißt du, die Mütter blieben im Dorf. Der Vater, der weiß bzw. deutsch war, sagte: Nein, du gehst zur Mission! Weißt du, und die Mutter hatte nichts zu sagen. Wir wurden in die Mission hineingeworfen, weißt du.]

Nur manche Kinder wurden allerdings so von ihren Vätern regulär für die Schule angemeldet (vgl. Kap. 2.5.2.1), was dann auch mit der Zahlung eines geringfügigen Schulgelds einherging (vgl. Janssen 1912: 23). Aus Eintragungen im Schulregister geht hervor, dass teilweise der Vater unbekannt war und die Kinder in solchen Fällen von einem „Guardian" (einem Missionar, teils auch von Bischof Couppé selbst) an die Mission geholt wurden:

> De ding is, wen dain muter is fon village, di wid holen du weg von dain muter un bringen du tsu mision fi lernen, fi sule. (Sprecherin MG, Brisbane, 19.01.2016)
> [Die Sache ist die: Wenn deine Mutter aus einem (indigenen) Dorf kommt, haben sie dich von deiner Mutter weggeholt und zur Mission gebracht, damit du lernst, damit du zur Schule gehst.]

---

[49] Die 14 Neuaufnahmen von mixed-race Kindern im Jahr 1903, nachdem die MSC-Schwestern am 21. Januar deren Betreuung übernommen hatten, waren „meist Kinder deutscher Kolonialisten" (Historischer Abriss Vikariat Rabaul, o. J., GAMS).

Die Mütter wurden in diesen Fällen entweder überzeugt, dass das Internat in Vunapope das Beste für ihr Kind sei (vergleichbare Einrichtungen gab es tatsächlich nicht), oder aber gar nicht gefragt:

> There's a priest maybe, saw them [mixed-race Kinder], tipped them because the skin a bit lighter, they take them and bring them to Vunapope and they go to school. A lot of them has been like that. (Sprecherin BC, Runcorn, 22.01.2016)

So teilten viele der mixed-race Kinder ein schweres Schicksal, indem sie gewaltsam ihren Müttern entrissen wurden. Vereinzelte Kinder hatten zum Zeitpunkt, als sie von den Missionaren gefunden wurden, bereits kein Elternhaus mehr (vgl. Janssen 1912: 22), d. h., es ist neben den vielen Halbwaisen auch von einzelnen Vollwaisen auszugehen.

Einige SprecherInnen vergleichen das Schicksal ihrer Großeltern (und teils ihrer Eltern) mit jenem der „Gestohlenen Generationen" *(stolen generations)*, mixed-race Kindern, die in der australischen Geschichte über 50 Jahre hinweg den Müttern der Aborigines weggenommen wurden, um sie an die „weiße" Gesellschaft zu assimilieren:

> You see, my mother was a stolen child. Her father was Chinese and she was PNG, from New Hanover. And she got stolen by the nuns, cause she was playing in the streets. [...] They took her, put her in the car and took her to Vunapope mission. Without asking, that's what they did before. (Sprecherin ERG, Gold Coast, 01.02.2016)

Noch ein zweites tragisches Schicksal, geschildert von einer anderen Sprecherin, sei exemplarisch erwähnt, um die Entwurzelung vieler der mixed-race Kinder zu unterstreichen, was für die Frage, warum Unserdeutsch entstand, von Bedeutung sein wird:

> [De mision holen ale mixed-race kinder] fon ale insel weg, un ale muter war so traurich. Main muter [...], sie hat gesa, ire muter war an shwimen nachdem de pinas. [...] Un main muter imer dachte, das ire muter war gestorben. [...] De muter hat i gesa, das de muter war gekomen tsu de mision und si muste sten da, un she konte nur sen ire tochter an shwimen da, un si hat tränen geha. (Sprecherin VR, Cairns, 12.02.2016)
> [[Die Missionare haben die mixed-race Kinder] von den Inseln geholt, und die Mütter haben sehr getrauert. Meine Mutter hat erzählt, dass ihre Mutter dem Motorboot nachgeschwommen ist. Meine Mutter dachte dann immer, ihre Mutter sei gestorben. Mutter hat mir erzählt, dass ihre Mutter einmal an die Mission gekommen ist, aber sie konnte nur dort stehen und (aus der Ferne) ihre Tochter beim Schwimmen sehen, und sie hat geweint.]

Diese Schilderung zeigt zugleich, wie der weitere Kontakt der indigenen Mütter zu den ihnen entrissenen Kindern teils – nicht in allen Fällen – unterbunden wurde. Und dennoch beteuern viele SprecherInnen, dass es rückblickend eine gute Zeit war:

> When you hear about the stolen generation in Australia – well, that happened in PNG. But the mission was very good. (Sprecherin EHI, Gold Coast, 01.02.2016)

Knapp ein Drittel der bis einschließlich 1914 aufgenommenen nicht-indigenen Kinder waren Mädchen, was zufällig recht genau dem 2:1-Verhältnis von Männern zu Frauen im transatlantischen Sklavenhandel (und somit in einigen Plantagen-Settings, in denen Kreolsprachen entstanden) entspricht (vgl. Velupillai 2015: 105).

Nach eigenen Angaben waren der Mission möglichst junge mixed-race Kinder, die eben erst der Muttermilch entwachsen waren, am liebsten:

> In einem späteren Alter bringen sie oft üble Gewohnheiten mit, die nur schwer auszurotten sind, und zudem wird ihnen die Erlernung der europäischen Sprache um so mühsamer, je älter sie sind. (Janssen 1932: 151)

Aufgenommene Kinder sollten also möglichst wenig durch „heidnische" (vor allem indigene) Erziehung vorgeprägt sein, sodass sie an der Missionsstation von der Wiege auf christlich-europäisch sozialisiert werden konnten. Gleichzeitig sollten sie möglichst rasch die deutsche Sprache erlernen – am liebsten direkt als L1, auch wenn dies in der Realität allerhöchstens in Ausnahmefällen der Fall war (vgl. Kap. 3.1.2).

Hinzu kam, dass es sich pädagogisch wie sprachlich als sehr schwierig erwies, ältere Neuankömmlinge unter Auslassung der Bewahranstalt für Kleinkinder (inklusive Vorschule) unmittelbar in den regulären Schulunterricht einzugliedern (vgl. Janssen 1912: 23). De facto lag das Durchschnittsalter[50] der Kinder bei ihrer Ankunft an der Missionsstation für die ersten Aufnahmen bis inklusive 1914 bei 6 Jahren. Die ältesten Kinder waren 14–17 Jahre alt (8 Kinder), die jüngsten 1–2 Jahre (9 Kinder). Der Großteil der Kinder (zwei Drittel) bewegt sich zwischen 4 und 8 Jahren.

---

50 Errechnet aus der Differenz der Jahreszahlen ohne Berücksichtigung von Tag und Monat. Neun Einträge konnten aufgrund fehlender Daten oder mangelhafter Lesbarkeit nicht einbezogen werden.

Abb. 16: MSC-Schwestern mit Pensionatszöglingen und Phoebe Parkinson („Queen Emma"), (etwa 1907, GAMS).

3.1.2 Das Sprachrepertoire der Kinder bei ihrer Ankunft

Knapp ein Drittel der Kinder befanden sich bei seiner Ankunft in Vunapope noch unterhalb der Schwelle von 5 Jahren, mit der Kinder unter normalen Umständen alle Grundlagen ihrer Erstsprache(n) erworben haben (vgl. etwa Hoff-Ginsberg 1997: 244; Foster-Cohen 1999: 171). Erstsprache war in den meisten Fällen offensichtlich das frühe Tok Pisin als Verkehrssprache zwischen Mutter und Vater mit Einflüssen der indigenen Sprache der Mutter:

> Die Weißen sind im allgemeinen der Sprache der Eingeborenen unkundig und bedienen sich im Verkehr mit ihnen des Pidginenglisch, der Arbeitersprache, die ein Gemisch von verdorbenem Englisch und einheimischen Dialekten ist. Die Mischlinge sprechen meist nur dieses Pidginenglisch mit einigen Brocken der von der Mutter gehörten Eingeborenensprache, die natürlich nach deren Heimat verschieden ist. Bei ihrer Ankunft auf der Missionsstation vermögen sie sich deshalb kaum verständlich zu machen. (Janssen 1932: 150)

Dies legt zum einen nahe, dass es überraschend früh – schon unmittelbar in der Entstehungsphase – L1-SprecherInnen von Tok Pisin gab. Außerdem lässt sich daraus schließen, dass die Mehrzahl der Kinder geringe bis keine Kompetenz in der L1 des Vaters erwarb. Manche Kinder taten dies nichtsdestotrotz, wie aus den Angaben einzelner SprecherInnen zu den Sprachkompetenzen ihrer Großeltern hervorgeht: Genannt werden teils bspw. Chinesisch, Französisch und Schwedisch. Ein Beispiel ist die Großmutter einer Sprecherin:

> De grosmuter is kinese fater, PNG muter, und ire fater hat geshiken si tsu de mision fi shule. [...] She spoke Chinese before, and then, when she got taken, she started learning German. (Sprecherin ERG, Gold Coast, 01.02.2016)
> [Großmutter hatte einen chinesischen Vater und eine neuguineeische Mutter, und ihr Vater hat sie an die Mission geschickt, damit sie dort zur Schule geht. Sie hat davor Chinesisch gesprochen und dann, als sie genommen wurde, hat sie begonnen, Deutsch zu lernen.]

Für Englisch und Deutsch lässt sich schwer rekonstruieren, ob und inwieweit einzelne Kinder bereits bei ihrer Ankunft eine Kompetenz aufwiesen. Der Missionar Janssen begründet allerdings das Unterrichten der englischen Sprache im Nebenfach unter anderem damit, dass „eine große Anzahl der Kinder englisch sprechende Väter" (Janssen 1912: 22) hätten, und unterscheidet hier klar vom Pidgin-Englisch. Auch der Bericht einer Schwester von 1905 lässt auf teils vorab erworbene Englischkenntnisse schließen:

> Mit der englischen Stunde geht es auch ganz gut. Die Kinder sprechen wohl gut Englisch, können es aber nicht schreiben und lesen, mit Ausnahme von einigen, da ja im Englischen alles anders geschrieben als gesprochen wird. (Brief Sr. Lidwina, 27.03.1905, GAMS)

Ein chinesischer Arbeiter besuchte sogar regelmäßig einen der Missionsschüler in Vunapope, um von ihm Englisch zu lernen (vgl. Adela, Sr. 1971: 110). Eine andere Missionsschwester wiederum klagt:

> Sind die Kinder nicht bei uns, hören sie auch nichts als Kanakisch [d. i. eine der indigenen Sprachen] oder Englisch. Wo soll da die Fortbildung im Deutschen herkommen? (Brief Sr. Philomena, 06.09.1905, GAMS)

Die Kinder bekamen also abseits der Mission in den Schulferien vor allem lokale Sprachen und Englisch bzw. pidginisierte Formen des Englischen zu hören.[51] Es

---

[51] Wie viel die Varietät, die die Schwestern hier als „Englisch" bezeichnen, mit einem Festland-Standardenglisch gemein hat, ist zu hinterfragen: So schreibt Sr. Philomena im selben Brief, die englische Sprache sei „größtenteils" die Muttersprache der Kinder (versus Janssen 1912/1932: Pidgin-Englisch). Zu bedenken ist hier zum einen, dass die Englischkenntnisse der

kamen allerdings auch teils Kinder an die Missionsstation, die überhaupt kein Pidgin-Englisch und auch kein Kuanua[52] verstanden:

> Nicht selten fehlt jede Kenntnis einer hier bekannten Sprache, die die Verständigung ermöglichen bzw. erleichtern könnte. (Janssen 1912: 23)

Neben Kindern, die von anderen Inseln stammten und nur eine in Vunapope nicht geläufige Stammessprache beherrschten, trifft dies auch auf manche (halb-)chinesischen Kinder zu. So berichtet Sr. Clothilde 1913 über den Sprachstand einer Handvoll neu angekommener Kinder:

> Von diesen Neulingen verstanden drei nur Chinesisch. Der kleine Petro, der allein etwas Pigeon-English sprechen konnte, mußte also Dolmetscher spielen, und er tat dies in köstlichster Weise. (Clothilde, Sr. 1913: 56)

Das Pidgin-Englisch war offenbar stets die erste Hilfssprache, bis eine rudimentäre Verständigung auf Deutsch möglich war. Dies zeigt auch der folgende Bericht über einen viereinhalbjährigen Jungen, der laut Schulregister gerade erst zwei Wochen vor der Niederschrift des angeführten Briefs in die Bewahranstalt aufgenommen wurde:

> Wenn es heißt „arbeiten", dann ruft unser Super-Ali (halb Indier) ganz erbärmlich: „Me sick bigfalla (Ich bin ganz krank!)" Geht's danach zu Tisch, dann lacht er ganz zutraulich: „Me sick liklik (Ich bin ein ganz klein wenig krank)", und dann schmeckt's ihm merkwürdig gut dabei. (Brief Sr. Raphaele, 03.02.1909. In *Hiltruper Monatshefte* 1909: 356)

Schwestern in der Anfangszeit noch sehr gering waren, zum anderen auch, dass das Varietätenbündel des Tok Pisin in dieser Zeit noch nicht immer als eigene Sprache getrennt vom Englischen wahrgenommen wurde. So berichtet Mühlhäusler (1981), dass teils Indigene das Tok Pisin für die Sprache der Weißen hielten. Umgekehrt meinten offenbar Englischsprecher zu dieser Zeit, als sie die englischen Lexeme hörten, sie könnten mit den Indigenen Englisch sprechen – was unter den Indigenen wiederum zu Reaktionen wie "that fellow whiteman no save talk english" (dieser Weiße kann nicht Englisch sprechen) führte (vgl. Mühlhäusler 1981: 96). Weiter verwischt wurde die Trennlinie möglicherweise durch die Herausbildung früher Züge des *Tok Masta*, ein gemischter Soziolekt der Kolonialisten, wenn auch Mühlhäusler (1981) die Entstehung dieser Varietät später ansetzt (vgl. allerdings auch die These von Volker 2016 zu einer speziellen Varietät des Englischen im damaligen Missionsumfeld, von ihm als *Mission English* bezeichnet). Es ist somit davor zu warnen, das Verkehrsenglisch der Inselkolonie voreilig mit einem Festland-Standardenglisch gleichzusetzen. Kenntnisse eines solchen (pidginisierten) Verkehrsenglischs mögen einige der Kinder an die Missionsstation mitgebracht haben.

52 Die von den Missionaren sehr früh erlernte Sprache der Tolai – viele der Hausmädchen in den Haushalten europäischer Kolonialisten waren Tolai, und sie waren dann häufig die Mütter von mixed-race Kindern.

Das Beispiel demonstriert, dass der Junge, der definitiv noch kein Deutsch sprechen konnte, sich der Schwester gegenüber des Pidgin-Englisch bediente.[53] Das frühe Pidgin-Englisch scheint der größte gemeinsame Nenner zu sein, der unter den mixed-race Kindern sprachlich bestand.

Selbst in Fällen, in denen es nur partiell oder gar nicht als Erstsprache erworben wurde, ist davon auszugehen, dass Tok Pisin spätestens an der Mission aufgrund seiner sehr leichten Erlernbarkeit und seiner Funktion als Hilfs-Kommunikationsmittel gegenüber Indigenen wie Neuankömmlingen als allererstes erlernt wurde. Die strukturellen Konvergenzen zwischen Unserdeutsch und Tok Pisin belegen dies eindeutig (vgl. Kap. 3.3.1). Die Verkehrssprache wurde auch von neu ankommendem Missionspersonal stets am schnellsten, wie nebenbei im Alltag, erlernt (bspw. Sr. Basilia 2017, pers. Mitteilung); nicht zu vergleichen mit dem langwierigen Erlernen der teils sehr komplexen indigenen Sprachen, oder, für die mixed-race Kinder, des Deutschen.

3.1.3 Der Deutscherwerb der Kinder

3.1.3.1 Das Erwerbsszenario

Der Erwerb der deutschen Sprache begann für (nahezu)[54] alle mixed-race Kinder mit ihrer Ankunft in Vunapope bei null. Da die Missionare in der Vermittlung der deutschen Sprache einer stark immersiven Strategie folgten, waren die ersten Monate für die Kinder an der Mission sehr herausfordernd. Ein Sprecher der Generation III, der – für diese Generation untypisch – mit Tok Pisin als Erstsprache aufwuchs und noch kein Deutsch beherrschte, als er im Alter von rund sieben Jahren an die Missionsschule geschickt wurde, schildert seine anfänglichen Schwierigkeiten, die recht genau denen der ersten mixed-race Kinder von Vunapope entsprechen dürften:

---

53 Mindestens einzelne Lexeme oder Wendungen in Pidgin-Englisch haben gewiss auch die Schwestern in diesem Umfeld gebraucht. Sporadisch kommen diese sogar in Briefen an das Ordens-Mutterhaus vor – dann selbstverständlich mit angefügter Übersetzung für die Schwestern in Deutschland. So beispielsweise in einem Brief von 1909: „Oswald, der, weil er noch so klein ist, auch noch nicht viel zu beten braucht, saß vor seinem Schüsselchen mit *Kai-Kai (Essen)* [...]" (Brief Sr. Raphaele, 03.02.1909. In *Hiltruper Monatshefte* 1909: 356, Hervorhebung SL).

54 Dass einzelne Kinder mit deutschen Vätern möglicherweise bereits vorher (geringfügigen) Deutsch-Input erhielten, sofern die Väter Kontakt zur indigenen Mutter hielten und sich an der Erziehung beteiligten, kann nicht ausgeschlossen werden. Es deutet allerdings nichts in den Berichten darauf hin, dass Kinder mit bereits fortgeschrittener Deutschkompetenz an die Mission gekommen wären.

Un i kan nix fersten, so [Name] muste sprehen in Pidgin fi i, mahen uns fersten. [...] Nach drai fir monat i konte fersten etwas. For das hat fil shtok gekri: jedes mal di wil sagen uns ain ding un i kan ni fersten – shtok herau (auf) main hinten. (Sprecher PK, Cleveland, 02.02.2016)
[Und ich konnte nichts verstehen, daher musste [Name] für mich in Tok Pisin übersetzen, damit wir [sein Bruder und er] verstehen konnten. Nach drei, vier Monaten konnte ich ein bisschen verstehen. Davor habe ich viel den Stock zu spüren bekommen: Jedes Mal, wenn sie [die Missionare] uns etwas sagen wollten und ich es nicht verstehen konnte, haben sie mir mit dem Stock auf den Hintern gehauen.]

Die Kinder erwarben die deutsche Sprache in einem Nebeneinander gesteuerten (institutionellen) und ungesteuerten Erwerbs, wie es in einem Internat der beschriebenen Art nicht anders zu erwarten ist. Parallel zur gesprochenen Sprache erlernten sie auch gesteuert die Schriftsprache. Während die allerjüngsten Kinder das Deutsche simultan zu ihrem noch nicht abgeschlossenen L1-Erwerb erlernten, ist für die älteren Kinder von einem eher sequenziellen Erwerb auszugehen. Die Übergänge sind hier fließend. Das Szenario entspricht weitgehend dem sogenannten *subtraktiven Bilingualismus* (vgl. Lambert 1974; Saville-Troike 2006: 127), bei dem Angehörige einer sozial untergeordneten Gruppe, zumeist Kinder, die dominante Sprache auf Kosten ihrer ethnischen Identität und ihrer L1 erlernen. Als Schriftsprache war das Deutsche für alle Kinder ihre erste Schriftsprache in einem Land, das kulturell rein oral geprägt war.

Die Kinder waren, wie bereits beschrieben, bei ihrer Ankunft 1–17 Jahre alt, zwei Drittel von ihnen bewegten zwischen 4 und 8 Jahren. Sie befanden sich somit innerhalb der sogenannten „kritischen" bzw. „sensitiven" Periode des noch erleichterten Spracherwerbs gemäß der *Critical Period Hypothesis* (vgl. Lenneberg 1967; Hurford 1991). Beginn und Ablauf dieser Periode werden je nach Studie recht unterschiedlich angesetzt (für einen Überblick vgl. Singleton 2005: 273); am ehesten konsensfähig dürfte die Annahme sein, dass die sensitive Periode allgemein in etwa mit der Pubertät endet. Teils wird eine zweite Schwelle bei etwa 7 Jahren angesetzt, ab der die Wahrscheinlichkeit, eine Sprache im L2-Erwerb entsprechend einem L1-Kompetenzlevel zu erwerben, sukzessive absinkt (vgl. Johnson und Newport 1989; Long 1990). Grundsätzlich allerdings ist die *Critical Period Hypothesis* vielfach problematisiert worden (vgl. zusammenfassend Singleton 2005). Die Ergebnisse der Studien bzgl. altersbezogener Effekte und insbesondere einer eindeutigen Altersschwelle sind uneinheitlich; zwei weitere Faktoren spielen mindestens ebenso eine Rolle: Allgemeines Sprachtalent *(language aptitude)* und der Bildungsstand bzw. die Länge der Schulzeit eines Lerners oder einer Lernerin (vgl. Birdsong 2014: 47f.). Ersteres, das Sprachtalent, war unter den Kindern sicher heterogen ausgeprägt.

Da sich Folgerungen auf Grundlage der *Critical Period Hypothesis*, inwiefern die mixed-race Kinder später eine L1-ähnliche *(native-like)* Standardkompetenz erreicht haben mögen, auf sehr dünnem und brüchigem Eis bewegen, wird diese theoretische Diskussion an dieser Stelle nicht weiterverfolgt. Stattdessen wird versucht, den Weg zur Standardkompetenz empirisch aus linguistischen und metalinguistischen historischen Quellen nachzuzeichnen. Ein Nachweis struktureller L2-Effekte in Unserdeutsch erfolgt zudem später in Kap. 3.3.4.

Im Folgenden wird nun das zunehmende Deutsch-Kompetenznivevau der Kinder anhand von Berichten der Missionsschwestern chronologisch nachverfolgt. Es zeichnet sich daraus der zeitliche Korridor ab, in dem plötzlich, abzweigend vom weiter fortschreitenden Erwerb der Standardsprache, eine Gruppenvarietät der mixed-race Kinder fossiliert ist, die noch klare Merkmale eines frühen Erwerbsstadiums aufweist: Unserdeutsch.

Im Jahr 1903, als die deutschen MSC-Schwestern den Unterricht und Betreuung der mixed-race Kinder übernahmen, waren gemäß Schulregister nur 10 der Kinder schon seit mehr als drei Jahren an der Missionsstation (maximal seit 1897); viele waren auch gerade erst neu angekommen. Dementsprechend konnten die Kinder den ambitionierten Sprachzielen der Missionare in diesem Jahr noch nicht genügen, wie eine der unterrichtenden Schwestern 1903 festhält:

> Die Kinder werden von Schwester Oberin und mir in allen Fächern auf Deutsch unterrichtet. Sie sprechen und schreiben aber ein schauderhaftes Deutsch. Daß da der Geduldsfaden schon viele, viele Knoten hat, können Sie sich denken. (Brief Sr. Agnes, 18.09.1903, GAMS)

Über die noch vorhandenen sprachlichen Hürden in diesem Zeitraum berichtet auch Sr. Clothilde in einem Rückblick auf das Leben der eben zitierten Sr. Agnes, bezogen auf die Jahre 1903/1904:

> Während Schw. M. Angela mit Mädchen vierhändige Klavierstücke einübte, bemühte sich Schw. Agnes, mit andern Gedichte und Theaterstücke zu üben. Das war für Schwester und Kinder keine leichte Aufgabe, da die deutsche Sprache den Kindern noch nicht geläufig war. (Bericht Sr. Clothilde, 27.08.1955, GAMS)

Die hohen sprachlichen Anforderungen führten anfangs auch öfter zu Situationen, in denen Neulinge noch nichts verstanden und sich mit sprachlichen Notstrategien behalfen:

> Eines Tages begegnete ich einem Neulinge, und da er den Hut auf dem Kopfe behielt, erinnerte ich kurz: „Hut ab!" Er schaute mich an und sagte prompt zu mir: „Hut ab!" Selbst nicht im Besitze eines solchen, machte ich ihm an dem seinen den Sinn der Worte klar.

Seinen jüngeren Bruder frage ich, als er einen Fieberanfall überstanden hatte, ob er hungrig sei. Als Antwort kam heraus: „Bist du hungrig?" (Clothilde, Sr. 1913: 56)

Bald beklagten die Schwestern, dass eine vollständige Immersion der Kinder in die deutsche Sprache nicht zu erreichen sei, besonders da durch wiederholten Kontakt der Kinder zu Angehörigen – in erster Linie in der Ferienzeit – der Erwerb verzögert würde:

> Ich gebe mich ein wenig mit den Kleinen ab, namentlich im Unterricht der deutschen Sprache. Hierbei ist der kleine Hans der fleißigste Schüler. Er würde bald Deutsch sprechen können, wenn er nicht immer seine Muttersprache hörte. Demzufolge bringt er es nur zum mangelhaften Sprechen. (Brief Sr. Elisabeth, 19.06.1910, GAMS)

Diese Klage findet sich ähnlich in einem Brief von Schwester Philomena aus dem Jahr 1905. Zugleich werden hier bereits sichtbare Fortschritte in der Gruppe gewürdigt (wenn natürlich auch stetig neue Kinder hinzukamen, für die der Erwerb wieder von vorne begann):

> Die Erlernung der deutschen Sprache fällt den Kindern recht schwer. [...] Im Aufsatz sind die Kinder sehr wortarm, da ihnen viele deutschen Ausdrücke fehlen. [...] Doch ist es jetzt nichts mehr gegen die anfänglichen Schwierigkeiten, welche die Schwestern damit gehabt haben müssen. (Brief Sr. Philomena, 06.08.1905, GAMS)

Noch deutlicher kommen die sprachlichen Fortschritte in einem Brief von 1904 zum Ausdruck, der bestärkt, dass zumindest die passive Kompetenz in diesem Jahr schon recht weit ausgebaut war:

> Der Unterricht, der alle Fächer einer gehobenen Volksschule umfaßt, wird, wie Ihnen bereits bekannt ist, in deutscher Sprache erteilt. Wenn wir dabei an die Schwierigkeiten der ersten Anfänge denken, so schwinden beinahe die der Gegenwart. Im allgemeinen können die Kinder dem deutschen Unterrichte ganz gut folgen, und sie tun es auch mit Interesse. (Brief Sr. Agnes, 04.07.1904. In *Hiltruper Monatshefte* 1904: 492)

In die Nähe der Standardkompetenz scheint sich die Durchschnittskenntnis unter den Kindern, die schon länger an der Mission waren, dann wenige Jahre später zu entwickeln, wie der Bericht einer Schwester von 1913 nahelegt:

> Durch fleißige Übung im gesamten Unterrichte wie auch im Umgange gewinnen die Kinder allmählich größere Fertigkeit im deutschen Ausdrucke, wenngleich noch öfters ein fremdartiger Stil hindurchdringt. (Clothilde, Sr. 1913, 56)

Deutsche Schriftzeugnisse der Sprechergeneration I vor den 1930er Jahren liegen dem Autor leider nicht vor, dafür seien Auszüge aus drei Schriftstücken von Vunapope Mixed-race in Standarddeutsch angeführt, die aus der Zeit von 1937 bis in die 1940er Jahre stammen (Sprechergeneration II). Sie zeigen, dass das Sprachziel des Standarderwerbs erreicht wurde.

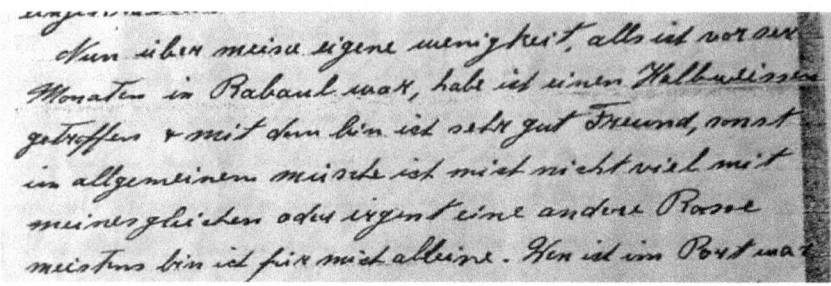

Abb. 17: Brief von B. Kraus an seine Pflegemutter (eine Missionsschwester), S. 3, 08.11.1937.

Transkript:
Nun über meine eigene wenigkeit, alls ich vor sex Monaten in Rabaul war, habe ich einen Halbweissen getroffen mit dem bin ich sehr gut Freund, sonst im allgemeinen mische ich mich nicht viel mit meinesgleichen oder irgenteine andere Rasse meistens bin ich für mich alleine. Wen ich im Port war …

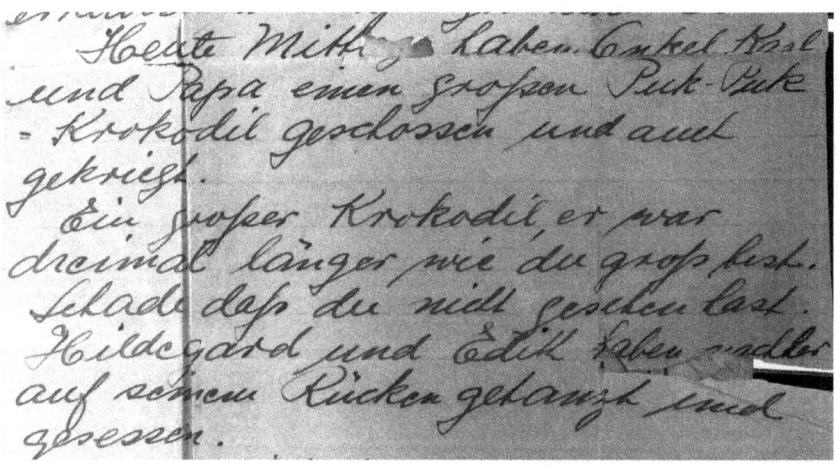

Abb. 18: Brief von H. Hoerler an seine Tochter H. Hoerler, Toriu, 23.12.1939.

Transkript:
Heute Mittag haben Onkel Karl und Papa einen großen Puk-Puk = Krokodil geschossen und auch gekriegt. / Ein großer Krokodil, er war dreimal länger wie du groß bist. Schade daß du nicht gesehen hast. Hildgard und Edith haben nachher auf seinem Rücken getanzt und gesessen.

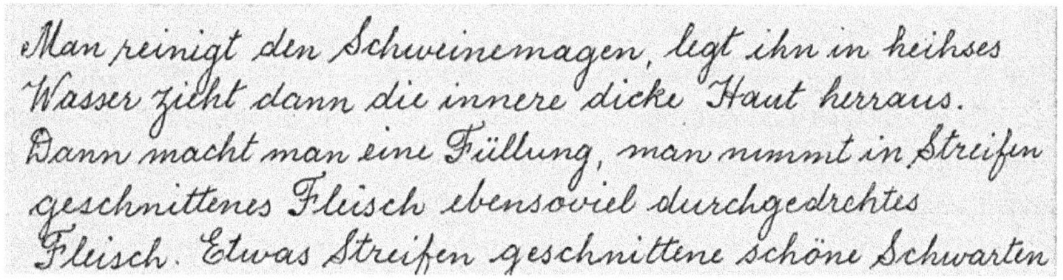

Die Sprachschöpfer und ihre Erwerbssituation — 77

> *Man reinigt den Schweinemagen, legt ihn in heihses Wasser zieht dann die innere dicke Haut heraus. Dann macht man eine Füllung, man nimmt in Streifen geschnittenes Fleisch ebensoviel durchgedrehtes Fleisch. Etwas Streifen geschnittene schöne Schwarten*

Abb. 19: Rezept „Schwartemagen", B. Assanuma, 1940er Jahre.

Transkript:
Man reinigt den Schweinemagen, legt ihn in heihses Wasser zieht dann die innere dicke Haut heraus. Dann macht man eine Füllung, man nimmt in Streifen geschnittenes Fleisch ebensoviel durchgedrehtes Fleisch. Etwas Streifen geschnittene schöne Schwarten ...

Aus den drei exemplarischen Schriftbelegen wird deutlich, dass die Mixed-race eindeutig ein Standarddeutsch beherrschten, das sich nur geringfügig vom Standarddeutsch des deutschen Binnenraums unterschied (vgl. Volker 1982: 10). Volker (1989a: 154) nennt diese lokale Varietät des Standarddeutschen „Normaldeutsch", Maitz (2017: 224) spricht von „intendiertem Standarddeutsch". Sprecher, die vor dem 2. Weltkrieg noch regulären Deutschunterricht erhielten, waren nach Volker (1998b: 22) in ihrer praktischen Alltagssprache beinahe auf dem Level eines nicht-akademischen deutschen Muttersprachlers. Trotzdem lassen sich gewisse sprachliche Abweichungen, nicht nur in der Orthographie, sondern auch in der Grammatik, feststellen. Diese Abweichungen, wohl mit auf Destandardisierungsprozesse durch die gegenseitige Beeinflussung mit Unserdeutsch und den weiteren Kontaktsprachen an der Mission zurückzuführen, nehmen augenscheinlich in der Zeit nach dem 2. Weltkrieg weiter zu (vgl. die Schriftbelege in Maitz 2017: 224 und in Kap. 6.2). In dem Rezept von B. Assanuma aus den 1940er Jahren lautet bspw. ein späterer Satz:

> Dann gibt hinzu Salz und Pfeffer nach geschmack, nimmt einem Teelöffel Salpeter, damit das Fleisch schön rot bliebt. (Rezept „Schwartemagen", B. Assanuma, 1940er Jahre)

Es fällt in diesem Satz das Fehlen des Indefinitpronomens *man* auf, das in Unserdeutsch nicht existiert, eine fehlende Großschreibung eines Substantivs *(geschmack)*, ein Kasusfehler *(einem)* – Unserdeutsch kennt keine Kasusmarkierung in der Nominalphrase – und eine offensichtlich dem Englischen nachempfundene Diphthongschreibung *(bliebt)*, die auch bei spontanen Verschriftungen von Unserdeutsch in der Gegenwart auffällig häufig auftritt.

Der erste, zeitlich früheste Schriftbeleg von 1937 zeigt vor allem orthographische Abweichungen und belegt für diesen Sprecher ein elaboriertes Standarddeutsch in der Zwischenkriegszeit. Der wohl letzte lebende Sprecher, der noch eine relativ zumindest partielle bivarietäre Kompetenz aufweist, berichtet über seinen mixed-race Vater, dass er nach dem 1. Weltkrieg für die Missionare Übersetzungsaufgaben erledigte, was für eine fundierte Standardkompetenz spricht:

> Meine Vater spricht so gutes Deutsch, er liest Deutsch und schreibt Deutsch. [...] Er war hundert Prozent in Deutsch. (Sprecher HH, Port Moresby, 02.10.2014)[55]

Dieser Sprecher stammt aus einer generell sehr standardnahen und -bewussten Sprecherfamilie. Es ist wohl davon auszugehen, dass nicht alle SprecherInnen das Standardniveau dieser besonders schrift- und standardorientierten Familie erreichten. Trotzdem ist eindeutig, dass die gesamte Sprechergemeinschaft der Zwischenkriegszeit so weitgehend das Deutsche erwarb, dass es sich strukturell keinesfalls mehr um Unserdeutsch handelt, sondern lediglich eine Beschreibung als (intendiertes/modifiziertes) Standarddeutsch adäquat ist. Es ist sogar belegt, dass die erste Sprechergeneration noch Kenntnisse der deutschen Kurrent-Schreibschrift erwarb (vgl. Clothilde, Sr. 1913: 56). In der Audio-Zusammenfassung eines aus technischen Gründen nicht aufgenommen Interviews mit der MSC-Nonne Sr. Anna Katrina von Vunapope über die Anfänge von Unserdeutsch an der Missionsstation fasst Volker zusammen:

> The kids were really good in German handwriting, the nun said. (Craig Volker, bei Rabaul, 05.12.1979)

Die Generation der Auswanderer aus Deutschland selbst, das heißt die Eltern der ersten Unserdeutsch-Sprechergeneration, verwendeten noch selbstverständlich die Kurrent-Schreibschrift (siehe Abb. 20).

Unter den Unserdeutsch-Sprechern der Zwischenkriegszeit erstreckt sich die interpersonelle Variation innerhalb ihres Standards auch auf ein unterschiedliches Ausmaß der feststellbaren Kontakteinflüsse, beispielsweise in der Lexik. Während Transfer aus dem Englischen und/oder Tok Pisin in das Standarddeutsch der Sprecher in den oben angeführten (eindeutig bildungsbürgerlich orientierten) Briefen und der Rezeptniederschrift nur sehr moderat feststellbar ist, zeigt ein anderer früher Schriftbeleg von 1938, der offensichtlich keine bildungsbürgerliche Orientierung aufweist, sondern lediglich Dokumentationszwecken dient, deutlich stärkere Kontakteinflüsse.

---

[55] Zitate in akrolektaler, sehr standardnaher bzw. standardintendierter Sprachlage werden nach deutscher Orthographie verschriftet.

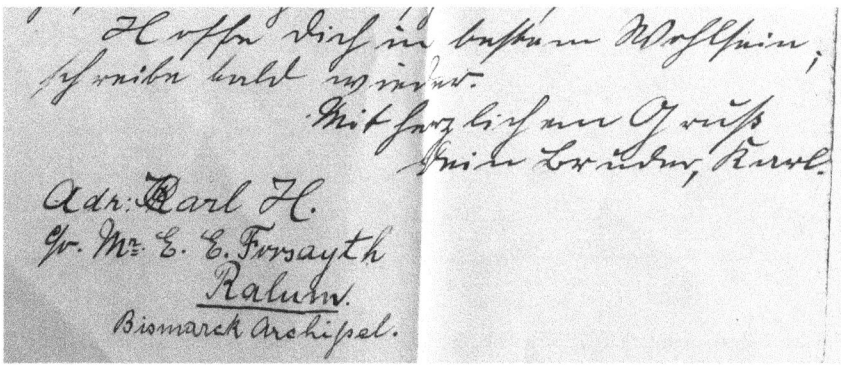

Abb. 20: Brief von Karl H. an seinen Bruder, Ralum (Kokopo), undatiert.

Transkript:
Hoffe dich in bestem Wohlsein; schreibe bald wieder. / Mit herzlichem Gruß / Dein Bruder, Karl. / Adr: Karl H. / Gr. M^n E. E. Forsayth / <u>Ralum</u> / Bismarckarchipel.

Der nachfolgende Auszug aus einem Budgetplan der Stationsverwaltung in Vunapope von 1938 wurde vermutlich geschrieben von dem Unserdeutsch-Sprecher Alois Schulz, der den entsprechenden Posten zu dieser Zeit innehatte. Er zeigt bemerkenswerten lexikalischen Transfer aus Englisch und Tok Pisin:

> Diese Budget kommt nicht fuer Patres in Betracht die mit der Pinasse oder Motocar die Stationen besuchen [...]. Boys budget darf fuer 2 Boys nicht ueber £ 30 kommen, darin ist Wages und der volle Lebensunterhalt der Boys nach den Regulations 1936 reichlich eingerechnet. 22 Sack Reis 24 Laplap Matches 104 Seife Smokepaper, Tabak 208 Stangen Cash wages £3–10 finispayment £3–10.0 Tinnen 54 Bulmakau 54 Fish macht mit medicinen und einem kleinen Weihnachtsgeschenk nie mehr wie £30 aus. Katecheten Budget wird nach Verordnung cash ausgezahlt [...] einschließlich des Weihnachtslaplaps. (Verwaltung Vunapope, 20.07.1938, AEDR)

Das selbstverständliche Code-switching zwischen mehreren Sprachen im Alltag und das dadurch bedingte hohe Maß an Transfer kommt auch im Tagebuch eines Unserdeutsch-Sprechers zum Ausdruck (siehe Abb. 21).

Auch dieser Tagebucheintrag ist offensichtlich in einem sehr informellen persönlichen Dokumentationsstil gehalten. Aus dem Kontrast zwischen den bildungsbürgerlich orientierten, sprachlich sehr elaborierten Briefen mit relativ wenig Kontakteinflüssen auf der einen Seite und den von starkem Transfer geprägten, mehr persönlichen Aufzeichnungen auf der anderen Seite lässt sich die Beherrschung einer breiten Registervariation ablesen – oder aber tatsächlich auch unterschiedliche Kompetenzniveaus der Schreiber.

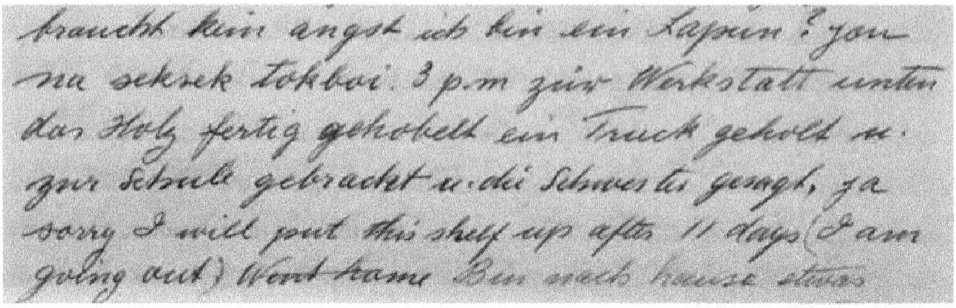

Abb. 21: Reflexe ausgeprägten Code-switchings im Tagebuch eines Unserdeutsch-Sprechers (Eintrag vom 5. Mai 1967).

Transkript:
braucht kein angst ich bin ein Lapun [Tok Pisin 'alter Mann']? you na seksek tokboi [Tok Pisin etwa 'und du zitterst, Dienstjunge']. 3pm zur Werkstatt unten das Holz fertig gehobelt ein Truck geholt u. zur Schule gebracht u. die Schwester gesagt, ja sorry I will put this shelf up after 11 days (I am going out) ~~Went home~~ Bin nach hause etwas [...]

Zusammenfassend hat dieses Kapitel zwei zentrale Punkte verdeutlicht: Erstens kann wohl die Zeit von den ersten Aufnahmen in Vunapope (1897) bis zum 1. Weltkrieg vorsichtig als die Zeit des Erwerbs der Kernkompetenz in Standarddeutsch durch die Internatszöglinge angesetzt werden. Zweitens wurde eine Standardkompetenz mit beträchtlicher Nähe zum Standard des deutschen Binnenraums wohl von den meisten, wenn nicht allen Mixed-race erreicht. Nichtsdestotrotz scheint eine gewisse Variation in der Elaboriertheit zu bestehen, die personen- und familienspezifisch durch äußere Faktoren gesteuert ist (bspw. schriftnaher Beruf), möglicherweise aber auch intrapersonell vorliegt nach Art einer breiten Registervariation.

3.1.3.2 L2-Effekte beim Erwerb des Standarddeutschen

Von unschätzbarem Wert für die Rekonstruktion des Deutscherwerbs der Kinder und zugleich der frühesten Anfänge von Unserdeutsch sind die vereinzelten Wiedergaben konkreter Sprechakte von Kindern in frühen Briefen der MSC-Schwestern (*recalled* bzw. *observed speech*, vgl. Schneider 2013: 171). Diese sind nach heutigem Kenntnisstand zugleich die einzigen erhaltenen (indirekten) Sprachzeugnisse der mixed-race Kinder aus ihren ersten Jahren in Vunapope. Während Rückschlüsse aus Daten dieses Typs grundsätzlich mit Vorsicht zu ziehen sind,⁵⁶ konstituieren sie doch in Fällen wie diesem die einzige sprachhistorische Evidenz, aus der Aspekte der mündlichen Rede von damals partiell rekonstruiert werden können (vgl. Martineau 2013: 179).

Im Folgenden werden anhand der vorliegenden Redewiedergaben und Aussagen der MSC-Schwestern exemplarisch L2-Effekte beim Spracherwerb der Kinder aufgezeigt, gegliedert nach Effekt bzw. „Fehlertyp" (vgl. Touchie 1986; Hasyim 2002; Heydari und Bagheri 2012). Gerade die morphologischen und syntaktischen Auffälligkeiten sind sehr ähnlich noch im Unserdeutsch von heute konserviert. Alle angeführten Aussagen stehen unter dem Vorbehalt, möglicherweise damals nicht repräsentativ für die gesamte Gruppe zu sein.

a) *Negativer L1-Transfer (Interferenzfehler)*: Phänomene, die in diesen Bereich fallen, sind grundsätzlich von der L1 der jeweiligen Kinder abhängig. Dies zeigt sich im Bereich der Lautung, wenn von der typischen Substitution von /r/ durch /l/ unter chinesischstämmigen Ankömmlingen⁵⁷ in Vunapope berichtet wird:

(1) Nun galt es, die Neulinge in den Gebrauch des Deutschen einzuführen, aber gar oft wurde anfangs an Stelle des r ein l gebraucht. So sagte einer beim Einüben des Glaubensbekenntnisses statt Jungfrau „Jungflau", ferner: „Aufgefallen in den Himmel". Chungseng sollte beim Jäten helfen, und um die Anleitung einfach und faßlich zu gestalten, machte ich es ihm vor, das Ausziehen mit „heraus" begleitend. Getreulich ahmte er mir alles nach, gebrauchte jedoch bei jedem Grashalm, den er auszog, in dem Worte „raus" gleichfalls statt r ein l [...]. (Clothilde, Sr. 1913: 56)

Für Kinder, die von indigenen Müttern aufgezogen wurden, wäre hingegen eine anfängliche Substitution von /f/ durch /p/ naheliegend, wie sie Sr. Clothilde von den Indigenen berichtet:

---

56 Vgl. dazu auch Schneider (2013: 172) an einem Beispiel, das der Situation in den Briefberichten der Schwestern sehr nahesteht: "Sometimes speech is recalled and written down some time after the utterance itself, a procedure that may entail lapses of memory and introduce errors. [...] [T]ravelers wrote books or articles about what they had experienced and observed, including, sometimes, samples and quotations of the 'strange' speech forms they had encountered. These sources may provide unique documentation about contexts about which otherwise very little is known, *but the reliability of such reports is somewhat questionable (as the travelers may have misunderstood, half-forgotten, or even deliberately distorted relevant details)*" (Hervorhebung SL).
57 Keine der drei /r/-Varianten des Deutschen ist Teil des chinesischen Konsonantensystems. Die dortige retroflexe Variante wiederum wird „[i]n zahlreichen Dialektgebieten Chinas [...] als eine allophonische Variante zu /l/ angesehen" (Liu 2015: 49).

(2) Manche Namen erleiden indes drollige Veränderungen, da die Kanaken bei uns s durch t und f durch p ersetzen. Infolgedessen wurde unsere gute, ehrwürdige Generaloberin, Schwester Franziska, während ihrer Wirksamkeit in Neupommern Schwester *Paraditka* genannt. (Clothilde, Sr. 1913: 56; Hervorhebung SL)

Während der Ersatz von /f/ bei vielen der Kinder zu erwarten ist, verwundert die hier ebenfalls genannte Substitution von /s/ durch /t/.[58] In Unserdeutsch ist keine der genannten Lautersetzungen konserviert.

Negativer Transfer auf lexikalisch-semantischer Ebene, der noch heute in Unserdeutsch bewahrt ist, zeigt sich bei *(du) mußt nicht* '(du) darfst nicht' (< *must not*) in (3), einem Schwesternbrief von 1904:

(3) Die deutsche Grammatik bietet ihnen freilich viele, viele Schwierigkeiten. Doch, was Wunder? Diese wird ja Inländern schon zuweilen schwer, um wieviel mehr solchen Kindern, die neben dem Deutschen, bald Englisch, bald Kanakisch oder auch noch das Gemisch dieser beiden Sprachen hören. Deshalb kann es einen auch garnicht wundern, wenn sie bisweilen Sätze bilden, in denen Wörter aus all diesen Sprachen vorkommen, wie z. B.: *„U malari (schäm' Dich), Du kann nicht speak deutsch, Du mußt nicht sag die Mann, sondern das Mann."* (Brief Sr. Agnes, 04.07.1904. In *Hiltruper Monatshefte* 1904: 493; Hervorhebung SL)

Der wiedergegebene Beleg in (3) zeigt zugleich negativen syntaktischen Transfer, nämlich die Reduktion der Verbalklammer in Anlehnung an den Satzbau von Tok Pisin bzw. Englisch (in Tok Pisin ständen beide Negatoren vor dem Finitum): **kann nicht speak** Deutsch; **mußt nicht sag** die Mann. Der Einfluss der (pidgin-)englischen Satzstellung auf das frühe Deutsch der Kinder wird von einer Schwester explizit erwähnt:

Deswegen hat sich [unter den Kindern] die englische Satzstellung so fest eingebürgert, so daß im Deutschen oft ein wahres Kauderwelsch hervorgebracht wird. (Brief Sr. Philomena, 06.08.1905, GAMS)

---

58 Das Phonem /f/ ist weder Teil des Konsonanteninventars von Kuanua (vgl. Franklin 1968: 8), der Sprache der Tolai auf der Gazelle-Halbinsel, noch der Sprache der Baining (vgl. Parkinson 2010: 322) noch des traditionellen, nicht modern-urbanen Tok Pisin (vgl. etwa Smith und Siegel 2013) – der dominanten Sprache der meisten mixed-race Kinder bei ihrer Ankunft in Vunapope. Das Phonem /s/ hingegen ist in allen drei Sprachen gebräuchlich (vgl. Smith und Siegel 2013).

In (4) scheint sogar ein Transfer der in Tok Pisin üblichen Finalstellung des (hier erweiterten: *wieviel Wochen*) Interrogativums vorzuliegen, wie sie noch heute in basilektalem, am weitesten von Standarddeutsch entferntem Unserdeutsch auftreten kann:

(4)   Einer der Nichtkommunikanten fragte mich eines Tages: *„In Reue und Demut wieviel Wochen?"* Er wollte wissen, wieviel Wochen seit seiner letzten Beicht verflossen waren. (Clothilde, Sr. 1913: 56; Hervorhebung SL)

b) *Simplifizierungen:* Erwerbsbedingte Simplifizierungen auf phonologischer Ebene zeigt die Aussprache von *Franziska* als *Paraditka* in (2): Zum einen in der Vokalepenthese in /fra/ zu /pa**r**a/ und zum anderen im Ausfall des Koda-/n/, was zu einer maximal einfachen CVCV-Struktur in der ersten Worthälfte (ursprünglich CCVC) führt. Silbenvereinfachende Tendenzen sind auch in Unserdeutsch klar feststellbar (vgl. Maitz et al. i. E.). Die Substitution /ts/ → /d/ im Onset der Pänultima von *Franziska* ist zudem als Simplifizierung der Affrikate interpretierbar (die in Unserdeutsch allerdings durch /s/ substituiert wird).

Auf morphologischer Ebene lässt sich im frühen Stadium des Deutscherwerbs der Kinder der Abbau mehrerer Flexionskategorien beobachten (bzw., aufgrund der spärlichen Beleglage vorsichtiger formuliert, die Übergeneralisierung von Default-Formen). Der Gebrauch der 3SG-Form des Modalverbs *können* auch für andere Personen (hier: 2SG, *du kann*) in (3) deutet einen Abbau der synthetischen Markierung der Kategorie Person an (und ggf. Numerus, vgl. heute Unserdeutsch *wi kan, di kan*), somit eine Reduktion redundanzinduzierter Komplexität. Gleiches gilt für *du mußt* (vgl. Unserdeutsch *du mus*) aus (3) sowie *du geben* – so heute noch in Unserdeutsch – in (5):

(5)   Und doch soll man in all diese kleinen Köpfe das schwere Deutsch hineinbringen. Daß dieses Zeit und noch mehr Geduld erfordert, brauche ich Ihnen wohl nicht erst zu sagen. Man kann sich z. B. erst in der Stunde heiser sprechen über den Gebrauch der Fürwörter und dann sofort nachher auf dem Spielplatze hören, wie sie sich gegenseitig ganz kräftig zurufen: *„Du geben ich das Ding"* usw. (Brief Sr. Agnes, 04.07.1904. In *Hiltruper Monatshefte* 1904: 492; Hervorhebung SL)

In *geben ich* zeigt sich zudem die Absenz der Kasuskategorie im Pronominalsystem. Beispiel (7) zeigt die Absenz der Kasusmarkierung auch in der Nominalphrase: *Ich will gute Kinder sein*. In (9) ist außerdem der Abbau der synthetischen Numerusmarkierung am Substantiv zu beobachten. Alle diese Merkmale spiegeln sich auch heute noch in basilektalem Unserdeutsch.

Eine stark simplifizierte Syntax zeigt – neben einer weiteren unflektierten Verbform – Beispiel (6) mit Artikelausfall und Pro-Drop:

(6) Hierbei ist der kleine Hans der fleißigste Schüler. Er würde bald Deutsch sprechen können, wenn er nicht immer seine Muttersprache hörte. Demzufolge bringt er es nur zum mangelhaften Sprechen. Kürzlich steckte seine Spielgefährtin ein Stückchen Zeug in den Mund. Als Hans das sah, rief er ganz entsetzt aus: *„Elisabeth, fressen Kleid!"* Der kleine Schelm weiß wohl, daß die Menschen essen und die Tiere fressen. Aber beim Sprechen kann er das nicht unterscheiden. (Brief Sr. Elisabeth, 19.06.1910, GAMS)

Funktionswörter sind im heutigen Unserdeutsch auch weniger stark obligatorisiert als im Standarddeutschen (vgl. Lindenfelser und Maitz 2017: 131).

c) *Übergeneralisierungen:* Auf morphologischer Ebene verweist Beispiel (3) auf die bekannten Schwierigkeiten beim Erwerb des deutschen Genussystems mit der Folge von Form-Übergeneralisierungen: *Du mußt nicht sag die Mann, sondern das Mann.* In Unserdeutsch ist das standarddeutsche Genussystem gänzlich eingeebnet *(de mann, de frau, de kind).* In (7) wird mit *Kinder* eine Pluralform auf die Verwendung im Singular übergeneralisiert:

(7) Ein anderer sollte über sein strafbares Verhalten im Schlafsaal Rechenschaft geben und sagte: *„Ich hab gemacht die Tür geht zu."* Als er nach weiteren Vorhaltungen die wohlverdiente Strafe erhalten sollte rief er: *„Ich will gute Kinder sein."* (Clothilde, Sr. 1913: 56; Hervorhebung SL)

In der Syntax fällt die (Regel-)Übergeneralisierung der SVO-Grundstellung – alternativ auch als Abbau der Distinktion von Satztypen interpretierbar – ins Auge. Deutlich wird dies am Imperativsatz in Beispiel (5), genauso auch an der Entscheidungsfrage in (8):

(8) Gewöhnlich spielt sie [die einundhalbjährige Maria-Luise] mit Hans herum, der ihr schon einen Heiratsantrag gemacht hat, indem er sie naiv gefragt, *du willst heiraten.* (Brief Sr. Elisabeth, 11.09.1904, GAMS; Hervorhebung SL)

Basilektales Unserdeutsch zeigt noch heute die SVO-Grundstellung über alle Satztypen hinweg.

d) *Hyperkorrekturen:* Hyperkorrekturen indizieren in einer Erwerbssituation normativen Druck hinsichtlich der fehlerfreien Verwendung einer Prestigevarietät (vgl. bspw. Pléh und Bodor 2000), in diesem Fall des Standarddeutschen.

Dieser Druck war im Internat zweifelsfrei gegeben. Das ehrgeizige Ziel, die Zöglinge möglichst rasch hin zur Standardkompetenz zu bringen, scheint etwa in Aussagen durch wie jener, dass „der Geduldsfaden schon viele, viele Knoten hat" (Brief Sr. Agnes, 18.09.1903, GAMS) ob des „schauderhafte[n] Deutsch[s]" (ebd.) der Kinder. In einem solchen Klima stellt sich verstärkt die Frage, warum sich Unserdeutsch etabliert hat. Über hyperkorrekte Formen berichtet Sr. Clothilde bei den in (1) erwähnten chinesischen Schülern:

> Getreulich ahmte er mir alles nach, gebrauchte jedoch bei jedem Grashalm, den er auszog, in dem Worte „raus" gleichfalls statt r ein l, wodurch er begreiflicherweise ein allgemeines Gelächter erregte. Später verfielen die Sprachschüler in den entgegengesetzten Fehler, bis endlich das Richtige erlernt war. (Clothilde, Sr. 1913: 56)

Eine Hyperkorrektur mag auch vorliegen, wenn der Schüler August laut Bericht von Sr. Raphaele (Brief vom 03.02.1909. In *Hiltruper Monatshefte* 1909: 356) in der Geschichtsstunde an die Tafel schrieb, dass Kaiser Wilhelm sieben Söhne habe:

(9) Er hat **züben** knape. (Brief Sr. Raphaele, 03.02.1909. In *Hiltruper Monatshefte* 1909: 356; Hervorhebung SL)

Die crosslinguistisch hochmarkierten, beim L2-Erwerb häufig Probleme bereitenden standarddeutschen Phoneme /ʏ, y:/ werden (auch in basilektalem Unserdeutsch) vielfach zu /i/ illabialisiert.

e) *Substitution*: Hier sei nur auf die lexikalische Substitution hingewiesen, wie sie sich im dreisprachigen Beispiel (3) zeigt: *U malari, Du kann nicht speak deutsch* ... Solche Fälle müssen allerdings nicht notwendigerweise eine Wortschatzlücke indizieren, da Code-switching (bzw. *translanguaging*, vgl. García und Wei 2014) in der gelebten Multilingualität Papua-Neuguineas ein unmarkiertes Gesprächsverhalten darstellt. In diesem Sinne mag auch die folgende, von Schwester Raphaele 1909 wiedergegebene Anekdote zu deuten sein:

(10) Einen Schwätzer fragte ich in der englischen Stunde: „Did you speak?" (Hast du gesprochen?) Noch ganz abwesend rief er: „*Ich habe nicht gespickt.*" (Brief Sr. Raphaele, 03.02.1909. In *Hiltruper Monatshefte* 1909: 356; Hervorhebung SL)

Code-switching – bei einzelnen Sprechern bis hin zu Code-mixing – ist auch ein integraler Bestandteil des Sprechens von Unserdeutsch; Partizipformen nach dem Bildungsmuster von *gespickt* (gespeakt) in (10) kommen vielfach vor.

Zusammenfassend zeigt sich, dass vor allem im grammatischen Bereich die meisten der dokumentierten L2-Effekte aus der Erwerbszeit des Deutschen unter den Kindern mit noch heute in Unserdeutsch konservierten Merkmalen übereinstimmen. L2-Erwerbseffekte haben offensichtlich auf nicht zu unterschätzende Weise Eingang in das Sprachsystem von Unserdeutsch gefunden. Bevor jedoch die Frage behandelt werden soll, *wie* Unserdeutsch unter den nun dargelegten soziohistorischen und sprachlichen Umständen entstanden ist (Kap. 3.3), stellt sich zunächst die Frage, *warum* sich überhaupt unter den Kindern eine neue Sprache etablierte, trotz fortschreitender und recht bald erreichter Standarddeutsch-Kompetenz.

3.2 Warum ist Unserdeutsch entstanden?

In diesem Kapitel werden die bestehenden Hypothesen zu zentralen Funktionen von Unserdeutsch vorgestellt und kritisch evaluiert. Für die Frage, warum Unserdeutsch entstanden ist, wird damit mehr final orientiert *(zu welchem Zweck?)* als mit direktem kausalem Anspruch vorgegangen (vgl. Coseriu 1974: 95f., 166). Zunächst wird aufgezeigt, weshalb die Entstehung von Unserdeutsch erklärungsheischend ist (Kap. 3.2.1). Die anschließende Frage, warum – bzw. zu welchem Zweck – sich Unserdeutsch herausgebildet hat, lässt sich im Wesentlichen in vier Hypothesen zusammenfassen: Unserdeutsch als Kommunikationsbrücke (Kap. 3.2.2), als Geheimsprache (Kap. 3.2.3), als kreative Spielsprache (Kap. 3.2.4) und als Gruppensprache (Kap. 3.2.5). Während die erste These (partiell auch noch die zweite) eine kommunikative Funktion in den Fokus stellt, sind die anderen Thesen dezidiert sozial orientiert. Alle vier Thesen werden bzw. wurden sowohl von Unserdeutsch-SprecherInnen aus emischer Sicht (mündlich tradierte Erzählungen) als auch von LinguistInnen aus etischer Perspektive vertreten. Eine denkbare fünfte These, wie sie etwa von Strommer (2013: Folie 8) gelistet wird, besagt, dass Unserdeutsch nur deshalb existiere, weil die Kinder und auch nachfolgende Generationen in ihrem Deutscherwerb zeitlebens nie ein höheres Niveau erreicht hätten: Unserdeutsch als Endpunkt eines gescheiterten Erwerbsprozesses. Diese These wird hier, aufgrund starker gegenteiliger Evidenz (vgl. Kap. 3.1.3.1; Maitz 2017), nicht weiter diskutiert.[59]

---

[59] Die starke Rolle des L2-Erwerbs der deutschen Sprache auf die Struktur von Unserdeutsch (vgl. Kap. 3.1.3.2 sowie Kap. 3.3.4) bleibt davon selbstverständlich unberührt.

3.2.1 Motivierung der Fragestellung

Die Entstehung von Unserdeutsch erscheint hinsichtlich zweier Aspekte erklärungsbedürftig, nämlich (a) hinsichtlich des Sprachrepertoires der Kinder und (b) hinsichtlich der Spracheinstellungen der Missionare.

Aspekt (a) geht bereits aus Kap. 3.1.2 und 3.1.3 hervor: Die mixed-race Kinder beherrschten schon bei ihrer Ankunft überwiegend Tok Pisin, das als Verkehrssprache der Kommunikation mit Indigenen, Angehörigen anderer Nationalitäten und Mixed-race dienen konnte. Im Internat in Vunapope lernten sie dann Standarddeutsch und auch Englisch, womit sie sich mit allen (anfangs niederländisch- und französischstämmigen, dann deutschen, später auch australischen und amerikanischen) Missionaren verständigen konnten. Somit waren sämtliche relevanten Sprachnischen abgedeckt, es bestand keine kommunikative Notwendigkeit für eine weitere Sprache (vgl. Maitz 2019). Mehr noch: Die Entwicklung einer zusätzlichen Varietät scheint aus dieser Perspektive dem Prinzip sprachlicher Ökonomie zu widersprechen.

Aspekt (b) zielt darauf ab, dass ein simplifiziertes und restrukturiertes Deutsch an der Missionsstation auf Widerstand stoßen musste. Die Missionare forcierten den möglichst schnellen Erwerb und dann Gebrauch des Standarddeutschen (vgl. Kap. 3.5.1; Maitz und Lindenfelser 2018a). Agrammatische Sprechweisen wurden offenbar sogar in der Freizeit, also außerhalb des Klassenraums, sanktioniert. Dies legt der Kommentar von Sr. Agnes zur Äußerung (5) – die Kinder bildeten „nachher auf dem Spielplatze" Sätze wie *Du geben ich das Ding* – nahe:

> Man könnte dann wohl zuweilen aus der Haut fahren, wie man sagt; doch das würde wenig nützen. Das wirksamste Mittel ist stets eine gehörige Strafarbeit mit ordentlichem Zubehör. (Brief Sr. Agnes, 04.07.1904. In *Hiltruper Monatshefte* 1904: 492)

Das entstehende – wie auch das spätere – Unserdeutsch dürfte hochgradig stigmatisiert gewesen sein. Dies hängt nicht nur mit den deutlich vom Standarddeutschen abweichenden grammatischen Strukturen zusammen, sondern auch mit den für Papua-Neuguinea typischen *translanguaging*-Praktiken, für die westliche ErzieherInnen aufgrund der in ihren Ländern herrschenden „extreme[n] Monolingualismus-Ideologie" (Skutnabb-Kangas 1989: 30) wohl wenig Verständnis zeigten: Ein „wahres Kauderwelsch" (Brief Sr. Philomena, 06.08.1905, GAMS) würde durch die syntaktischen Einflüsse aus dem Englischen von den mixed-race Kindern gesprochen. Das darin mitschwingende Werturteil ist in dieser Art typisch für die westliche Sicht auf entstehende koloniale Kontaktvarietäten (vgl. etwa Engelberg 2014: 319 zu Urteilen über englischbasierte Pidgins im Südpazifik). So heißt es auch über das unvollständig erworbene Deutsch von SchülerInnen eines katholischen Missionsordens (MSC oder Steyler Missionare) auf Neu-Pommern:

> Doch hat man schon jetzt beobachtet, daß ehemalige Missionsschüler, die aus verschiedenen Dörfern stammten und sich untereinander in der neu erworbenen Sprache zu verständigen suchten, *ein Pidgin-Deutsch daraus zusammenbrauten, schlimmer als das Pidgin-Englisch.* (Schafroth 1916: 19, zit. nach Mühlhäusler 2001a: 243; Hervorhebung SL)

Das unter den deutschen Missionaren zweifelsohne vorherrschende „Kultursprachen-Ideologem" (Engelberg 2014: 317), unter dessen Vorzeichen ein gepflegtes Deutsch als „Indikator einer hohen Kulturstufe" (Engelberg 2014: 317) gelten musste, lässt die Ablehnung pidginisierter Strukturen nachvollziehen. „Don't speak that Kartoffeldeutsch!", rügte eine Schwester die Kinder nach Information des Sprechers WR regelmäßig (Interview mit JE und EHA, Caboolture, 09.03.2015). Die Kinder sollten „richtiges" Deutsch sprechen:

> You know Unsredoitsh is falshe Doitsh and it shouldn't be spoken because we were brought up the right side. (Sprecherin VR, Cairns, 13.02.2016)

Sprecher PA berichtet Volker in den Interviews von 1979/80, wie Schwestern die Kinder teilweise imitierten, um sie dadurch zu bewegen, korrekt zu sprechen:

> Manche Schwestern, die machen nach uns. Die äffen das. Um zu etwas anspornen bessere Deutsch zu sprechen. Die machen absichtlich. (Sprecher PA, Kokopo, Jahreswende 1979/1980)

Auch auf Brüder traf das zu; so berichtet der (auch standardkompetente) Sprecher PA von einem Bruder, der etwa statt „Knabe, wohin willst du?" zum Spaß gesagt habe: „Knabe, du geht wo?": „Ah, der hört immer, dass wir so reden, nich!" (Sprecher PA, Kokopo, Jahreswende 1979/1980). Sogar unter den Kindern selbst wurde sich über weniger sprachgewandte SchülerInnen offensichtlich lustig gemacht, wenn die unvollkommene Aussprache des chinesischen Schülers in (1) „ein allgemeines Gelächter erregte" (Clothilde, Sr. 1913: 56). Unserdeutsch und seine Vorstufen waren also eindeutig stigmatisiert.

Eine schambesetzte Einstellung gegenüber der eigenen Sprache *(linguistic shame)* ist auch unter heutigen Sprechern der Generation III noch spürbar vorhanden – besonders bei jenen Sprechern, deren Familien engen Umgang mit den Missionaren oder anderen Deutschen pflegten. Das geringe Prestige der Sprache zeigt sich bereits in den emischen Bezeichnungen für Unserdeutsch (vgl. Maitz 2017: 228): *kaputte(ne) Deutsch, falsche Deutsch, ge-/verbrochene Deutsch.* „Wi sprech bastard dialect", so Sprecherin HT (Nerang, 27.01.2016).

Eine andere Sprecherin bringt das sprachliche Selbstbewusstsein der Unserdeutsch-SprecherInnen vor Beginn des Dokumentationsprojekts (zu dessen Auswirkungen vgl. Kap. 6.3.2) exemplarisch auf den Punkt:

> I hat ime gedenks dat maine Doitsh war nu shlekt. (Sprecherin JL, Brisbane, 25.01.2016)
> [Ich dachte immer, mein Deutsch wäre einfach nur schlecht.]

Die Sprache wurde also nicht nur aus etischer, sondern auch aus der emischen Perspektive der Gruppe selbst stets vor der Blaupause der standarddeutschen Grammatik beurteilt:

> You can tell the grammar is so crooked and wrong. (Sprecherin MT, Nerang, 27.01.2016)

Erwachsene SprecherInnen vermieden es daher, Unserdeutsch in Anwesenheit der Missionare oder anderer standardkompetenter Deutscher zu gebrauchen (vgl. Volker 1982: 13). Sie übernahmen darin die negative Sicht der sozial dominanten Gruppe, hier der Missionare, auf ihre Sprache (vgl. etwa Skutnabb-Kangas 1989: 46). Für die SprecherInnen der heutigen Generation III, die keine Standardkompetenz mehr aufweisen und daher nicht die Varietät wechseln können, traf und trifft dieses Gefühl noch in verschärfter Weise zu:

> Du wais, einige mal du hat menshen, di komen un di kan gute Doitsh shprechen, un san [sagen] uns kaputene Doitsh. Oh, du shemen jets – PM: ja, du shemen? – of course, fiwas wi ni shprechen gute Doitsh! Or kaputene Doitsh, darum wir wil ni shprechen. (Sprecherin AH, Brisbane, 20.01.2016)
> [Weißt du, es sind öfter Leute gekommen, die Hochdeutsch sprechen konnten, und sie haben uns gesagt, dass wir kaputtes Deutsch sprechen. Oh, da haben wir uns geschämt.' – PM: 'Ja, ihr habt euch geschämt?' – 'Natürlich, weil wir kein gutes Deutsch (Hochdeutsch) gesprochen haben! Beziehungsweise kaputtes Deutsch, deswegen wollten wir es nicht sprechen.]

Diese beiden Faktoren, die fehlende kommunikative Notwendigkeit einer weiteren Sprache und die an der Missionsstation vorherrschenden sprachlichen Ideologien und Spracheinstellungen, die Unserdeutsch von Beginn an (und bis zum Schluss) ein starkes Stigma aufprägten, lassen sich auf den ersten Blick nicht gerade als fruchtbarer Boden für die Herausbildung und Erhaltung einer auf dem Deutschen basierenden, simplifizierten Kontaktvarietät betrachten. Warum besiegelte das Fortschreiten des Deutscherwerbs durch die Kinder nicht das Ende der entstehenden Sprache? Offensichtlich konnte Unserdeutsch (sozio-)linguistische Funktionen erfüllen, die durch Standarddeutsch, Tok Pisin und Englisch noch nicht abgedeckt waren. Die vier wichtigsten Hypothesen dazu, die eine Antwort auf das Warum der Entstehung (und des Erhalts) von Unserdeutsch zu geben versuchen, werden nachfolgend vorgestellt und evaluiert.

3.2.2 Unserdeutsch als Kommunikationsbrücke

Die erste Hypothese (HYP-1) geht von einer ursprünglich dominanten Funktion von Unserdeutsch als Kommunikationsbrücke, als Verständigungsmittel zwischen SprecherInnen unterschiedlicher Sprachen aus. Sie stellt also die *kommunikative Funktion* von Unserdeutsch ins Zentrum und entspricht damit der traditionellen Vorstellung eines *Jargons,* der sich bei anhaltendem, intensivem Kontakt zu einem *Pidgin* stabilisiert, einer strukturell reduzierten Lingua franca:

> A jargon is a set of individual ways of communicating used by people without a common language where there is a necessity of communication [...]. In a jargon, there are no norms with regard to what is acceptable. When these individual solutions become more systematic, one can call them a pidgin. (Bakker 2008: 135f.)

HYP-1 legt implizit etwa Anja Voeste zugrunde, wenn sie schreibt:

> Da häufig Kinder im Grundschulalter aufgenommen wurden, die keine Deutschkenntnisse besaßen, entstand in den Schlafsälen ein deutsches Pidgin. (Voeste 2005: 171)

Diese Aussage zielt darauf ab, dass schon länger im Internat weilende Kinder, die bereits Deutschkenntnisse erworben hatten, ihr Deutsch gegenüber den Neuankömmlingen pidginisiert hätten, um sich verständigen zu können *(foreigner talk)*. Zentral ist an dieser Stelle der kausal formulierte Zusammenhang, dass Unserdeutsch entstand, weil mit den Neuankömmlingen kein Deutsch gesprochen werden konnte und deshalb eine pidginisierte Varietät als Kommunikationsmittel dienen musste.

Eine andere Spielart von HYP-1 stellt nicht das horizontale Kommunikationsbedürfnis (zwischen den Kindern) in den Vordergrund, sondern die Notwendigkeit der vertikalen Kommunikation (zwischen Kindern und Missionaren). Maitz (2016: 216) hält beide Aspekte für relevant bzw. für wahrscheinlich (vgl. Maitz und Volker 2017: 376) für die Entstehung der Sprache. Die Rolle der vertikalen Kommunikation kann zum Beispiel mit Verweis auf eine allgemeine Feststellung Peter Mühlhäuslers starkgemacht werden:

> Eine solche Art von Reduktionsdeutsch wurde vor allem in der Kommunikation zwischen deutschsprachigen Missionsangehörigen und auf der Mission arbeitenden Neuguineern gesprochen. (Mühlhäusler 2012: 84)

Hinzu kommt die Tatsache, dass auch außerhalb der Missionsstation offenbar viele Deutsche im Kontakt zu indigenen Bediensteten „ein pidginisiertes Deutsch" (Mühlhäusler 2001a: 258) bzw. ein „vereinfachtes Ausländerdeutsch" (Mühlhäusler 2001a: 258) gebrauchten. Der Gedanke, dass ein solches Deutsch auch von den deutschen MSC-Missionaren gegenüber mixed-race Neuankömmlingen (zwangsläufig?) Verwendung gefunden haben mag, ist damit nur noch einen Schritt entfernt.

Eine interessante, gewissermaßen inverse Variante dieser Annahme vertritt eine Unserdeutsch-Sprecherin im Interview. Auf die Frage, ob die Kinder in ihrer Zeit (nach dem 2. Weltkrieg) an der Mission neben Englisch auch noch Deutsch gesprochen hätten, antwortet sie:

> Is nu wan wi shprehen mit ale shwester, ainige fon di kan ni shprehen English gants gut, so, du wais, halb un halb. And I think that's where the whole thing developed from, dise Unsredoitsh. (Sprecherin MK, Brisbane, 01.02.2016)
> [Es kam nur vor, wenn wir mit Schwestern gesprochen haben: Ein paar von ihnen konnten nicht so gut Englisch sprechen, nur so halb-halb, weißt du. Und ich denke, das ist es, woraus sich Unserdeutsch entwickelt hat.]

Demnach hätten umgekehrt die Kinder ihr Englisch – dessen Gebrauch nach dem 2. Weltkrieg verpflichtend war – mit deutschen Lexemen angereichert, um von jenen deutschen Missionsschwestern, die nach der Sprachumstellung noch nicht genügend Englisch konnten, besser verstanden zu werden. Daraus sei dann Unserdeutsch gewissermaßen als Produkt dieser Sprachmischung entstanden. Da Unserdeutsch aber erwiesenermaßen schon in der deutschen Zeit entstand, muss diese spannende Bemerkung als Entstehungshypothese verworfen werden.

HYP-1 ist vor allem deshalb attraktiv, weil Unserdeutsch damit in dieser Hinsicht musterhaft einer prototypischen Pidginsprache entsprechen würde. Auch für andere deutschbasierte Kontaktsprachen stand schließlich diese Funktion bei der Entstehung klar im Zentrum, so für Ali Pidgin als Kommunikationsmedium zwischen Einheimischen und deutschsprechenden Missionaren (vgl. Mühlhäusler 1977: 62), für das Gastarbeiterdeutsch als Medium der Verständigung von Gastarbeitern am Arbeitsplatz (vgl. HFP 1975: 82) und für Namibian Kiche Duits als Medium interethnischer Kommunikation im Arbeitskontext (vgl. Deumert 2009: 349). Für die Erklärung der unmittelbaren Entstehung (Jargon-Stadium) ist HYP-1 plausibel. Bereits Maitz (2017: 219) nimmt an, dass im Jargon-Stadium „kurze Zeit eventuell eine solche Lingua franca-Funktion" eine Rolle zumindest in der vertikalen Kommunikation gespielt hat. Die Stabilisierung und Transmission von Unserdeutsch jedoch kann HYP-1 nicht hinreichend erklären. Sie kann insbesondere nicht erklären, weshalb Unserdeutsch nicht in kurzer Zeit, mit fortschreitendem Spracherwerb der Neuankömmlinge, durch Standarddeutsch ersetzt wurde – wie in Kap. 3.2.1 ausgeführt, bestand keine drängende Lücke im Sprachrepertoire, die eine weitere Sprache hätte füllen müssen.

Wichtig ist hier die Tatsache, dass die Kinder nicht – wie im Fall typischer Pidgins und auch der genannten deutschbasierten Kontaktvarietäten – nur in *einem* Kontext (üblicherweise der Arbeit) auf die Kontaktsprache angewiesen waren und dann nach Hause gingen, um wieder ihre Erstsprache zu sprechen. Dies allein deutet schon an, dass die basalen kommunikativen Funktionen, auf die typische Pidgins beschränkt sind (v. a. referenzielle, heuristische, direktive Funktionen, vgl. Mühlhäusler 2001b: 1652), für Unserdeutsch nicht ausreichend gewesen sein können. Mit HYP-1 kann somit zwar eine zentrale Funktion aus den frühesten Anfängen von Unserdeutsch plausibel erklärt werden, sie gibt darüber hinaus aber noch keine befriedigende Antwort auf die gestellte Warum-Frage.

3.2.3 Unserdeutsch als Geheimsprache

Die zweite Hypothese (HYP-2) sieht die ursprüngliche Primärfunktion von Unserdeutsch in einer Verwendung als Geheimsprache *(secret language, cant)* im engen Sinn, einer Sprache, die bewusst verwendet wird, um Außenstehende auszuschließen (vgl. Croft 2003: 65). Sie betont damit eine *kryptische Funktion*. In der klassischen Formulierung von HYP-2 sollte Unserdeutsch als Geheimsprache die deutschsprachigen Missionare, also die ErzieherInnen und LehrerInnen der Kinder, sprachlich exkludieren. Diese Annahme wurde mit Volker (1989b) prominent:

> Among the school children, both new arrivals and the descendants of the first intake of orphans, the new language enabled them to speak among themselves without worrying about the prying ears of the teaching brothers and sisters. [...] Like many secret languages, Unserdeutsch is used to express feelings of ethnic solidarity and to discuss private matters in the presence of outsiders. (Volker 1989b: 22f.)

Während die hier auch genannte Funktion des Ausdrucks ethnischer Solidarität bereits die vierte Hypothese anklingen lässt (vgl. Kap. 3.2.5), ist an dieser Stelle die Hintergrundannahme zentral, dass die deutschen Missionare Unserdeutsch nicht ausreichend verstanden hätten, um dem Inhalt eines Gesprächs folgen zu können. Oder, dass die Kinder davon zumindest ausgegangen seien. Beide Annahmen hat bereits Maitz (2017: 219f.) zu Recht als wenig plausibel zurückgewiesen; schließlich beruht der größte Teil der Unserdeutsch-Lexik auf dem Deutschen. Unserdeutsch ist heute für L1-Sprecher des Deutschen mit rudimentären Englisch-Kenntnissen weitgehend verständlich – die damaligen Missionare hingegen beherrschten auch Tok Pisin und hatten zudem den Spracherwerbsprozess der Kinder von Anfang an mitverfolgt. Sie müssen jedes Wort in Unserdeutsch verstanden haben.

Strukturell betrachtet ist es eher abwegig, Unserdeutsch als Geheimsprache zu klassifizieren. Geheimsprachen basieren lexikalisch auf der Herkunftssprache ihrer Sprecher (vgl. Croft 2003: 65), eben, um von der sozial dominanten Gruppe nicht verstanden zu werden. Eine potenzielle Geheimsprache muss aus Elementen bestehen, die von Außenstehenden nur mit Mühe erlernt werden können (vgl. Laycock 1989: 626f.), sie ist daher komplex und zugleich kreativ (vgl. Storch 2017: 289). Die Tatsache, dass eine deutsch-amerikanische Nonne der Nachkriegszeit offenbar Unserdeutsch konnte (Information Craig Volker im Interview mit Sprecher PA, Kokopo, Jahreswende 1979/80) und auch zwei mixed-race Ordensschwestern die Sprache sprechen konnten (Information Sprecherin EST, Brisbane, 02.02.2016), fügt sich ebenfalls schwer in HYP-2.

Eine andere Annahme erscheint plausibler: Unserdeutsch wurde *a posteriori* gelegentlich auch als Geheimsprache gebraucht, als nachgeordnete, sekundäre Funktion nach bereits abgeschlossener Entstehung. Dies ist zum einen durch Sprecherberichte verbürgt und wird zum anderen durch eine Reihe von Parallelen unter vergleichbaren Sprachen nahegelegt. Aus den Interviews lassen sich drei Kontexte herausarbeiten, in denen die Funktion einer Geheimsprache laut Sprechern eine Rolle spielte; der Gebrauch im Umfeld von Missionaren ist bezeichnenderweise nicht darunter:

1. *Geheimsprache zur Besatzungszeit:* Ein Sprecher erzählte Ende 2014, die Generation seiner Eltern hätte zur Zeit der japanischen Okkupation der Insel Neubritannien während des 2. Weltkriegs Unserdeutsch gesprochen, um von den Japanern nicht verstanden zu werden. Mehr noch: Unserdeutsch sei in dieser Zeit aus genau diesem Grund überhaupt entstanden:

> Unsedoitsh, das komt fon – werend de tswaite weltkrich, maine elten un file andre eltere loiten swi maine elten, di wisen, das file Japane konte Doitsh shprechen. So dan haben si dise Unsedoitsh shprache angefangen, nich. [...] Und die Japane konte nich hören, was shpricht di da, di loiten da. (Sprecher HH, Port Moresby, 02.10.2014)
> [Unserdeutsch, das kommt daher – während des 2. Weltkriegs wussten meine Eltern und viele andere Leute im Alter meiner Eltern, dass viele Japaner Deutsch sprechen konnten. Also haben sie die Unserdeutsch-Sprache erfunden, nicht. Und die Japaner konnten nicht verstehen, was die Leute da sprechen.]

Da Unserdeutsch definitiv schon vor dem 2. Weltkrieg existierte, muss die formulierte Hypothese zur Genese verworfen werden. Fraglich ist auch die Aussage, dass viele Japaner Deutsch gesprochen hätten – die Besatzer kommunizierten mit den deutschen Missionaren in der Regel über Dolmetscher (vgl. bspw. Scharmach 1960). Kein anderer Sprecher weiß hiervon zu berichten. Gut denkbar ist aber selbstverständlich, dass aus dem Englischen in Unserdeutsch (oder auch Deutsch) gewechselt wurde, wenn der Inhalt eines Gesprächs vor umstehenden nichtdeutschen Personen, etwa Japanern, verborgen werden sollte. Dies entspräche funktional exakt dem zweiten Kontext, von dem berichtet wird:

2. *Geheimsprache nach der Emigration:* Hierbei handelt es sich nicht um eine historische Funktion, sondern um eine noch heute gebräuchliche Verwendungsweise innerhalb der Gemeinschaft: Eingebettet in ein englischsprachiges Umfeld in Australien, bietet sich in der Öffentlichkeit der Wechsel zu Unserdeutsch an, wenn Außenstehende vom Gespräch exkludiert werden sollen:

> Ainige mal, wen we wil ni andre su wais was shprech, wi shprech Doitsh. (Sprecher WR, Brisbane, 13.09.2014)
> [Gelegentlich, wenn wir nicht wollen, dass andere verstehen, was wir sprechen, sprechen wir Deutsch.]

Gegenüber nichtdeutschsprachigen Personen eignet sich Unserdeutsch also durchaus als Geheimsprache, nur eben nicht gegenüber Deutschsprechern.[60] Umgekehrt scheint dies eher der Fall zu sein, das heißt, Standarddeutsch ist für Unserdeutsch-Sprecher schwerer verstehbar.

3. *Geheimsprache im Haushalt:* Es ist in der Tat überliefert, dass Eltern der heutigen Sprechergeneration (die noch Deutsch beherrschten) sich teils des Deutschen bedienten, wenn sie ihre Kinder (die nur noch Unserdeutsch konnten) von Gesprächen ausschließen wollten:

> Wen i bin mit ale elten, ainige mal i kan ni fersten, was di shprech fon, wen di shprechen Hochdoish. (Sprecher WR, Brisbane, 13.09.2014)
> [Wenn ich bei den Eltern war, konnte ich manchmal nicht verstehen, worüber sie sprechen, wenn sie Hochdeutsch gesprochen haben.]

Doch auch in diese Richtung – Standarddeutsch gegenüber Unserdeutsch-Sprechern – scheint die Geheimhaltung nur begrenzt zu funktionieren; die Eltern der Sprecher GS und EST jedenfalls unterschätzten dabei offenbar die Sprachkenntnisse ihrer Kinder:

> Our parents were always like – they would do jokes in German, so thinking we wouldn't understand, ja. (Sprecherin EST, Brisbane, 02.02.2016)

---

60 Der Sprecher fährt fort: *Abe du mus apasen, das is dangerous: ka pasiren swi ich ainmal ...* [Abbruch der Aufnahme] – 'Aber man muss vorsichtig sein, das ist gefährlich: Es kann passieren, wie ich es einmal erlebt habe ...'. Vermutlich war eine Person anwesend, die die deutsche Sprache beherrschte. Dass diese offenbar der Konversation in Unserdeutsch folgen konnte, spricht erneut gegen HYP-2.

> When they have a German joke, I know this is funny or sexy or something. They don't think I understand, but I do. So I'm standing there laughing, you know [...] yeah, and then die sa: What you laughing at? And I said: No, nothing. You know, but I understood everything that he was saying to his wife, you know. (Sprecher GS, Brisbane, 02.02.2016)

Selbst die indigenen Hausgehilfen, mit denen üblicherweise Tok Pisin gesprochen wurde, mögen bald mehr Unserdeutsch verstanden haben, als man ihnen zutraute. Besonders beeindruckend ist ein Fall, in dem ein Hausgehilfe sogar eine aktive Unserdeutsch-Kompetenz erwarb:

> JL: Wi hat aine hausboi, Paulus, un du wais, er konte shprehen Unsedoitsh.
> SB: Er war mit uns fi so many years ... (Sprecherinnen JL und SB, Brisbane, 25.01.2016)
> [Wir hatten einen Hausgehilfen, Paulus, und weißt du, er konnte Unserdeutsch sprechen. / Er war so viele Jahre bei uns ...]

Während (Unser-)Deutsch also im Haushalt auf die Dauer als Geheimsprache nur eingeschränkt erfolgreich gewesen sein dürfte in der damaligen Zeit, war die Situation für die großteils nach Australien emigrierte Generation anders gelagert: Ihre Kinder erwarben nur noch die englische Sprache, und so erscheint es naheliegend, dass Unserdeutsch sporadisch von den Eltern als Geheimsprache gegenüber den Kindern eingesetzt werden konnte bzw. kann, sofern beide Elternteile es beherrsch(t)en.

Eine in dieser Weise nur periphere und auch chronologisch sekundäre Geheimsprachen-Funktion (nach der Realisierung durch die SprecherInnen, dass die Sprache sich auch hierfür gut eignet) ist in einigen ähnlichen Fällen gut belegt. So wird Namibian Kiche Duits, das ursprünglich nur als Kommunikationsbrücke im interethnischen Arbeitskontext diente, heute von der Sprechergruppe unter anderem verwendet, um von Außenstehenden nicht verstanden zu werden:

> [W]enn wir bisschen sprechen lass die andere nich hören was wir sprechen, dann sprech wir Duits ... (Sprecher Erwin, zit. nach Deumert 2009: 380; vgl. auch S. 383)

Die Aussage ähnelt stark der bereits angeführten Äußerung zur Verwendung von Unserdeutsch als Geheimsprache heutzutage im öffentlichen Raum in Australien. Illustrativ ist in dieser Hinsicht auch das Beispiel von Children's Swahili Pidgin (vgl. Gilmore 1979, 2011), einer Art Pidginsprache,[61] die zwischen zwei

---

[61] Es wird hier von „einer Art Pidginsprache" gesprochen, weil der Fall verschiedenen definitorischen Merkmalen, wie sie für Pidginsprachen zum Teil eingefordert werden, nicht entspricht. So handelt es sich bspw. nicht um Sprachkontakt zwischen *Gruppen* (vgl. Holm 1988: 5f.), sondern nur zwischen zwei Einzelpersonen.

Kindern entstand, die zunächst keine gemeinsame Sprache teilten, aber zu engen Spielgefährten wurden. Das eine Kind sprach Swahili, das andere Ma'a, eine nilotische Sprache. Die Kinder spielten die meiste Zeit für sich, isoliert von anderen. So entstand aus zunächst rein kommunikativer Notwendigkeit heraus ihre Art Pidgin. Als allerdings beide durch die Schule Swahili und Englisch erlernten, verwendeten sie dennoch untereinander ihre eigene Sprache weiter (vgl. Gilmore 2011: 374). Dabei erfüllte sie dann unter anderem die Funktion, Außenstehende von privaten Gesprächen auszuschließen (vgl. Gilmore 1979: 24). Der ältere Bruder des einen Jungen bestätigte, dass die Sprache außer den beiden niemand verstände (vgl. Gilmore 2011: 373). Dieser praktische Nebeneffekt wurde den Kindern sicher schnell bewusst, und selbst als die unmittelbare kommunikative Notwendigkeit nicht mehr bestand, konnten sie ihre Sprache weiterhin auch in der Geheimhaltungs-Funktion nutzen.

Auch im Fall von Children's Swahili Pidgin kam die Geheimhaltungs-Funktion sekundär hinzu. Gibt es vergleichbare Fälle, in denen diese Funktion primär war? Zwei Sprachen werden von Volker (1989b; 1991) diesbezüglich angesprochen: Zum einen Camron Pidgin English, das von einer Gruppe von Jungen in den 1970er Jahren an der Camron High School in der Nähe von Alotau (PNG) entstand (vgl. Volker 1989b: 22f.). Es sei entwickelt worden, um von den Mädchen nicht verstanden zu werden, unter denen sich, so die abergläubische Vorstellung, Hexen befinden könnten. Dieser Fall kann hier nicht beurteilt werden, da abseits der Erwähnung in Volker (1989b) keine Literatur vorliegt und somit alle näheren Umstände unklar verbleiben. Der zweite Fall, das Pitcairn-Norfolk (vgl. Laycock 1989), erscheint in seinen genauen Entstehungsumständen ebenfalls wenig gesichert (vgl. Mühlhäusler 1999), zudem ist die Ausgangslage offenbar eine andere. Es scheint sich eher als Analogie für die verwandte HYP-4 (vgl. Kap. 3.2.5) anzubieten.

In der Summe scheint HYP-2 eher eine nachrangige Funktion in der Geschichte von Unserdeutsch einzunehmen. Als Entstehungsgrund für die Sprache kann sie keine hinreichende Motivation bieten.

3.2.4 Unserdeutsch als Spielsprache

Die dritte Hypothese (HYP-3) betrachtet Unserdeutsch primär als bewusstkreative, zugleich heitere Schöpfung einer Spielsprache (*ludling, play-language*, vgl. Laycock [1972]) und betont damit eine *ludische Funktion*. Sie geht zum einen auf Überlieferungen älterer Sprechergenerationen zur Entstehung der Sprache zurück: In den Schlafsälen und in der Freizeit hätten die ersten Kinder vorsätzlich mit ihren gerade erlernten deutschen Vokabeln neue Ausdrücke und Konstruktionen gebildet (vgl. Volker 1991: 146) in bewusstem Wortspiel (vgl. Maitz und Volker 2017: 376). Dieser Aspekt einer spielerischen Sprache lässt sich noch aus einer Sprecheraussage zur Jahreswende 1979/80 herauslesen:

> Wenn wir so ein billige Kerl haben, dann sprichen wir so quatsch, quatsche Deutsch. Aber nich zu ein bessere Person, nich. Zu Missionare können wir das nich sprechen, nein. [...] Das is keine Respekt inside, wenn man so zu den Priestern ode Brüder oder Missionare – die sin doch total deutsch, nich. So wir soll au richtich Deutsch sprechen. (Sprecher PA, Kokopo, Jahreswende 1979/1980)

Unserdeutsch wird hier als Sprache der Unterhaltung und des Unfugs („quatsche Deutsch") gezeichnet, die aus diesem Grund nur in der informellen Ingroup-Kommunikation verwendet werden kann. Ihr Gebrauch kontextualisiert und erzeugt zumindest heutzutage eine „intime, heitere Atmosphäre, wo man besonders gern scherzt und Witze erzählt" (Maitz 2016: 230). Noch deutlicher geht dieser Aspekt aus der Äußerung einer damals jüngeren Sprecherin hervor, die auch kein Standarddeutsch mehr beherrschte:

> To me German [Unserdeutsch, SL] would be more a sort of a fun language to use to my friends. Not something I'd use like a communication language. It's not a communication language for me. It'd be more of – if my friend would speak to me, we'd sit in school or if we'd like to pass secret messages, we'd use it like that. But it's not a common language. [...] I have never sort of spoken German all the time and I'd only play with it with my friend, that's all. (Sprecherin VK, bei Rabaul, 05.12.1979)

Hier wird Unserdeutsch explizit als „Spaßsprache" tituliert und als Sprache dargestellt, mit der verbal gespielt wurde, die aber nicht dem Informationsaustausch diente. Zu bedenken ist dabei selbstverständlich, dass diese Sprecherin von der Zeit nach dem 2. Weltkrieg spricht, als an der Missionsstation offiziell nur noch Englisch erlaubt war. Damit wurde Unserdeutsch in seinen möglichen Domänen eingeschränkt und rückte funktional automatisch in eine Nische. Ähnliches zeigt sich im Namibian Kiche Duits, wenn es heute vor allem noch spielerisch im verbalen Wettstreit, im Scherz oder beim Fluchen verwendet wird (vgl. Deumert 2009: 380). Dies erlaubt zwar keinen direkten Rückschluss auf die Entstehungszeit der Sprache, doch es zeigt zumindest die Ablösung der ursprünglichen kommunikativen Funktion durch eine spielerische Funktion.

Eine Spielsprache ist eine Sprache, die durch Sprachspiel entstanden ist (oder zumindest im Sprachspiel gebraucht wird),[62] hier verstanden als die Manipulation von Form und Funktion einer Sprache zum Vergnügen für sich selbst und/oder anwesende Personen (vgl. Crystal 1996: 328). Dies entspricht dem Verständnis von Sprachspiel als *play as fun;* die alternative Lesart von Sprachspiel als das Proben von Formen im Erwerbsprozess für sich selbst, *play as rehearsal,* wird hier nicht betrachtet, da diese Art von Sprachspiel zum einen nicht gruppenorientiert ist und zum anderen mit fortschreitendem Erwerb verlorengeht (vgl. Lantolf 1997 nach Broner und Tarone 2001: 366) – womit Unserdeutsch einerseits gar nicht erst als Gruppensprache entstanden und zum anderen mit fortschreitendem Erwerb aufgegeben worden wäre. Sprachspiel gilt zwar als besonders charakteristisch für den kindlichen Spracherwerb, spielt aber genauso im Erwachsenenalter eine wichtige, unterschätzte Rolle (vgl. Cook 1997: 230).

Für die Entstehung von Unserdeutsch ist dabei die Beobachtung besonders interessant, dass Sprachspiel unter Kindern einen der größten Einflüsse darstellt, den die Peergroup auf den Erwerb kommunikativer Kompetenz hat (vgl. Saville-Troike 1989: 250). Gerade in Erwerbskontexten, an denen mehrere (hier ethnische) Gruppen beteiligt sind, bringt der Wunsch nach Gesprächsteilhabe die Konversationsmaxime mit sich, unter Peers interessant bzw. unterhaltsam zu sein (vgl. Cathcart-Strong 1986). Diese Performanz-orientierte Dimension des Sprachspiels, die Sprachgeschick voraussetzt und daher mit zunehmender Kompetenz sogar zunimmt (vgl. Broner und Tarone 2001: 366), zeigt auch die Verwendung von Namibian Kiche Duits im Kontext spielerischen Wettstreits (vgl. Deumert 2009: 407). Die metasprachliche Ebene, die Sprachspiel voraussetzt, stellt zugleich die Verbindung zum Sprachlernen bereit (vgl. Čekaitė und Aronsson 2005: 171). Kinder verbringen nicht nur beim L1-Erwerb einen großen Teil ihrer Zeit mit Sprachspielen (vgl. Cook 1997: 228), sondern ebenso auch beim L2-Erwerb (vgl. Broner und Tarone 2001: 367). Durch die Wiederverwendung („recycling") belustigender Äußerungen können sich auch LernerInnen in frühem Erwerbsstadium beteiligen, zudem nehmen sie am „metapragmatischen Spiel" teil, scherzhafter Imitation dazu, wer etwas wie gesagt hat (vgl. Čekaitė und Aronsson 2004: 373). Die Tatsache, dass beispielsweise die fehlerhafte Aussprache des chinesischen Schülers in (1) „ein allgemeines Gelächter erregte"

---

62 In diesem Sinne kann das Sprachspiel auch als *(Verwendungs-)Modus* betrachtet werden, der nur besonders effektiv soziale (vor allem phatische und expressive) Funktionen bedient. Zur näheren Unterscheidung und im Interesse eines einheitlichen Aufbaus wird hier dennoch von einer ludischen Funktion gesprochen (genauso wie von einer kryptischen Funktion, deren Verhältnis zur sozialen Gruppenfunktion ähnlich betrachtet werden kann).

(Clothilde, Sr. 1913: 56), deutet auf diesen Aspekt bei der Entstehung von Unserdeutsch hin. Zumal solche Strategien gerade dann eine Rolle spielen, wenn Gruppenzugehörigkeit noch aktiv verhandelt wird:

> Mock language may be used reflexively as a means of styling one's own identity, particularly in contexts where individuals' authenticity as members of particular ethnolinguistic groups, are in question. (Higgins 2015: 148)

Nach Cook (2000) hat Sprachspiel sogar durchaus das Potenzial, ein normiertes Sprachsystem durch die Öffnung für Innovation zu destabilisieren (vgl. Broner und Tarone 2001: 375).

Beim Sprachspiel werden typischerweise bereits beherrschte Sprachformen bewusst normwidrig abgewandelt (vgl. Broner und Tarone 2001: 366). Dies passt durchaus zu (5), dem Bericht darüber, wie die Kinder, kaum haben sie das Klassenzimmer verlassen, die eben erlernte Pronominalflexion schon wieder ignorieren. Es fügt sich auch gut zu jenen standardnahen SprecherInnen, die ein klares Bewusstsein dafür haben, inwiefern Unserdeutsch von Deutsch in gewissen Aspekten abweicht. Wieder aber ist es das Sprachsystem von Unserdeutsch, das zur Vorsicht ruft, die ludische Funktion nicht als primäre Motivation (oder als primären Motor) der Genese zu betrachten. Die zwangsläufig nötigen Rückschlüsse aus neueren Daten auf die Entstehungszeit mahnen zwar zu großer Vorsicht, doch: Wäre diese Funktion stark dominant gewesen, so sollten sich in den heutigen Daten, nur zwei Generationen später, doch noch einige tiefer verankerte Strukturen erhalten haben.

Sprachspiel spielt sich auf formaler Ebene und/oder auf semantischer Ebene ab (vgl. Cook 1997: 228). Auf formaler Ebene nimmt (besonders in frühen Stadien) das Spiel mit Lauten großen Raum ein (vgl. Crystal 1996: 331). Hinzu kommt dann das Spiel mit grammatischen Strukturen, vor allem zur Musterbildung. Auf morphologischer Ebene nimmt im kindlichen Sprachspiel reihenbildende Suffigierung eine prominente Rolle ein (bspw. *Snakey* usw. nach dem Muster von *Teddy*) (Crystal 1996: 332), außerdem innovative Wortkomposition (Čekaitė und Aronsson 2005: 174). Auf syntaktischer Ebene kann ein Spiel mit der Wortstellung stattfinden (Čekaitė und Aronsson 2005: 175). Es fällt allerdings nicht leicht, viel sprecherübergreifende *spielerische Innovation* im Sprachsystem von Unserdeutsch festzumachen. Denn die phonologischen, morphologischen und syntaktischen Merkmale lassen sich in der Regel als Transfer aus Tok Pisin oder Englisch und/oder erwerbsbedingte Simplifizierungen erklären (vgl. Kap. 3.3), eine produktive Wortbildung lässt sich nicht ausmachen. Die von Storch (2017: 291–300) genannten allgemeinen Strategien des Sprachspiels (bspw. Insertion, Ersetzung, Repetition, Trunkierung) und daraus resultierende strukturelle Merkmale lassen sich zumindest im heutigen Unserdeutsch nicht feststellen. Ganz ähnlich sieht es mit semantischem Sprachspiel aus, dem Spiel mit Bedeutungseinheiten. Auch die Umbenennung von Gegenständen oder die Erfindung von Nonsens-Wörtern spielt dabei eine Rolle und es kommt zum Brechen pragmatischer Regeln, wenn etwa abends „Guten Morgen" gesagt wird (vgl. Crystal 1996: 333). All dies kann heute nur begrenzt in Unserdeutsch festgestellt werden. Die aussichtsreichsten sprecherübergreifenden Kandidaten sind wohl (11) und (12):

(11) a. *I wil* **klete-n** *du!* < TP: *mi laik goap-im yu*
1SG want climb-V 2SG 1SG want climb-TR 2SG
'Ich will mit dir Sex haben (wörtlich: dich besteigen).'
b. *Du bis am* **klete-n?**
2SG AUX.2SG PROG climb-V
'Was machst du gerade so? (Hast du gerade Sex?)'

(12) *Is in mai blut wi fi* **efish**.
COP.3SG in 1SG.POSS blood how for stylish/spruced_up
'Es liegt mir im Blut, mich schick zu machen/herauszuputzen (wörtlich: äffisch zu sein).'

Die beiden floskelhaften Wendungen in (11) und das Lexem in (12) – häufig als Reaktion auf Fotos von Sprecherinnen im Sinne eines Kompliments: *so efish!* – gehören zum Standardrepertoire der Unserdeutsch-Gemeinschaft. Sie sind grundsätzlich mit Erheiterung verbunden und haben damit einen spielerischen Aspekt. Ihre Entstehung ist aus thematischem Grund wohl im Sprachspiel Jugendlicher zu verorten. Sie werden heute unterschiedslos auch von älteren SprecherInnen verwendet.[63] Wie das Beispiel (11a) zeigt, ist die unserdeutsche Konstruktion allerdings eine Wort-für-Wort-Übersetzung einer Wendung im Tok Pisin. Im vorliegenden Fall ist ein spielerisch-heiterer Aspekt der Übertragung leicht plausibel zu machen aufgrund der Metaphorik; in anderen Fällen ist dies aber weniger der Fall und daher eine Deutung jenseits eines Transfereffekts gewagt. Weitere einschlägige Beispiele für spielerisch erscheinende Bedeutungsverschiebungen, die allerdings nur bei einzelnen SprecherInnen beobachtet werden konnten, sind etwa (13) und (14):

---

[63] So eröffnete beispielsweise 2017 im Beisein dreier Exploratoren beiderlei Geschlechts eine etwa 70-jährige Sprecherin ein sonst weitgehend auf Englisch geführtes Telefonat mit einer knapp 80-jährigen Sprecherin mit der Frage: „Wi gets, du bis am kleten?"

(13) *Du   has   de   gros-e   **bruskasten** or   du   hat*
     2SG   have.2SG ART.DEF big-ATTR   breasts   or   2SG   have
     *klain   or   du   hat   kain   **bruskasten**!*
     small   or   2SG   have   no   breasts
     'Entweder hat man große Brüste oder man hat kleine oder man hat gar keine Brüste!'
     [Sprecherin DK, Runcorn, 02.10.2017]

(14) *De   man   is   am   **ablek-en**   de   frau*
     ART.DEF   man   AUX.3SG PROG   lick_off-V   ART.DEF woman
     'Der Mann rühmt seine Frau (leckt sie ab).'[64]
     [Sprecherin DK, Runcorn, 22.01.2016]

Deutlichere Merkmale einer Spielsprache zeigt das bereits in Kap. 3.2.3 als Vergleichsfall herangezogene Children's Swahili Pidgin, beispielsweise die Erfindung neuer Wörter aus beim Spielen geäußerten Geräuschen heraus (vgl. Gilmore 1979: 9) und die spielerische Abwandlung der Lautung und Funktion von Lexemen (vgl. Gilmore 1979: 15f.). Die Sprache entstand beim Spielen und erfüllte klar Funktionen einer Spielsprache. Doch die ludische Funktion scheint einer anderen Funktion untergeordnet:

> The "play" that created CP [Children's Pidgin] [...] was aimed at the creation of a community, a child community. (Gilmore 1979: 27)

Der Entstehungskontext von Unserdeutsch lässt durchaus Merkmale einer Spielsprache mit erwarten. Und dass der Spaß-Faktor eine Rolle gespielt haben muss, wird bei jedem Treffen von Unserdeutsch-SprecherInnen instinktiv klar, wo stets Scherz und Heiterkeit im Vordergrund stehen.

Doch das Sprachsystem von Unserdeutsch zeigt (abseits von semantischen Verschiebungen) kaum (keine?) strukturellen Züge einer Spielsprache. Offenbar kann auch HYP-3 nicht den Anspruch erheben, die Hauptfunktion von Unserdeutsch zufriedenstellend zu beschreiben. Mit der Anbindung der ludischen (und auch der kryptischen) Funktion an das Ziel, eine eigene „Kindergemeinschaft" zu kreieren, spricht Gilmore jedoch einen Aspekt an, der auch für Unserdeutsch eine mögliche Lösung verspricht. Die ludische Funktion wäre dann mehr als ein Nebeneffekt einer eigentlich primär gruppenbildenden Funktion zu begreifen.

---

[64] Dieser Satz ist eine direkte Übersetzung des Fragebuch-Stimulus "The man is praising his wife."

3.2.5 Unserdeutsch als Gruppensprache

Gemäß der vierten Hypothese (HYP-4) diente Unserdeutsch primär als Identitäts- und Solidaritätsmarker innerhalb einer Gruppe, in diesem Sinne als Gruppensprache. Betont wird damit eine *phatische Funktion*. Dieser Aspekt kommt beispielhaft in folgenden Sprecheräußerungen zu Unserdeutsch zum Ausdruck:

> Is so wie ain aigene shprahe [...], is so wi ain aigene muteshprahe fi un[s]. [...] Wen wir kom tsusamen, is nur dise Doitsh wir shprehen. (Sprecher PK, Cleveland, 02.02.2016)
> [Es ist wie eine eigene Sprache, es ist wie eine eigene Muttersprache für uns. Wenn wir uns treffen, sprechen wir nur dieses Deutsch.]
>
> It's like held people together. (Sprecher KK, Cairns, 13.02.2016)
>
> We needed our own language [...] after all, we are not really German, but we're not *kanakas* either. (N. N. 1979/80, zit. nach Volker 1991: 151; Hervorhebung im Original)

Die ersten beiden Zitate betonen den Identitätsaspekt („Muttersprache") und den Solidaritätsaspekt ("held people together"). Das dritte Zitat ist besonders aufschlussreich: Die SprecherInnen konnten sich als Mixed-race keiner der bestehenden ethnischen Gruppen zugehörig fühlen, sie waren sozial isoliert, weder von den „Weißen" noch von den „Schwarzen" als gleichwertig betrachtet.[65] Als Ausdruck dieser Sonderstellung verspürten sie im aufkeimenden Gruppenbewusstsein das Bedürfnis nach einer eigenen Sprache, denn: "[A] common language is one of the most important features of a community" (Sirbu 2015: 405).

In der Fachliteratur wurde HYP-4 erstmals von Volker expliziert und später vielfach aufgegriffen:

> In the history of the group there is some indication that a major function of the language in its early days was to enhance solidarity among the in-group and establish an identity separate from both their German-speaking guardians and other New Guineans. (Volker 1991: 151)

Es ist bekannt, dass die eigene Identität, hier im breiten Sinne einer sozialen Positionierung (vgl. Bucholtz und Hall 2010: 18), gerade dann drängend in den Blickpunkt rückt, wenn sie von außen in Frage gestellt wird, indem im Diskurs fortwährend auf die Identität einer anderen Gruppe gezeigt wird. Dies war an der Missionsstation von Vunapope zweifellos der Fall, wo die weißen Missiona-

---

65 Lee (1988 [1960]: 215) bringt in seinem Weltklassiker *To kill a mockingbird* treffend auf den Punkt, wie es den mixed-race Kindern ergangen sein muss: "They don't belong anywhere. Colored folks won't have 'em because they're half white; white folks won't have 'em 'cause they're colored, so they're just in-betweens, don't belong anywhere."

re eine Leitbildfunktion einnahmen und die Kinder zugleich von den schwarzen Indigenen, ihren mütterlichen Wurzeln, separiert werden sollten. Identitätsbildung geht zudem immer auch mit Abgrenzung einher. Gruppensprachen richten sich daher nicht nur nach innen *(Ingroup-Sprache)*, sondern ziehen umgekehrt zugleich immer eine Demarkationslinie gegenüber der Umgebung *(antilanguage)*. Diese andere Seite der Münze stellt auch Maitz heraus, wenn er Unserdeutsch als „sprachliche[s] Mittel der Abgrenzung nach außen" (Maitz 2016: 217) beschreibt.

Bei einer Reihe von Kreolsprachen ist in der Tat bekannt, dass die Situation gemeinsamer kultureller Entwurzelung einer ethnischen Gruppe und das dadurch geteilte Gefühl des Nicht-Dazugehörens den Bedarf nach einer Ingroup-Sprache und somit die Sprachentstehung klar begünstigt und befördert hat:

> The initial situations of Kriyol [ein portugiesischbasiertes Kreol in Guinea-Bissau] and Nubi [ein arabischbasiertes Kreol in Uganda und Kenya] couldn't look more different at first sight. Yet, they share a common feature: in both cases an in-between group composed of people partially estranged from their ancestral culture, but not integrated into the newcoming culture are seen to play the creative role. The crucial contribution of such a group has been pointed to in a number of PC-forming [pidgin and creole forming] environments [...]. (Kihm 2013: 99)

Die Bezeichnungen *Ingroup-Sprache, cant (secret language)* und *antilanguage* werden in der Literatur häufig quasi-synonym gebraucht. In der vorliegenden Arbeit werden sie wie folgt unterschieden:
- *Ingroup-Sprache:* Fokus auf Identitätsbildung und Gruppensolidarität;
- *Cant (secret language):* Fokus auf sprachlicher Exklusion und Geheimhaltung;
- *Antilanguage:* Fokus auf sozialer Abgrenzung mit subversiven Elementen.

Halliday (1976: 570) definiert *antilanguages* als "special forms of language generated by some kind of anti-society" (Halliday 1976: 570). Sie sind somit Ausdrucksform eines bewussten Gegenentwurfs und indizieren offenen oder verdeckten Widerstand (vgl. Halliday 1976: 570). In einem kolonialen (und missionarischen) Kontext scheint ein solches Motiv grundsätzlich plausibel, allerdings stellt Strommer (2013: Folie 9) zu Recht in Frage, ob ein solcher Ansatz auf junge Kinder angewendet werden kann.

Antilanguages sind nie L1 (vgl. Halliday 1976: 575), was auf die erste Generation von mixed-race Kindern in Vunapope noch (weitestgehend) zuträfe. Strukturell allerdings ergeben sich ähnliche Divergenzen wie zwischen typischen *cants* und Unserdeutsch: *Antilanguages* sind partiell relexifiziert (vgl. Halliday 1976: 571), allerdings nicht in einer Weise, wie dies für Unserdeutsch teils angenommen wird (vgl. Kap. 3.3.1), sondern genau umgekehrt: Die Sprachformen des Umfelds (hier: Deutsch der Missionare) werden substituiert. Dies betrifft in erster Linie die Bereiche des Lexikons, die für die Gruppe zentral sind hinsichtlich ihrer Aktivitäten und/oder ihrer Abgrenzung zum Umfeld. Dabei werden metaphorische Ausdrücke präferiert (vgl. Halliday 1976: 570). Das Beispiel *kleten* in (11) passt zu dieser Beschreibung in jeder Hinsicht, es konstituiert aber nur einen von wenigen Fällen. Daraus lässt sich vermuten, dass die Funktion einer *antilanguage* bei Unserdeutsch keineswegs so ausgeprägt gewesen sein kann, wie dies bei den prototypischen Vertretern der Kategorie – Sondersprachen von Subkulturen und der kriminellen Unterwelt – der Fall ist. Eine abgeschwächte Form sprachlicher Subversion allerdings ist klar in Betracht zu ziehen, nämlich, wie sie allgemein Jugendsprachen zu eigen ist.

Jugendsprachen sind Ausdruck einer eigenen Identität, die insbesondere durch latente oder explizite Opposition zu Älteren bzw. erwachsenen Autoritäten zum Ausdruck kommt (vgl. Androutsopolous 2005: 1501f.). Sie dienen unter Peers als "badge of nonconformity" (Kerswill 2013: 128). Gerade die Jugendzeit ist geprägt von sprachlicher Innovation und von Distanzierung zum normierten Standard ("heavy vernacular use", Androutsopoulos 2005: 1498). Die Chance zur Stabilisierung der eigenen Varietät wird durch die Tatsache ermöglicht, dass sich Jugendliche in dieser Zeit stärker am Sprachgebrauch ihrer Peers als dem Erwachsener orientieren (vgl. bspw. Kerswill und Williams 2000: 68) – aber auch schon in der Kindheit, genau ab dem Alter, ab dem die mixed-race Kinder in der Regel an die Missionsstation kamen:

> Peer groups of young people exert great normative pressure on each other, and are correspondingly less susceptible to society-wide norms conveyed to them by the institutions of the adult and outside world, for example, in schools. When this is reinforced by ethnicity, one gets a stringly different dialect [...]. In stage two, ages four to thirteen, the basic vernacular accent is created. The most important normative pressure at this stage is the social network of peers. (Downes 1998: 224f.)

Im Bereich der Lexik zeichnen sich Jugendsprachen durch einen Reichtum an Lexemen zur Bezeichnung sozialer Kategorisierungen, mentaler und emotionaler Zustände, von Sexualität, Rauschzuständen, Evaluation und Intensivierung aus (vgl. Androutsopoulos 2005: 1497). Strukturell spielen Wortneubildung, Bedeutungsverschiebung und Entlehnung eine auffällige Rolle (vgl. Androutsopoulos 2005: 1497).

Wieder scheint es so, dass Unserdeutsch zwar aus den Entstehungsumständen heraus klare Parallelen aufweist – hier: zu Jugendsprachen –, das Sprachsystem selbst jedoch nicht (mehr?) den Stempel der Vergleichskategorie trägt. Potenzielle Lexeme der genannten Kategorien sind zwar im Unserdeutsch durchaus noch vorhanden (bspw. *bruskasten* 'weibliche Brust'; *dun* 'betrunken';

kletern 'Sex haben', *saisen* 'koten'), aber nicht in auffällig hoher Zahl und in den meisten Fällen offensichtlich aus dem Alltagsdeutsch der Missionare übernommen. Vor dem Hintergrund allerdings, dass die Sprache bereits in der dritten Generation und heutzutage ausschließlich von Erwachsenen in fortgeschrittenem Alter verwendet wird, sich zudem bereits im Attritionsstadium befindet, ist es nicht abwegig, die wenigen potenziell jugendsprachlichen Merkmale als Relikte eines vormals reicheren Inventars zu vermuten. Da es sich um eine simplifizierte Kontaktsprache handelt, fällt das Lexikon der Sprache grundsätzlich ohnehin deutlich kleiner aus als das seiner Lexifikatorsprache Deutsch. Wortneubildungen sind in Unserdeutsch im Grunde nicht auszumachen und Bedeutungsverschiebungen im Sinne einer Jugendsprache (bspw. auch *efish* 'hübsch/herausgeputzt') halten sich in Grenzen.

Entlehnungen nehmen zwar einen großen Raum ein, doch ist dies selbstverständlich primär auf die Sprachkontaktsituation zurückzuführen. Am ehesten ließe sich Unserdeutsch zumindest in dieser Hinsicht noch mit dem Multiethnolekt Kiezdeutsch (vgl. Wiese 2012) vergleichen, der zugleich „Charakterzüge einer Kontaktsprache und auch einer Jugendsprache" (Canoğlu 2012: 43) trägt. Kiezdeutsch zeigt deutliche Züge der Konstruktion einer sozialen Gruppe über Sprache, womit seine Verwendung zum Act of Identity wird in einem Umfeld, das die SprecherInnen ethnisch ausgrenzt und sozial einer niedrigeren Schicht zuweist (vgl. Wiese 2018), wie dies ähnlich bei Unserdeutsch der Fall ist. Einen interessanten Vergleichsfall stellt daneben Südschleswigdänisch dar (vgl. Kühl 2008), eine unter deutsch-dänisch bilingualen Jugendlichen entstandene Kontaktvarietät. Südschleswigdänisch wird (wie Unserdeutsch damals und wie heute Kiezdeutsch in der deutschen Öffentlichkeit) als defizitär wahrgenommen, als Ergebnis unvollständigen Erwerbs. Für die Jugendlichen selbst jedoch ist Südschleswigdänisch „Ausdruck einer regionalen, bikulturellen und bilingualen Identität" (Kühl 2008: 54) und „Identitätsmerkmal mit Normcharakter" (Kühl 2008: 55), trägt also *covert prestige* entgegen einer klar negativen Außenbewertung, wie dies eindeutig auch für Unserdeutsch zutrifft. Ein ähnlicher Fall einer Mischvarietät ist Esplugisch, das spanisch-deutsche Codeswitching unter SchülerInnen der Deutschen Schule Barcelona zur Identitätsmarkierung in einem bilingualen Kontext (vgl. González Vilbazo 2005).[66] Esplugisch ist dabei ähnlich Unserdeutsch eine „Pausensprache" (González Vilbazo 2005: 50), deren Gebrauch aber im Unterricht untersagt ist. Offensichtlich können Schulen unter den richtigen Umständen, insbesondere bei einer

---

[66] Für den Hinweis auf Esplugisch und die Arbeit von González Vilbazo danke ich Ingo Plag. González Vilbazo sieht in Esplugisch keine eigene Sprache, sondern lediglich systematisches Code-switching (vgl. González Vilbazo 2005: 50).

identitätsbedürftigen Schülergruppe in einem multilingualen Setting, einen guten Nährboden für Sprachentstehung durch Sprachkontakt bieten.

Einen sehr guten Vergleichsfall für eine Gruppensprache stellt in dieser Hinsicht auch die französisch-basierte Kreolsprache Tayo auf Neukaledonien dar (vgl. Ehrhart und Corne 1996; Speedy 2013b):

> Culturally uprooted, separated from their families and drilled in European ways, the Saint-Louis girls, despite the best efforts of the Marists, nonetheless succeeded in maintaining a part of their Kanak identity. This is evident in the role they played in the creation of a new language of identity for their new community. (Speedy 2013a: 72)

Tayo wurde wie Unserdeutsch von Kindern kreiert, die, von ihren Elternhäusern isoliert, an einer katholischen Missionsstation europäisch erzogen und beschult wurden und ihre L1 nicht verwenden durften (vgl. Speedy 2013a: 63–65). Durch intraethnische Ehen wurde die Sprache schließlich als L1 weitergegeben. Ähnlich gelagert ist diesbezüglich der Fall der *mixed language* Bilingual Navajo (Schaengold 2003, 2004), die ebenfalls unter Zöglingen eines Internats entstand, die dort ihre L1 nicht verwenden durften:

> As a result, children would speak a kind of "boarding school Navajo" in secret, "filling English words where their native vocabulary failed them" (Schaengold 2004: 8). This code would also be used back home with other boarding school students and graduates, and became an in-group solidarity code for bilingual Navajos. (Velupillai 2015: 79)

Eine weitere *mixed language*, das Petjo der Indios im kolonialen Niederländisch-Indien, ist funktional vergleichbar: Petjo, "the broken language of the playground" (Rheeden 1994: 225) wurde von mixed-race Kindern abseits der Schule kreiert – in diesem Fall speziell von Jungen – und wurde zur Ingroup-Sprache. Petjo ist sogar dahingehend mit Unserdeutsch vergleichbar, als die L1 der Kinder, das Malaiische, bereits strukturell simpel war, da sie lange als Lingua Franca diente und somit im Vorfeld bereits ähnliche Simplifizierungsprozesse wie Pidginsprachen durchlief (vgl. Rheeden 1994: 234). Im Unterschied zu Unserdeutsch lag im Fall der *mixed languages* Petjo und Bilingual Navajo allerdings bei Schuleintritt bereits Bilingualismus vor (vgl. Kap. 3.4.1 und Kap. 3.4.2 zur Klassifizierung von Unserdeutsch).

Auch das "Student Pidgin" in Ghana (vgl. Rupp 2013) ist funktional gut mit Unserdeutsch vergleichbar. Für diese Ingroup-Varietät, die parallel zur bestehenden Standardkompetenz von SchülerInnen bzw. Studierenden verwendet wird, werden Funktionen diskutiert wie die bewusste Abgrenzung gegenüber dem institutionellen Englisch, die Vermeidung von "performance pressure to speak good English" (Rupp 2013: 15) sowie eine statuserhöhende Funktion. Im

Unterschied zu Unserdeutsch entstand die Sprache jedoch ohne einen Bruch im Spracherwerb, mehr ähnlich einer Jugendsprache.

In allen besprochenen Fällen zeigt sich eine Domänentrennung, wobei die neu entstandene Varietät in der Ingroup Verwendung findet. Volker (1982: 10) vergleicht in dieser Hinsicht auch das Verhältnis von Unserdeutsch zu Standarddeutsch mit dem Verhältnis von Englisch zu Tok Pisin in Papua-Neuguinea: Während Englisch Schulsprache ist, sprechen die SchülerInnen untereinander außerhalb des Klassenzimmers aber Tok Pisin (hier mit dem Unterschied, dass sie Tok Pisin nicht selbst kreiert haben). Die Tatsache, dass sich die heranwachsenden Mixed-race von Vunapope gerade im Jugendalter befanden, als sich Unserdeutsch stabilisierte, unterstreicht die Vergleichbarkeit der angeführten Fälle.

HYP-4, die den sozialen Aspekt von HYP-2 und HYP-3 beinhaltet, aber allgemeiner gehalten ist als diese beiden Hypothesen, ist für die Erklärung zur Stabilisierung und Transmission von Unserdeutsch (nach der frühesten Entstehung, die HYP-1 erklären kann) zentral. Unserdeutsch wurde mit dem fortgeschrittenen Erwerb des Standarddeutschen zur Ingroup-Sprache der Mixed-race. Diese nach innen, auf die Gruppenidentität und -solidarität gerichtete Seite einer Gruppensprache ist historisch hoch plausibel. Darüber, wie stark die andere, nach außen gerichtete und auf Abgrenzung bedachte, subversive Seite tatsächlich war, können letztlich nur Vermutungen angestellt werden. Es muss dabei auch bedacht werden, dass die Missionare für viele der Internatszöglinge in der Kindheit Rollen von Ersatzmüttern und Ersatzvätern eingenommen haben dürften, nachdem sie zu ihren biologischen Eltern wenig bis keinen Kontakt haben konnten. In seiner Peer-Orientierung ist Unserdeutsch gut mit diversen Jugendvarietäten vergleichbar, die stets auch beide Aspekte in unterschiedlichem Maße in sich tragen.

Zusammenfassend zeigt sich, dass im Fall Unserdeutsch mehrere verschiedene Funktionen in unterschiedlichem Ausmaß zu berücksichtigen sind. Dies gilt letztlich für jede natürliche Sprache, aber gerade auch bei der Rekonstruktion der Geschichte von Kreolsprachen, die sich letztlich aus vielen Facetten einzelner Geschichten zusammenfügen (vgl. Speedy 2013b: 187).

Während die speziellen Funktionen einer Geheimsprache, einer Spielsprache und einer *antilanguage* offenbar nicht überzubewerten sind, spricht jedoch viel dafür, eine allgemeinere Funktion als Ingroup-Sprache zur Markierung von Identität und Solidarität hervorzuheben. Sie war allerdings, obwohl später die primäre Funktion von Unserdeutsch (auch als gemeinsamer Nenner der spezielleren Gruppensprach-Funktionen), offensichtlich nicht die zeitlich erste Funktion von Unserdeutsch. Diese Rolle kommt der kommunikativen Funktion zu (vgl.

Maitz 2017; implizit auch in 2016: 217). Soweit Sprachfunktionen überhaupt in ein Nacheinander geordnet werden können, schlage ich – selbstverständlich mit fließenden Übergängen statt scharfer Grenzen – folgende Chronologie vor:

> (1) kommunikative F. ▶ (2) ludische und phatische F. ▶ (3) kryptische F. ▶

(1) Die kommunikative Funktion steht unweigerlich am Anfang, da die Deutschkenntnisse der Kinder anfangs noch nicht (und dann nur rudimentär) ausgebildet waren. Laufend kamen weitere Kinder hinzu, die noch gar kein Deutsch beherrschten. Foreigner Talk spielte vermutlich eine Rolle, ob in der horizontalen oder in der vertikalen Kommunikation. Darin, dass die kommunikative Funktion zu Beginn kurzzeitig nicht nur die primäre, sondern überhaupt die einzige Funktion der entstehenden Sprache war, liegt auch die Erklärung dafür, dass Unserdeutsch strukturell nicht einer typischen Ingroup-Sprache entspricht: Denn esoterische Sprachen (vorwiegend Intragruppen-Kommunikation) bewahren Komplexität, während exoterische Sprachen (vorwiegend Intergruppen-Kommunikation) zur Simplifizierung durch Regularisierung und Transparenz-Erhöhung tendieren (vgl. Thurston 1987; Wray und Grace 2007: 549–555) – Prozesse, die bei der Entstehung von Unserdeutsch eindeutig stattgefunden haben. Die Abfolge, dass den Ingroup-Funktionen eine kommunikative Funktion vorausging, entspricht der Unterscheidung nach Baker (2000), wonach eine Kontaktsprache zunächst als *medium for interethnic communication* (MIC) entsteht, bevor es sich zu einem *medium for community solidarity* (MCS) weiterentwickeln kann. Interessanterweise gehen Kontaktsprachen in ihrer Ontogenese darin den umgekehrten Weg, wie ihn Wray und Grace (2007: 568) für die Phylogenese der Sprache allgemein annehmen – wonach die Outgroup-Kommunikation mit anderen Clans/Stämmen chronologisch erst nach der Ingroup-Kommunikation eine Rolle spielte.

(2) Die Fehler und Eigenheiten weniger sprachgewandter (oder neuangekommener) Kinder tragen ein Potenzial für Belustigung in sich, das zu Imitationen animiert (ludische Funktion). Darüber werden sprachlich zugleich Rollen und Hierarchien innerhalb der Peergroup verhandelt und spielerische Freiräume geschaffen (vgl. Čekaitė und Aronsson 2004: 373). Dies ist bereits integraler Bestandteil (oder sogar: Nebeneffekt) einer stattfindenden Gruppenbildung, hängt somit eng mit der phatischen Funktion zusammen. Spielerische Freiräume zu schaffen bedeutet auch eine Abgrenzung gegenüber schulischem und erzieherischem Ernst (der *antilanguage*-Aspekt, wie er auch Jugendsprachen zu eigen ist). Darin entsteht immer stärker ein Gruppenbewusstsein: Zum einen aufgrund des Alters (Peergroup), zum anderen aufgrund des gemeinsamen Hintergrunds (vom Eltern-

haus getrennte mixed-race Halbwaisen). Sprachformen, die zunächst sporadisch auftraten (als individuelle Ad-hoc-Lösungen zur Verständigung – das Jargon-Stadium – und dann spielerisch-scherzhaft), verfestigen sich in der Wiederholung. Bei diesem Sprachspiel mitzumachen bedeutet dazuzugehören. Sprachformen können so zu Markern von Solidarität und darin letzten Endes zu Markern einer Gruppenidentität werden (phatische Funktion).

(3) In Situationen mit anwesenden Außenseitern fällt Mitgliedern der Gruppe auf, dass die eigene Sprache sich möglicherweise auch dafür eignet, nicht verstanden zu werden. Die kryptische Funktion einer Sprache ist jedoch immer als eine nachgeordnete Funktion ("subsidiary function") einer privatisierenden Funktion zu betrachten (vgl. Rojo 2010: 164). Die phatische Funktion muss ihr deshalb vorausgehen.

Gleichzeitig ist, was eine Gewichtung der Funktionen über die erste Sprechergeneration hinaus anbelangt, die phatische Funktion als die primäre, wichtigste Funktion der Sprache zu betrachten. Die Ingroup-Funktion wird mit der Nativisierung (vgl. Kap. 4) noch auf ganz andere Weise grundlegend erweitert und vertieft, wenn Unserdeutsch dann sogar geteilte Familiensprache ist. Die kommunikative Funktion hingegen verliert stark an Bedeutung.

3.3 Welche Prozesse haben Unserdeutsch geprägt?

In diesem Kapitel wird die Frage beleuchtet, welche linguistischen Prozesse bei der Genese von Unserdeutsch eine Rolle gespielt haben. Diese Prozesse haben das Sprachsystem in unterschiedlichem Ausmaß strukturell geprägt und sind deshalb datengeleitet rekonstruierbar. Auf diesem empirischen Fundament lassen sich dann relevante Theorien zur Entstehung von Kreolsprachen hinsichtlich ihrer Anwendbarkeit auf den Fall Unserdeutsch diskutieren, um darin das facettenreiche Gesamtbild zu skizzieren. Untersucht wird die Rolle von Transfer (Kap. 3.3.1–3.3.3), von erwerbsbedingten Simplifizierungen (Kap. 3.3.4) und von Innovation (Kap. 3.3.5). Die Kapitel 3.3.1 bis 3.3.4 decken in der angelagerten Diskussion die vier Grundszenarien der Entstehung von Kontaktsprachen nach der Typologie von Muysken (2013) ab: a) Orientierung an der L1, b) Orientierung an der L2, c) Konvergenz und d) Einfluss universaler Prinzipien.

Aufgrund der Spärlichkeit früher Sprachdaten zu Unserdeutsch ist eine Orientierung an aktuelleren Sprachdaten an dieser Stelle unumgänglich (wie in praktisch jedem Fall der Rekonstruktion von Entstehungsszenarien von Pidgin- und Kreolsprachen, vgl. Thomason 1993: 280). Die Rückschlüsse aus jüngeren Daten auf die Umstände zur Zeit der Genese sind zwar methodisch nicht unproblematisch, erscheinen als einzig mögliche empirische Annäherung jedoch gerechtfertigt. Ein zweiter methodischer Fallstrick ergibt sich aus der Zuordnung beobachtbarer Merkmale. Viele Merkmale sind multipel motivierbar; so ist zum Beispiel häufig kaum entscheidbar, ob im Einzelfall primär eine (autonome) erwerbsbedingte Simplifizierung oder aber Transfer aus der bereits selbst stark simplifizierten Kontaktsprache Tok Pisin vorliegt. Der Fokus auf möglichst eindeutig zuzuordnende Merkmale und Hinweise im Falle alternativ denkbarer Erklärungen entschärfen diese Problematik einigermaßen. Ein weiteres Indiz für die Zuordnung kann sein, ob ein Merkmal generell crosslinguistisch häufig vorkommt oder ein typisches Merkmal von Pidgin- und Kreolsprachen darstellt (letzteres könnte ein Indiz für eine L2-Universalie sein). Ist ein Merkmal umgekehrt crosslinguistisch sowie auch unter Pidgin- und Kreolsprachen selten, so erhärtet dies den Verdacht auf den Transfer aus einer der beteiligten Einzelsprachen (vgl. Parkvall 2000: 17ff.). Wo es sinnvoll erscheint, werden zusätzlich Vergleichsfälle herangezogen. Besonders gewichtige Fragen und Konsequenzen aus der Genese von Unserdeutsch für die kreolistische Theoriebildung, deren Behandlung die intendierte Gesamtschau in diesem Kapitel zu stark unterbrechen würde, sind in ein eigenständiges Kapitel (Kap. 3.4) ausgelagert.

3.3.1 Die Rolle von Substrattransfer

Unter Transfer wird hier allgemein die kontaktinduzierte Übertragung sprachlicher Merkmale von einer Sprache (Gebersprache, *source language*) auf eine andere (Nehmersprache, *recipient language*) verstanden. Dabei können Formen, Bedeutungen, Form-Bedeutungs-Paare, Beziehungen zwischen Elementen (Reihenfolge) und sämtliche Kombinationen dieser Aspekte transferiert werden (vgl. Heine und Kuteva 2005: 2), und zwar auf allen Ebenen des Sprachsystems. In unserer Betrachtungsrichtung ist stets Unserdeutsch die Nehmersprache, während verschiedene Gebersprachen in Betracht kommen. Ein Teil dieser potenziellen Gebersprachen fungiert in seiner Beziehung zu Unserdeutsch als Substratsprache: als von der Varietät der Eroberer (Kolonialisten) „überlagerte" Sprache der unterlegenen Bevölkerung vor Ort. Häufig dienen autochthone L1 der indigenen Bevölkerung als Substrat (endogene Substrate, vgl. Chaudenson 1977). Im Fall von Unserdeutsch muss jedoch vorsichtiger formuliert werden: Die Sprachen, die als Unserdeutsch-Substrat in Betracht kommen, sind zum Teil exogene Substrate, d. h. keine autochthonen Sprachen der Insel Neubritannien, sondern entweder Migrantensprachen, Sprachen benachbarter Inseln oder eben die Lingua Franca Tok Pisin, die erst durch die Ankunft der Eroberer überhaupt entstand. Auch die Rede von „indigener Bevölkerung" wäre irreführend. Als

Substrat von Unserdeutsch kommen unter den vielen potenziellen L1 der Mixedrace von Vunapope nur solche in Betracht, die sichtbare Spuren im Sprachsystem von Unserdeutsch hinterlassen haben. Eine solche Spur ist dann das Ergebnis von Substrattransfer (auch: L1-Interferenz, *substrate retention*).

Eindeutige und tiefe Spuren hat Tok Pisin – als einziger gemeinsamer Nenner unter den Sprachen der in Vunapope ankommenden mixed-race Kinder – im System von Unserdeutsch hinterlassen. Diese Prägungen können im Folgenden nur zusammengefasst und anhand besonders herausstechender Merkmale exemplarisch demonstriert werden; die exhaustive Darstellung ist Aufgabe einer Grammatik. Für nähere Informationen und weitere Belege sei auf die einschlägige Literatur verwiesen (etwa Maitz et al. i. E.).

a) *Phonologie:* Die Phonologie von Unserdeutsch zeigt eine weitgehende Anlehnung an die Phonologie von Tok Pisin (vgl. Maitz et al. i. E.).[67] So stimmt bereits das Kern-Phoneminventar beider Sprachen zum größten Teil überein. Beide Vokalsysteme sind fünfgliedrig und ohne Quantitätsopposition[68], vier der fünf Vokale sind qualitativ identisch – /i/, /u/, /o/, /a/ – und zählen so abgesehen von /a/ nicht zum Kerninventar des Standarddeutschen (vgl. etwa Becker 1998: 37), was den Substrateinfluss erhärtet:

(15) a. STD *zurück* [tsʊˈr|ʀ|ʁyk][69] → UDT [tsuˈrik]
     b. STD *hungrig* [ˈhʊŋr|ʀ|ʁɪç|k] → UDT [ˈhuŋri]
     c. STD *Osterhase* [ˈoːstɐˌhaːz|sə] → UDT [ˈostɛ(r)ˌhasɛ]

Auch das Konsonanteninventar beider Sprachen ist äußerst ähnlich. Legt man das auf einer neuen empirischen Studie basierende Inventar von Tok Pisin nach Boer und Williams (2017: 74) inklusive randständiger Laute zugrunde, so lässt sich nur noch im Bereich der Affrikaten ein wesentlicher Unterschied feststellen: Die stimmhafte Affrikate [dʒ] im Tok Pisin ist Unserdeutsch fremd, dafür

---

67 Zur Phonologie von Tok Pisin vgl. Mihalic (1971); Mosel (1980: 8–22); Laycock (1985); Smith (2008a) und Boer und Williams (2017). Die Beschreibung zu (basilektalem) Unserdeutsch orientiert sich an Maitz et al. (i. E.).
68 Die fehlende phonologische Quantitätsopposition zeigt sich auch schön in einer Fragebuch-Erhebung, als eine Sprecherin bei der Übersetzung des Stimulus *He is putting the vase on the table* stockt. Auf die nachfragende Hilfestellung des Interviewers hin: *du kann sagen stellen, to put?* antwortet die Sprecherin: *no, stellen is to steal!*
69 Die Wiedergaben des Standarddeutschen orientieren sich der Einfachheit halber an Duden (2015). Der Verfasser ist sich der Problematik der damit erfolgenden Variantenreduktion bewusst. Zentrale konsonantische Variation, die für Unserdeutsch relevant ist (Realisierung von <-ig>, von <r> sowie von <s> im Onset vor Vokal) wird durch vertikale Striche gekennzeichnet wiedergegeben. Die Annahme des Standarddeutschen als Gebersprache (gegenüber Nonstandardvarietäten) wird in Kap. 3.3.2 gerechtfertigt.

kommen in Unserdeutsch (wenn auch eher marginal) die Affrikaten [ts] und [pf] vor. Der Großteil des Konsonanteninventars von Unserdeutsch ist allerdings, wenig verwunderlich, auch über das Standarddeutsche oder anderweitig multipel motivierbar. Zwei erwähnenswerte Parallelen, die möglicherweise zumindest durch Tok Pisin gestärkt wurden, können in der Realisierung von /r/ als apikaler Vibrant [r] (vgl. 16) und im Fehlen von [z] gesehen werden (vgl. 17).[70] Wie in Tok Pisin (vgl. Boer und Williams 2017: 72), so besteht auch in Unserdeutsch freie Variation zwischen [v] und [w].

(16) STD *sechzig* [ˈz|sɛçtsɪç|k] → UDT [ˈsɛksi]

(17) STD *richtig* [ˈr|ʀ|ʁɪçtɪç|k] → UDT [ˈri(x)ti][71]

Wie tiefgreifend die Phonologie von Unserdeutsch offensichtlich durch Tok Pisin beeinflusst ist, zeigt sich besonders beeindruckend darin, dass Unserdeutsch lauttypologisch nach der Typologie von Auer (2001) wie Tok Pisin als eine Silbensprache zu verorten ist (vgl. Maitz et al. i. E.), während das Standarddeutsche eindeutig den entgegengesetzten Wortsprachen zuzurechnen ist (vgl. Szczepaniak 2007). Dies zeigt sich vor allem daran, dass Unserdeutsch – im Gegensatz zum Deutschen, aber ähnlich Tok Pisin – eine Präferenz für einfache Silbenkodas zeigt (vgl. etwa 17) und keine Reduktionsvokale in unbetonten Silben aufweist (vgl. etwa 14c), womit Haupt- und Nebensilben ähnlich strukturiert sind.

b) *Morphologie:* Im Bereich der (Flexions-)Morphologie sind viele Übereinstimmungen zu Tok Pisin auch gleichzeitig als L2-Erwerbseffekte (vgl. Kap. 3.3.4) oder als Adstrattransfer (vgl. Kap. 3.3.3) erklärbar. Solche Fälle werden an dieser Stelle ausgeschlossen. Übrig bleiben zumindest zwei Aspekte, die geeignet erscheinen, auch auf morphologischer Ebene Substrattransfer nachzuweisen.[72] Der eindeutigste und weitreichendste davon ist die analytische Art der nominalen Pluralmarkierung in Unserdeutsch durch den Pluralmarker *ale*, der funktional seinem Pendant *ol* in Tok Pisin entspricht:

(18) a. **Ale**   *Japane*   *shmais-en*   *er*   *in*   *de*   *jail.*
         PL   Japanese   throw-V   3SG.M   in   the   jail

---

[70] Nach einer Erhebung von 1936 war das Fehlen von [z] auf den Süden und [r] tendenziell auf den südostdeutschen und nordostdeutschen Raum beschränkt, vgl. König (2004: 191) – was nicht dem hauptsächlichen Herkunftssprachraum der Missionare entspricht (vgl. Maitz und Lindenfelser 2018a).

[71] Der kombinatorischen Varianten des stimmlosen Frikativs [ç] (palatal) und [x] (velar) bzw. [χ] (uvular) des Standarddeutschen werden in Unserdeutsch am ehesten als [x] artikuliert, weshalb dieses in Folge verwendet wird.

[72] Zur Morphologie von Tok Pisin vgl. Mühlhäusler (1985a); Verhaar (1995) und Smith (2008b).

STD: 'Die Japaner haben ihn ins Gefängnis geworfen.'
TP: 'Ol Japan i putim em long kalabus.'
[Sprecherin DK, Runcorn, 23.02.2017]

b. *De   brude   hat   ge-tsaig-en   **ale**   shwartse wi*
   ART.DEF   brother   AUX.PST   PTCP-show-V   PL   blacks   how
   *fi   mah-en   **ale**   brot.*
   for   make-V   PL   bread
   STD: 'Die Ordensbrüder[73] haben den Indigenen gezeigt, wie man Brot(e) macht.'
   TP: 'Ol bruder i soim ol blekman olsem wanem ol i ken mekim bret.'
   [Sprecher EUG, Victoria Point, 18.02.2017]

Schließlich kann noch auf den Transitivmarker {-im} aus Tok Pisin verwiesen werden, der von basilektalen SprecherInnen auch beim Sprechen von Unserdeutsch produktiv verwendet wird. Er markiert an englischen Verbstämmen innerhalb unserdeutscher Äußerungen fakultativ die Nachfolge eines direkten Objekts (vgl. 19). Dies zeigt eine tiefe kognitive Verankerung des Markers.

(19) a. *Katolik church   hat   ge-sa   ja,   du   kan   **divorc-im**   si.*
       catholic church   AUX.FUT   PTCP-say   yes   2SG   can   divorce-TR   3SG.F
       STD: 'Die katholische Kirche hat gesagt: Ja, du kannst dich von ihr scheiden lassen.'
       TP: 'Katolik sios i tok pinis: Yes, yu ken brukim marit.'
       [Sprecherin AH, Brisbane, 20.01.2016]

   b. *Di   wol-te   **deport-im**   er   tsu   Australia.*
      3PL   want\PST-PST   deport-TR   3SG.M   to   Australia
      STD: 'Sie wollten ihn nach Australien deportieren.'
      TP: 'Ol i laik (rausim em long Papua Niugini na) bringim em long Australia.'
      [Sprecherin ERG, Gold Coast, 01.02.2016]

Die von Volker (1982: 31f.) beschriebene Inklusiv-exklusiv-Distinktion beim Pronomen der 1PL wäre ein eindeutiger Fall von Substrattransfer. Volker beschrieb eine exklusive Form *wi* (TP: *mipela*), die kontrastierend zu einer inklusiven Form *uns* (TP: *yumi*) verwendet würde. Eine solche Distinktion kann jedoch nicht (mehr?) nachvollzogen werden, die partiell vorhandene Variation zwischen beiden Formen erscheint unsystematisch.[74]

---

[73] *De brude* ist kontextuell als Plural kenntlichgemacht (Wiederaufnahme von *ale doitshe bruder*).

[74] Akzeptabilitätstests mit SprecherInnen untermauern die Vermutung, dass eine bewusste Unterscheidung zwischen inklusiver und exklusiver Form nicht (mehr?) stattfindet: Befragte

Insgesamt lässt sich Substrattransfer aus Tok Pisin auf flexionsmorphologischer Ebene zwar nachweisen, jedoch schwieriger und eingeschränkter als auf phonologischer Ebene. Der Grund dafür muss aber keinesfalls in einem schwächeren Einfluss auf diesem Gebiet liegen: Die Flexionsmorphologie von Tok Pisin ist nur selbst schon relativ beschränkt, und alle Simplifizierungen gegenüber dem in dieser Hinsicht reichhaltigen Standarddeutschen können auch als von Tok Pisin unabhängige Erwerbsphänomene gedeutet werden.

c) *Syntax:* Für die Syntax erweist es sich ebenfalls in vielen Fällen als schwer, zwischen Einfluss aus Tok Pisin und autonomer, erwerbsbedingter Simplifizierung zu unterscheiden. Zwei Merkmale der Unserdeutsch-Syntax allerdings lassen sich recht eindeutig als Substrattransfer aus Tok Pisin identifizieren.[75] Zunächst ist dabei die mögliche Finalstellung des Interrogativums in Ergänzungsfragen zu nennen. Diese Besonderheit von Tok Pisin tritt (neben der Initialstellung) auch in basilektalem Unserdeutsch auf und unterstreicht die starke SVO-Präferenz beider Sprachen:

(20) a. *Du mah-en* **was?**
 2SG do-V what
 STD: 'Was machst du?'
 TP: 'Yu mekim wanem?'
 [Sprecherinnen VR und AG, Cairns, 12.02.2016]

 b. *Du get mit* **wer?**
 2SG go with who
 STD: 'Mit wem gehst du?'
 TP: 'Yu go wantaim husat?' [Sprecherin DK, Runcorn, 23.02.2017]

 c. *Du wid get* **wo?**
 2SG AUX.IRR go where
 STD: 'Wohin willst (würdest) du gehen?'
 TP: 'Bai yu go we?' [Sprecherin DK, Runcorn, 22.10.2015]

Weiterer syntaktischer Transfer manifestiert sich in der offensichtlichen Übernahme von direktiven Serialverbkonstruktionen mit *get* (TP: *i go* '(zu) hin') und *kom* (TP: *i kam* '(von) her') aus Tok Pisin in Unserdeutsch. Serialverbkonstruktionen sind Verbsequenzen, die gemeinsam als Prädikat fungieren und nicht durch einen Marker als syntaktisch voneinander abhängig markiert sind (vgl. Aikhenvald 2006: 1). Sowohl die *get*- als auch die *kom*-Konstruktion treten in Unserdeutsch analog zu Tok Pisin auf (vgl. 21 und 22), letztere etwas seltener.

SprecherInnen lehnten Stimuli mit *uns* entweder durchweg als agrammatisch ab oder sie akzeptierten genauso unterschiedslos alle *uns*-Varianten als Alternativen zu den *wi*-Varianten.
75 Zur Syntax von Tok Pisin vgl. Mühlhäusler (1985b); Verhaar (1995) und Smith (2008b).

(21) a. *Ale halbwaise knabe (...) jede aben **bring-en** ale*
       PL   half_white boy   every evening bring-V   PL
      *cargo **get** Ramale camp.*
      cargo go Ramale camp
      STD: 'Die mixed-race Jungen haben jeden Abend die Güter ins Ramale Camp gebracht.'
      TP: 'Ol hapkas manki ol i karim ol kago i go long Ramale kem long olgeta apinun.'   [Sprecher PK, Loganholme, 21.02.2017]

   b. *Dan i **far-en get** su arbait in the city.*
      then 1SG drive-V go to work in ART.DEF city
      STD: 'Dann fahre ich zur Arbeit in die Stadt hinein.'
      TP: 'Bihain mi draiv i go long wok long biktaun.'
                             [Sprecherin DK, Runcorn, 22.10.2015]

(22) a. *Dan de bishop **lauf-en kom**.*
      then ART.DEF bishop walk-V come
      STD: 'Dann kam der Bischof her.'
      TP: 'Bihain bisop i walkabaut i kam.'
                              [Sprecherin EW, Loganholme, 21.02.2017]

   b. *Jede namita di wid **lauf-en kom** sa masta, masta!*
      every afternoon 3SG AUX.HAB walk-V come say master master
      STD: 'Jeden Nachmittag sind sie hergekommen und haben gesagt: Chef, Chef!'
      TP: 'Olgeta apinun ol i bai wokabaut i kam na tok: masta, masta!'
                             [Sprecher PK, Loganholme, 21.02.2017]

Schließlich fällt noch die Möglichkeit einer periphrastischen Possessivkonstruktion in Unserdeutsch ins Auge. Sie macht wie in Tok Pisin den Gebrauch eines Possessivpronomens überflüssig und wird in beiden Sprachen durch postnominale Anfügung von Präposition *(fi/bilong)* plus Personalpronomen gebildet (vgl. 23). Allerdings ist die Konstruktion in Unserdeutsch hauptsächlich auf die 3. Person beschränkt und im Gegensatz zu Tok Pisin nicht obligatorisch. Da auch das gesprochene Deutsch periphrastische Possessivkonstruktionen kennt, wurde dieses Merkmal möglicherweise nur durch Einfluss von Tok Pisin weiter gefestigt.

(23) a. *Das de erste hergemal **fi si**.*
      that ART.DEF first husband for 3SG.F
      STD: 'Das ist (war) ihr erster Ehemann.'
      TP: 'Dispela man i namba wan man bilong em.'
                              [Sprecherin HT, Runcorn, 23.02.2017]

b. *Di get fill-en ale teler **fi** di.*
   3PL go fill-V PL   plate for   3PL
   STD: 'Sie haben sich darangemacht, ihre Teller vollzumachen.'
   TP: 'Ol i go pulapim ol plet bilong ol.'
                                         [Sprecherin MG, Brisbane, 19.01.2016]

Ebenfalls durch Tok Pisin bestärkt scheinen die auffällig häufigen Linksversetzungen in Unserdeutsch (vgl. 24), die in dieser Häufigkeit im Standarddeutschen und Englischen nicht vorkommen.

(24) a. übersetzt aus: "All chickens are over there."
      *Ale kakaruk **di** sin da.*
      PL chicken 3PL COP.3PL there
      STD: 'Die Hühner sind dort.'
      TP: 'Ol kakaruk ol i stap long hap.'
                                      [Sprecherin AW, Mareeba, 16.02.2016]
    b. *Ainige mensh **di** wil imer get heraus.*
       some human 3PL want always go out
       STD: 'Manche Menschen wollen immer unterwegs (draußen) sein.'
       TP: 'Sampela man ol i laik go ausait olgeta taim.'
                                     [Sprecherin DK, Runcorn, 22.10.2015]

Zumindest die beiden ersten Merkmale sind kaum anders als durch Substrattransfer (aus Tok Pisin) motivierbar, während das Superstrat in den anderen Fällen mindestens verstärkend gewirkt hat. Dies belegt den klaren Einfluss der Sprache auch auf die Syntax von Unserdeutsch.

d) *Lexik/Semantik:* Sowohl in der lexikalischen Semantik (etwa in Form von Lehnübersetzungen) zeigt sich Transfer aus dem Tok Pisin in Unserdeutsch. Das Ausmaß variiert dabei abhängig von der jeweiligen Sprecherbiographie von überschaubarem bis hin zu weitgehendem Einfluss. Sehr rekurrent sind Diskursmarker aus dem Tok Pisin: vor allem *orait* 'okay/also' und der Question Tag *a*, seltener auch *maski* 'egal, was soll's' sowie *nogat* 'nein' (vgl. 25).

(25) a. ***Orait** government geb-en du geld: sorry dain*
      well   government give-V 2SG money sorry 2SG.POSS
      *rüken is tut[76] we **a**, **orait**, geb-en, du*
      back COP.3SG do sore eh alright give-V 2SG

---

[76] Die Form *tut* kommt ausschließlich in der festen Fügung „x tut weh" vor. An andere Verben kann {-t} als Marker für die 3SG nicht herantreten. Zugleich tritt auch die Form *tun* äußerst marginal auf. Deshalb wird die Form *tut* hier als nicht-analysiert (als Chunk) behandelt.

	blaib	tsuhause,	**maski**	arbait.
	stay	home	never_mind	work

STD: 'Nun, die Regierung gibt dir Geld: Wir bedauern, dass Ihr Rücken wehtut! Stimmt's? Also, sie geben (dir das Geld): Bleiben Sie ruhig zu Hause, es macht nichts mit der Arbeit.' [Sprecherin DK, Runcorn, 22.01.2016]

b.
Er	spre	Doitsh	**nogat**	o?
3SG.M	speak	German	no(t)	or

STD: 'Spricht er Deutsch, nein, oder?' [Sprecherin DK, Runcorn, 22.01.2016]

Die Übernahme von Diskursmarkern aus dem Substrat in die Kreolsprache ist typisch (vgl. Siegel 2013: 523). Daneben sind eine Reihe von Inhaltswörtern dem Tok Pisin entlehnt, besonders Tierbezeichnungen (*blakbokis* 'Fledermaus', *kakaruk* 'Huhn', *kuka* 'Krabbe', *pato* 'Ente' usw.) sowie Bezeichnungen für Pflanzen und Pflanzenteile (*kaukau* 'Süßkartoffel', *kokonas* 'Kokosnuss', *kunai* 'Grasart', *noko* 'Ginster' usw.). Aber auch verschiedene Alltagslexeme werden aus Tok Pisin übernommen, bspw. *bilas(-im)* 'Schmuck/schmücken/sich herrichten', *hambak* 'unartig sein/Unfug machen', *hausmeri* 'Hausangestellte', *kanda* 'Rohrstock', *nambis* 'Strand' und *wokabaut* '(zu Fuß) gehen' (vgl. 26).

(26)
De	shwester	**wokabaut**	herum	mit	ein	gros-e
ART.DEF	sister	walk	around	with	ART.INDF	big-ATTR
kanda	in	ire	hand.			
cane	in	3SG.F.POSS	hand			

STD: 'Die (Missions-)Schwester ist mit einem großen Stock in ihrer Hand herumgegangen.' [Sprecherin EP, Wycliffe, 28.01.2016]

Einzelne Sprecher zeigen darüber hinaus noch einen merklich stärkeren Einfluss (vgl. 27).

(27)
Oi[77]	**bung**	hir	tsusamen [...]	un	ainige	fon	uns	wid
2PL	meet	here	together	and	some	of	1PL.OBJ	AUX.FUT
get	krih-en	unten	de	**banis**	fi	de	garten	
go	crawl-V	below	ART.DEF	fence	of	ART.DEF	garden	
un	stel-en	**painap.**						
and	steal-V	pineapple						

STD: 'Ihr versammelt euch hier und einige von uns werden unter dem Gartenzaun hindurchkriechen und Ananas stehlen.'

[Sprecher PK, Cleveland, 02.02.2016]

---

77 Von std. *euch* durch Konsonantentilgung in der Silbenkoda.

Doch dies ist nur die formseitige Oberfläche. Dass der Transfer aus Tok Pisin tiefergreift, zeigt sich in einer Reihe von Lehnübersetzungen im Unserdeutsch. Dazu gehören etwa *salzwasse* 'Meer' (< TP: *solwara*: *sol* 'Salz' + *wara* 'Wasser'), *rau(ch)* 'Zigarette' (< TP: *simuk* 'Rauch, Zigarette'), *kleine haus* 'Toilette' (< TP: *liklik haus*: *liklik* 'klein'), *platz* 'Ort' (< TP: *ples* 'Platz, Ort') sowie weitere (vgl. 28).

(28) a. *Matmat,   dise   is   fi   **flants-en**   ale   mensh-en   tot.*
         graveyard this   COP.3SG for   plant-V   PL   human-PL   dead
   STD: 'Der Friedhof, er ist dafür da, um die Toten zu begraben.'
   TP: 'Ples matmat, dispela em bilong planim ol man i dai pinis.'
   [Sprecherin RM, Vunapope, 22.09.2017]

   b. *Si   hat   **bauch**   von   i   **ge-hab**.*
       3SG.F   AUX.PST   belly   from   1SG   PTCP-have
   STD: 'Sie war von mir schwanger.'
   TP: 'Em i gat bel long mi.'   [Sprecher PK, Cleveland, 02.02.2016]

Alles in allem ist die Unserdeutsch-Lexik durchdrungen von Einflüssen aus dem Tok Pisin, sei es form- oder bedeutungsseitig. Bei einigen stärker am Deutschen orientierten Sprechern ist die Lexik nur sehr geringfügig dem Tok Pisin entlehnt, wobei sich semantische Einflüsse allerdings nach wie vor belegen lassen.

Es konnte gezeigt werden, dass sich auf allen Ebenen des Sprachsystems von Unserdeutsch Substrattransfer aus Tok Pisin nachweisen lässt. Legt man ergänzend die 97 morphosyntaktischen Merkmale von Holm und Patrick (2007) zugrunde und quantifiziert die Konvergenz zwischen Unserdeutsch und seinen wichtigsten Stratasprachen (Deutsch, Tok Pisin, Englisch) nach dem Muster von Holm und Intumbo (2009), so ergibt sich für gut 10 % der Merkmale eine alleinige Übereinstimmung zu Tok Pisin. Auch dies ist bezeichnend.

Doch wie steht es um Substrattransfer aus anderen Sprachen, wie sie als L1 einiger der frühen Ankömmlinge an der Missionsstation in Vunapope dokumentiert sind? Dazu sei zunächst noch einmal der Bericht des Missionars Janssen in Erinnerung gerufen:

> Ein bunteres Bild der Rassenmischung kann man wohl kaum irgendwo auf einem so kleinen Raume zusammenfinden: Deutsche, Halbblut von Deutschen, Engländern, Australiern, Schweden, Norwegern, Dänen, Finnländern, Manilen und Indiern mit farbigen Frauen aus dem Inselgebiet von Deutsch-Neuguinea, endlich noch Rein- und Halbchinesen. (Janssen 1912: 23)

Potenziell kommt also eine kaum überschaubare Reihe an Sprachen in Frage. Zieht man das Schulregister hinzu und schaut zudem, welche Familien an der Missionsstation besonders groß und einflussreich gewesen sind, so lässt sich vermuten, dass die folgenden Sprachen in eine engere Auswahl fallen könnten:

Chinesisch (Kantonesisch), Malaiisch sowie das auf ihm basierende Kreol Ambonesisch (Ambon-Malaiisch), Japanisch, die festland-skandinavischen Sprachen, Tagalog (Filipino), Kuanua und eine Reihe indigener Sprachen umliegender Inseln – namentlich genannt als Sprache ihrer Großmutter werden von einzelnen heutigen Sprechern etwa Kara (Neuirland), Nalik (Neuirland), Ontong Java (Insel Ontong Java) und Tabar (Tabar-Inseln). Es kann im Rahmen dieser Arbeit nicht geleistet werden, die Strukturen von Unserdeutsch mit den Grammatiken der genannten Sprachen und weiterer abzugleichen. Festzuhalten bleibt jedoch, dass die zentralen Strukturmerkmale von Unserdeutsch zufriedenstellend über die drei Sprachen Tok Pisin, Englisch oder Deutsch motivierbar erscheinen. Die Frage, ob gewisse Konvergenzen auch mit durch weitere Sprachen verstärkt worden sein könnten, ist dabei müßig: So ist etwa ein Großteil der vorstehend behandelten Strukturmerkmale von Tok Pisin auch in Kuanua zu finden (vgl. Mosel 1980), da Kuanua Substratsprache von Tok Pisin war. Für einzelne Merkmale lassen sich auch in den anderen Sprachen Parallelen finden, besonders in den stark isolierenden unter ihnen, doch es spricht wenig dafür, diesen in der Motivierung der Herkunft einen Rang vor Tok Pisin einzuräumen.

Der starke Einfluss von Tok Pisin auf Unserdeutsch wird von Sprechern selbst wahrgenommen:

> I ni sprehen de so wi hohe Doitsh, ja. Wir sprehen halb Pidgin un halb Deu[tsch], it's so wi ain aigene sprahe. (Sprecher PK, Cleveland, 02.02.2016)
> [Ich spreche das (Deutsch) nicht so wie Hochdeutsch, ja. Wir sprechen halb Pidgin (Tok Pisin) und halb Deutsch, es ist wie eine eigene Sprache.]

Die ältesten Sprecher, die Craig Volker 1979 interviewen konnte, überlieferten die Entstehungsgeschichte zu Unserdeutsch, wonach die SchülerInnen mit einsetzendem Deutscherwerb unter sich begonnen hätten, deutsche Wörter in Sätze ihrer L1 Tok Pisin einzufügen (vgl. Volker 1982: 10; 1991: 146). Volker (1982: 10, 1991: 146, 1989b: 21) sieht daran anknüpfend die Anfänge von Unserdeutsch in einem *relexifizierten Tok Pisin*. Er stellt sich damit explizit in die Tradition der Relexifizierungshypothese (RLH), die unter anderem von Muysken (1981) und später in ihrer stärksten Form – die im Folgenden zugrunde gelegt wird – von Claire Lefebvre (1998) ausformuliert wurde. Deren Vertreter sehen im Substrattransfer das entscheidende Moment bei der Entstehung und strukturellen Prägung einer Pidgin- oder Kreolsprache. Gemäß der RLH stammen, sehr vereinfacht dargestellt, die lexikalischen Formen (bzw. deren phonologische Repräsentation) dem Superstrat, die grammatischen und semantischen Merkmale hingegen dem

Substrat (vgl. Lefebvre 1998: 16).[78] Auch wenn es nach Siegel (2008a: 137) "little if any evidence of relexification (or functional transfer) in early SLA [second language acquisition]" gibt, gilt Relexifizierung traditionell als eine allgemeine L2-Erwerbsstrategie, die als Prinzip wie folgt formuliert wird:

> When you cannot perceive the structural pattern used by the language you are trying to acquire, use your native language structure with lexical items from the second language. (Andersen 1990: 62)

Folgende Aspekte der Unserdeutsch-Genese stimmen mit den Annahmen der RLH gut überein und lassen die Hypothese daher als Erklärungsmodell attraktiv erscheinen:
– Wenn Relexifizierung eine allgemeine L2-Erwerbsstrategie darstellt, ist aufgrund des Drucks auf die mixed-race Kinder, in sehr kurzer Zeit die Zielsprache verstehen und verwenden zu können, ein deutlicher Fußabdruck der RLH zu erwarten.
– Auf Unserdeutsch scheint zumindest grob der klassisch für Kreolsprachen angenommene Grammatik-Lexik-Split (vgl. etwa Thomason 2008: 257) zuzutreffen (Lexik überwiegend aus dem Superstrat übernommen, während die Grammatik eher an Substratstrukturen angelehnt ist), auf dessen Beobachtung die RLH basiert.
– Unserdeutsch hat sich innerhalb von nur einer Generation als Kreolsprache etabliert, wie es die RLH postuliert (vgl. Lefebvre 1998: 48).
– Die RLH ist nicht von der Annahme eines vorangehenden, eigenständigen Jargon- und/oder Pidgin-Stadiums abhängig. Sie ist damit im Grunde sogar unvereinbar (vgl. Mühlhäusler 1997: 103; Velupillai 2015: 179, 190). Da der Nachweis dieser traditionell angenommenen Stadien für Unserdeutsch schwer abschließend geleistet werden kann (vgl. Kap. 3.4.3.1), böte die RLH dafür eine elegante Lösung.

Hinreichend erscheint die RLH für die Beschreibung der Unserdeutsch-Genese bei näherer Betrachtung trotzdem nicht. Die wichtigsten Gründe dafür seien nachfolgend angeführt:
– Die Bedeutung des Superstrats ist eindeutig nicht auf die Bereitstellung des Lexikons beschränkt (vgl. Holm 2000: 172), so auch im Fall von Unserdeutsch (vgl. Kap. 3.3.2). Gleichzeitig kann ausgerechnet die von Lefebvre

---

78 Dies widerspricht nicht der Tatsache, dass jede Kreolsprache auch einen Anteil lexikalischen Materials aus dem Substrat enthält, der in diesem Rahmen als entlehnt betrachtet werden kann (vgl. Kouwenberg 2005: 99).

(1998) formulierte Ausnahme in Unserdeutsch nicht festgestellt werden: die Annahme, dass die Grundwortstellungsmuster im Satz aus dem Superstrat übernommen würden (vgl. Lefebvre 1998: 388). Auch mit der Erklärung phonologischen Substrattransfers, wie er in Unserdeutsch eindeutig vorliegt, tut sich die RLH schwer (vgl. Singler 1996; Migge 2003: 4).
- Adstrattransfer in Unserdeutsch (vgl. Kap. 3.3.3) wird durch die RLH nicht erfasst, ebenso wenig mögliche eigenständige Entwicklungen durch universale Erwerbsstrategien (vgl. Kap. 3.3.4).
- Die RLH geht von einer vollständigen Trennbarkeit von Form und Inhalt/Funktion einer Sprache aus (vgl. Labov 1971: 459), die konzeptuell und empirisch fraglich ist.
- Die RLH setzt stark beschränkten Zugang ("very limited access", Lefebvre 1998: 36) zum Superstrat voraus, sodass die funktionalen Kategorien des Superstrats nicht erkannt werden können (vgl. Lefebvre 1998: 36.). Eine eingehende Kritik dieser Idee – es lässt sich schon ganz grundsätzlich in Frage stellen, wie Formen segmentiert, geschweige denn relexifiziert werden können ohne Wissen über ihre Funktion – bietet DeGraff (2002). Für Unserdeutsch kommt hinzu, dass von einem eingeschränkten Zugang zum Superstrat bei der Genese eindeutig keine Rede sein kann (vgl. Kap. 3.4.5).

Inwiefern kann also Unserdeutsch nach den vier grundlegenden Modellen zur Genese von Kreolsprachen nach Muysken (2013: 717) als *L1-orientiertes Kreol* (d. h. durch dominanten Substrattransfer entstanden) eingeordnet werden? Das Modell trifft offenbar in einer abgeschwächten Form zu: Mit Tok Pisin ist eindeutig eine der Substratsprachen dominant, zudem standen in Vunapope viele L1-Sprecher (die mixed-race Kinder und Jugendlichen) einer geringeren Zahl von L2-Sprechern (den Missionaren) gegenüber. Geschwächt wird die L1-Orientierung dadurch, dass das Verhältnis zwischen L1- und L2-Sprechern in Vunapope nicht so ungleich verteilt war wie bei Plantagenkreols der Fall und zudem die L2-Sprecher starkes zusätzliches Gewicht durch die ganztätige Erziehung und Schulung der L1-Sprecher erhalten (immersives Erwerbsszenario). Der Vergleich mit dem von Muysken als prototypischer Vertreter für ein L1-orientiertes Kreol angeführten Saramaccan (vgl. Muysken 2013: 717) macht deutlich, dass das Ausmaß der L1-Orientierung von Unserdeutsch sicher noch nicht am äußeren Ende der Skala anzusiedeln ist: Als atlantisches Maroonkreol entstand Saramaccan an der Wende vom 17. zum 18. Jahrhundert aus dem frühen Kreol entflohener Plantagensklaven in Suriname (vgl. Holm 1989: 438–442), womit der Kontakt zu den Superstraten (Portugiesisch und Englisch), der bereits vorher deutlich geringer gewesen sein muss als im Internatskontext von

Unserdeutsch, früh abriss – wie es bei Unserdeutsch erst auf die letzte Generation zutrifft. Schon auf lexikalischer Ebene zeugt davon noch im modernen Saramaccan der ungewöhnlich hohe Anteil an Wörtern aus den afrikanischen Substratsprachen (vgl. Holm 1989: 441).

In ein kurzes Fazit gefasst, kann somit festgehalten werden, dass Substrattransfer deutliche Spuren in Unserdeutsch hinterlassen hat. Eine Erklärung, die der Genese von Unserdeutsch gerecht werden will, darf Substrattransfer deshalb nicht marginalisieren. Zugleich ist aber die Rolle weiterer Faktoren zu berücksichtigen, die im Folgenden dargestellt werden.

3.3.2 Die Rolle von Superstrattransfer

Die allochthone Sprache, die von immigrierten, dominanten Gruppen (häufig Eroberern) in ein Gebiet eingeführt wird und die im Aufeinandertreffen mit dem Substrat bzw. den Substraten zur Entstehung der neuen Kontaktsprache führt, kann je nach intendiertem Fokus unterschiedlich bezeichnet werden (zum Folgenden vgl. auch Maitz und Lindenfelser 2018a):

- *Superstratsprache:* Die Varietät der machtvollen und/oder prestigereicheren Gruppe (vgl. Arends et al. 1995: 99), die die lokale(n) Sprache(n) „überlagert" → sozialer und politischer Fokus (vgl. Thomason und Kaufmann 1988: 116);
- *Lexifikatorsprache:* Die Varietät, die den Großteil des Lexikons der neuen Kontaktsprache bereitstellt → sprachsystematischer Fokus;
- *Zielsprache:* Die Varietät, die das Lernziel der Sprecher der neuen Kontaktsprache gewesen wäre, von dem sie nun systematisch abweichen → erwerbstheoretischer Fokus.

Alle drei Bezeichnungen können aufgrund der mit ihnen (zwangsläufig) einhergehenden begrifflichen Engführungen kritisiert werden,[79] zugleich ist strenggenommen die Superstratsprache nicht immer mit der Lexifikatorsprache gleichzusetzen (etwa im Fall von Lingua Franca, vgl. Selbach 2008) und die Superstratsprache nicht unbedingt Zielsprache (vgl. Baker 1990; Jansson et al. 2015). Was Unserdeutsch betrifft, so können alle drei Bezeichnungen mit Berechtigung auf die deutsche Sprache angewendet werden. Diese Feststellung soll nun weiter präzisiert werden kann: Welche Varietät des Deutschen genau diente als

---

[79] Für Einzelkritiken vgl. etwa Baker (1990), Bakker (1995: 39) und (2002: 71), Goodman (1993: 64–65), Jansson et al. (2015) und Mufwene (2015: 348–349).

Superstrat von Unserdeutsch? Zur Beantwortung dieser Frage werden die folgenden zwei Fragen behandelt:

F1: Auf welches regionale Herkunftsgebiet lässt sich das Superstrat näher eingrenzen?
F2: Wo ist das Superstrat auf der vertikalen Dialekt-Standard-Achse zu verorten?

Der hier dargestellte Gedankengang und die Daten zur regionalen Verortung des Unserdeutsch-Superstrats im deutschsprachigen Raum (F1) wurden bereits in Maitz und Lindenfelser (2018a) präsentiert. Die Analyse erfolgt über die Auswertung der vorliegenden linguistischen Daten, gestützt durch historische Evidenz in Form von Briefzeugnissen, Herkunftsdaten und weiteren Quellen. Das Interesse der sprachgeographischen Präzisierung geht über die behandelte Thematik hinaus, da sie zum einen Rückschlüsse auf das um 1900 im Bismarck-Archipel gesprochene Deutsch zulässt, zum anderen einen Beitrag zur Rekonstruktion der historischen Mündlichkeit zu dieser Zeit innerhalb des geschlossenen deutschen Sprachgebiets bietet.

Bislang herrschte keine Klarheit, wo das Unserdeutsch-Superstrat geographisch anzusiedeln ist. Volker vermutete den süddeutschen Raum:

> This usage undoubtedly reflects the fact the vast majority of the teachers of the first Vunapope Germans would have come from the Catholic areas of southern Germany and Austria. (Volker 1982: 43)

Er geriet mit dieser Annahme allerdings in einen Widerspruch, da er im Bereich der Phonologie überwiegend norddeutsche Merkmale identifizieren konnte (vgl. Volker 1982: 18). Deshalb musste er auf die voraussetzungsreiche Hypothese zurückgreifen, dass die norddeutschen Merkmale zum einen durch die Dominanz Norddeutscher in der kolonialen Verwaltung und Seefahrt (also außerhalb der Missionsstation) und zum anderen durch die niederländischen Missionare in Vunapope, deren Deutsch dem Norddeutschen nähergestanden haben dürfte, bedingt seien (vgl. Volker 1982: 18). Während Volker also ein Nebeneinander süd- und norddeutscher Einflüsse sieht, wurde sein Befund in der nachfolgenden Rezeption häufig unzutreffend verkürzt unter Ausblendung des norddeutschen Anteils. Frowein (2006: 29) verweist das Unserdeutsch-Superstrat ohne weitere Begründung in den süddeutschen Raum:

> The superstrate variants which are assumed to have participated in the Unserdeutsch creolization process [...] were dialects of southern areas [...]. (Frowein 2006: 29)

Noch weiter aus dem Fenster lehnt sich Dornseif (2010b), der zusammenfasst, Unserdeutsch habe sich entwickelt

> unter dem Einfluss deutscher (genauer: schwäbischer) Missionare in Deutsch-Neuguinea, die ihren heimatlichen Dialekt in die Sprachlehre für Eingeborene [sic!] fließen ließen. (Dornseif 2010b: 5)

Diese verworrene Situation in der Bestimmung des Unserdeutsch-Superstrats, die sich vor allem durch das Fehlen empirischer Daten auszeichnet, bedarf einer Aufklärung. Dafür sei zunächst nach sprachlichen Merkmalen in den Unserdeutsch-Daten gesucht, deren quellsprachliche (deutsche) Formen als diatopisch markiert betrachtet werden können, das heißt, einer bestimmten Region im deutschsprachigen Raum zuordenbar sind. Aus Platzgründen können wieder nur besonders auffällige Merkmale berücksichtigt werden.

a) *Phonologie:* Wie bereits gezeigt, ist die Phonologie von Unserdeutsch stark an die Phonologie des Substrats Tok Pisin angelehnt. Es können daher keine Merkmale in Betracht gezogen werden, die zwar im Deutschen regional markiert sind, die aber auch (und meist plausibler) über Konvergenzen zu Tok Pisin oder als unabhängige L2-Simplifizierungen erklärt werden können. Dazu gehört bspw. das dominante apikale [r] im Unserdeutsch (nur apikales [r] in Tok Pisin), die generelle Absenz von [z] (kein [z] in Tok Pisin) sowie die Kurzvokale in Lexemen wie *schon* und *spass* (keine Langvokale in Tok Pisin, Quantitätsopposition auch in Unserdeutsch weitgehend eingeebnet). Sprecherübergreifend lässt vor allem *ein* phonologisches Merkmal eine klare regionale Verortung zu: die im Deutschen sogenannte g-Spirantisierung.

Die g-Spirantisierung tritt in Kodaposition weit überwiegend auf, wobei sie zum Teil, besonders in Varietäten nahe dem basilektalen Pol, durch weitere Reduktion des Produkts [x] zu Ø auf der Oberfläche verschleiert wird (vgl. 29 sowie 15b, 16, 17).

(29) a. UDT *ta(ch)* [ta(x)]
     b. UDT *weni(ch)* [ˈwɪvɛni(x)]

Sogar in Schriftbelegen der Sprechergeneration II in (intendiertem) Standarddeutsch sind Fälle von g-Spirantisierungen nachweisbar, wie etwa in einer handgeschriebenen Rezeptsammlung:

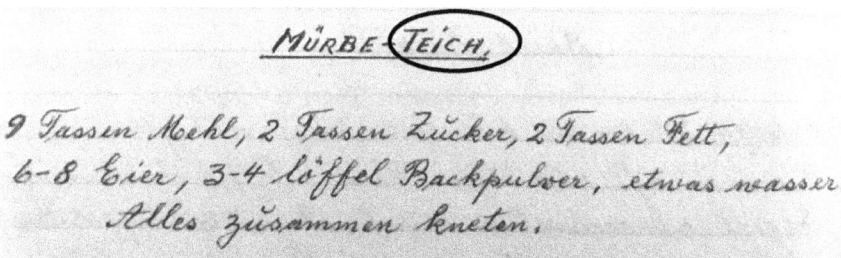

Abb. 22: Orthographischer Reflex der g-Spirantisierung im Rezeptbuch einer Unserdeutsch-Sprecherin (Adolfa M. Firth: Kitchen Cooking Book, 1978, S. 2).

Im 19. Jahrhundert ist die g-Spirantisierung im (west-)mittel- und (west-)norddeutschen Raum in der geschriebenen Alltagssprache in Briefen nachweisbar (vgl. Elspaß 2016: 365). Heute ist sie in ganz Mittel- und Norddeutschland verbreitet (vgl. AdA 2003ff.: *Aussprache Tag und Zeug; Aussprache König, wenig und zwanzig*) – mit Zentrum in Westfalen bzw. dem Münsterland:

> Höchste Werte im Tischgespräch (> 75 %) weisen der gesamte Niederrhein auf, ganz Südwestfalen, das Westmünsterland und teilweise das nördlichste Münsterland [...]. Sogar in der Vorleseaussprache ist die Auslautspirantisierung vorhanden, mit mehr als einem Drittel aller Vorkommen in vier von acht Orten in Westfalen und dem Münsterland [...]. (NOSA 2015: 262)

b) *Morphologie:* Im Bereich der Morphologie leitete Volker (1982: 43) die Reduktion des Unserdeutsch-Tempussystems auf ein einziges analytisches Vergangenheitstempus, das formal dem standarddeutschen Perfekt entspricht,[80] aus süddeutsch-österreichischem Superstrateinfluss her. In Maitz und Lindenfelser (2018a) konnte allerdings gezeigt werden, dass diese Parallele wohl nur eine Scheinkorrelation darstellt: Neben der Tatsache, dass auch andere Kontaktvarietäten des Deutschen diese Reduktion des Tempussystems aufweisen, fällt besonders ins Gewicht, dass in (informellen) Schriftbelegen der Sprechergeneration II in geschriebenem Standarddeutsch sehr wohl Präteritalformen auftreten. Folglich wurden durchaus Präteritalformen von den Missionaren nach Vunapope getragen.

---

80 Die Kopula, die Modalverben sowie das Verb *weiß* haben als einzige synthetische Präteritalformen bewahrt. Die Präteritalformen ersetzen für diese Lexeme die analytische Vergangenheitsform, es besteht also kein funktionaler Unterschied. Für vier hochfrequente Verben sind fossilierte standarddeutsche Plusquamperfektformen bewahrt, von denen zwei allerdings überwiegend auch schon durch das einzig produktive Muster [*hat* + *ge*-Verb] ersetzt werden: *war geboren, war gestorben, war gekommen* (*hat gekomm*), *war gegangen* (*hat gegeht*).

Eindeutiger Superstrattransfer kann dafür in der Form der analytischen Aspektmarkierung durch [Kopula + *am/(an)* + Verb] gesehen werden, die dem sog. *am*-Progressiv im Deutschen entspricht. Sie ist in Unserdeutsch weit stärker obligatorisiert als im heutigen gesprochenen Deutsch und kann Progressivität (vgl. 30) sowie auch Habitualität (vgl. 31) anzeigen.[81]

(30) *See   the   plant,   is   **am**   **heng-en**   unten!*
      see   ART.DEF   plant   AUX.3SG   PROG   hang-V   down
      STD: 'Schau, die Pflanze, sie hängt nach unten!'
                                                  [Sprecherin RM, Vunapope, 22.09.2017]

(31) *So   wi   aine   shweste   is   **am**   **kom-en**,   ales*
      so   as   ART.INDF   sister   AUX.3SG   HAB   come-V   everybody
      waltz;   shweste   ge-n   tsurük: Hula   und   Twist
      waltz   sister   go-V   back   Hula   and   Twist
      and   Rock'n'roll.
      and   Rock'n'roll
      STD: 'Immer, wenn eine (Missions-)Schwester kam, haben alle Walzer getanzt; ging die Schwester wieder zurück (weg): Hula und Twist und Rock'n'roll.'   [Sprecherin RM, Kokopo, 26.09.2017]

Auch diese Konstruktion lässt sich in früheren Schriftdaten aus Vunapope nachweisen, sowohl in Briefen von Missionaren (vgl. 32) als auch später in Briefen von Unserdeutsch-Sprechern in intendiertem Standarddeutsch (vgl. 33), worin die Konstruktion übernommen wurde.

(32) a. *Die Köchin ist eben **am Überlegen**.*
          (Brief Sr. Philomena, 19.12.1904, GAMS)
      b. *Schw. Theresia und Schw. Klara sind heute tüchtig **am Kramen** [...].*
          (Brief Sr. Lidwina, 21.02.1905, GAMS)
      c. *In dem darauffolgenden Fieberstraum hat sie lb. Schw. Angela **am Grasjäten** gesehen.*
          (Brief Sr. Elisabeth, 11.09.1904, GAMS)

(33) *[...] u. viele Leute Männer + Frauen + Kinder sind hier **am schwimen** + surfen [...].*
      (Tagebuch eines Unserdeutsch-Sprechers, Eintrag vom 14. Mai 1967)

---

81 Zur Problematik der Unterscheidung zwischen progressiver und habitueller Lesart und zur Tatsache, dass die habituelle Lesart häufig auch als lexikalisch markiert betrachtet werden kann (etwa durch *immer, jeden tach*), vgl. Schmidtkunz (i. V.).

Der *am*-Progressiv, inzwischen überregional im gesprochenen und auch geschriebenen Standarddeutsch etabliert (vgl. Gárgyán 2013: 196), war zu dieser Zeit in seinem Vorkommen noch regional markiert (vgl. die – wenn auch historisch problematische – Bezeichnung „rheinische/westfälische Verlaufsform"). Noch heute überwiegt der Gebrauch klar im westlichen Raum (vgl. AdA 2003ff.: *Verlaufsformen*), wo die Grammatikalisierung der Konstruktion auch am weitesten fortgeschritten ist (Gebrauch komplexer Formen mit Objekterweiterung). Der *am*-Progressiv ist zu Beginn seines Auftretens in (nähesprachlichen) Schriftzeugnissen im 19. Jahrhundert hauptsächlich im „(Nord-)Westen Deutschlands sowie der Schweiz" (Elspaß 2015: 408) belegt. Elspaß (2005: 270) nimmt einen historisch stärkenden Einfluss durch den angrenzenden niederfränkischen/niederländischen Sprachraum an, wo eine strukturell ähnliche Verlaufsform möglich ist. Die Tatsache, dass in Vunapope in den ersten Jahren viele niederländische Missionare stationiert waren, mag durch deren L2-Deutsch die Verlaufsform auf ähnliche Weise weiter gestärkt haben. Zudem vermutete Elspaß bereits explizit, dass der *am*-Progressiv über die Hiltruper Herz-Jesu-Missionare in Unserdeutsch gelangt sein könnte (vgl. Elspaß 2015: 408f., 2016: 367f.).

c) *Syntax*: In der Syntax lässt sich nach aktuellem Stand nur ein möglicherweise als regionaler Superstrateinfluss (mit?) erklärbares Phänomen ausmachen, nämlich das Auftreten von diskontinuierlichen Pronominaladverbien. Solche Spaltungskonstruktionen waren im 19. Jahrhundert auf den Norden des deutschen Sprachraums beschränkt (vgl. Negele 2012: 120f.), wiederum mit einem Schwerpunkt im westfälischen Gebiet (vgl. Elspaß 2016: 368f.). In Unserdeutsch tritt die Spaltungskonstruktion nur mit dem Pro-Adverb *wo* auf:

(34) a. *Das is* **wo** *i kom* **fon.**
that COP.3SG where 1SG come from
STD: 'Das ist der Ort, woher (wovon) ich komme.'
[Sprecher WR, Brisbane, 13.09.2014]

b. *Shwester Angela [...] is ain gut-e male, das*
sister Angela COP.3SG ART.INDF good-ATTR painter that
wo *i lern-en main malen* **fon.**
where 1SG learn-V 1SG.POSS painting from
STD: 'Schwester Angela war eine gute Malerin, das ist es, woher (wovon) ich mein Malen gelernt habe.'
[Sprecher PK, Loganholme, 21.02.2017]

Das Vorkommen der Spaltungskonstruktion mit *wo(r)* ist nach der Korpusanalyse von Negele (2012: 87) im 19. Jahrhundert deutlich im westniederdeutschen Raum geballt. Ob das Merkmal jedoch tatsächlich von Superstrattransfer aus diesem Raum herrührt, muss letztlich offenbleiben: Hier könnte auch sehr gut das englische *preposition stranding*, also Adstrattransfer, Pate gestanden haben.

d) Lexik/Semantik: Wieder eindeutiger, wenn auch geographisch facettenreicher werden die Hinweise in der Unserdeutsch-Lexik. Unter den Funktionswörtern sticht dabei zunächst der Gebrauch von *wo* zur Einleitung von Relativsätzen (vgl. 35) wie auch von Temporalsätzen (vgl. 36) hervor.

(35) *Wi   ime   mus   type-n   ale   sache-n   **wo**   di   wil.*
     1PL   always   must   type-V   all   thing-PL REL   3SG   want
     STD: 'Wir mussten immer alle Sachen tippen, die sie wollten.'
     [Sprecherin HT, Runcorn, 23.02.2017]

(36) *I   war   an   rauch-en   shon   **wo**   i   war   seks*
     1SG   COP.PST   PROG   smoke-V   already   when   1SG   COP.PST   six
     jar-e   alt.
     year-PL old
     STD: 'Ich habe schon geraucht, als ich sechs Jahre alt war.'
     [Sprecherin VR, Cairns, 09.02.2017]

Beide Verwendungen führen in ihrer Schnittmenge in den südwestdeutschen Raum (vgl. AdA 2003f.: *rel. wo, die, die wo; temp. als, wie, wo*). Das Merkmal ist allerdings unter einem gewissen Vorbehalt zu betrachten, da es in Tok Pisin möglich ist, solche Sätze mit dem phonetisch ähnlichen Funktionswort *we* zu konstruieren (im Fall menschlicher Referenten kommt für das Relativum das entfernt ähnliche englische *who* als mögliche weitere Quelle einer analogen Übertragung hinzu). In den südwestdeutschen Raum verweisen nichtsdestotrotz auch die vereinzelten Diminutivformen mit Suffix *-le* (vgl. 37), besonders bei Eigennamen (aber auch: *bengele*), die bereits im 19. Jahrhundert im Südwesten nachgewiesen werden konnten (vgl. Elspaß 2005: 343; König et al. 2015: 157).

(37) *Marie-chen   hat   imer   ge-wain: **mama-le**   **papa-le***
     Marie-DIM   AUX.PST   always   PTCP-cry   mum-DIM   dad-DIM
     Hannah-le   David-le
     Hannah-DIM   David-DIM
     STD: 'Mariechen hat immer geweint: Mamale, Papale, Hannahle, Davidle!'
     [Sprecherin JE, Caboolture, 21.10.2015]

Beispiel (37) zeigt zugleich die häufigere Variante *-(c)hen*. Diese verweist wiederum in der Tendenz eher auf den mittel- und norddeutschen Raum (vgl. WdU 1977ff.: Karte I-121: *die Diminutivendungen am Beispiel von Haus*). Das Muster, dass die Hauptform im (westlichen) mittel- und norddeutschen Raum eine spo-

radisch auftretende Nebenform aber im süddeutschen Raum angesiedelt ist, zeigt sich in der Lexik von Unserdeutsch mehrfach. Dabei ist durchgängig die süddeutsche Variante auch auf eine kleinere Zahl von SprecherInnen beschränkt. Einschlägige Beispiele dafür sind:
- Hauptvariante *knabe* (anachronistisch, im 19. Jahrhundert offenbar regional unmarkiert, vgl. Elspaß 2005: 402) vs. Nebenvariante *bub(e)* (süddt., vgl. AdA 2003ff.: *Junge/Bub*; allerdings auch partiell von westfälischen Schreibern im 19. Jahrhundert belegt, vgl. Elspaß 2005: 400);
- Hauptvariante *quatshen* (mittel-/norddeutsch, v. a. Rheinland und Westfalen, vgl. AdA 2003ff.: *über Alltägliches reden*) vs. Nebenvariante *shwetsen* (südwestdeutsch, vgl. König et al. 2015: 176);
- Hauptvariante *lib* (neben der Schweiz im mittel-/norddeutschen Raum; vgl. WdU 1977ff.: Karte III-34: *artig*) vs. Nebenvariante *braf* (geballt im Süden, aber auch noch im westmitteldeutschen Raum, vgl. WdU 1977ff.: Karte III-34: *artig*). In der negierten Form und nur hier wird *unarti(ch)* gebraucht, dessen zugrundeliegende standarddeutsche Form *artig* klar auf den mittel-/norddeutschen Raum beschränkt ist.

In diesen sich abzeichnenden geographischen Raum, der die Form eines „L" ergibt (süddeutsch + westliches Mittel-/Norddeutsch), fügen sich in ihrer Verbreitung im deutschen Sprachgebiet weitere Formen ein, bspw. UDT *aben(d)esen* (vgl. WdU 1977ff.: Karte I-38) und *tishler* (vgl. WdU 1977ff.: Karte I-20).

Andere Lexeme sind eindeutig nur im (westlichen) mittel-/norddeutschen Raum zu verorten, so *dun* 'betrunken' (norddt., vgl. Wiktionary: *dun*; auch in Westfalen bzw. im Münsterland, vgl. WWB 2011: 349); *flöten* 'pfeifen' (WdU 1977ff.: Karte I-9; König et al. 2015: 213); *(auf-)fegen* (AdA 2003ff.: *kehren/fegen*); *tsuhause* (WdU 1977ff.: Karte I-29); *knöteri* 'schlecht gelaunt' (belegt im Westmünsterland, vgl. NDR 2013ff.: *knötterig*) oder *kaps* 'Weißkohl' (verbreitet im Rheinland, vgl. König et al. 2015: 209f.).[82]

Aus der Lexik lassen sich somit klare Schlüsse auf die regionale Herkunft des Unserdeutsch-Superstrats ziehen, wenn man die Verbreitungsräume der einzelnen Lexeme übereinander projiziert. Der Schwerpunkt liegt eindeutig im mittel-/nordwestdeutschen Raum, noch genauer: im westfälisch-rheinländischen Gebiet. Daneben sind merklich geringere Einflüsse aus dem süd(west)deutschen Raum festzustellen. Keine Rolle gespielt hat ganz offensichtlich der ostdeutsche Sprachraum. Zieht man in einem Gesamtfazit die behandelten phonologischen und morphosyntaktischen Merkmale hinzu, schärft sich dieses Bild weiter.

---

[82] Für den Hinweis auf *kaps*, das von SprecherInnen im Privatgespräch verwendet wurde, danke ich Péter Maitz.

Um diesen Befund weiter abzusichern, wird im Folgenden noch stützende extra- und metalinguistische Evidenz hinzugezogen. Auch diese wurde bereits in Maitz und Lindenfelser (2018a) dargestellt, soll hier aber für ein abgerundetes Gesamtbild noch einmal eingeblendet werden. Sie beruht auf drei Arten historischer Evidenz: 1. der Lage und dem Einzugsgebiet der MSC-Ordenshäuser, insbesondere der Ausbildungsstätten für die Südseemission; 2. den Geburtsorten der Missionare und somit ihrer regionalen Herkunft; 3. Hinweisen aus Heimatbriefen von Missionaren in Vunapope.

1. Bevor 1897 die Südseeausbildung des MSC-Ordens auf deutschem Boden beginnen konnte (vgl. Kap. 2.3.2), wurden deutsche Anwärter von den Ordenshäusern in Tilburg (Niederlande), Antwerpen (Belgien) und Salzburg (Österreich) ausgebildet, insbesondere in Antwerpen (vgl. Bender 1932: 198). Aufgrund der geographischen Nähe, die im auslaufenden 19. Jahrhundert noch einen viel größeren Faktor bedeutete als heute, legen die Ordenshäuser in Tilburg und Antwerpen bereits einen Kern-Einzugsbereich im mittel-/nordwestdeutschen Raum nahe. Möglicherweise strahlte in den westdeutschen Raum außerdem die Seminarschule von Issoudun aus, der Wiege des Ordens, in der bereits früh auch eine kleine Gruppe deutscher Kandidaten ausgebildet wurde. Dies könnte südwestdeutsche Einflüsse mit motivieren. Mit der Verlegung der Südseeausbildung nach Hiltrup in Westfalen 1897 und der Gründung des MSC-Schwesternordens dort drei Jahre später (vgl. Steffen 2001: 453f.) erfährt die Dominanz des mittel-/nordwestdeutschen Raums weitere Stärkung. Das Ordenshaus in Salzburg hingegen, wo auch aktiv für den Schwesternorden geworben wurde (vgl. Frings 2000: 70f.), gibt eine Erklärung für die Anwärter aus dem süd(ost)deutschen Raum. Zwar wurde der MSC-Orden aufgrund seiner Zeitschriften im Deutschen Reich bald überregional bekannt (vgl. Frings 2000: 70f.), dennoch zeigen die Geburtsorte der späteren Südseemissionare, dass der tatsächliche Einzugsbereich sich dann in der Gesamttendenz auf die relative Nähe zur Ordenszentrale fokussierte.

2. Die regionale Herkunft der einzelnen Missionare unterstreicht die bisherigen Befunde weiter. Sie ist am einfachsten über die Geburtsorte zu erfassen. Über Handbücher (Mückler 2010, 2014), historische Darstellungen (v. a. Rascher 1909; Bley 1925; Waldersee 1995; Steffen 2012; Loosen 2014) und besonders Archivquellen (darunter Jassmeier 1971) konnte ein Datensatz von 213 eindeutig identifizierbaren Geburtsorten erstellt werden, der den größten Teil der deutschsprachigen Missionare umfasst, die zwischen 1890 und 1975 im Bismarck-Archipel und mindestens zeitweilig in Vunapope waren. Dieser Datensatz wurde auf eine dialektgeografische Grobgliederung des deutschen Sprachraums um 1900 (nach König et al. 2015: 230f.) gelegt, um das regionale Muster hinter den einzelnen Datenpunkten zu verdeutlichen. Dadurch zeigt sich eine klare Tendenz:

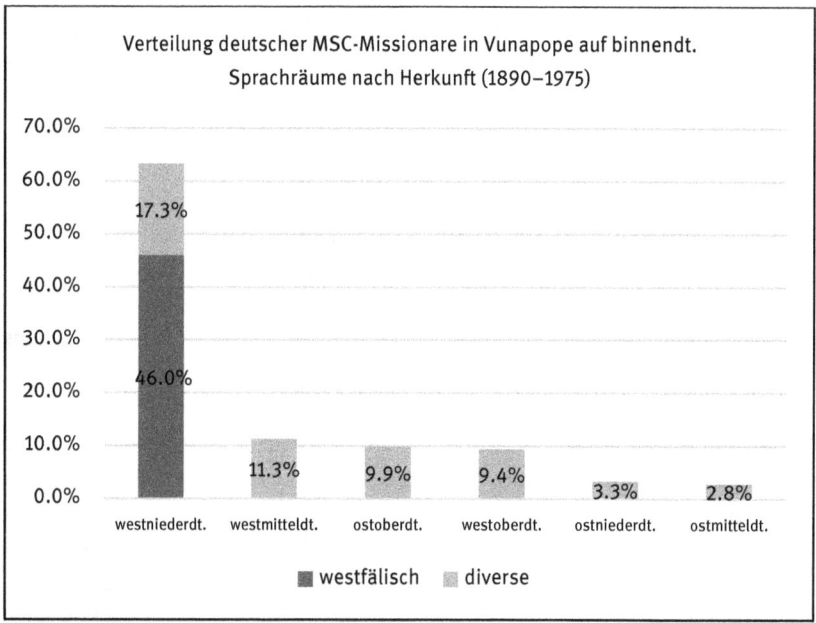

Abb. 23: Verteilung der Missionare in Vunapope auf binnendeutsche Sprachräume nach Herkunft.

Knapp die Hälfte aller Missionare (46,0 %, 98 von 213) entstammt dem westfälischen Raum, also dem näheren Umland der MSC-Zentrale in Hiltrup bei Münster. Setzt man den gesamten westniederdeutschen Raum und den unmittelbar angrenzenden westmitteldeutschen Raum, der am zweithäufigsten vertreten ist, zusammen als weiteres Umland an, so entfallen darauf drei Viertel aller Missionare (74,6 %, 159 von 213). Das letzte Viertel entfällt dominant (wiederum zu drei Viertel – 75,9 %, 41 von 54) zu gleichen Teilen auf den ostober- und westoberdeutschen Raum. Der ostmittel- und ostniederdeutsche Raum spielen numerisch mit zusammen nur 6,1 % (13 von 213) keine nennenswerte Rolle. Das gefundene Muster bestätigt sich erneut.

Die prozentuale Verteilung der Herkunftsgebiete bleibt auch in etwa gleich, wenn die Gesamtzahl der Missionare nach Geschlecht (Patres/Brüder vs. Schwestern) oder nach Ankunftszeiträumen (entsprechend den Schulzeiten der angesetzten Sprechergenerationen: bis 1. Weltkrieg, bis Ende 2. Weltkrieg, bis Unabhängigkeit 1975) aufgliedert wird.

Relevant wäre nun die Anschlussfrage, welche der Missionare besonders engen Kontakt zu den mixed-race Kindern hatten und somit besonders starken Superstrateinfluss auswirkten. So ist davon auszugehen, dass Missionare in Lehr- und Erziehungsfunktion hier deutlich stärker zu gewichten wären als solche, deren Aufgabengebiete weniger Berührung mit den Kindern aufwiesen. Diese Frage, die eine genaue Rekonstruktion der sozialen Netzwerke an der Missionsstation bedingt, wird bis ins Letzte wohl nie zu klären sein. Ein erster Abgleich zum einen ausgewiesener Missionare in Lehr- und Erziehungsfunktionen (laut historischen Berichten) sowie zum anderen der von den Sprechern im Interview besonders häufig genannten Missionare mit der Gesamtstichprobe legt jedoch eine ganz ähnliche Verteilung nahe, d. h., die Verteilung scheint nicht von der Verteilung in der Gesamtstichprobe abzuweichen. Gegenüber der linguistischen Evidenz bleibt lediglich interessant, dass sich in den Geburtsdaten kein Unterschied zwischen dem ostober- und westoberdeutschen Raum feststellen lässt, während die gefundenen linguistischen Merkmale eher eine Dominanz des westoberdeutschen Raumes erwarten ließen. Dieser Umstand dürfte sich durch die eben angedeutete Notwendigkeit der Gewichtung im ausgeübten Superstrateinfluss, bedingt durch Funktion der jeweiligen Missionare und die Intensität ihres Kontakts zu den Sprechern, erklären: Obwohl etwa gleich viele Missionare aus beiden Gebieten in Vunapope anwesend waren, haben die Missionare westoberdeutscher Herkunft offenbar im Verhältnis stärkere Spuren hinterlassen. Beides tritt jedoch wiederum klar zurück vor dem dominant mittel-/nordwestdeutschen Einfluss, insbesondere westfälisch-rheinischer Prägung.

3. Metasprachliche Aussagen in Heimatbriefen der Missionare an das Mutterhaus in Hiltrup bestärken den Befund weiter, beispielsweise von Sr. Angela im Jahr 1904:

> Der Frühstückstisch war selbstverständlich so festlich als möglich geschmückt. In der Mitte stand eine hübsche Palme, in welcher die holländische Flagge, von der österreichischen, bayrischen, preußischen und deutschen umgeben flatterte, um so endlich einmal dem langwierigen Sprachenkriege ein Ende zu machen, denn derselbe war bei uns schon sehr heftig entbrannt, weil die *Westfalen* nicht zugeben wollten, daß sie Skule statt Schule, die *Rheinländer* Heiten und Waißenkinder, die *Bayern* k statt g und so fort sagen. (Brief Sr. Angela nach Hiltrup, Vunapope, 22. Juli 1904. GAMS, Nr. 1566; Hervorhebung SL)

Auch hier wird Westfalen explizit genannt, daneben mit dem Rheinland der westmitteldeutsche Raum und mit Bayern der ostoberdeutsche Raum. Dass die bayerischen Schwestern allerdings in der Minderzahl sind, geht bspw. aus folgendem Brief von 1905 hervor (die Schreiberin selbst entstammt, wie die Form *Männekes* verrät, dem norddeutschen Raum):

> Eines abends haben wir uns krank gelacht, als Schw. Klara uns die *Männekes*, die er dabei [beim Fotografieren, P. Shaw] gemacht hat, vormachte. Über Schw. Theresia muß man so'n bischen [sic!] was lachen, wenn das *bayrische Blut* so'n bischen was in Wallung gerät. (Brief Sr. Lidwina nach Hiltrup, Vunapope, 21. Februar 1905. GAMS, Nr. 1557; Hervorhebung SL)

Westfalen ist dabei das dominante Herkunftsgebiet, wie auch die explizite Nennung in weiteren Briefen nahelegt, beispielsweise ebenfalls 1904 im Brief einer anderen Ordensschwester:

> Wir hatten uns eine kurze Zeit mit dem hohen Herrn in holländischer Sprache (*mit Hilfe unserer westfälischen Mundart*) unterhalten, als es an der Tür klopfte. (Bericht Sr. Mathilde MSC, Vunapope, 1904, zit. nach Brief o. V. [vermutl. Sr. Clothilde MSC] nach Hiltrup. GAMS, Nr. 1565; Hervorhebung SL)

In anderen Briefen aus demselben Zeitraum ist statt von der „westfälischen Mundart" von „Platt" die Rede, was allgemeiner in den niederdeutschen Raum verweist:

> Wollen wir uns miteinander verständigen, so spricht er holländisch und wir platt, was jedesmal wieder zu lachen gibt. (Brief, höchstwahrscheinlich Sr. Elisabeth MSC, an Bord des Dampfers „Sachsen" nach Hiltrup, 7. Oktober 1902. GAMS, Nr. 1551)

> Wenn ehrw. Schw. Oberin und Schw. Klara Platt sprechen, soll ich dieses Kauderwelsch über-setzen, wobei sie mich natürlich gründlich auslachen. (Brief Sr. Elisabeth nach Hiltrup, Vunapope, 6. März 1904. GAMS, Nr. 1551)

Das Unserdeutsch-Superstrat ist also, über die verschiedenen präsentierten Evidenztypen hinweg, recht gut geografisch im binnendeutschen Raum zu verorten: Es ist dominant mittel-/nordwestdeutscher Prägung, insbesondere westfälisch, ergänzt durch süddeutsche Einflüsse. In diesem L-förmigen Gebiet bleibt der mittel- und nordostdeutsche Raum vollständig ausgespart (Antwort auf F1).

Der eben angeführte Brief von Sr. Elisabeth deutet darüber hinaus den verstärkenden Einfluss durch die niederländischen Missionare vor Ort an, für die in Übereinstimmung mit Volker (1982: 18) der Gebrauch einer eher norddeutsch orientierten L2-Varietät des Deutschen angenommen werden kann.

Auch zu Frage F2, der Situierung der Varietät auf der vertikalen Dialekt-Standard-Achse, lässt sich der Befund aus den linguistischen Daten noch weiter stützen. Das angeführte Zitat von Sr. Angela, in dem von einem „langwierigen Sprachenkriege" die Rede ist, der „schon sehr heftig entbrannt" gewesen sei, deutet bereits auf ein ausgeprägtes Normbewusstsein unter den Missionaren hin und die sprachliche Sensibilität für Verstöße. Der Dialekt dient dabei nur als Lingua franca, der Verständnishürden im Gespräch mit niederländischen Missionaren überbrückt. Abseits davon kann Dialekt in der informellen Ingroup-Kommunikation mit Missionaren gleicher Herkunft verwendet werden, wobei allerdings beide Fälle für Belustigung sorgen (vgl. die beiden Zitate von Sr. Elisabeth).

In der formellen Outgroup-Kommunikation, in Unterricht und Erziehung der Kinder, wird hingegen kein Dialekt verwendet – weshalb auch keine Dialektmerkmale in Unserdeutsch transferiert werden konnten. Sprachhistorische Evidenz stärkt diese Annahme: Gerade in Münster ist schon in der zweiten Hälfte des 19. Jahrhunderts eine deutliche Standardorientierung feststellbar. Die Stadt nahm dabei offensichtlich eine Vorreiterrolle in der Region ein:

> Der Stadt Münster kommt dabei wohl die wichtigste Neuerungsfunktion zu. Dort sind es insbesondere die Zuwanderer aus nichtwestfälischen Gebieten, das Bildungsbürgertum und soziale Aufsteiger, die ausschließlich Hochdeutsch oder wenigstens eine als solche intendierte Umgangssprache westfälischer Prägung [...] verwenden. (Kremer 2000: 320f.)

Alle drei genannten Gruppen sind für die Missionare relevant: Erstens waren unter den Ordensanwärtern *Zuwanderer* vertreten, zweitens sind zumindest die Ordenspriester (Patres) eindeutig dem *Bildungsbürgertum* zuzurechnen und drittens bedeutete für die einfachen Brüder und Nonnen der Eintritt in den Missionsorden eindeutig einen *sozialen Aufstieg*, da die meisten von ihnen aus einfachen Verhältnissen kamen und obendrein die beruflichen Möglichkeiten für Frauen in dieser Zeit noch sehr eingeschränkt waren. Gerade der geistliche Berufsstand deutet historisch noch stärker auf eine Standardorientierung hin:

> In Westfalen ist das Hoch- und Plattdeutsche getheilt zwischen den gebildeten und den unteren Ständen. Jenes ist ausserdem Sprache der Kirche, der Schule und des Gerichts [...] während sie [Anm.: Landpfarrer, SL] im Süden [d. h. in Westfalen, LK] auch durch den Sprachunterschied ein priesterliches Ansehen zu behaupten suchen. (August von Eye 1855: 97, zit. nach Kremer 2000: 319)

Hochdeutsch galt somit allgemein als Schul- und Kirchensprache, darüber hinaus diente es sogar als Sozialsymbol des Klerus. Besonders dieser Faktor spricht sehr stark dafür, dass in den Internaten von Vunapope, die nach dem Vorbild bürgerlicher deutscher Schulen konzipiert waren, auch Hochdeutsch gesprochen (und eingefordert) wurde. Diese Standardorientierung dürfte gleichzeitig zur Nivellierung regional markierter Nonstandardmerkmale unter den Missionaren geführt haben, was erklärt, weshalb solche in Unserdeutsch nicht konserviert sind. Als Superstrat von Unserdeutsch ist somit auf der vertikalen Achse ein gesprochener Standard anzusetzen (Antwort auf F2). Grundsätzlich konserviert das Superstrat dabei vieles von der Sprachsituation um die Jahrhundertwende, was Anachronismen wie *tine* 'Dose', *hergemal* 'Ehemann' und *knabe* 'Junge' dokumentieren.

Mit diesem Ergebnis muss kurz auf eine laufende Diskussion in der Kreolistik Bezug genommen werden. Mufwene (2008: 186) beispielsweise moniert, dass Kreolsprachen in der Superstratfrage meist völlig zu Unrecht einfach mit den Standardvarietäten der entsprechenden europäischen Sprache verglichen wurden, während sie eigentlich vielmehr auf kolonialen Verkehrssprachen ("nonstandard colonial koinés") basierten. Bereits Chaudenson (bspw. 2001: 66) wies auf diesen wichtigen Unterschied hin. Demnach ist die Siedlervarietät[83] in der Kolonie häufig durch die lokalen Bedingungen selbst schon deutlich von Sprachkontaktprozessen geprägt und damit in Distanz zur Sprache in der alten Heimat geraten. Im Kontext deutscher Kolonien war dies etwa auf Samoa besonders deutlich zu beobachten – Mühlhäusler (2001a: 256) spricht hier gar von einer „Siedlermischsprache" –, doch auch das Verkehrsdeutsch anderer südpazifischer Gebiete zeigt mehr oder minder starke Einflüsse aus indigenen Sprachen und anderen Verkehrssprachen, mit denen die koloniale Bevölkerung in Berührung kam (vgl. Engelberg i. E.).

Volker (1982: 18) vermutete für Unserdeutsch, dass es nicht unbedingt auf dem Standarddeutschen basiert:

> More probably its parents were the various German dialects spoken in the Gazelle Peninsula during the German colonial period. (Volker 1982: 18)

Dabei bleibt jedoch unausgesprochen, inwiefern für diese deutschen Varietäten Kontakteinfluss angenommen wird. In dieser Arbeit wird vorausgesetzt, dass nur das Deutsch an der Missionsstation selbst für die Frage des Unserdeutsch-Superstrats relevant ist: die Kinder hatten keinen ausreichenden Kontakt zu kolonialem Deutsch außerhalb der Missionsstation, als dass dieses das Missionsdeutsch in seinem Einfluss hätte überschreiben können. Für das zur damaligen Zeit gesprochene Deutsch der Missionare liegen zwar keine Daten vor, doch lässt sich schließen, dass das Unserdeutsch-Superstrat nur schwach von Kontakteinflüssen in der Kolonie (an der Mission) durchsetzt gewesen ist:

Kein archivalisches Zeugnis aus dem missionarischen Schriftgut zeigt einen nennenswerten Kontakteinfluss, der in Abweichungen zum Standarddeutschen resultieren würde. Auch weniger formelle Briefe und private Aufzeichnungen

---

[83] Wenn hier die Bezeichnung „Siedlervarietät" verwendet wird (zum Konzept vgl. Schreier et al. 2017), so soll damit nicht impliziert werden, dass es sich bei Deutsch-Neuguinea um eine Siedlerkolonie gehandelt hätte. Der Begriff umfasst hier in einem weiteren Sinn die gesprochene Alltagsvarietät der kolonialisierenden Gruppe.

sind im Grunde frei davon. Lediglich einzelne vor Ort geläufige Bezeichnungen werden in seltenen Fällen dem Englischen oder Tok Pisin entlehnt. Doch auch diese werden in der Regel durch Anführungszeichen als Fremdgut gekennzeichnet, auch nach der zumindest offiziellen Umstellung auf das Englische oder, in Briefen nach Deutschland, erklärt:

> Im oberen Stock sind geräumige, sehr luftige Schlafsäle und zwei Zimmer mit Verbindungsraum für die "Sisters in Charge". (Nachrichten aus Vunapope VIII/1931. PAMV, Nr. 222)

> Eine große Hilfe bot uns die australische Air-Force, die hier in der Nähe ein Camp aufgeschlagen haben, um einen Flugplatz anzulegen. Mit unermüdlichem Eifer halfen die Leute mit ihren großen Bulldozers und Graders (= Straßenmaschinen). (Sr. Theodeberta, Vunapope, 3. Juni 1946. GAMS, Nr. 1687)

Gebürtig deutschsprachige Patres, Brüder und Schwestern, die nach der Unabhängigkeit Papua-Neuguineas 1975 in Vunapope jahrzehntelang tätig waren (zum Teil bis heute oder zumindest vor kurzem), zeigten im Gespräch mit dem Verfasser und weiteren Deutschen ähnliche lexikalische Einflüsse aus Englisch und Tok Pisin. So wurden im Gespräch teils (mit nachträglicher Übersetzung für den vermeintlich unkundigen Hörer) alltägliche Bezeichnungen aus Tok Pisin gebraucht, etwa *kakaruk* 'Huhn', das viele Unserdeutsch-Sprecher für ein standarddeutsches Lexem hielten/halten – wohl, weil auch deutsche Missionare es im Alltag gebrauchten. Bei diesen Missionaren fielen darüber hinaus die sporadischen, auch für Unserdeutsch-Sprecher typischen Partizipformen englischer Verbstämme auf, bspw. „is getraint worden […] ein getrainter Katechet" (Sr. Gerhildis, Hiltrup-Münster, Februar 2017). Oder auch das unserdeutsche Kennwort *aufpicken:* „Kinder picken ja ganz schnell die Sprache auf" (Sr. Basilia, Hiltrup-Münster, Februar 2017). Hier ist allerdings zu bedenken, dass diese Missionare kein deutsches Umfeld mehr hatten, sondern nur noch mit Englisch und Tok Pisin konfrontiert waren. Dies führte auch teils zu Attritionserscheinungen in Form von Wortsuchen, die für die Missionare der ersten Stunde so nicht anzunehmen sind. Bei diesen dürfte der Kontakteinfluss sich überwiegend auf einzelne wortsübliche Bezeichnungen beschränkt haben, wofür auch die bereits dargelegte standesgemäße Standardorientierung spricht. Es kann jedenfalls festgehalten werden, dass das Unserdeutsch-Superstrat weit entfernt von der Entwicklung zu einer kontaktbedingten Verkehrssprache gewesen ist und in diesem Fall berechtigt von *einem gesprochenen Standarddeutsch dominant westfälischer Prägung um die Wende zum 20. Jahrhundert* ausgegangen werden kann.

Abseits diatopisch markierter Merkmale haben über formalen, weniger funktionalen Transfer weitere Merkmale Eingang in Unserdeutsch gefunden, die plausibel monokausal aus dem Standarddeutschen hergeleitet werden können. Ihre Zahl ist jedoch überschaubar:

a) *Phonologie:* Keiner der Kernvokale oder -konsonanten von Unserdeutsch kommt nicht auch im Englischen und/oder Tok Pisin vor. Nur die in basilektalem Unserdeutsch recht marginalen Laute [x], [y] und [ø], die häufig substituiert werden, sind, wenn sie vorkommen, aus dem Superstrat erhalten. Abseits des Lautinventars ist die Position des primären Wortakzents auffällig konsistent aus dem Standarddeutschen übernommen:

(38) a. STD *verstehen* [fɐɐˈʃteːn̩]   →   UDT [fɛˈsǀʃtɛn]
     b. STD *aufpassen* [ˈaʊfpasn̩]   →   UDT [ˈaufpasɛn]
     c. STD *Mitternacht* [ˈmɪtənaχt]   →   UDT [ˈmitɛ(r)na(x)]

Alle weiteren phonologischen Eigenschaften von Unserdeutsch können entweder nicht eindeutig auf das Standarddeutsche zurückgeführt werden oder sind von diesem sogar grundlegend verschieden.

b) *Morphologie:* Aus dem Superstrat wurden zwar auf der Oberfläche sämtliche Formen von Unserdeutsch (teils adaptiert) übernommen, diese bleiben jedoch entweder unanalysiert (wie bei bestimmten Possessivpronomen und einzelnen Verbformen, vgl. 39) oder sie wurden, der häufigere Fall, reanalysiert (vgl. 40 sowie Kap. 3.3.5).

(39) a. STD {ihr} + {-e}$_{\text{NOM/AKK.SG.F bzw. NOM/AKK.PL}}$ →   UDT {ire}
     b. STD {unser} + {-e}$_{\text{NOM/AKK.SG.F bzw. NOM/AKK.PL}}$ →   UDT {unsre}, neben: {unse}
     c. STD {geh-} + {-t}$_{\text{3SG}}$ →   UDT {get}

(40) a. Attributivmarker: STD [ADJ] + {-e}$_{\text{(wie 39a)}}$ →   UDT [ADJ] + {-e}$_{\text{ATTR}}$
     b. Verbmarker: STD [V] + {-en}$_{\text{INF}}$ →   UDT [V] + {-en}$_{\text{V}}$
     c. Passiv: STD *war*$_{\text{STAT.PASS}}$ + [V:PTCP]   →   UDT *war*$_{\text{PASS}}$ + [V:PTCP]
     d. Vergangenheit: STD *hat*$_{\text{PST.PERF}}$ + [V:PTCP]   →   UDT *hat*$_{\text{PST}}$ + [V:PTCP]
     e. Futur/Habitual/Irrealis: STD *wird*$_{\text{FUT}}$ + [V:INF]   →   UDT *wid*$_{\text{FUT/HAB/IRR}}$ + [V]
     f. imperfektiver Aspekt: STD *am*$_{\text{(PROG)}}$ + [NOM.V]   →   UDT *am*$_{\text{PROG/HAB}}$ + [V]

Während in den Fällen (40a/b) eine vollständige Reanalyse stattgefunden hat, zeigen die Fälle (40c/d) eine partielle Reanalyse qua Funktionsgeneralisierung: Eine speziellere Funktion des Standarddeutschen wurde verallgemeinert. Im Fall (40e) wurde neben der Form des standarddeutschen Futur I zwar auch dessen Funktion übernommen, doch gleichzeitig hat diese Konstruktion weitere Funktionen ausgebildet, nämlich die Markierung von Irrealis und habituellem Aspekt. Es liegt somit eine partielle Reanalyse qua Funktionserweiterung vor.

In ihrer Form und Grundfunktion wurde aus dem Standarddeutschen die *am*-Konstruktion zur Markierung von progressivem Aspekt übernommen, die aber in Unserdeutsch neu und recht einzigartig auch habituellen Aspekt markiert, somit zu einem generellen Marker für imperfektiven Aspekt reanalysiert scheint (40f).[84] Sie hat zudem einen funktionalen Ausbau erfahren, indem sie stärker grammatikalisiert (möglicherweise kontextabhängig obligatorisch) ist. Die *am*-Konstruktion kann in Unserdeutsch problemlos objekterweitert werden (vgl. etwa 41), wie bislang nur regional beschränkt möglich, nämlich im Westen des deutschen Sprachgebiets von der Schweiz bis Westfalen (vgl. AdA 2003ff.: *Verlaufsformen*). Ob die Konstruktion in diesem Gebiet (in dem das Unserdeutsch-Superstrat anzusiedeln ist) zu Beginn des 20. Jahrhunderts auch schon in diesem Grade und mit dieser Frequenz objekterweitert wurde oder hier möglicherweise noch ein zusätzlicher Ausbau vorliegt, ist nicht restlos geklärt. Grundsätzlich ist in Zusammenhang mit der *am*-Konstruktion jedenfalls auch zunächst an Superstrattransfer zu denken.

(41) fiwas   di   war   am   trink-en   **milo fi   di**
     because   3PL   AUX.PST   PROG   drink-V   milo   for 3PL
     STD: 'weil sie gerade dabei waren, ihr Hirsegetränk zu trinken'
     Regionale Umgangssprache: 'weil sie gerade ihr Hirsegetränk am trinken waren' [Sprecherin AH, Brisbane, 20.01.2016]

Andere Übernahmen aus dem Deutschen in Form und Funktion sind offensichtlich nur lexikalisch konditioniert und stellen somit keine produktiven morphologischen Muster dar, so synthetische Pluralformen an einzelnen Nomen und synthetische Komparationsstufen bei Adjektiven (vgl. Maitz et al. i. E.).

Für die Morphologie von Unserdeutsch lässt sich festhalten, dass grundsätzlich die Formseite auf dem Standarddeutschen basiert. Die Inhaltsseite jedoch, die Funktion, ist in aller Regel eine andere. Sie ist in manchen Fällen gegenüber dem Standarddeutschen modifiziert, in vielen Fällen sogar eine grundlegend andere.

c) *Syntax:* Eindeutiger syntaktischer Transfer aus dem Standarddeutschen ist in Unserdeutsch mit der Ausnahme von Resten der Satzklammer kaum auszumachen. Selbst basale Wortstellungsregularitäten sind eher nicht auf das Superstrat rückführbar (oder zumindest nicht eindeutig, da sie genauso für Englisch und Tok Pisin charakteristisch sind, etwa die pränominale Stellung des Adjektivs). Nicht einmal die SVO-Stellung im Hauptsatz kann dem Superstrat zugeschrieben werden, da es zu deutlichen Abweichungen kommt (V3-Stellung durch topikalisierte Adjunkte, häufige Linksversetzungen). Im Basilekt

---

[84] Für diesen Hinweis, auch auf die augenscheinliche Einzigartigkeit dieser Entwicklung unter den deutschsprachigen und deutschbasierten Varietäten, danke ich Guido Seiler.

bleiben allein die Reste der standarddeutschen Grammatikalklammer, die zwischen Auxiliarverb und Vollverb aufgespannt wird (vgl. Weinrich 2007: 47–49). Selbst die wie Lexikalklammern (vgl. Weinrich 2007: 41–47) aussehenden (reanalysierten) Partikelverb-Konstruktionen sind sehr problematisch, da sie in ihren konkreten Vorkommen durch das Englische motivierbar sind (vgl. Neumeier, eingereicht). Die Grammatikalklammer in Unserdeutsch ist gegenüber dem Standarddeutschen deutlich reduziert, die verbalen Elemente stehen häufig adjazent (vgl. 42a; Lindenfelser und Maitz 2017: 125f.). Wenn die Satzklammer auftritt, umfasst sie in der Regel nur eine Konstituente, selten einmal zwei (vgl. 42b). In Richtung akrolektaler Sprechlagen scheinen Frequenz und Umfang von Grammatikalklammern zuzunehmen, was allerdings noch quantitativ zu überprüfen wäre.

(42) a. *Si* **wid** **blaib** *da fi drai wohe.*
3SG.F AUX.FUT stay there for three week
STD: 'Sie wird dort drei Wochen lang bleiben.'
[Sprecherin DK, Runcorn, 22.10.2015]
b. *Tante Else* **hat** *ime tswibak* **ge-mah-en***, a?*
Aunty Else AUX.PST always rusk PTCP-make-V eh
STD: 'Tante Else hat immer Zwieback gemacht, stimmt's?'
[Sprecherin JL, Bracken Ridge, 19.09.2017]

Zusammenfassend scheint es, dass der eindeutig feststellbare Superstrateinfluss auf die Syntax von Unserdeutsch vor allem auf Reste der Grammatikalklammer beschränkt zu sein scheint.

d) *Lexik/Semantik:* Standarddeutsch ist die Lexifikatorsprache von Unserdeutsch. Deshalb überrascht es nicht, dass der größte Teil der Lexik, Inhalts- wie Funktionswörter, sicher deutlich über 90 %, aus dem (zeitgenössischen) Standarddeutschen übernommen sind, natürlich häufig phonologisch adaptiert.[85] Auch der semantische Kerngehalt der Lexeme beruht, ganz besonders bei den Inhaltswörtern, eindeutig auf dem Standarddeutschen.

---

85 Für das wohl prominenteste Funktionswort von Unserdeutsch, *fi,* ist eine Herleitung aus dem Standarddeutschen durch Entrundung von *für* plausibel (vgl. Lipfert 2017; der zusätzliche Ausfall des vokalisierten /r/ bleibt allerdings erklärungsbedürftig). Zusätzlichen Einfluss könnte nach Craig Volker auch eine Frühform des Melanesischen Pidgins gehabt haben, in der das Funktionswort *fo* (offensichtlich aus engl. *for*) noch gebräuchlich war. Dieses ist heute noch in den beiden Schwestersprachen von Tok Pisin – Solomon Pijin und Bislama – erhalten und war bis vor wenigen Jahrzehnten noch bei älteren, konservativen SprecherInnen des Tok Pisin von Neuirland zu hören (Craig Volker, pers. Kommunikation im Juli 2019). Von einer betagten

Die Rolle von Superstrattransfer ist für Unserdeutsch also zweigeteilt: Während der Einfluss im Bereich der Lexik/Semantik überwältigend hoch ist, ist er im Bereich der Phonologie und der Grammatik gering. Daraus ergibt sich auch der wichtige Schluss für die Klassifikation von Unserdeutsch, den Volker (1989a) formulierte:

> [I]t can be seen that the language has diverged from Standard German to such a great extent that it cannot be considered just a variety of settler German which has borrowed lexical items and a few minor grammatical rules from its surrounding languages. (Volker 1989a: 183)

Die starke strukturelle Divergenz gegenüber dem Standarddeutschen lädt nicht dazu ein, Unserdeutsch als genetisch (nur) von seiner Lexifikatorsprache abstammend zu klassifizieren, damit als eine europäische Sprache (oder sogar eine Varietät des Lexifikators), wie es die besonders im frankophonen Bereich verbreiteten superstratistischen Positionen verlangen (vgl. Mather 2007: 409; Syea 2017: 3). Diese gehen von einem vernachlässigbar geringen Einfluss der indigenen Substratsprachen aus; die strukturellen Merkmale entstammen originär dem Superstrat (vgl. Mufwene 2015: 133) und unterlagen dann natürlichem Sprachwandel (vgl. Migge 2003: 3). Die Position ist in erster Linie aus der Untersuchung von Plantagenkreols gespeist (vgl. Chaudenson 2001), deren Entstehungsszenario in wichtigen Punkten nicht dem von Unserdeutsch entspricht (vgl. Kap. 3.4.2). Aber auch die Untersuchung einzelner Plantagenkreols, bspw. aus der ehemaligen niederländischen Kolonie Suriname (vgl. Migge 1998; 2003), hat gezeigt, dass die Unterschiede zwischen dem Kreol und Varietäten des Superstrats zu groß sind, als dass sie durch sprachinternen Wandel nach erfolgter Übernahme aus dem Superstrat erklärt werden könnten (vgl. Migge 2003: 127). Die Position ist, genauso wie eine ausschließlich substratistische Position, zu radikal. Aus den Sprachdaten heraus ist die explikative Kraft des superstratistischen Erklärungsansatzes im Fall von Unserdeutsch dabei geringer als die des substratistischen Ansatzes.

Im Klassifikationsschema von Muysken (2013) ist Unserdeutsch nicht als *L2-orientiertes Kreol* einzuordnen. Diese zeichnen sich durch große Ähnlichkeit zu Siedlervarietäten aus und entstehen, wie etwa Réunion French Creole, in Kontexten, in denen in der Entstehungsphase im Verhältnis zu den Indigenen (oder Mixed-race) zunächst deutlich mehr Sprecher des Superstrats präsent sind, was mit L2-Dominanz einhergeht. Der starke normative Druck, der im Fall von Un-

---

Sprecherin erhielt Craig Volker am 14.07.2019 eine SMS mit dieser Konstruktion: *meri 4 [= fo!] Walter idai tete moning* 'Walters Frau ist heute Morgen gestorben.').

serdeutsch vorherrschte, für Plantagenkreols in der frühen Siedlungsphase *(homestead phase)* aber explizit nicht angenommen wird (vgl. Chaudenson 2001: 165), konnte offensichtlich im Fall von Unserdeutsch die zahlenmäßige Unterlegenheit der L2-Sprecher (hier: der Missionare) nicht auffangen: Ein anderer Faktor drängte den L2-Einfluss zurück, der, wie gezeigt, in den Sprachfunktionen zu suchen sein wird (vgl. Kap. 3.2). Das Entstehungsszenario von L2-orientierten Kreolsprachen kommt dem normalen Sprachwechselszenario *(language shift)* sehr nahe (vgl. Muysken 2013: 717); damit einhergehend lehnen Superstratisten auch die abrupte Entstehung *(break in transmission)* von Kreolsprachen ab und vertreten stattdessen graduelle Erklärungsansätze. Für Unserdeutsch ist allerdings ein Bruch in der Genese schwer abzustreiten (vgl. Kap. 3.4.3.2). Das superstratistische Modell ist für den Typ von Kreolsprache, den Unserdeutsch repräsentiert, offensichtlich weniger geeignet. Interessant ist nun für das nächste Kapitel die Frage, welche Rolle die dritte, vorallem in der späteren Sprachgeschichte immer dominantere Sprache einnimmt, das Englische. Insbesondere, da Adstratsprachen in den älteren, traditionellen Theorien wenig berücksichtigt wurden.

3.3.3 Die Rolle von Adstrattransfer

Eine Adstratsprache ist ein sprachlicher Nachbar der Referenzsprache, der mit dieser in Kontakt steht. Die Adstratsprache kann im betreffenden Gebiet sowohl schon vor Einführung der Superstratsprache existieren als auch erst nachträglich hinzukommen (vgl. Goodman 1993: 65f.). Sie ist nicht eindeutig politisch oder kulturell dominant, wie es die Superstratsprache ist.

Diese Definition eignet sich gut, um die Rolle des Englischen in der Sprachgeschichte von Unserdeutsch begrifflich zu fassen, besonders in der Anfangszeit. Das Englische war – in unterschiedlichem Ausmaß pidginisiert – bereits kurz vor Unserdeutsch in der Region präsent, doch wurde sein Einfluss offensichtlich erst nachträglich systemrelevant. Gar von sprachlicher Dominanz kann erst im Schlussstadium der Sprachgeschichte gesprochen werden. Für Generation IV wäre Englisch nun eindeutig Superstrat, wenn diese Unserdeutsch noch über einzelne Wörter und Phrasen hinaus erwerben würden. Bis dahin jedoch war Englisch immer eine Nachbarsprache, erworben als L2.

Die Varietät des Englischen, die als Adstrat in Frage kommt, kann näher spezifiziert werden: Während es sich für die frühe Anfangszeit nur um (pidginisierte) L2-Lernervarietäten handelt, aus denen schließlich Tok Pisin hervorgeht, ist nach dem 1. Weltkrieg durch die australische Besetzung das australische

Englisch (vgl. Blair und Collins 2001) vorherrschend.[86] Aus diesem entwickelt sich in den nachfolgenden Jahrzehnten eine eigene, eng verwandte Varietät: das PNG-Englisch (vgl. bspw. Siegel 1997a) als leicht von Tok Pisin beeinflusster englischer Gebrauchsstandard von Papua-Neuguinea. Diese beiden Varietäten des Englischen sind als Adstrat von Unserdeutsch anzusetzen. Dabei bestehen allerdings zwei methodische Probleme:

(a) Es ist schwer festzustellen, ob identifizierbare Adstratmerkmale in Unserdeutsch primäre Merkmale der Sprache aus der Entstehungszeit sind bzw. waren oder ob sie erst sekundär in jüngster Zeit aufgetreten sind und mehr als Attritionserscheinungen in einem fast gänzlich englischen Umfeld zu bewerten sind. Dahinter steht ein allgemeineres Problem:

> [U]p to now there do not exist any hard and fast criteria for accurately distinguishing between processes that are part of creole formation proper and post-emergence changes. (Migge 2003: 107)

Hinsichtlich des Adstrattransfers in Unserdeutsch kann die Problematik reduziert werden, in dem vor allem ältere und fließende Sprecher als Referenz herangezogen werden. In der Interpretation wird zudem das Vorhandensein von *Varianten* (bspw. Allophonie) eher mit sekundärem, zeitlich neuerem Transfer in Verbindung gebracht, da Varianten auf gegenwärtigen Wandel hindeuten und in ihnen offensichtlich keine tiefe Verankerung im System vorliegt.

(b) Zwischen (anglisiertem) Tok Pisin und PNG-Englisch bestehen gerade auf phonologischer Ebene Ähnlichkeiten, zudem stehen sie zueinander in einem Kontinuum (vgl. Zimmermann 2010; Devette-Chee 2011). Um beide Varietäten klar trennen zu können, wird Tok Pisin (wie Unserdeutsch) in dieser Arbeit mit seiner basilektalen Varietät identifiziert. Grundsätzlich konnten in Unserdeutsch noch keine sprecherübergreifenden strukturellen Merkmale festgestellt werden, die als Adstrateinfluss ausschließlich auf die australische oder PNG-Varietät des Englischen zurückführbar sind und anderen Varietäten des Englischen fremd wären (vgl. v. a. Kortmann und Schneider 2004a/b).

a) *Phonologie:* Adstrattransfer in Unserdeutsch ist in der Lautung von Unserdeutsch feststellbar, allerdings nicht auf phonologischer, sondern nur auf phonetischer Ebene. Ein deutliches Beispiel dafür ist der häufige palatalisierte stimmhafte lateral-alveolare Approximant [ɫ] („dunkles l") als Allophon zu [l], bspw. [gɛɫt] 'Geld'. Ein weiteres auffälliges Beispiel ist die Realisierung von /r/. Sprecherabhängig wird häufiger oder weniger häufig der stimmhafte alveolare

---

[86] Auch wenn einzelne Missionare bspw. aus Amerika stammten, ist dies doch die klare Tendenz.

Approximant [ɹ] („dunkles r") verwendet oder auch der stimmhafte alveolare Tap [ɾ] („einfach geschlagenes r"). Ebenfalls ein Einfluss des Englischen scheint das teilweise Vorkommen des reduzierten hohen Zentralvokals [ɨ] anstelle von [i] zu sein (vgl. bereits Volker 1982: 19; zu [ɨ] im Englischen vgl. Flemming und Johnson 2007). Damit bleibt die Phonologie von Unserdeutsch zwar klar durch Tok Pisin bestimmt, in der konkreten Realisierung allerdings sind dann Einflüsse des Englischen festzustellen. Diese Einflüsse bewegen sich auf Ebene der Allophonie, sind somit nicht im phonologischen System von Unserdeutsch verankert. Es liegt daher die Vermutung nahe, dass sie eher neuerer Natur sind im Sinne sekundären Adstrattransfers.

b) *Morphologie:* In der Morphologie von Unserdeutsch ist nur in einzelnen Teilen des Systems Adstrattransfer aus dem Englischen auszumachen. Äquivalent zum Englischen ist das Verhalten der Possessivpronomen der 3SG.F/M, indem diese nach dem Sexus des Possessors unterschieden werden (während in Tok Pisin keine Unterscheidung stattfindet und im Standarddeutschen zusätzlich der Sexus bzw. das Genus des Possessums markiert wird), vgl. (43).

(43) a. ***ire*** *hergemal*   b. ***sain*** *frau*
        3SG.F.POSS husband   3SG.M.POSS wife
        STD: 'ihr Mann'   STD: 'seine Frau'

Das für die – wenn auch seltene – Passivbildung in Unserdeutsch verwendete Auxiliar entspricht ebenfalls dem englischen Muster, indem *war* (entsprechend engl. *was*) statt wie im Standarddeutschen *wurde* zum Einsatz kommt (vgl. 44). Zwar existiert das Muster mit *war* auch im Standarddeutschen (Zustandspassiv), doch dieses ist selten, weshalb eine Anlehnung an das englische Muster näherliegt als eine Übergeneralisierung des Zustandspassivs.

(44)   In   dise   sorte   tsait   *fil-e*   *ding-s*   **war**   nich
       in   this   sort   time   many-PL   thing-PL   AUX.PASS   not
       ge-spreh-en fon.
       PTCP-talk-V about
       STD: 'In dieser Zeit wurde über viele Dinge nicht gesprochen.'
                                                     [Sprecher WR, Brisbane, 13./14.09.2014]

Funktionaler Adstrattransfer ist am deutlichsten in der Ausweitung bzw. Obligatorisierung des nonperfektiven Aspekts (progressiv, habituell) in Unserdeutsch naheliegend (vgl. Schmidtkunz, eingereicht). Dies muss für den *am*-Progressiv zwar eine Vermutung bleiben, doch ist es für die habituelle *wid*-Konstruktion, die in dieser Funktion dem englischen *past habitual* entspricht, die einzig plausible Herleitung. Umso mehr, als sich hier sogar die Formseite der Konstruktionen sehr ähnelt (UD *wid* + V vs. EN *would* + V), vgl. (22b) sowie (45).

(45) Wen   wi   get   tsu   kirhe, orait,   de   **wid**   **fershtek-en**
     if   1PL   go   to   church all_right   3PL   AUX.HAB   hide-V
     ale   ai-er.
     PL   egg-PL
     STD: 'Während wir zur Kirche gegangen sind, haben sie immer die Eier versteckt.' [Sprecherin AC, Cairns, 12.02.2016]

Das Auxiliar *wid* hat noch in weiterer Hinsicht sein Funktionsspektrum dem von Englisch *would* angepasst, indem es in Unserdeutsch auch den Irrealis bildet, vgl. (20c) und (46). Beide Verwendungen, von *wid* als habitueller Aspektmarker und als irrealer Modusmarker, sind im Standarddeutschen unmöglich.

(46) *Du*   **wid**   **sterb-en**, *wail*   *di*   *hat*   *kain* *sahe*   *da.*
     2SG   AUX.IRR   die-V   because   3SG   have   no   thing   there
     STD: 'Du würdest sterben, weil sie nichts dahaben [zur Behandlung von Diabetes].' [Sprecherin HT, Runcorn, 23.02.2017]

Wie sich zeigt, ist der englische Adstrateinfluss am deutlichsten bei den verbalen Kategorien Aspekt und Modus festzustellen. Während die Kategorie Aspekt im Deutschen noch nicht voll ausgebaut war und ist, musste für den Irrealis eine Ersatzform gefunden werden, nachdem die synthetischen Konjunktive und die selbst mit einem synthetischen Konjunktiv gebildete *würde*-Periphrase des Deutschen nicht in Unserdeutsch übernommen wurden. Diese kommunikativ relevanten Lücken konnte das Englische bedienen. Darüber hinaus hält sich identifizierbarer Adstrattransfer aus dem Englischen in der (sonst allerdings auch eher geringen) Unserdeutsch-Morphologie sehr in Grenzen.

c) *Syntax*: Die syntaxtypologischen Merkmale von Unserdeutsch entsprechen zwar grundsätzlich denen des Englischen (vgl. Volker 1982: 50), doch zugleich eben auch vielfach jenen von Tok Pisin oder Standarddeutsch. Parallelen zum Englischen zeigen sich in der Stellung freier Temporal- und Lokalangaben, die häufig entweder Initialstellung (*adjunct topicalization*, vgl. 21b, 22, 44, 47) oder Finalstellung (vgl. 18a, 19b, 21b, 48, 49c) aufweisen (vgl. auch bereits Volker 1982: 58f.). Ersteres, die Initialstellung (seltener bei Lokalangaben), führt im Gegensatz zum Standarddeutschen nicht zur Satzgliedinversion, woraus eine Verbdrittstellung resultiert. Letzteres, die Finalstellung, ist dabei häufig bedingt durch die reduzierte bzw. abgebaute Satzklammer. Diese Stellungsmuster sind zwar auch in Tok Pisin möglich, doch ist hier ein mindestens das Muster festigender Einfluss des Englischen anzunehmen.

(47) **Tswai**   **mal**   *wi*   *get*   *tsu* *Tasmania.*
     two   time   1PL   go   to   Tasmania
     STD: 'Wir sind zweimal nach Tasmanien gereist.'/'Zweimal sind wir nach Tasmanien gereist.'

(48) *Abe   niman   wil   mah-en   **jets**.*
     but   nobody   want   do-v   now
     STD: 'Aber niemand will es jetzt mehr machen.'/'Aber jetzt will es niemand mehr machen.' [Sprecherin JC, Victoria Point, 18.02.2017]

Abseits davon verhält es sich in der Syntax ähnlich wie in der Lautung: Für die großen, abstrakten typologischen Merkmale von Unserdeutsch kann schwer (eindeutig) englischer Adstrateinfluss geltend gemacht werden, doch im Kleinen, in der konkreten Realisierung, zeigen die Äußerungen vielfach eine Anlehnung an englische Konstruktionen, vgl. beispielhaft (49).

(49) a. *Di   hat   nix   **lern-en   ain   ding**,   di   wais   ni*
        3SG   AUX.PST nothing learn-v   ART.INDF thing   3SG   know   not
        ***wi   tsu   shprech**   Malay.*
        how   to   speak   Malay
        STD: 'Sie haben überhaupt nichts gelernt, sie können nicht Malaiisch sprechen.'
        EN: 'They haven't learned a thing, they don't know how to speak Malay.' [Sprecherin HT, Runcorn, 22.02.2017]

   b. *Ain   halbwais-e   frau,   Angelina,   **mah-en   uns***
      ART.INDF   half-white-ATTR woman   Angelina   make-v   1PL.OBJ
      ***parat   fi   shule**.*
      ready   for   school
      STD: 'Eine halbweiße Frau, Angelina, hat uns auf die Schule vorbereitet.'
      EN: 'A half-white woman, Angelina, made us ready for school.' [Sprecher PK, Loganholme, 21.02.2017]

   c. *Wi   war   **bai   unsre   selbs   de   gants-e**   tsait.*
      1PL   AUX.PST   by   1PL.POSS   self   ART.DEF   whole-ATTR   time
      STD: 'Wir waren die ganze Zeit für uns (allein).'
      EN: 'We where by ourselves the whole time.' [Sprecherin ERG, Gold Coast, 01.02.2016]

d) *Lexik/Semantik:* Während der für ein Wörterbuch anzusetzende Anteil englischer Lemmata in Unserdeutsch, ausgehend von einem fließenden Sprecher, überschaubar bleibt (auf jeden Fall kleiner 10 %), werden ad-hoc auftretende lexikalische Lücken von den Unserdeutsch-Sprechern weit überwiegend durch englisches Wortmaterial gefüllt. Wieder zeigt sich also, dass das Englische vor allem auf der Ebene der konkreten Rede seinen Einfluss entfaltet. Funktionswörter werden selten aus dem Englischen übernommen. Sie werden weit eher durch einen phonologisch ähnlich klingenden Kognaten aus dem Deutschen ersetzt, bspw. die Vergleichspartikel in *mer dan* 'mehr als' (< engl. *more than*), die temporale Subjunktion *wan* 'als' (< engl. *when*) oder die Präposition *rund* 'um herum' (< engl. *around*). Für Inhaltswörter wiederum ist eine solche Lehnübersetzung eher selten, bspw. *Laufweg* 'Ausreißer' (< engl. *runaway*). Sie werden im Fall von Substantiven und Adjektiven in der Regel unverändert übernommen. Verbstämme, die frei aus dem Englischen übernommen werden können, werden hingegen grundsätzlich morphologisch integriert durch die Anfügung von *-en* (Verbmarker) bzw. von *-im* (Transitivmarker) und optional das Partizippräfix *ge-*. Bei einigen Lexemen hat sich die Semantik des formal deutschen Worts dem Englischen angepasst. Beispiele dafür sind etwa *mus ni* 'darf nicht' (< engl. *must not*), *wais* 'wissen/kennen' (< engl. *to know*) oder *tragen* mit der Nebenbedeutung 'schwanger sein' (< engl. *to carry sb.*).

Wird Unserdeutsch durch die Sprecher spontan verschriftet, so orientieren sie sich in ihren Schreibungen stark an englischen Phonem-Graphem-Korrespondenzen, weniger an den einfachen phonographischen Schreibregeln von Tok Pisin. Dies hat sicher auch damit zu tun, dass Tok Pisin für sie immer eine rein orale Sprache war, wie Unserdeutsch. Die Tatsache, dass sich der englische Adstrateinfluss auffälligerweise vor allem in der konkreten Äußerung manifestiert (auf lautlicher, syntaktischer, lexikalischer Ebene), zeigt eines deutlich: Der aktuelle, starke Sprachdruck des Englischen dauert noch nicht so lange an. Transfer aus dem Adstrat ist – außer in der Verbalmorphologie, aber auch hier nur rein funktional und wo es offensichtlich Lücken zu füllen gab – noch nicht tief in das System von Unserdeutsch eingedrungen. Würde, rein hypothetisch, Unserdeutsch noch weitere Generationen in Australien überleben können, so wäre genau das zu prognostizieren. Auf Grundlage der Befunde scheint es, dass jüngerer, sekundärer Adstrattransfer gegenüber primärem Adstrattransfer aus der Entstehungszeit im Sprachsystem von Unserdeutsch überwiegt.

Adstrattransfer, den substratistische und superstratistische Ansätze schwer adäquat beschreiben können, lässt sich elegant durch das Feature-Pool-Modell (vgl. Mufwene 2001, 2002) erfassen. Dieses ist konzeptuell und in seiner Terminologie evolutionsbiologisch ausgerichtet. Die Grundidee ist, dass sich das Erscheinungsbild (der „Phänotyp") einer neu entstehenden Sprache aus der Rekombination linguistischer Merkmale ergibt, die die „konkurrierenden" (Kontakt-)Sprachen einem Feature-Pool beisteuern (vgl. Aboh und Ansaldo 2007: 50). Die wettbewerbsfähigsten Merkmale sind dabei unmarkierte Merkmale, hier verstanden als höherfrequente, regulärere und salientere Merkmale. Diese haben die höchste Wahrscheinlichkeit, in die entstehende Sprache selektiert zu werden (vgl. Aboh und Ansaldo 2007: 45). Weiter verstärkt wird die Wahrscheinlichkeit der Selektion, wenn mehrere der potenziellen Gebersprachen ähnliche, kongruente Merkmale bereitstellen, die dann den Feature-Pool dominieren. Beispielhaft kann die SVO-Grundstruktur von Unserdeutsch so erklärt werden: Das Merkmal ist maximal unmarkiert im Sinne der drei genannten Faktoren, zugleich wurde es sowohl von Tok Pisin als auch von Englisch und sogar partiell vom Deutschen (für bestimmte Satztypen, darunter den in der Frequenz klar dominanten Deklarativ-Hauptsatz) zum Feature-Pool beigetragen. Das Feature-Pool-Modell hätte auf dieser Grundlage eindeutig prognostiziert, dass das SVO-Grundmuster für Unserdeutsch selektiert wird, wie es geschehen ist. Fehlt hingegen Kongruenz zwischen den Merkmalen, die von den konkurrierenden Sprachsystemen bereitgestellt werden, so bestehen zwei Optionen (vgl. Aboh und Ansaldo 2007: 62): (a) Eines der zur Auswahl stehenden Merkmale wird übernommen – "presumably the one that scores higher on parameters such as discourse saliency, semantic transparency)" (Aboh und Ansaldo 2007: 62). Als einleuchtendes Beispiel dafür kann die analytische Pluralmarkierung in Unserdeutsch betrachtet werden: das Muster von Tok Pisin war sowohl semantisch transparenter (keine Allomorphie) als auch salienter (da analytisch gebildet) als die Muster des Englischen und des Standarddeutschen, weshalb es selektiert wurde. Option (b) besteht darin, dass verschiedene Aspekte der konkurrierenden Merkmale miteinander kombiniert werden. Dadurch entsteht eine neue Struktur (Innovation), die zu einem hybriden Sprachsystem beiträgt. Der Attributivmarker in Unserdeutsch etwa kann so interpretiert werden.

Sowohl Option (a) als auch Option (b) können, wenn sie sich exzessiv durch das ganze Sprachsystem ziehen, zu einem dritten Typ von Kreolsprachen nach Muysken (2013: 717) führen, neben der bereits behandelten L1- oder L2-Orientierung: Kreolsprachen durch Konvergenz. Sie zeichnen sich durch hochgradig gemischte Systeme *("highly mixed systems")* aus und rücken damit in unscharfe Nähe zur Klasse der *mixed languages* (vgl. Bakker und Mous 1994a; Meakins 2013). Diese Art von Kreolsprachen entsteht, wenn über einen längeren Zeitraum eine relative Balance zwischen Sprechern der L2 und einer dominanten L1 besteht. Diese Bedingungen, der längere Zeitraum und die Sprecherbalance, treffen auf Unserdeutsch weniger zu. Als ein typisches Beispiel für diesen Typ nennt Muysken (2013: 717) Berbice Dutch Creole. Dass Berbice Dutch Creole stärker gemischt ist als Unserdeutsch, zeigt bereits die Lexik: Nach Kouwenberg (2012) entfallen 63 % der Lexeme auf Niederländisch, 18 % auf das Cluster der östlichen Ijo-Varietäten (zur Niger-Kongo-Familie gehörend) und 19 % auf die Arawak-Familie. Das Verhältnis von Unserdeutsch zur Klasse der *mixed languages* wird in Kap. 3.4.1 diskutiert, vgl. dazu Maitz (i. E.). Unserdeutsch wird hier allerdings nicht als Vertreter des Konvergenztyps betrachtet, dafür reicht die Mischung der Transfereinflüsse nicht aus.

Das Feature-Pool-Modell ist – abseits von seiner naturphilosophisch diskutablen Behandlung von Sprachen als organischen Spezies – für einen rein synchron-intralinguistischen Erklärungsanspruch ein mächtiges Instrument. Im Fall von Unserdeutsch (im Gegensatz allerdings zu vielen anderen Kreolszenarien) könnte das Modell sogar soweit ausgereizt werden, alle Simplifizierungen hinwegzuerklären, da eine der beteiligten Sprachen, Tok Pisin, bereits selbst radikal simplifiziert ist. Ein solcher Versuch wäre allerdings vor den soziohistorischen Hintergründen der Unserdeutsch-Genese schwerlich plausibel, und es stellt in der Tat eine Einseitigkeit des Modells dar, dass es die Kreolentstehung rein durch Sprachmischung erklären möchte und damit die Bedeutung des Faktors Simplifizierung (durch L2-Erwerb) ausblendet (vgl. McWhorter 2012). Simplifizierung ist sogar, abgesehen von modifizierten Repliken *(altered replications)* durch die Präferierung weniger markierter Strukturen in den potenziellen Gebersprachen, nicht einmal wirklich mit dem Modell vereinbar:

> The claim that creoles are simplified versions of their sources is a fallacy, just as it would be to claim in biology that hybrids are genetically simplified children of their parents. (Aboh 2009: 340; zit. nach McWhorter 2012: 172)

An anderer Stelle bezeichnet Aboh (2009: 340) den Faktor Simplifizierung radikal als „vollständig irrelevant" *(completely irrelevant)* für das Verständnis der Struktur und der Entstehung von Kreolsprachen in der konsequenten Weiterführung der Gedanken von u. a. DeGraff (2005). Mufwene als Begründer des Feature-Pool-Modells ist dabei weniger radikal (vgl. Mufwene 2014), da seine Gesamttheorie, in die das Modell eingebettet ist, grundsätzlich offen ist für weitere Faktoren. Einen eigenen gebührenden Platz möchte er Simplifizierungen trotzdem nicht einräumen. Im nachfolgenden Kapitel werden die Spuren präsentiert, die offensichtliche L2-Simplifizierungen im System von Unserdeutsch hinterlassen haben.

3.3.4 Die Rolle von L2-Simplifizierungen

Unter L2-Simplifizierungen werden hier Prozesse verstanden, die durch unvollständigen Erwerb einer Zielsprache zur Reduktion von Komplexität (struktureller Elaboriertheit) im Sprachsystem führen. Ein solches im Vergleich zur Zielsprache nicht vollständig erworbenes, idiolektales System, eine Interimssprache *(interlanguage,* vgl. Selinker 1972; Han und Tarone 2014), kann auf beliebigen Kompetenzlevels fossilieren. Dabei weisen solche unvollständig erworbenen Systeme überindividuelle Regelhaftigkeiten auf (vgl. auch Klein und Perdue 1997 zur *Basic Variety*). Regelhaftigkeiten, die dabei sogar von der

Struktur der L1 unabhängig sind, also universal gelten, werden als sog. L2-Universalien diskutiert (vgl. bspw. Rutherford 1984).

In Unserdeutsch lassen sich zahlreiche Fälle von Simplifizierungen auf allen Ebenen des Sprachsystems feststellen (vgl. Lindenfelser und Maitz 2017; Maitz und Lindenfelser 2018a), die zugleich typische Phänomene früher L2-Erwerbsstadien darstellen. Unter „Simplifizierung" werden hier in Anlehnung an gängige Betrachtungsweisen in der Komplexitätsforschung (vgl. Kusters 2003; Miestamo et al. 2008; Sampson et al. 2009; Kortmann und Szmrecsanyi 2012) folgende Prozesse bzw. deren Resultate verstanden:

(1) die Reduktion *absolut-quantitativer Komplexität*, d. h. die Verkleinerung des Inventars von Kategorien, Elementen und Markern durch Abbau und Zusammenfall;

(2) die Reduktion *redundanzinduzierter Komplexität*, d. h. den Abbau von Mehrfachmarkierungen;

(3) die Reduktion *irregularitätsinduzierter Komplexität*, d. h. die Erhöhung von Regularität und Transparenz (Eineindeutigkeit) durch Übergeneralisierung und den Abbau von Varianten;

(4) die Reduktion *relativer Komplexität im engeren Sinne*, d. h. die Bevorzugung unmarkierter und salienter, einfacher zu produzierender und/oder perzipierender Strukturen.

Im weiteren Sinne wird relative Komplexität als „Lernerkomplexität" häufig den anderen drei Verständnissen von Komplexität gegenübergestellt. Sie wird dann definiert als "the amount of effort an outsider has to make to become acquainted with the language in question" (Kusters 2003: 6). Genau diese Art von Komplexität ist für die vorliegende Untersuchung relevant; es wird jedoch davon ausgegangen, gestützt durch die Erwerbsforschung, dass die Komplexitätsaspekte (1)–(3) ebenfalls Teil dieser Lernerkomplexität im weiteren Sinne sind (bzw. aus dieser Perspektive betrachtet werden können). Daher beschränkt sich der hier verwendete engere Begriff von relativer Komplexität rein auf Produktions- und Perzeptionsaspekte, die (1)–(3) nicht erfassen.

Im Folgenden werden für Komplexitätsminderung nach diesem Verständnis Beispiele angeführt, von denen bekannt ist, dass sie für L2-Erwerb charakteristisch sind. Dafür wird auch exemplarisch auf das jeweilige Phänomen in Lernervarietäten des Standarddeutschen oder in anderen L2-Varietäten hingewiesen.

a) *Phonologie:* Markierte Laute des Standarddeutschen, d. h. solche, die zum einen crosslinguistisch selten vorkommen und zum anderen in Implikationshierarchien vom Vorhandensein anderer Laute abhängig sind, sind in basilektalem Unserdeutsch weitgehend abgebaut. Gemäß der *Markedness Diffe-*

rential Hypothesis (vgl. Eckman 2008: 98) sind markierte Merkmale für L2-LernerInnen, in deren L1 sie nicht vorkommen, grundsätzlich schwierig zu erwerben. Betroffen davon sind insbesondere die standarddeutschen, crosslinguistisch hochmarkierten stl. Frikative [ç] und [x/χ] sowie die ähnlich hochmarkierten Umlautvokale [ʏ/y:] und [œ/ø:], die in Unserdeutsch partiell abgebaut sind. Die Frikative [ç]/[x/χ] werden dabei in Onsetposition überwiegend durch den glottalen Frikativ [h] substituiert, in Kodaposition hingegen getilgt (vgl. 50). Die Umlautvokale [ʏ/y:] werden am basilektalen Pol tendenziell zu [i] entrundet, [œ/ø:] teilweise zu [ɛ] (vgl. 50) mit diversen Zwischenstufen. Diese illabialisierende Lautsubstitution ist für den L2-Erwerb des Deutschen typisch, beispielsweise durch slowakische LernerInnen (vgl. Adamcová 2007: 6) oder durch brasilianische LernerInnen (etwa *Füsschen* [ˈfi:sən], hier mit zusätzlicher Tilgung des markierten [ç], vgl. Junges 2009: 57)

(50) a. STD *bisschen* [ˈbɪsçən] → UDT [ˈbishɛn]
b. STD *machen* [ˈmaχən] → UDT [ˈmahɛn]
c. STD *nicht* [nɪçt] → UDT [ni]

(51) a. STD *fünf* [fʏn|mf] → UDT *teils* [fimf]
b. STD *schön* [ʃø:n] → UDT *teils* [ʃɛn]

Ebenso als Simplifizierung kann der Zusammenfall der im nördlichen Standarddeutsch komplementär distribuierten dental-alveolaren Frikative [s] und [z] zu Unserdeutsch [s], unter Verlust der markierteren stimmhaften Variante also, bewertet werden (vgl. 16). Eine artikulatorische Komplexitätsreduktion liegt zudem vor, wenn die Affrikaten [ts] und [pf] in Unserdeutsch partiell deaffriziert werden zu [s] respektive [f] (vgl. 52), wobei es sich ebenfalls um ein bekanntes Simplifizierungsmuster aus L1- und L2-Erwerb handelt (bspw. im Fall der dental-alveolaren Affrikate belegt für thailändische Lerner des Deutschen, vgl. Attaviriyanupap 2006a).

(52) *Uns las-en wide sals fefer ...*
1PL let-V again salt pepper
STD: 'Again, we put salt and pepper (inside) ...'
[Sprecherin RM, Vunapope, 22.09.2017]

Komplexitätsrelevant ist auch der bereits beschriebene Abbau der Quantitätsopposition im Vokalsystem von Unserdeutsch: Vokalische Merkmale einer L2, die in der L1 nicht vorhanden sind, sind besonders schwierig zu erwerben, darunter speziell auch das Merkmal Vokallänge (vgl. Jiang 2018: 76). DeutschlernerInnen mit modernem Hebräisch als L1 beispielsweise, in dessen Vokalsystem Quantität nicht phonologisch distinktiv ist, produzieren die deutschen

Langvokale tendenziell zu kurz (vgl. Fiedler 2007: 15). Der Reduktionsvokal [ə], der in Unserdeutsch durch [ɛ] substituiert ist, wird auch von DeutschlernerInnen anderer Sprachen ohne Vokalschwächung in der L1 so ersetzt, bspw. von slowakischen LernerInnen (vgl. Adamcová 2007: 6). Dies stellt eine Variantenreduktion dar, somit auch einen Fall des Abbaus absolut-quantitativer Komplexität. Ebenso wird die Nebensilbe -er bei L1 ohne Vokalabschwächung von frühen LernerInnen nicht vokalisiert zu silbischem [ɐ], sondern wie in Unserdeutsch häufig voll als [ɛr] artikuliert, wobei die verwendete konsonantische r-Variante von der L1 abhängig ist. So etwa von DeutschlernerInnen mit modernem Hebräisch als L1 (vgl. Fiedler 2007: 15f.).[87]

Abseits von Simplifizierungen bezüglich der Größe des Lautinventars können in Unserdeutsch auch regelhafte silbische Vereinfachungen festgestellt werden. Die Tendenz zur global als maximal unmarkiert geltenden CV(C)-Struktur, die mit der Reduktion auslautender Konsonantencluster oder der Tilgung finaler Konsonanz überhaupt (vgl. 50c) in Unserdeutsch einhergeht, wurde auch bereits andernorts beschrieben (vgl. Lindenfelser und Maitz 2017: 101f.). Die silbischen Simplifizierungen in Unserdeutsch gehen dabei mit der allgemein bekannten Tendenz aus dem L1- und L2-Erwerb einher, auch dahingehend, dass die Wahrscheinlichkeit einer Tilgung in Kodaposition viel höher ist als in Onsetposition (vgl. Anderson 1983: 17) und dabei am häufigsten die dental-alveolaren Plosive /t, d/ getilgt werden (vgl. Anderson 1983: 19). So etwa in *aben* (< STD *Abend*), *bis* (< STD *bist*) und *filai* (< STD *vielleicht*).[88] Die Reduktion von Konsonantenclustern zeigt ähnlich bspw. auch die deutschbasierte, stark simplifizierte L2-Varietät Namibian Black German (Kiche Duits) (vgl. Deumert 2009: 350).

Zusammenfassend kann festgehalten werden, dass sowohl Simplifizierungen des Lautinventars als auch der Silbenstruktur in der Phonologie von Unserdeutsch gegenüber der Superstratsprache festzustellen sind.

b) *Morphologie:* In Unserdeutsch sind eine Reihe grammatischer Kategorien und damit auch Marker gegenüber dem Standarddeutschen abgebaut (vgl. Lindenfelser und Maitz 2017). Dies betrifft in erster Linie kontextuelle Kategorien,

---

87 Das phonologische Bewusstsein von einem zugrundeliegenden /r/ (und nicht /a/) in einer vokalisierten Nebensilbe -er ist wohl notwendig durch Schriftkenntnis zu erklären. Im Raum Westfalen, dem Hauptherkunftsgebiet der deutschen Missionare von Vunapope, ist die r-Vokalisierung nicht nur üblich, sondern sogar im Gegensatz zu anderen Teilen Deutschlands alternativlos (vgl. AdA 2013ff.: *Aussprache Sport und Karte*). Somit stellt die Realisierung [ɛr] in Unserdeutsch einen Hinweis auf die Schriftstandard-Kompetenz der ersten Sprecher-generation(en) dar.
88 Der noch durchgängiger getilgte Frikativ /x/ (bspw. *ta* < nördliches STD *Tach*) nicht mitgerechnet, da dies beträchtlich mit auf die Markiertheit des Lautes an sich zurückzuführen sein dürfte.

die nur innersprachliche Bezüge herstellen, aber keine Differenzierung der außersprachlichen Wirklichkeit ausdrücken (vgl. Booij 1993, 1995). Solche Kategorien sind grundsätzlich für L2-erwerbsbedingte Abbauprozesse anfällig (vgl. Lindenfelser, eingereicht a). In der Unserdeutsch-Nominalphrase sind Kasus und Genus vollständig abgebaut (vgl. bspw. 18b, 26, 53).

(53) *So   i   holen   **de   klain-e   knabe**...*
     so   1SG   fetch-V   ART.DEF   small-ATTR   boy
     STD: 'Also habe ich den kleinen Jungen geholt ...'

[Sprecherin MK, Brisbane, 01.02.2016]

Es existiert somit nur der genus- und kasusindifferente definite Einheitsartikel *de*, der auch im kindlichen L1- und L2-Erwerb des Deutschen regelhaft in frühem Erwerbsstadium auftritt (vgl. Ruberg 2015: 24). Hier am Beispiel des Deutscherwerbs durch arabischsprachige Kinder:

> Was den definiten Artikel angeht, so erscheint er zunächst in einer reduzierten, „neutralisierten" Form, nämlich [də] bzw. [dɛ], und unabhängig davon, was das gebrauchte Nomen tatsächlich für ein Genus hat. (Marouani 2006: 137)

Auch die Flexion attributiver Adjektive, die in Unserdeutsch auf ein Einheitssuffix {-e} beschränkt ist (versus Nullendung im prädikativen und adverbialen Gebrauch), das daher am sinnvollsten als Attributivmarker zu analysieren ist, entspricht in dieser Form genau dem bekannten frühen Stadium des Erwerbs der Adjektivflexion, in dem noch kein Genus und kein Kasus angezeigt werden (wieder am Beispiel des Deutscherwerbs durch arabischsprachige Kinder):

> In einem nächsten Schritt werden attributive Adjektive richtig positioniert, bewahren aber noch ihre vorherige „e-Flexionsform". (Marouani 2006: 151)

Mit diesem Erwerbsschritt ist die Nominalflexion von Unserdeutsch offensichtlich fossilisiert. In Namibian Black German (Kiche Duits) als L2-Varietät des Deutschen sind die nominalen Kategorien Kasus und Genus ebenfalls vollständig abgebaut. Einzelne basilektale Unserdeutsch-SprecherInnen gehen sogar noch weiter und verwenden das Personal- und Possessivpronomen der 3. Person Singular sexusindifferent (vgl. 54, 55).

(54) *Dise   medhen   mus   ni   blaib   un   aufpas-en   de   kin,*
     this   girl   must   not   stay   and   take_care-V   ART.DEF   child
     er   mus   get   tsu   shule!
     3SG   must   go   to   school
     STD: 'Dieses Mädchen soll/darf nicht (zu Hause) bleiben und auf das Kind aufpassen, es/sie muss zur Schule gehen!'

[Sprecherin VK, Runcorn, 02.10.2017]

(55) er   shwim-en   un   ain   spear   hat   ge-kom-en
     3SG   swim-V   and   ART.DEF   spear   AUX.PST   PTCP-come-V
     in   **ire**   hinten.
     in   3SG.POSS   bottom
     STD: 'Er ist geschwommen und hat einen Speer in seinen Hintern
     bekommen.'   [Sprecherin RM, Vunapope, 22.09.2017]

Diese SprecherInnen haben damit neben der Genusmarkierung sogar die Sexusmarkierung abgebaut (Übergeneralisierung von *er* 'er/sie' und *ire* 'ihr(e)/sein(e)'). Dies entspricht zwar dem Muster von Tok Pisin (*em* 'er/sie/es', auch in der Possessivkonstruktion), was eine alternative Erklärung durch Substrattransfer zulässt, allerdings weisen 75 % der Pidgin- und Kreolsprachen keine Sexusdistinktion beim Personalpronomen auf (vgl. Maurer & APiCS Consortium 2013).[89] Dies spricht wiederum eher für ein allgemeines L2-Phänomen. Für Sprachen, die keine Genus- oder Sexusmarkierung abseits der Personalpronomen aufweisen (wie dem Englischen), gibt es zudem Hinweise, dass Kinder die Distinktion erst spät lernen (vgl. Weeks 1990: 60).

In der Verbalmorphologie fällt die Reduktion des std. theoretisch sechsgliedrigen Tempussystems auf die außersprachlich wesentlichen drei Glieder *Vergangenheit – Präsens – Futur* in Unserdeutsch ins Auge. Die einzig produktive Vergangenheitsform in Unserdeutsch ist dabei formal an das standarddeutsche *haben*-Perfekt angelehnt (vgl. u. a. 18b, 19a, 28b), das Futur wird mit Hilfe des Auxiliars *wid* gebildet (vgl. 27). Allerdings bleibt gerade die Vergangenheit häufig morphologisch unmarkiert, d. h. wird nur lexikalisch markiert oder ergibt sich aus dem weiteren Kontext (vgl. u. a. 18a, 21a). In Namibian Black German verhält es sich ähnlich: Vergangenheit bleibt entweder unmarkiert oder wird periphrastisch durch eine an das std. Perfekt angelehnte Form ausgedrückt (wobei hier das Auxiliar nicht obligatorisch ist, vgl. Deumert 2009: 398). Die bereits beschriebene Reanalyse des std. Partizip-Zirkumfix {ge-...-t} zum Präfix mit Nullendung oder aber mit {-en} in Unserdeutsch ist bspw. auch für thailändische LernerInnen des Deutschen dokumentiert (vgl. Attaviriyanupap 2006b). Grundsätzlich entspricht ein frühes Stadium des Erwerbs der deutschen Vergangenheitstempora exakt dem in Unserdeutsch fossilierten System:

---

89 Rechnet man aus dem APiCS-Sample die Sprachen mit Sexusdifferenzierung heraus, die schwerlich als Pidgin- oder Kreolsprachen zu klassifizieren sind (African American English, Afrikaans, Lingala, Michif, Norf'k, Singlish), so liegt der Wert sogar bei über 80 % (zur Problematik von Nicht-Pidgins und Nicht-Kreols im APiCS-Sample vgl. Parkvall et al. [2018: 232]).

> Den nächsten Schritt bilden zielsprachliche Formen von *haben, sein* und *wollen* [...] im Präteritum. In den folgenden Kontaktmonaten erwerben beide Lernerinnen das Perfekt. Während die jüngere Lernerin bald auch die Verwendungsbedingungen der beiden Auxiliare *(haben* vs. *sein)* erkennt, verwendet ihre ältere Schwester das Auxiliar *haben* in allen Kontexten. Beide Lernerinnen haben zunächst Schwierigkeiten mit der Bildung des Partizip Perfekts bei starken Verben. (Dimroth 2008: 124f.)

So sind auch in Unserdeutsch neben den Modalverben nur für *haben, sein* und *wollen* die synthetischen Vergangenheitsformen (des std. Präteritums) bewahrt, ansonsten die Perfektform. Diese wird produktiv nur mit *haben* gebildet, wobei nicht zwischen ursprünglich schwachen und starken Verben in der Partizipbildung unterschieden wird.

Einen weiteren eindeutigen Fall von Simplifizierung in Unserdeutsch stellt der Abbau der std. verbalen Flexionsparadigmen dar, was den Verlust der Subjekt-Verb-Kongruenz bedeutet. Die invarianten Default-Formen in Unserdeutsch entsprechen einem frühen Stadium des L2-Erwerbs (wiederum für thailändische LernerInnen vgl. Attaviriyanupap 2006b) wie auch einer frühen Stufe des L1-Erwerbs der verbalen Person-/Numerusflexion:

> Demnach werden Vollverben zunächst als Stammformen ohne Suffix *(du geh)* oder als Infinitivformen *(Mama suchen [...])* realisiert, die auf andere Kontexte bzw. Personen übergeneralisiert werden. Vereinzelt tritt auch *-t* auf. (Kauschke 2012: 80)

Die Subjekt-Verb-Kongruenz ist im Namibian Black German ebenfalls abgebaut (vgl. Deumert 2009: 398).

Schließlich ist noch die grundsätzliche Variantenreduktion im Unserdeutsch gegenüber dem Standarddeutschen anzumerken. Es existieren keine verbalen oder nominalen Flexionsklassen mehr, die nominale Pluralallomorphie ist von neun Varianten im Standarddeutschen auf nur ein produktives Muster (analytischer Plural via pränominalem Pluralwort *ale*) reduziert. Stammalternationen durch Umlaut oder Ablaut sind zum Teil abgebaut (bspw. *shwerigkait* 'Schwierigkeit' < std. *schwer; er anfang* 'er fängt an' < std. *anfangen;* weitere vgl. Lindenfelser und Maitz 2017).

Abseits der produktiven Muster findet sich, v. a. im Hochfrequenzbereich, ein weiterer Hinweis auf starke L2-Effekte: nicht-analysierte Mehrwortausdrücke *(chunks),* die als ganze Einheiten mental abgespeichert sind und nicht regelerzeugt werden (vgl. Jiang 2018: 210). Auch die Ausnahmen bestätigen in diesem Fall also die Regel, bspw. Formen wie *guten ta* 'Guten Tag' oder *sai braf* 'sei brav', mit denen keineswegs grammatische Kategorien markiert sind, sondern die unanalysiert holistisch abgerufen werden. Zusammenfassend zeigt auch die Morphologie von Unserdeutsch tiefgreifende L2-Effekte.

c) *Syntax:* Syntaktisch entspricht Unserdeutsch stark frühen Lernervarietäten des Deutschen. So ist bekannt, dass LernerInnen zunächst SVO-Sätze mit V3-Stellung nach temporalen und lokalen Angaben bilden, bevor sie die V2-Eigenschaft des Deutschen und die damit einhergehende syntaktische Inversion erwerben (vgl. Czingler 2014: 25; Dimroth 2008: 121). Unserdeutsch ist offensichtlich in diesem Erwerbsstadium fossiliert (vgl. 21b, 22, 56).

(56) **Tsuhause wi** shprech ma Doitsh, **in shule wi**
    at_home 1PL speak always German in school 1PL
    shprech ma nu in English.
    speak always only in Englisch
    'Zuhause haben wir immer Deutsch gesprochen, in der Schule immer nur Englisch.' [Sprecher JHE, Kavieng, 24.09.2014]

Auch die deutlich reduzierte, meist ganz abgebaute Verbklammer in Unserdeutsch (vgl. bspw. 18b, 19, 45) ist in dieser Weise typisch für einen unvollständigen Erwerb des Deutschen:

> Wenn zwei Verben vorhanden sind, etwa Auxiliar und Partizip, so werden beide zunächst oft an der vorderen Verbposition zusammengestellt. (Dimroth 2008: 121)

Es handelt sich dabei um einen klassischen Fall der Reduktion relativer Komplexität, da der Verbalkomplex (und damit automatisch auch der Satzkern) in Adjazenzstellung leichter zu erfassen ist. Schließlich ist noch die präverbale Stellung des Negationsworts zu nennen, ein „weiteres Charakteristikum früher Lernervarietäten des Deutschen" (Dimroth 2008: 121). In Unserdeutsch steht das Negationswort – mit Ausnahme v. a. der festen Wendung *i wais ni* 'ich weiß (es) nicht' – unmittelbar vor dem Vollverb (vgl. 57a), in komplexen Verbalkonstruktionen somit (als überwiegend einziges Element) in der Klammer zwischen Auxiliar-/Modalverb und Vollverb (vgl. 57b).

(57) a. *Er* **nimals** *sa nain, wen i wil get.*
    3SG.M never say no when 1SG want go
    'Er hat nie Nein gesagt, wenn ich gehen (verreisen) wollte.'
    [Sprecherin DK, Runcorn, 22.10.2015]

  b. *Shade du kan* **ni** *se-n [Name]!*
    pity 2SG can not see-V [Name]
    'Schade, dass du [Name] nicht sehen kannst!'
    [Sprecherin JL, Bracken Ridge, 18.09.2017]

Die Syntax von Unserdeutsch entspricht eindeutig frühen Erwerbsstadien des Deutschen als Zweitsprache. Näheres zu Simplifizierungen in der Syntax von

Unserdeutsch, auch zum partiellen Drop von Funktionswörtern, vgl. Lindenfelser und Maitz (2017: 118–131).

d) *Lexik/Semantik:* Als ein lexikalisches Merkmal von Lernervarietäten gilt die im Verhältnis zur Zielsprache übermäßige Nutzung bestimmter einfacher, hochfrequenter Konstruktionen (vgl. Kochmar und Shutova 2017: 293f.). Ein typisches Beispiel dieser Art ist in Unserdeutsch die Konstruktion [*ma(hen)* + {ADJ/ADV}] als Verbersatz, wobei teils deutsche Verbpartikeln angelehnt an die Syntax von Englisch und Tok Pisin reanalysiert erscheinen:

Tab. 1: Die *ma/mahen*-Konstruktion in Unserdeutsch.

	fest	dain oren	'zuhalten'
	gröser	de shtrase	'ausbauen/vergrößern'
	hais	de stain	'erwärmen/erhitzen'
	herunter	de gras	'kürzen/mähen'
	kaput	haus	'zerstören'
	los	ale tür/main purse	'öffnen'
	parat	fi shule	'vorbereiten'
ma/ mahen	*rain*	ale shue/unsere hinten/ plats/dain tsimer	'putzen'/'abwischen'/ 'säubern'/'aufräumen'
	rund	mit unsre hand	'umrühren'
	shwer	fi kri arbait	'erschweren'
	stark	fi arbait	'stärken'
	sure	di sin warm	'(sich) versichern'
	troken	ales/de brus [TP: Tabak]	'(ab)trocknen'
	weg	main hose/ale shale/ fon de hook/ale waise/de bleter	'ausziehen'/'schälen'/ 'abnehmen'/'entlassen'/'entfernen'

Verschiedene SprecherInnen zeigen auch unanalysiert fossilierte Formen aus dem std. Flexionsparadigma eines Lexems. Auffällig ist dabei zum Beispiel der wiederholte Gebrauch von *jare* im Singular: *fi ain jare* 'ein Jahr lang'; *ain jare nu* 'nur ein Jahr'; *nachdem ain jare* 'nach einem Jahr'. Schließlich zeigen sich Erwerbseinflüsse auch im Vorkommen unanalysierter Mehrworteinheiten, sog.

Chunks (vgl. Arnon und Christiansen 2014), deren Zusammensetzung, teils mit erstarrten Flexionselementen, für die SprecherInnen nicht transparent ist. Ein prominentes Beispiel dafür sind die Grußformeln *guten aben, guten morgen, guten ta,* in denen ein ehemaliges kasusanzeigendes Adjektivflexiv erhalten ist, das außerhalb solcher Chunks in Unserdeutsch nicht vorkommt. Diese Intransparenz zeigt sich in der Forminstabilität in (58), geäußert von einem Halbsprecher mit bereits deutlichen Attritionserscheinungen:

(58) *Gut-e morgen, gut-e mita, gut-en abend,*
 good-ATTR morning good-ATTR noon good-ATTR evening
 ale dise.
 all this
 'Guten Morgen, guten Mittag [sic!], guten Abend, so etwas.'
 [Sprecher AS, Kokopo, 26.09.2017]

Eine andere Form des Chunking im Spracherwerb liegt vor, wenn Mehrworteinheiten der Zielsprache aufgrund nicht stattfindender Segmentierung als Einworteinheiten aufgefasst oder abweichend segmentiert werden. Die Abschiedsformel *aufwidersen* in Unserdeutsch ist ein solches Beispiel, wie spontane Verschriftungen durch SprecherInnen via Facebook und WhatsApp erhärten: *Aufwiedersen, aufweidersehn, arvedesein, Arviden sen, Auf Veider Zein.*

Was hier nur blitzlichtartig gezeigt werden konnte, die Spuren des L2-Erwerbs auch in der Lexik von Unserdeutsch, bietet für zukünftige Studien noch beträchtliches Potenzial.

Auf allen Ebenen des Sprachsystems von Unserdeutsch konnten allgemeine L2-Effekte nachgewiesen werden. Gemäß der Typologie zur Genese von Kreolsprachen nach Muysken (2013: 717) ist dieser Befund der Orientierung an universalen (Erwerbs-)Prinzipien zuzuordnen, die zur Entstehung eines universalienorientierten Kreols führen. Dieser Typ entsteht nach Muysken besonders dann, wenn mehrere strukturell verschiedene Substratsprachen vorliegen und zudem ein beschränkter Zugang zum Superstrat vorliegt. Als Beispiel nennt Muysken Hawai'i Creole English. Im Fall von Unserdeutsch liegen zwar prinzipiell mehrere strukturell verschiedene Substratsprachen vor, doch ist bislang nur eine, nämlich Tok Pisin als „größter gemeinsamer Nenner" unter den Kindern, in der Sprachstruktur selbst nachweisbar. Ein beschränkter Zugang zum Superstrat lag bei der Enstehung von Unserdeutsch sicher nicht vor. Dafür war allerdings der Bruch in der Sprachtransmission offensichtlich sehr abrupt, was die dennoch beträchtlichen L2-Effekte begründen mag. Einen starken Zusammenhang zwischen Kreolgenese und L2-Erwerb konnte beispielsweise auch Migge (2003) für die Kreolsprachen von Suriname zeigen:

> The findings from this study strongly support theories of creole formation that argue that creole formation closely resembles cases of L2 acquisition. (Migge 2003: 88)

Die Entstehung von Kreolsprachen als Folge unvollständigen Zweitspracherwerbs wird am stärksten und „transparentesten" (Sprouse 2009: 284) von der Interlanguage-Hypothese (Plag 2008a, 2008b, 2009a, 2009b) betont. Kreolsprachen entstehen gemäß dieser Hypothese als „konventionalisierte Interimsprachen einer frühen Entwicklungsphase". Plag (2008a) sieht als Evidenz für die Parallele zwischen Kreol- und Interimssprachen unter anderem die (Fast-) Absenz von kontextueller Flexion (gegenüber inhärenter Flexion) in beiden Varietätentypen. Kontextuelle Merkmale wie bspw. Kasus in der Nominalphrase markieren nur innersprachliche Bezüge, tragen aber keine weitere kommunikative Bedeutung – im Gegensatz etwa zum Tempus, das einen Umstand der außersprachlichen Wirklichkeit kodiert (vgl. Kiparsky 1983; Booij 1993; 1995). Unserdeutsch stärkt diese Annahme, da es gegenüber seinem Superstrat Standarddeutsch einen drastischen Abbau der kontextuellen Flexionsmorphologie zeigt (vgl. Lindenfelser, eingereicht a), wie ähnlich auch Lernervarietäten des Deutschen.

Wie Lernervarietäten hinsichtlich ihrer Nähe zur Zielsprache beschrieben werden können, so ist dies auch für Kreolsprachen (und die Varietäten innerhalb eines Kreolkontinuums) hinsichtlich ihrer Nähe zum Superstrat möglich. In der Praxis erweist sich dabei häufig die Frage der Rolle von Transfer als schwierig. Im Fall von Unserdeutsch ganz besonders, da bereits die Substratsprache selbst so stark simplifiziert ist, dass Simplifizierungen von Superstratmerkmalen zum Teil beinahe automatisch zu einer Angleichung an die Struktur von Tok Pisin führt. Unabhängig von einzelnen Merkmalen, die auf unterschiedliche Weise motivierbar sind, sollte es aber gelungen sein zu zeigen, dass die Struktur von Unserdeutsch auf allen Ebenen zu unterschiedlichen Anteilen zusammengesetzt ist aus allen denjenigen Faktoren, die in der Kreolistik zu eigenständigen Genesetheorien geführt haben. Superstrat-, Substrat-, Adstrat- und von den Strata unabhängige L2-Universalien lassen sich in Unserdeutsch nachweisen. Sinnvoll erscheint grundsätzlich eine graduelle Gewichtung der Faktoren, keine Entscheidung für exklusive Theorien.

Nach der Kontaktsprachen-Typologie von McWhorter (2007), die zum ersten Mal im Sinne eines Kontinuums systematisch die Brücke schlägt zwischen Entlehnung und Transfer in Nicht-Kreolsprachen (vgl. Thomason und Kaufmann 1988) hin zu den Simplifizierungen mit unterschiedlich tiefgreifendem Transfer in Semikreols und Kreols, ist Unserdeutsch als „deep creole" zu klassifizieren (vgl. McWhorter 2007: 252–276). Das bedeutet, es zeigt sowohl starke Simplifizierungen auf allen Ebenen als auch tiefgreifenden (Substrat-)Transfer inklusive der Phonologie und Morphologie (vgl. McWhorter 2007: 264).

Als letzter Aspekt steht nun noch die Untersuchung der Rolle von Innovation im System von Unserdeutsch aus, offensichtlich eigenständigen Entwicklungen, die auf keinen der vorherigen vier Einflussfaktoren zurückführbar sind.

3.3.5 Die Rolle von Innovation

Neben Strata-Einflüssen und L2-Effekten wird üblicherweise noch ein weiterer Faktor angesetzt, der das Sprachsystem der entstehenden Kreolsprache prägt: unabhängige Innovationen (vgl. bspw. Holm 1988: 144). Solche „sprachinternen" Innovationen sind letztlich schwer nachweisbar (vgl. Enfield 2002: 124 allgemein; Mufwene 2008: 84 bzgl. Kreolstrukturen). Das liegt zum einen darin begründet, dass meist auch andere, bspw. kontaktinduzierte Erklärungen denkbar sind, zum anderen darin, dass neue Formen nicht *ex nihilo* erzeugt werden: "They [language users] do not invent linguistic forms. They inherit or recycle them" (Kihm 2013: 134). Innovation beginnt also in der Regel[90] zunächst subtil auf der funktionalen Ebene und zieht erst dann potenziell eine Formänderung nach sich (vgl. auch die an die Evolutionsbiologie angelehnte Bezeichnung "altered replication" für Innovation in Croft 2000: 71). Diesen typischen Beginn der Entstehung neuer Form-Bedeutungs-Paare (Konstruktionen) durch initialen *internen* konstruktionalen Wandel hat zudem die Konstruktionsgrammatik anhand vieler Beispiele diachron gezeigt (vgl. Traugott und Trousdale 2013).

Der diesem Kapitel zugrundeliegende Innovationsbegriff bezieht sich auf abweichenden, neuartigen Gebrauch sprachlicher Elemente (vgl. Andersen 1989: 13), der derzeit nicht einleuchtend bzw. hinreichend durch beteiligte Kontaktsprachen oder universale L2-Simplifizierungen motivierbar ist. Es geht m. a. W. um scheinbar nicht-kontaktinduzierte und nicht-L2-erwerbsbedingte, sprachintern erfolgte Reanalysen.

Mit Croft (2000: 65f.) kann zwischen intentionalen und nicht-intentionalen Innovationen (in seiner Terminologie: modifizierten Replikationen) unterschieden werden, wenn auch der Übergang zwischen beiden graduell verläuft. Intentionale Innovationen können funktional erklärt werden, sie helfen dem Sprachnutzer bei der Erreichung eines (kommunikativen) Ziels. Dazu könnte etwa die Änderung im Gebrauch von udt. *wid* gegenüber std. *werden* gerechnet werden. Der Funktionsausbau von *wid* als einem temporalen Marker zu einem habituellen oder irrealen Marker ist über die englischen *would*-Konstruktionen, also kontaktinduziert, erklärbar. Eine weitere, wenn auch sehr marginale Verwen-

---

[90] Wortkonversionen wie bspw. *googeln* bilden dabei eine Ausnahme.

dungsweise hingegen könnte ein möglicher Kandidat für eine Innovation im engeren Sinne sein: Der Gebrauch von *wid* als eine Art narrativer Marker. *Wid* kommt in dieser Funktion teils in (selbst erlebten?) Erzählungen vor, die singuläre Ereignisse in der Vergangenheit betreffen (vgl. 59).

(59) Nach   tswai monat, i   **wid** sag-en [Name], das   i   **wid**
      after two   month   1SG AUX   say-V   [name]   that 1SG AUX
      get   ferien.
      go   holiday
      'Nach zwei Monaten sagte ich [Name], dass ich in den Urlaub gehe.'
      [Sprecher PK, Cleveland, 02.02.2016]

Auch die in ihrem Gebrauch erweiterte *ma/mahen*-Konstruktion (vgl. Kap. 3.3.4) könnte (unabhängig von der vorgeschlagenen L2-Erklärung) so betrachtet werden.

Nicht-intentionale Innovationen ergeben sich eher als eine Art Nebeneffekt, im Sinne eines Phänomens der dritten Art nach Keller (1994). Dieser Art entspricht stark die Entstehung eines Verbmarkers {-en} in Unserdeutsch durch Reanalyse der std. Infinitivendung – ein Nebeneffekt des Verlusts des verbalen Person-Numerus-Paradigmas, der zur Folge hat, dass es keine finiten Verbformen mehr gibt und somit {-en} auch nicht mehr sinnvoll als ein Infinitivmarkierendes Suffix analysierbar ist. Zugleich tritt {-en} allerdings an englische Verbstämme (bspw. *ringen* 'anrufen'), sodass es sich offensichtlich um ein abtrennbares Suffix handelt. Ein weiterer Fall dieser Art ist die Entstehung des Attributivmarkers am Adjektiv in Unserdeutsch. Auch dieser ist das Nebenprodukt eines Simplifizierungsprozesses, nämlich des vollständigen Abbaus des adjektivischen Kasus-Numerus-Genus-Paradigmas. Zurück blieb bei attributivem Gebrauch das Suffix {-e} als gemeinsamer Nenner der im Standarddeutschen flektierten Formen, während das Adjektiv bei adverbialem und prädikativem Gebrauch in Unserdeutsch, wie im Standarddeutschen, nicht flektiert.

Ein breites Feld für die Suche nach Innovationen bietet die Lexik von Unserdeutsch, inklusive potenziell innovativer Wortbildungsprozesse. Die verschiedenen morphologischen Konversionen (Adv. *angs* 'Angst haben', *tsorn* 'wütend sein'; Präp. *oben/unten*, Verb *tot* 'sterben' usw.) sind dabei auszunehmen, da sie offensichtlich durch Kontakteinflüsse aus dem Englischen und/oder Tok Pisin zu erklären sind. Rein semantischen (und damit usuellen) Wandel zeigen bspw. auffällig udt. *tsanken* (auch: 'kämpfen', vgl. 60), *mensh* (auch: 'Mann/Ehemann', vgl. 61) und *stark/shtark* (auch: 'streng', 'fest entschlossen', vgl. 62). Allerdings sind auch diese Fälle mindestens partiell, wenn nicht vollständig als *calques* aus Tok Pisin zu betrachten: Die Bedeutungserweiterung von *stark* entspricht dem breiten Bedeutungsspektrum von TP *strongpela*. Für *tsanken* und *mensh* ist zu bedenken, dass die Konzepte 'streiten' vs. 'kämpfen' bzw. '(Ehe-)Mann' vs. 'Mensch', die sowohl im Standarddeutschen als auch im Englischen lexikalisch getrennt sind, in Tok Pisin wie eben in Unserdeutsch durch nur ein Lexem repräsentiert werden: *paitim* bzw. *man*.

(60) During   de   krich, ale   Japaner, di   war   am   **tsank-en**
     during   ART.DEF   war   PL   Japanese 3PL   AUX.PST   HAB   fight-V
     mit,   i   wais   ni,   ale   German   ode   was.
     with   1SG   know   not   PL   German   or   what
     'Während dem Krieg haben die Japaner mit, ich weiß nicht, den Deutschen oder so gekämpft.'   [Sprecherin AH, Brisbane, 20.01.2016]

(61) [...]   dan   ferti   fon   de   **mensh,** dan   **fund-en**
               then   done   from   ART.DEF   husband   then   finden\PST-V
     ain   andre   **mensh** [...]
     ART.INDF other   husband
     '... dann hatte ich genug von diesem Mann, dann habe ich einen anderen Mann gefunden ...'   [Sprecherin DK, Runcorn, 22.10.2015]

(62) Ich   bin   gants   **stark**   mit   di: wen [...],   du   kri
     1SG   COP.1SG   very   harsh   with   3PL   if   2SG   get
     ain   faus.
     ART.INDF fist
     'Ich war sehr streng/hart mit ihnen: Wenn [...], kriegst du meine Faust ab.'
     [Sprecher PK, Loganholme, 21.02.2017]

Nachdem es also schwerfällt, in semantischen Verschiebungen kontaktunabhängige Innovation festzustellen, sei noch kurz auf die formale Seite geblickt. Den klassischen Fall einer Reanalyse zeigt *hergemal* 'Ehemann', dessen zweiter Bestandteil für die SprecherInnen vollständig intransparent ist und deshalb von mehreren SprecherInnen in einem zweiten Schritt zu *hergeman* reanalysiert wurde (eine Sprecherin korrigiert sich sogar weiter zu *hergemensh*). Eine formale Innovation stellen zudem zwei Kontraktionen dar, die allerdings nicht mit einer Funktionsänderung einhergehen: *swi* (< std. *so wie*) und Wortverbindungen mit dem Morphem {-mals}, offensichtliche Analogiebildungen: *nimals, filmals, manmals (malmals), ainigemals*.

Grundsätzlich ist die Zahl der Innovationen im engen Sinn, die nicht vertretbarerweise auch „sprachextern" (mit-)erklärbar ist, überschaubar. Dies dürfte der sehr kurzen Sprachgeschichte von Unserdeutsch geschuldet sein, die noch nicht allzuviel Zeit für eigenständige sprachinterne Entwicklungen ließ.

In einem etwas weiteren Verständnis von Innovation, als es hier angesetzt wurde, kann auch Bedeutungs- oder Funktions*reduktion* als Innovation aufgefasst werden. Bei einer solchen Sichtweise nimmt die Anzahl an Innovationen in Unserdeutsch drastisch zu: Es wären dann auch bspw. die sehr basilektale unflektierbare Form der Kopula *bis* als Innovation aufzufassen (Reanalyse der 2. Person Singular der std. Kopula zur Default-Form) oder die teilweise Reanalyse der std. kasusflektierten Formen *uns* oder *euch* (> UDT *oi*) der std. Personalpronomen der 1. und 2. Person Plural zu Default-Formen. In der vorliegenden Arbeit werden solche Prozesse jedoch terminologisch nicht den Innovationen zugerechnet.

Welche Rolle haben nun die fünf in den letzten Kapiteln betrachteten Prozesse bei der Entstehung des Sprachsystems von Unserdeutsch eingenommen? Es hat sich zunächst gezeigt, dass für alle fünf Prozesse Beispiele gegeben werden können, sie also alle, wenn auch in unterschiedlichem Ausmaß, einen Erklärungswert für Merkmale im Sprachsystem von Unserdeutsch bieten. Das entspricht der zuletzt populären Konvergenz-Erklärung:

> Its popularity may have more to do with the present deadlock in creole linguistics, where models for which superior explanatory power has been claimed appear to have reached their limits. It turns out that convergence is used by creolists wishing to take a compromise position between substrate, superstrate, universalist and other possible explanations in creole genesis by simply allowing a combination of these. (Kouwenberg 2001: 219)

Während darin einerseits ein Fortschritt gesehen werden kann insofern, als sich der Blick aufgrund einer explanativen Pattsituation zwischen den Vertretern einzelner Lager zu einem facettenreicheren Gesamtbild weitet, sieht Kouwenberg (2001) diese Entwicklung allerdings auch kritisch: Die Konvergenz-Erklärung trägt einen gewissen Ad-hoc-Anstrich und indiziert den Mangel an einem übergreifenden Erklärungsmodell. Es sei, so Kouwenberg (2001: 243), "the return of the *Cafeteria Principle* through the back door". Trotzdem hat die Konvergenz-Erklärung ihre klare Berechtigung, wie schon Siegel (2008b) für die Substrathypothese gezeigt hat, der das *Cafeteria Principle* im Sinne einer willkürlichen Selektion aus verschiedenen Quellen ursprünglich von Universalisten vorgeworfen wurde. Sucht man nach der Quelle linguistischer Strukturen in Kreolsprachen, so liegt die Antwort häufig in der Konvergenz mehrerer oder aller der bekannten zentralen Prozesse (vgl. Holm 1988: 144). Die noch ungelöste kreolistische Aufgabe besteht darin, die Regeln und Beschränkungen herauszufinden, denen die Selektion bzw. das Einsetzen des einen oder anderen Prozesses unterliegt. Ein wichtiger erster Schritt dafür ist die *Gewichtung* der Rolle der verschiedenen Prozesse in einzelnen Entstehungsszenarien.

Für Unserdeutsch hat sich gezeigt, dass es sich dominant im Spannungsfeld zwischen L1-orientierten und L2-erwerbsbedingten Prozessen einordnen lässt.

Die beiden damit verbundenen Prozesse, Substrattransfer und L2-Simplifizierungen, bieten den höchsten Erklärungswert. Auf diese beiden folgt der Superstrattransfer, der auf bestimmte Bereiche, v.a. *formalen Transfer* (insbesondere das lexikalische Material), beschränkt ist. Eher nachrangig ist Adstrattransfer, der häufig *Varianten* bietet und möglicherweise auch historisch sekundär einzustufen ist (etwa als Folge von Attritionserscheinungen in einem englischsprachigen Umfeld). Wie auch in anderen Szenarien üblich, können diese vier Prozesse zusammen schon beinahe alle auftretenden Merkmale erklären. Dementsprechend ist die Rolle von (sprachinterner) Innovation im engeren Sinn eher auf *Einzelfälle* beschränkt oder ein *Beiprodukt* anderer Prozesse.

Das Ausmaß der einzelnen Prozesse ist von den soziohistorischen Bedingungen der Entstehungssituation abhängig (vgl. Migge 2003: 5), beispielsweise davon, wie stark der Einfluss beteiligter Kontaktsprachen war oder ob es einen Bruch in der Erwerbssituation gab. Kreoltypologien bieten hierfür einen Anhaltspunkt: Welche Art von Kreol liegt vor? Daraus können dann weitere Schlüsse gezogen werden, welche Prozesse im vorliegenden Fall wie stark in ihrem Effekt einzuschätzen sind. Das folgende Kapitel soll auf ausgewählte Fragestellungen Licht werfen, die aus kreolistischer Sicht theorierelevant für die Klassifizierung von Unserdeutsch sind.

3.4 Die Klassifizierung von Unserdeutsch

In diesem Kapitel werden die Klassifizierung von Unserdeutsch und damit zusammenhängende theoretische Fragen diskutiert. Es beginnt mit der Frage der Klassifizierung von Unserdeutsch als Kreolsprache, die bis hierher stillschweigend vorausgesetzt wurde (Kap. 3.4.1), und führt weiter zu einer Subklassifizierung innerhalb der Typologie der Kreolsprachen (Kap. 3.4.2). Es folgt die Erörterung des Zutreffens zentraler soziohistorischer Kreolmerkmale, die innerhalb der Kreolistik kontrovers diskutiert werden: Ist Unserdeutsch aus einem Pidgin hervorgegangen? Ist es graduell oder abrupt entstanden? Und gab es einen beschränkten Zugang zum Superstrat innerhalb der Entstehungszeit? (Kap. 3.4.3) Die Erörterung dieser Fragen schärft das Sprachprofil von Unserdeutsch und den Beitrag dieses Fallbeispiels zu laufenden kreolistischen Kontroversen.

3.4.1 Ist Unserdeutsch überhaupt eine Kreolsprache?

Die Behandlung der Frage, ob Unserdeutsch überhaupt als Kreolsprache zu klassifizieren ist, wurde akut durch ein anonymes Gutachten, das auf ein vom

Autor zusammen mit Péter Maitz eingereichtes Manuskript erfolgte. In diesem wurde die Klassifizierung von Unserdeutsch forsch und rundweg abgelehnt:

> Unserdeutsch, however interesting it is in itself – which it definitely is, is not relevant to theories of creolization. [...] Unserdeutsch is a case of a mixed language, like Javindo – another boarding school mixed language, and not of a creole: A so-called G-L mixed language (cf. Bakker 2003, Meakins 2013) with the grammar of Tok Pisin and the lexicon from German. What is untypical about Unserdeutsch is that one of the contributing languages is a creole, and it is this contribution of the grammar that gives Unserdeutsch the appearance of being a creole without it being one. (anonymes Gutachten zu einem Manuskript von Maitz und Lindenfelser im Jahr 2017)

Eine ausführliche Auseinandersetzung mit der Klassifizierung von Unserdeutsch sowie auch dem im Gutachten aufgeworfenen Vergleichsfall Javindo erfolgt auch in Maitz (i. E.). In diesem Kapitel wird eine abgekürzte Argumentation u. a. ohne Rücksichtnahme auf die durchaus auch diskutable Verortung von Javindo vorgenommen.

Zur Beantwortung der Frage, ob Unserdeutsch eine Kreolsprache oder eine L-G-Mischsprache[91] ist, sind zunächst beide Kategorien trennscharf voneinander zu unterscheiden. Dies stellt bereits eine erste Herausforderung dar, da beide Kategorien häufig unscharf definiert sind (vgl. Grant 2001: 81) und die Kategorien selbst bei einer brauchbaren Definition durch die große kategorieninterne Variation graduell ineinander übergehen (vgl. Thomason 2003: 22; Pagel 2015).[92] So setzt Meakins (2013) ihrer Zusammenstellung von Sprachen, die in der Literatur als Mischsprachen klassifiziert wurden, die warnende Bemerkung voraus:

> The status of a number of these languages is questionable. Indeed often following closely in pursuit of every claim for the existence of a mixed language lies a counter-claim about its non-existence. (Meakins 2013: 160)

In einem weiten Sinn sind alle natürlichen Sprachen gemischte Sprachen (vgl. Thomason 2003: 21) – Pidgin- und Kreolsprachen darunter ganz besonders, weshalb sie häufig auch als Subtyp der Mischsprachen behandelt werden. Im Folgenden geht es allerdings nur darum, Kreolsprachen von den enger abgesteckten *stabilen bilingualen Mischsprachen* (in der Terminologie von Thomason 2003) bzw. dem hier relevanten strukturellen Subtyp der *L-G-Mischsprachen* (Lexikon-Grammatik- Mischsprachen, d. h. die Grammatik entstammt Quellsprache 1, das

---

[91] Sowohl die Reihenfolge L-G als auch G-L finden sich in der Literatur.
[92] Smith (1995) setzt in seiner annotierten Liste von Kreol-, Pidgin- und Mischsprachen sogar eine Zwischenkategorie an: *creoles – mixed creoles – mixed languages*, analog *mixed pidgins*.

Lexikon Quellsprache 2) nach Bakker (2003) abzugrenzen. Zu diesem Zweck sind die notwendigen und hinreichenden Zuordnungskriterien auszumachen.

Zunächst erscheinen folgende in der Literatur genannte Merkmale von Mischsprachen eher akzidenziell als notwendig und tragen wenig bei zur Unterscheidung gegenüber Kreolsprachen:

a) **Akzidenzielle soziale Merkmale**
- *Art der Entstehung:* Genauso wie für Kreolsprachen Fälle abrupter wie gradueller Entstehung belegt sind, werden auch abrupt und graduell entstandene Sprachen der Klasse der Mischsprachen zugeordnet (vgl. Matras und Bakker 2003: 13).
- *Gebrauch:* Mischsprachen sind die dominanten Sprachen oder auch funktionalen Erstsprachen einer Sprechergemeinschaft. Dies trifft genauso auf Kreolsprachen zu, während es auf der anderen Seite für manche *secret mixed languages* wiederum nicht zutrifft, die nur unter speziellen Umständen (vgl. Bakker 2003: 110) gebraucht werden. Deshalb wird differenzierend häufig hinzugefügt, Mischsprachen würden im Nebeneinander mit einer oder mehreren ihrer Quellsprachen gesprochen. Zum einen trifft dies nur auf "symbiotic mixed languages" zu und nicht auf "plain mixed languages" (vgl. Smith 1995: 332f.). Das Kriterium kann also zutreffen oder auch nicht zutreffen (vgl. auch Bakker und Mous 1994b: 8). Für die Mischsprache Michif bspw. trifft es *nur heute* nicht mehr zu, sie wird inzwischen weitgehend unabhängig von ihren Quellsprachen (die die meisten SprecherInnen gar nicht mehr beherrschen) gesprochen (vgl. Meakins 2013: 186). Im Fall der Mischsprachen Angloromani und Ma'a beispielsweise aber sprachen offenbar nicht einmal die Sprachschöpfer selbst ihrerzeit die Lexifikatorsprache (vgl. McWhorter 2005: 249ff.). Zum anderen können Kreolsprachen ebenfalls neben einer oder mehreren ihrer Quellsprachen gesprochen werden, so bspw. einige pazifische Kreols (vgl. Meakins 2013: 186). Im Grunde das gleiche kommt auch zum Ausdruck, wenn für die karibischen Kreols von einer Diglossiesituation zwischen Basilekt/Kreol und Akrolekt/Lexifikator gesprochen wird (vgl. Winford 1985).
- *Eigene ethnische Identität:* Zum Teil wird das Kriterium der Herausbildung einer separaten (hybriden) ethnischen Identität angeführt, die durch das Widerstehen von assimilativem Druck bestärkt sein kann (vgl. Matras und Bakker 2003: 14). Bei einem Teil der Mischsprachen, den *mixed marriage languages* (vgl. Croft 2003: 57–60), hängt dies mit *mixedraceness* zusammen, die allein schon zu einer äußerlichen Andersartigkeit führt. Doch auch dieses Merkmal taugt nicht für eine Unterscheidung: "Mixed languages are also spoken by people who *do not* constitute a separate ethnic identity."

(Meakins 2013: 185, Hervorhebung im Original). Zudem ist nicht ersichtlich, wie dieses Merkmal zu einer Distinktion gegenüber Kreolsprachen führen soll, für die zum einen auch gemischte Ehen attestiert sind (im Fall von Siedlungskreols, vgl. etwa Arends 1995: 16), zum anderen ebenfalls das Kriterium einer separaten Identität angeführt wird, die mit subversivem sprachlichem Widerstand einhergehen kann (vgl. Siegel 2007: 191).

– *Absichtlicher Wandel:* Mischsprachen seien das Ergebnis eines bewussten, absichtlich herbeigeführten Wandels (vgl. Thomason 2003: 32f.). Dies scheint aber nur für eine Subklasse der Mischsprachen wirklich nachweisbar zuzutreffen, nämlich *mixed secret languages*. In einem weiten Sinn verstanden hingegen, wenn schon der Wunsch nach Abgrenzung als bewusster Wandel betrachtet wird, kann dieser Aspekt wiederum auch auf Kreolsprachen zutreffen, wie im vorherigen Punkt bemerkt.

b) Akzidenzielle strukturelle Merkmale

– *Genetische Ambiguität:* Mischsprachen sind nicht genetisch klassifizierbar im Sinne des historischen Stammbaummodells, da sie nicht von einer einzelnen Sprache abstammen (vgl. Meakins 2013: 180). Dieses Merkmal trifft allerdings nach klassischer Ansicht (abgesehen von superstratistischen Positionen) genauso auf Pidgin- und Kreolsprachen zu:

> [T]he consensus among modern linguists is that Pidgins and Creoles mix elements of two or more languages to the extent that they are unclassifiable according to the *Stammbaum* model (Thomason and Kaufman 1988). (McWhorter 1999: 15)

– *Lexikon-Grammatik-Split:* Dieses Kriterium grenzt innerhalb der Mischsprachen L-G-Mischsprachen, in denen die Lexik einer anderen Quellsprache entstammt als die Grammatik, von anderen Typen ab (bspw. V-N-Mischsprachen, in denen die verbalen Elemente einer anderen Quellsprache entstammen als die nominalen Elemente). Da es selbstverständlich keine idealen Aufteilungen gibt, führt Bakker (2003: 109) als Richtwert 90 % an. Allerdings entfällt in Kreolsprachen genauso über 90 % des Lexikons auf das Superstrat (vgl. Bartens 2013: 131), während der Großteil der Grammatik – diese ist schwer quantifizierbar, wie auch Bakker (2003: 109) einräumt – nach gängiger Sicht nicht dem Superstrat, also einer anderen Quelle entstammt (vgl. Frowein 2006: 26).

Nachdem die bislang angeführten Merkmale offensichtlich nicht weiterhelfen bei der Differenzierung zwischen L-G-Mischsprachen und Kreolsprachen, folgen nun zwei soziale und zwei strukturelle Merkmale, die für eine Unterscheidung substanziell und nützlich erscheinen. Die Brauchbarkeit der beiden sozialen

Merkmale wurde bereits in ihren Grundfesten erschüttert (vgl. McWhorter 2005: 247–259; zusammenfassend Pagel 2015), indem gezeigt wurde, dass auch sie weder für Mischsprachen exklusiv zutreffen noch für Kreolsprachen nicht zutreffen können. Dies mündete in den Vorschlag McWhorters, dass Mischsprachen dieser Art auch nur als ein Sonderfall der Kreolgenese zu betrachten seien (McWhorter 2005: 259). Trotzdem werden diese zwei genannten Merkmale im Folgenden angesetzt, da sie noch am ehesten trennscharf eingesetzt werden können und sich die Klassifizierungsfrage sonst erübrigen würde.

c) **Substanzielle soziale Merkmale**
- *Bilingualismus zum Entstehungszeitpunkt:* Die Entstehung von Mischsprachen erfordert, der Entstehungssituation bei Kreolsprachen entgegenstehend, eine bilinguale Sprachgemeinschaft. Zentral ist dabei die Situation zum Entstehungszeitpunkt der Sprache, nicht ein möglicher späterer Bilingualismus (vgl. die Anmerkungen zum Merkmal *Gebrauch*):

   > [B]ilingual languages must have been created by bilinguals – that is, by people who had already learned both of the languages that were combined somehow to form the new mixed language. (Thomason 2003: 32)

- *Entstehung als Ingroup-Sprache:* Mischsprachen sind Ingroup-Sprachen (vgl. Lefebvre 1998: 28). Nachdem Kreolsprachen mit Baker (2000: 48) genauso als "medium for community solidarity" charakterisiert werden können, geht es nicht um die später oder derzeit dominante Funktion, sondern um die chronologisch *erste* Funktion der Sprache. Mischsprachen entstehen nicht wie Kreolsprachen (im Pidginstadium) zuerst als Kommunikationsbrücke, um *dann anschließend* eine identitätsbildende Ingroup-Funktion herauszubilden, sondern unmittelbar *als* Ingroup-Sprachen (vgl. Meakins 2013: 186). Dies ergibt sich im Grunde als direkte Folge aus dem bereits bestehenden Bilingualismus, der eine Kommunikationsbrücke nicht nötig macht.

d) **Substanzielle strukturelle Merkmale:**
- *Keine L2-Simplifizierungen:* Mischsprachen weisen keine L2-Simplifizierungen auf. Dies ergibt sich als natürliche Folge aus dem Bilingualismus der Sprachschöpfer, der Simplifizierungen nicht nötig macht (vgl. Thomason 1997: 81; 2003: 22). Zweitspracherwerb spielt somit in der Entstehung einer Mischsprache überhaupt keine Rolle (vgl. Lefebvre 1998: 28), die morphologische Komplexität der Quellsprachen wird bewahrt (vgl. Sebba 1997: 267). Dies trifft für Kreolsprachen eindeutig nicht zu.
- *Merkmale aus zwei Quellsprachen:* Bei Mischsprachen wird davon ausgegangen, dass sie aus genau zwei Quellsprachen entstehen (vgl. Lefebvre 1998: 28; Winford 2013: 368) – eben weil sie, als Folge des Bilingualitätskri-

teriums, eine „bilinguale Mischung" (Matras und Bakker 2003: 1) darstellen. Dieses ist auch das einzige Merkmal, das McWhorter (1999: 22–24) als konstitutiv gelten lässt (wenn auch für ihn als Subkategorie innerhalb der Kreolsprachen, nicht als eigene Oberkategorie). Dieses klassische Kriterium ist aufgrund der Existenz (sehr sehr weniger) *dual-source* Pidgins (Russenorsk) und *dual-source* Kreols (Pitcairn-Norfolk) – zur Kategorie und den beiden Beispielen vgl. Trudgill (1996: 9–11) – etwas geschwächt. Beide Sprachen sollten aufgrund eindeutiger L2-Simplifizierungen nicht den Mischsprachen zugeordnet werden. Von diesen Ausnahmen abgesehen, die ein Klassifikationsproblem darstellen, erscheint das Merkmal allerdings sinnvoll, da es sich als direkte Folge aus dem Bilingualismus der Sprachschöpfer ergibt. Im engen Zusammenhang wird häufig auch genannt, dass die Merkmale i.d.R. eindeutig einer der beiden Quellsprachen zugeordnet werden können. In Kreolsprachen, die fast immer in einem Kontext einer ganzen Serie (möglicher) Substratsprachen entstehen aufgrund sehr diverser Herkunft der Sprachschöpfer, ist dies in der Regel nicht so eindeutig möglich. Dieses Kriterium der Zuordenbarkeit wird hier allerdings als sekundär und nicht substanziell betrachtet: Es hängt ab von der Nähe der beteiligten Quellsprachen. Während sich lexikalisches Material noch verhältnismäßig gut zuordnen lässt, wird es mit strukturell ähnlichen Quellsprachen bei grammatischen Funktionen und Kategorien schnell schwierig.

Die vier gefundenen, für Mischsprachen konstitutiven und gegenüber Kreolsprachen distinktiven Merkmale sind nun auf Unserdeutsch anzuwenden, um dieses zu klassifizieren.

1. *Bilingualismus zum Entstehungszeitpunkt:* Die Kinder und Jugendlichen, die Unserdeutsch entwickelt haben, hatten bei der Geburt der Sprache noch *keine* Kompetenz der Lexifikatorsprache, des Standarddeutschen. Unserdeutsch stabilisierte sich aus Lernervarietäten, und erst dann, parallel zum Gebrauch von Unserdeutsch, entwickelte sich auch die Kompetenz des Standarddeutschen weiter (vgl. Maitz 2017: 221). Auch eine Kompetenz in der Adstratsprache, dem Englischen, ist zum Entstehungszeitpunkt auszuschließen. Wie die historischen Berichte gezeigt haben, sprachen die Kinder lediglich überwiegend in unterschiedlichem Grade Tok Pisin sowie partiell eine der zahlreichen verschiedenen Muttersprachen, abhängig von ihrer Herkunft. Es lag also lediglich eine Substratkompetenz vor. Ausgehend von diesem Merkmal, ist Unserdeutsch als Kreolsprache zu betrachten.

2. *Entstehung als Ingroup-Sprache:* Unserdeutsch entwickelte sich außergewöhnlich schnell zu einer Ingroup-Sprache, weshalb Unserdeutsch sogar von

Volker (1989b) in die Nähe der *secret languages* gerückt wurde (die es allerdings aufgrund des deutsch-basierten Lexikons vor den Missionaren nie sein konnte). Aus dieser Sicht, die sich aus der überlieferten Folklore der SprecherInnen zur Entstehung ihrer Sprache ergab, wäre Unserdeutsch tatsächlich als Ingroup-Sprache entwickelt worden. Die genauere Betrachtung der historischen Entstehungssituation in Kap. 3.1.3 und die Analyse der sprachlichen Funktionen und ihrer wahrscheinlichen Abfolge (Kap. 3.2) hab allerdings gezeigt, wiederum im Einklang mit dem Entstehungsmodell von Maitz (2017: 221), dass die chronologisch erste Sprachfunktion von Unserdeutsch sehr wohl die kommunikative Funktion war. Unserdeutsch stabilisierte sich aus Lernervarietäten heraus, wie die archivalischen Berichte zu den Schwierigkeiten des Deutschlernens der Kinder zeigen. Somit war Unserdeutsch in den frühesten Anfängen, bevor es mit zunehmender Standardkompetenz zur Ingroup-Sprache umfunktionalisiert wurde, eine Kommunikationsbrücke. Dies spricht wiederum für die Klassifikation als Kreolsprache.

3. *Keine L2-Simplifizierungen:* L2-Simplifizierungen sind im Sprachsystem von Unserdeutsch unzweifelhaft nachweisbar (vgl. Kap. 3.3.4). In jenen Simplifizierungen, die nicht zu den selbst bereits stark vereinfachten Strukturen von Tok Pisin kongruent sind, ist auch wahrscheinlich, aus der Entstehungsgeschichte heraus, lediglich die Spitze des Eisbergs zu sehen. Nur sind eigenständige Simplifizierungen des Superstrats, die im Resultat ähnliche Strukturen wie das erweiterte Pidgin Tok Pisin ergeben, nicht wirklich von Substrattransfer unterscheidbar. Unter Einbezug anderer (deutschbasierter) Kontaktvarietäten, die sehr ähnliche Simplifizierungsmuster aufweisen, ist das Argument jedoch zu stärken.[93] Auch das erste strukturelle Merkmal erfordert also eine Klassifikation von Unserdeutsch als Kreolsprache.

4. *Merkmale aus zwei Quellsprachen:* Zunächst ist der Pool potenzieller Substratsprachen für Unserdeutsch ähnlich groß, wie er es beispielsweise auch für Plantagenkreols ist (vgl. Kap. 3.1.1 und 3.1.2). Der Unterschied ist, dass im Fall von Unserdeutsch zusätzlich mit Tok Pisin bereits eine über den Großteil der Gruppe verbreitete Lingua Franca existierte. Da nicht wie im Fall von Plantagenkreols ganze Gruppen mit einer untereinander gemeinsamen L1 gesammelt wurden und gleichzeitig ankamen (im Fall von Plantagenkreols: mit einem Sklaventransport), sondern stetig einzelne Kinder von hier und dort gesammelt wurden, mag dies mit erklären, weshalb die L1 abseits Tok Pisin vielleicht weni-

---

93 Es stellt sich ohnehin die Frage, ob die Annahme „subtraktiven" oder „negativen" Transfers, also der Transfer eines Merkmal- oder Kategorienabbaus, überhaupt sinnvoll ist, denn es liegt eindeutig eine Simplifizierung vor.

ger Einfluss ausübten. Wieder ist es allerdings so, dass aufgrund der starken Simplifizierungen in Unserdeutsch eine potenzielle Nähe zu anderen Substratsprachen, die entgegen Tok Pisin strukturell komplex sind, schwer nachweisbar ist. Des Weiteren schwierig ist die Rolle der Adstratsprache Englisch: Dessen Einfluss ist heute in Unserdeutsch nachweisbar (vgl. Kap. 3.3.3), doch eine Aussage, inwiefern das Englische bereits in der Anfangszeit in Unserdeutsch Eingang fand, ist beinahe unmöglich zu treffen – hatte sich doch gerade erst Tok Pisin selbst aus gebrochenem Englisch der Kolonialisten im Umgang mit der indigenen Bevölkerung stabilisiert. Wie sich bereits gezeigt hat, ist zum Teil nicht einmal klar, ob mit brieflichen Hinweisen wenig gebildeter Missionsschwestern der Anfangszeit zu „Englisch" wirklich Englisch oder nicht eher ein akrolektaleres Tok Pisin gemeint ist. Das bedeutet: Von seiner historischen Ausgangssituation her, mit einer Vielzahl potenzieller Quellsprachen, wäre Unserdeutsch zum vierten Mal als Kreolsprache zu klassifizieren. Da der Nachweis im Sprachsystem selbst jedoch schwerfällt, soll die Antwort auf dieses Kriterium offenbleiben – ist doch in den Augen des Autors das Bild aufgrund der vorherigen Merkmale bereits hinreichend eindeutig: Unserdeutsch als L-G-Mischsprache zu klassifizieren, würde bedeuten, die Kategorie hinsichtlich ihrer Abgrenzbarkeit von Kreolsprachen ad absurdum zu führen. Mit anderen Worten: Würde Unserdeutsch als Mischsprache i. e. S. klassifiziert, könnten die meisten anderen (vielleicht alle?) Kreolsprachen mit gutem Recht ebenfalls so klassifiziert werden. In den Augen des Autors ist die Klassifizierung von Unserdeutsch als Kreolsprache, wie sie vor der Einführung der Kategorie „Mischsprache" und deren Ausbreitung von Volker (1982) vorgenommen wurde, weiterhin wohlbegründet und sinnvollerweise aufrechtzuerhalten. Die „untypischen" Entstehungsmerkmale von Unserdeutsch hingegen – im Vergleich etwa zu Plantagenkreols – liegen in der Art von Kreolsprache begründet, die Unserdeutsch verkörpert, also in seiner Subklassifizierung. Auf diese ist nun im nächsten Schritt einzugehen.

3.4.2 Unserdeutsch als Internatskreol

Klassisch werden drei Haupttypen von Kreolsprachen unterschieden (vgl. Bakker et al. 2011: 10f.; Velupillai 2015: 48–52):
– *Maroonkreols:* entstanden unter entflohenen Sklaven, die in isolierten, schwer zugänglichen Gegenden abseits der Kolonialgesellschaft eigene Gemeinschaften bildeten. Maroonkreols sind exogene Kreols, d. h. keine der an

der Entstehung beteiligten Gruppen gehört am Entstehungsort zur autochthonen Bevölkerung. Der Zugang zum Superstrat ist vollständig abgebrochen.
- *Plantagenkreols:* entstanden in Plantagenkontexten unter Sklaven (bzw. Lohnarbeitern) unterschiedlichster Herkunft, die vor Ort den (europäischen) Kolonialisten numerisch deutlich überlegen waren. Es handelt sich auch hier um exogene Kreols. Der Zugang zum Superstrat ist deutlich eingeschränkt.
- *Siedlungskreols (fort creoles):* entstanden im Umfeld von kolonialen Befestigungen, Handelsposten und Siedlungen, häufig auch im Kontext interethnischer Mischbeziehungen oder (häuslicher) Anstellungsverhältnisse. Es handelt sich um endogene Kreols, d. h. Personen der autochthonen Bevölkerung sind in die Entstehung involviert. Der Zugang zum Superstrat ist verhältnismäßig groß.

Nach dieser Dreiteilung stehen zwei Arten von exogenen Kreolsprachen nur einem Typ von endogenen Kreolsprachen gegenüber. Wie allerdings bspw. Velupillai (2015: 52) einräumt, sind nicht alle endogenen Kreolsprachen zugleich Siedlungskreols. Auch Unserdeutsch fügt sich nicht in diese Typologie: Es steht den endogenen Kreols eindeutig näher als den exogenen Kreols (die mixed-race Kinder entstammen dem regionalen Umfeld von Vunapope). Es wird deshalb die Erweiterung der Typologie um einen weiteren Typ endogener Kreolsprachen vorgeschlagen: *Internatskreols (boarding school creoles).*

Internate sind ein Ort, an dem immer wieder auch Kreolsprachen entstanden sind: "Boarding schools are a well-known catalyst for the development of Pidgins and Creoles" (Mühlhäusler 2002: 238; vgl. auch 2001b: 1652). Solche Internate, in denen die Bedingungen für die Entstehung einer Kreolsprache günstig waren, befanden sich v.a. an Missionsstationen, wie sie auch als Entstehungsorte angeführt werden (vgl. etwa Bakker 2017: 25). Bevor die überschaubare Klasse der Internatskreols *(boarding school creoles)* näher charakterisiert wird, seien zunächst Beispiele angeführt. Zwei neben Unserdeutsch prototypische Fälle von Internatskreols werden ausführlicher vorgestellt. Davor seien weitere Sprachen, die den Internatskreols in verschiedener Hinsicht nahestehen, kurz erwähnt:
- *Nicaraguan Sign Language:* Die Kreol-Gebärdensprache (auch: Idioma de Signos Nicaragüense, ISN) entstand aus einem Gebärdensprachen-Pidgin (Lenguaje de Signos Nicaragüense, LSN) unter tauben Schulkindern ab 1978 (vgl. Senghas 1995: 543). Die Kinder unterschiedlicher Herkunft hatten normal hörende Eltern und brachten in die Schule nur ihre höchst idiolektalen eigenen Zeichensysteme von zu Hause mit. Sie hatten nie von Erwachsenen

eine Gebärdensprache gelernt, auch in der Schule konzentrierten sich die LehrerInnen nur (eher erfolglos) darauf, den Kindern das Lippenlesen der spanischen Sprache beizubringen (vgl. Senghas und Coppola 2001: 324). So entwickelte sich unter den Kindern in abrupter Entstehung nach Bickerton (1984) ein rudimentäres Zeichensystem, das später neu in die Schule eintretende taube Kinder rasch von ihren MitschülerInnen erlernten. Dieses Pidgin wurde nach Schulende in der gehörlosen Community nativisiert.

– *Camron Pidgin English:* Das englischbasierte Pidgin entstand an der Camron High School in der Nähe von Alotau (Papua-Neuguinea), einer Internatsschule an einer Missionsstation, unter einer Gruppe männlicher Schüler (vgl. Volker 1989b: 22 und pers. Mitteilung). Es wurde jedoch nie kreolisiert, da es nie eine gemeinsame Haushaltssprache gab, die in der Folge an Kinder weitergegeben hätte werden können. Über Camron Pidgin English liegen nach Kenntnis des Autors keine weiteren Beschreibungen vor. Nachdem es sich bei Camron Pidgin English offenbar um eine intendierte Mischung aus der austronesischen Sprache Dobu und englischer Lexik in der primären Funktion einer Ingroup- bzw. sogar Geheimsprache handelt, ist ohne Sprachdaten schwer zu entscheiden, ob es sich eventuell nicht eher um eine L-G-Mischsprache handelt. Als solche würde es eher in eine Reihe mit den schulbasierten Mischsprachen Petjo und Bilingual Navajo (zu beiden vgl. Kap. 3.2.5) zu stellen sein.

Ähnlichkeiten zu Internatskreols wie Unserdeutsch zeigt nach Ehrhart (2017: 185) auch die Entstehung von *Palmerston English,* wenn dieses auch eindeutig kein Internatskreol ist, sondern in einem isoliert-insularischen Kontext von Kindern in polynesischen Großfamilien entstand. Für die Kreolisierung von *Hawai'i Creole* spielten neben dem Plantagenkontext offenbar auch die Schulen eine wichtige Rolle (vgl. Sato 1985, nach Velupillai 2013), allerdings chronologisch erst sekundär, nachdem sich vorher bereits *Hawai'i Pidgin English* stabilisiert hatte.

Prototypische Fälle von Internatskreols sind allerdings neben Unserdeutsch das bereits in Kap. 3.2.5 kurz erwähnte *Tayo* sowie *Roper River Kriol* als eine Varietät des nordaustralischen *Kriol.*

– *Tayo:* Das französisch-basierte Internatskreol entstand an einem Missionszentrum der katholischen Maristen in Saint Louis auf der Insel Neukaledonien unter mixed-race und indigenen Kindern unterschiedlichster Herkunft über die ganze Insel hinweg. Sie brachten mindestens ein Dutzend verschiedener, gegenseitig unverständlicher melanesischer Sprachen als L1 mit (vgl. Ehrhart 2017: 187), deren Gebrauch ihnen an der Missionsschule unter Strafe verboten war (vgl. Ehrhart 2014: 84; Speedy 2013a: 65). Sie wurden dort auf Französisch und in europäischer Lebensweise unterrichtet, waren von ihrer indigenen Heimat isoliert und damit kulturell entwurzelt (vgl. Speedy 2013a). So bildete sich unter den Kindern, genau wie im Fall von Unserdeutsch, zunächst mit beginnendem Französischerwerb eine Art Interlanguage (vgl. Ehrhart 2014: 84), die dann identitätsstiftend wurde (vgl. Speedy 2013a: 66). Durch Heirat der Kinder untereinander und die Ansiedlung und Familiengründung vor Ort in Saint Louis wurde Tayo nativisiert.

– *Roper River Kriol:* Der Grund für die Kreolisierung des (als Pidgin evtl. im Umland von Sydney und nördlich bereits weiter verbreiteten) englischbasierten Kriol wird überwiegend in der anglikanischen Missionsstation in Roper River bei Ngkurr gesehen (vgl. Schultze-Berndt et al. 2013), die 1908 gegründet wurde. Im dortigen Internat wurden Kinder unterschiedlicher sprachlicher Herkunft gesammelt (vgl. Harris 1986: 305f.), wo sie zum einen von den Eltern separiert waren und zum anderen durch das Schlafsaal-System auch wesentliche Teile ihrer Zeit von Erwachsenen überhaupt (vgl. Harris 1986: 308). Damit fand ein beträchtlicher Teil ihrer Kommunikation untereinander statt. Ein historischer Bericht fängt die Entstehung der Sprache in den Schlafsälen ein:

> Scuffling, low laughter and chattering in a mixture of pidgin-English and native speech was heard from the building [...]. (Masson 1915: 139; zit. nach Harris 1986: 308)

Die Beschreibung der Genese von Harris (1986) ist in dieser Hinsicht eins zu eins auf Unserdeutsch übertragbar („Englisch" ist durch „Deutsch" zu ersetzen):

> The children [...] needed a common language immediately. They were not going to delay talking until they had acquired competence in Standard English. [...] Their need for a primary language with which to communicate with their peers was real and it was immediate. [...] The children would have responded [to the European missionaries, S.L.] in Pidgin English until they learnt to distinguish the two codes, after which they would have chosen whichever was appropriate. (Harris 1986: 308–310)

An der Mission von Roper River herrschte dabei die Maxime unter den Missionaren, korrektes Englisch zu fördern und das Pidgin-Englisch möglichst zu verhindern (vgl. Harris 1986: 313). Die heutigen L1-KriolsprecherInnen von Roper River sind die direkten Nachfahren der SchülerInnen der Mission von Roper River, deren Familien zum Teil von 1908 bis heute kontinuierlich dort lebten (vgl. Harris 1986: 301).

Nach diesen Sprachbeispielen sollen nun konstitutive gemeinsame Merkmale der Klasse der Internatskreols beschrieben werden, die sie von den anderen drei Typen abgrenzen:
1. Internatskreols entstehen (vor der Nativisierung) unter Kindern und/ oder Jugendlichen.
2. Internatskreols entstehen in einem immersiven Kontext mit teilgesteuertem Erwerb des Superstrats durch gezielten Unterricht.
3. Es besteht ein unbeschränkter Zugang zum Superstrat. Internatskreols liefern damit Evidenz gegen die umstrittene "Limited-access"-Hypothese (vgl. Kap. 3.4.3.3), die besagt, dass die Stabilisierung von Jargons zu einem Pidgin oder Kreol einer Periode eingeschränkten Zugangs zum Superstrat bedarf.
4. Internatskreols entstehen abrupt aus Jargons und stabilisieren sich sehr schnell, in nur ein bis zwei Generationen.
5. Für Internatskreols charakteristisch ist eine rasche Funktionserweiterung bzw. -verschiebung von einer Kommunikationsbrücke hin zu einem Mittel der Ingroup-Kommunikation und zum Identitätsmarker noch vor der Nativisierung.
6. Bei Internatskreols ist der Bruch mit der soziokulturellen Vergangenheit besonders drastisch, da die Akteure im noch besonders schutzbedürftigen Kindes- und/oder Jugendalter von ihren (mütterlichen) Wurzeln isoliert werden und eine innere Umformung durch Erziehung intendiert ist – während es bspw. bei Plantagenkreols im Gegensatz dazu primär nur um die Arbeitskraft und -bereitschaft der Akteure geht.

Internatskreols sind dabei von den oft auf den ersten Blick sehr ähnlichen Szenarios schulbasierter Mischsprachen durch die zwei bereits herausgearbeiteten Merkmale zu unterscheiden:
1. Bei Internatskreols liegt bei Schuleintritt *kein Bilingualismus* vor – dieser entsteht durch den teilgesteuerten Erwerb der Superstratsprache erst im Nachhinein.
2. Aufgrund der katastrophenartigen Entstehungssituation (ohne geteiltes Substrat oder mit einem zwar (partiell) geteilten Substrat, dessen Gebrauch aber verboten war) erfolgt die Entstehung über eine chronologisch primäre Lernervarietät, weshalb *Simplifizierungen* einen systemprägenden Einfluss ausüben. Die Sprache ist nicht *ab ovo* eine Ingroup-Sprache, sondern chronologisch sekundär.

Die Klasse der Internatskreols wirft neues Licht auf die Frage der Rolle von Kindern (und Jugendlichen) bei der Genese von Kreolsprachen. Einer der wenigen Konsensus innerhalb der Kreolistik ist, dass Pidginsprachen nicht durch L1-

Erwerb von Kindern entstehen (vgl. Thomason 2008: 247).[94] Ob hingegen allgemein die Rolle von Kindern, von Jugendlichen oder von Erwachsenen bei der Entstehung einer Kreolsprache primär ist, ist Gegenstand von Kontroversen – alle drei Lager werden vertreten (vgl. Bakker 2017: 22f.). Einigkeit besteht diesbezüglich, dass im klassischen Fall (einer unter Erwachsenen entstandenen Kontaktsprache, die dann nativisiert/kreolisiert wird) beide, Erwachsene und Kinder, die Sprache strukturell geprägt haben (vgl. Adone 2012: 3). In einer (durchaus kritisierten) vereinfachenden Formel wurden in solchen Szenarien traditionell Erwachsene als die Erfinder *(innovators)* und Kinder als die Regulatoren *(regulators)* der Kreolsprache betrachtet. Oder, etwas anders formuliert: Pidginisierung erfolge bei (erwachsenem) Zweitspracherwerb mit beschränktem Input, Kreolisierung hingegen bei (kindlichem) Erstspracherwerb mit beschränktem Input (vgl. Mesthrie et al. 2009: 287). Heute ist die Zahl der Positionen zu dieser Frage beinahe unüberschaubar. Die Internatskreols sind in den kreolistischen Kontroversen zu dieser Frage jedoch weitgehend nicht berücksichtigt. Hier liegt ein eigener Fall vor: Die Kinder und Jugendlichen nehmen im Gegensatz zu den anderen Kreoltypen die Rolle der „Innovatoren" ein. Die Regularisierung zieht sich über das Älterwerden der Kinder hinweg, möglicherweise bis in das junge Erwachsenenalter und darüber hinaus. Durch Heirat untereinander wird dann eine bereits stabilisierte Varietät an die Kinder weitergegeben. Diese Kinder der 2. Generation besuchen zum Teil wiederum dieselbe Schule, sodass dort die Kontaktvarietät bruchlos weiter Verwendung findet.

3.4.3 Weitere Aspekte zur Verortung von Unserdeutsch

In diesem Kapitel werden drei weitere Aspekte herausgegriffen, die für die theoretische Verortung von Unserdeutsch im kreolistischen Diskurs relevant sind und die zum Teil auch wechselseitig bedingt sind. Es sind dies die Frage eines vorausgehenden Pidginstadiums (Kap. 3.4.3.1), die Frage der abrupten oder graduellen Entstehung (Kap. 3.4.3.2) und die Frage des Zugangs zum Superstrat (Kap. 3.4.3.3).

---

94 Im Fall von Unserdeutsch war der L1-Erwerb altersmäßig für einzelne Kinder bei ihrer Ankunft noch nicht abgeschlossen. Diese waren allerdings zunächst primär in Obhut von Missionsschwestern und haben zu dieser Zeit sicher keine tonangebende Rolle für die Entstehung der Interlanguage unter den Kindern gespielt. Möglicherweise erreichten sie aber eine höhere Standardkompetenz als andere, erst im frühen Jugendalter ankommende Kinder.

3.4.3.1 Ist Unserdeutsch aus einem Pidgin hervorgegangen?

Der kategorielle Anfangs- und Endpunkt der Genese von Unserdeutsch ist eindeutig: Der Endpunkt der Genese liegt in oder nach der Nativisierung, wodurch Unserdeutsch zum *Kreol* wurde. Der Anfangspunkt hingegen liegt, wie sich aus den historischen Umständen logisch zwingend ergibt, in individuellen Lernervarietäten (vgl. Maitz 2017: 221f.) bzw. Interlanguage-Varietäten (vgl. Kihm 2013: 95f.), also dem, was in der Kreolistik klassisch als *Jargon* (oder Präpidgin) bezeichnet wird. Jargons sind die Summe individueller kommunikativer Lösungen, noch hoch variabel und ohne Normen, strukturell reduziert und durch starken Transfer aus dem individuellen Sprachrepertoire der SprecherInnen geprägt (vgl. Roberge 2012: 543; vgl. auch Bakker 2008: 135f.). Sie sind funktional noch auf einfachen Informationsaustausch zur gegenseitigen Verständlichmachung beschränkt (vgl. Mühlhäusler 1997: 81). Mufwene (bspw. 2015: 135) lehnt die Vorstellung des vielbeschworenen ("often invoked") Jargonstadiums ab, dieses sei historisch nicht dokumentiert. Seine Position beruht jedoch auf einem gänzlich anderen Entstehungsszenario, dass sich auf seine Genesererekonstruktion der amerikanischen bzw. karibischen (Plantagen-)Kreols stützt, nicht auf (historisch jüngere) pazifische oder gar Internatskreols. Sein Einwand ist deshalb für Unserdeutsch nicht relevant. Ein genau umrissenes Jargonstadium ist allerdings aufgrund seiner Instabilität historisch, gerade für ältere Varietäten, ohnehin kaum auszumachen, weshalb Thomason (1997: 83) vorschlägt, Jargons weniger als separate Kategorie, sondern besser als vorübergehende Erscheinungen ("transitional phenomena") zu betrachten. *Dass* allerdings der Herausbildung einer neuen Kontaktsprache ein solches noch instabiles Jargonstadium vorausgehen muss, ist für sie eindeutig:

> [T]he crystallization of a speech form into a pidgin or a creole or a bilingual mixture[95] is a historical process, and the systematicity of an emerging contact language develops from zero to partial to total over time. During some time periods, therefore, *there will inevitably be a semi-language,* a speech form that is not completely ad hoc but also not completely language-like in its systematic properties. (Thomason 1997: 83; Hervorhebung SL)

Selbst DeGraff, der im Wesentlichen das Kreolgenese-Modell Mufwenes vertritt, muss doch von *pidginized interlanguages* sprechen (vgl. DeGraff 1999: 542), die dem Kreol vorausgehen.

---

[95] Ob für eine Mischsprache von einem Jargonstadium in einem engeren Sinne gesprochen werden kann, ist davon abhängig, wie ernst man das Kriterium der strukturellen Reduktion nimmt und ob ein Zusammenhang mit Lernervarietäten vorausgesetzt wird. Für die weitere Begriffsverwendung Thomasons spielt beides an dieser Stelle keine Rolle.

Die größere Frage ist, was zwischen dem instabilen Jargonstadium und der Kreolisierung von Unserdeutsch angesetzt werden soll. Mühlhäusler (1997: 9, 200) spekuliert, dass Unserdeutsch ohne weitere Zwischenstufen direkt aus dem Jargonstadium heraus kreolisiert worden sein könnte, allerdings ohne diese Vermutung näher zu begründen (vgl. Maitz und Volker 2017: 381). Er ordnet es somit Typ 1 seiner drei postulierten Lebenszyklen *(life-cycles)* von Kreolsprachen zu, die kein zwischenzeitliches Pidginstadium aufweisen. Mühlhäusler ordnet diesem Typ noch Hawai'i Creole English und Tayo zu, beide Zuordnungen erscheinen diskutabel. Thomason und Kaufmann (1988: 148) unterstützen die Möglichkeit dieses Szenarios der Jargon-Kreolisierung allerdings ebenfalls. Wies Unserdeutsch ein Pidginstadium auf?

Pidginsprachen unterscheiden sich definitorisch von Jargons lediglich durch ein Merkmal: Sie sind stabilisierte, überindividuelle Sprachsysteme und haben damit eine regelerzeugte, erlernbare Struktur (vgl. Velupillai 2015: 16) im Gegensatz zu den individuellen Ad-hoc-Lösungen eines Jargons. Das zeigt bereits, dass eine scharfe Grenzziehung zwischen Jargon und Pidgin in der Realität kaum zu treffen ist (vgl. Kaye und Tosco 2003: 40). Die dichotomische Unterscheidung entspringt mehr einer theoretischen Notwendigkeit (vgl. Kaye und Tosco 2003: 46), da erst mit einem stabilisierten System von einer eigentlichen (neuen) Sprache gesprochen werden kann. Damit aus einem Jargon ein Pidgin entstehen kann, ist wiederholter bzw. intensiver Kontakt der SprecherInnen unterschiedlicher Sprachen nötig (vgl. Velupillai 2015: 16). Begünstigt wird die Stabilisierung nach Mühlhäusler (1996b: 642) unter anderem zusätzlich durch die typologische Verschiedenheit der Sprachen in Kontakt, das Vorliegen eines asymmetrischen Machtverhältnisses und daraus resultierende soziale Distanz. Alle diese Bedingungen lagen im Fall von Unserdeutsch vor. An anderer Stelle nennt Mühlhäusler (1997: 82) als zentralen Faktor die zunehmende Bedeutung horizontaler Kommunikation (hier: unter den Kindern) neben der vertikalen Kommunikation (hier: mit den Missionaren). Auch diese Verschiebung kann gewiss für Unserdeutsch geltend gemacht werden, wenn sich aus anfänglicher Fremdheit langsam Freundschaften und ein Gruppengefühl unter den InternatsschülerInnen herausbildete. Eine weitere Bedingung führt Bickerton (2016: 7) an: Der Anteil der SprecherInnen der Superstratsprache liege im Verhältnis zum Anteil der SprecherInnen der verschiedenen Substratsprachen bei nicht mehr als 20 %. Auch dieses Kriterium träfe im Fall von Unserdeutsch zu. Noch etwas anderes spricht aber stark dafür, dass es ein Pidginstadium gab: Die Zeitspanne von mindestens 15 Jahren täglichem, intensivstem Kontakt zwischen der Ankunft der ersten Kinder in Vunapope, kurz darauf gefolgt von den ersten historischen Spuren der Lernervarietäten und dem Ende der Schul- und Ausbildungszeit mit Familiengründung, die in die Nativisierung von Unserdeutsch mündete. Die familienspezifische Variation in Unserdeutsch ist gering genug, dass daraus auf eine Stabilisierung der Sprache vor der Nativisierung geschlossen werden kann. Es ist auch schwer einzusehen, wie 15 Jahre lang nichtstabilisierte individuelle Lernervarietäten in der strukturellen Distanz zum Standarddeutschen, wie sie Unserdeutsch aufweist, hätten mit diesem koexistieren können – wo doch die Standardkompetenz der Kinder nach so langer Zeit der Immersion in einem deutschsprachigen Umfeld schon weit fortgeschritten bzw. abgeschlossen gewesen sein muss. Die Annahme eines stabilisierten Pidginstadiums vor der Kreolisierung von Unserdeutsch erscheint aus diesen Gründen zwingend.

Auch wenn Mufwene (bspw. 2008: 75–78) in etwas apodiktischer Weise die Position vertritt, Kreolsprachen ginge grundsätzlich kein Pidginstadium voraus, so steht dies wiederum im Kontext seines speziellen Genesemodells, das sich auf amerikanische bzw. karibische (Plantagen-)Kreols beschränkt und auf Unserdeutsch neben anderen Kreols nicht anwendbar ist.[96] Dass zumindest manche der Kreolsprachen der Welt auf ein Pidginstadium zurückblicken können, ist unbestreitbar ("undeniable", Parkvall und Bakker 2013: 30).

Eine speziellere, mehr terminologische Frage liegt darin, ob das stabilisierte Pidginstadium von Unserdeutsch auch als solches bezeichnet werden soll. Pidgins werden häufig definiert als aus einem nur begrenzten Bedürfnis nach Kommunikation entstehend (McWhorter 1997: 146), als reine Hilfssprache (vgl. DeCamp 1968: 31), bloßes Medium interethnischer Kommunikation zu speziellen Zwecken (Roberge 2012: 528) und demnach als funktional eingeschränkt (vgl. Roberts und Bresnan 2008: 288). Unserdeutsch jedoch diente, wie in Kap. 3.2 gezeigt, bereits vor der Kreolisierung eindeutig einem umfassenderen Funktionsspektrum, war nicht nur Hilfssprache (die sonst mit erfolgtem Standarderwerb ihre Existenzberechtigung verloren hätte). Eine Möglichkeit, dieser Tatsache gerecht zu werden, besteht darin, einen sehr schnellen Funktionsausbau hin zu einem *erweiterten Pidgin* anzunehmen (vgl. Maitz und Volker 2017: 381). In diesem Szenario wäre Unserdeutsch dem Typ 3 der Kreol-Lebenszyklen nach Mühlhäusler (1997: 9) zuzuordnen, hätte also (wie bspw. Tok Pisin) den voll-

---

[96] Auch die Genese der karibischen Kreols kann jedoch anders betrachtet werden, so von McWhorter (1997: 150f.), der in einem Kapitel mit dem bezeichnenden Titel "The theoretical necessity of the pidginization stage" festhält: "The main point, however, is that it is difficult to propose that the Caribbean creoles did not begin in a structurally simpler form than they are in now. [...] It is this initial code of low elaboration, from which creoles must necessarily have evolved, which I will designate as the pidgin stage".

ständigen von Hall (1962) postulierten *pidgin-to-creole life-cycle* durchlaufen. Erweiterte Pidgins unterscheiden sich von nicht-erweiterten Pidgins, aus denen sie entstehen (vgl. Siegel 1997b: 86), in zwei Aspekten:

1. Sie haben eine funktionale Erweiterung erfahren (vgl. Velupillai 2015: 533) – das breite Spektrum sozialer Funktionen kommt hinzu – und können damit in beliebig vielen Domänen verwendet werden.

2. Sie haben eine strukturelle Erweiterung erfahren und ähneln darin ebenfalls bereits Kreolsprachen (vgl. Romaine 1988: 155).

Erweiterte Pidgins sind somit formal wie funktional von Kreolsprachen nicht mehr unterscheidbar, sie sind lediglich noch nicht nativisiert. Unserdeutsch entsprach offensichtlich vor seiner Nativisierung einem erweiterten Pidgin. Möchte man (aus welchen Gründen auch immer) nicht den schnellen Durchlauf vom Jargon zum Pidgin und erweiterten Pidgin innerhalb nur einer Generation annehmen, so besteht die Alternative wohl darin, einen anderen Terminus zu verwenden, der ausdrückt, dass eine Art untypisches Pidgin vorläge. Kandidaten dafür sind die von McWhorter vorgeschlagene Bezeichnung *Semipidgin* (McWhorter 1999: 11) oder die von Maitz auf Unserdeutsch angewandte Bezeichnung *Pidginoid* (Maitz 2017: 222). Letztlich ist die Bezeichnungsfrage allerdings eine sekundäre und vielleicht auch nie endgültig befriedigend lösbare – mit den Worten McWhorters (bzgl. „Pidgin" und „Kreol") zu sprechen:

> These are merely convenient labels for types of contact languages which display obvious differences from another and which can be posited to represent stages along a cline of development. (McWhorter 1997: 151)

3.4.3.2 Ist Unserdeutsch graduell oder abrupt entstanden?

Schon länger wird in der Kreolistik die Frage kontrovers diskutiert, ob Kreolsprachen abrupt, durch einen Bruch in der (intergenerationellen) Sprachübertragung, entstehen, oder graduell über mehrere Generationen hinweg. Für Bickerton (1988) unterscheiden sich Kreolsprachen gerade dadurch von Nicht-Kreolsprachen, dass sie ein abruptes bzw. „katastrophenartiges" Entstehungsszenario aufweisen:

> There are two ways in which new languages may arise: one gradual, one catastrophic. [...] I shall concentrate on the catastrophic way, one in which new languages are produced *ab ovo* within the space of, at most, one or two generations. (Bickerton 1988: 268)

Dieses abrupte Szenario steht in enger Verbindung mit der Annahme eines Pidginstadiums, hervorgehend aus der Notwendigkeit einer Kommunikationsbrücke zwischen sprachlich entwurzelten SprecherInnen unterschiedlicher Sprachen (vgl. Bakker 2017: 23f.).

Dem gegenüber steht ein Lager, das von einer graduellen Entstehung von Kreolsprachen ausgeht, zurückgehend auf Chaudenson (2001):

> Creolization is [...] a consequence, or the ultimate result, of approximations of approximations of the lexifier. (Chaudenson 2001: 305)

Diese Theorie der „graduellen Basilektalisierung" (Mufwene 2001: 10) geht davon aus, dass sich die entstehende neue Varietät von Generation zu Generation durch unvollständigen Erwerb der Zielsprache (und wiederum unvollständigen Erwerb der unvollständig erworbenen Varietät durch die nachfolgende Generation) sukzessive weiter vom Lexifikator entfernt. Dies setzt voraus, dass die basilektalen Varietäten erst *nach* den akro- und mesolektalen Varietäten entstanden sind in einem Entstehungsprozess, der sich über mehrere Generationen hinwegzieht (vgl. bspw. Arends 1986: 117; 1993: 373). Demnach gab es auch nie einen Bruch in der Sprachübertragung, kein vorangehendes Pidginstadium, und in der Konsequenz sind Kreolsprachen als Varietäten ihrer Lexifikatorsprache zu betrachten, mit denen sie bruchlos genetisch verwandt sind (vgl. McWhorter 1998: 789). Die Vertreter beider Lager werfen sich gegenseitig historische Inakkuratheit vor: Nach Mufwene (2015: 351) spricht die Geschichte sogar dafür, dass nicht nur Kreolsprachen, sondern auch Pidginsprachen graduell entstanden seien (was in eine Kontradiktion führt, wenn Pidginsprachen dann nicht vollständig umdefiniert werden). Im Gegenzug konstatiert McWhorter (1998: 803), der These der graduellen Entstehung widerspreche ein überwältigendes Ausmaß an Evidenz. Ab wann kann man überhaupt von einem Bruch in der Sprachübertragung sprechen?

> When we get down to cases and attempt a sustained linguistic engagement with the approximation scenario, we find that it is in fact difficult to generate a creole without a break in transmission. (McWhorter 1998: 807)

Adone (1994: 24) betont, dass die graduelle Entstehung einzelner Kreolstrukturen über mehrere Generationen hinweg – die belegt ist und im Grunde normaler Grammatikalisierung entspricht (vgl. Adone 2012: 2f.) – noch nicht den Schluss erlaubt, das gesamte Geneseszenario sei graduell abgelaufen. Für Unserdeutsch lässt sich sehr gut ihr grundsätzliches Argument gegen die Theorie der graduellen Entstehung anführen (das andernfalls, mit erwachsenen Akteuren in der Pidginphase, voraussetzungsreich ist):

> To argue that creolization was slow and gradual obviously contradicts two well-known facts in creolization, namely the *pressure for communication* and the fact that *children [...] in these societies needed a language.* (Adone 1994: 24; Hervorhebungen im Original)

Heute wird von einigen Autoren die Möglichkeit beider Szenarien zugestanden (vgl. etwa Thomason 2001: 160). Abhängig vom Einzelfall, von der Art der jeweiligen Kontaktsituation, könnten Kreolsprachen demnach auf einer Skala angeordnet werden, die sich von einer abrupten Entstehung innerhalb einer Generation hin zu einem langsamen graduellen Prozess über mehrere Generationen hinweg erstreckt (vgl. Berg und Selbach 2009: 11; Clements 2009: 71).

Für Unserdeutsch hingegen ist der Fall eindeutig gelagert: Es ist abrupt innerhalb von einer Generation entstanden, wobei nachweislich ein Bruch in der Sprachübertragung vorlag. Eine graduelle Entstehung kann in diesem Fall nicht angenommen werden; die hierfür benötigte Zeit, die wohl mit drei Generationen plus anzusetzen wäre, würde bedeuten, dass Unserdeutsch zum heutigen Zeitpunkt noch gar nicht als „fertige" Kreolsprache existieren könnte. Grundsätzlich muss die Klasse der Internatskreols wohl dem abrupten Entstehungsszenario zugeordnet werden, da unter den Kindern, die die Zielsprache noch nicht beherrschen, bereits ein Pidgin entsteht, das dann nach Ende der Schulzeit nativisiert wird.

3.4.3.3 Ist Unserdeutsch durch beschränkten Zugang zum Superstrat entstanden?

Ein zumindest temporär eingeschränkter Zugang der L2-LernerInnen zum Superstrat, d. h. fragmentarischer, unzureichender Input, wird häufig als notwendige Bedingung für die Möglichkeit der Herausbildung einer Kreolsprache betrachtet (vgl. etwa Syea 2017: 13). Die Stabilisierung eines Jargons zu einem Pidgin sei nämlich sehr unwahrscheinlich, wenn die Lexifikatorsprache in dieser kritischen Phase voll zugänglich ist (vgl. Görlach 1986). Auch in der Theorie der graduellen Basilektalisierung spielt beschränkter Zugang eine gewisse Rolle, da sie darauf beruht, dass neu hinzukommende Generationen weniger und weniger den europäischen Superstratvarietäten ausgesetzt gewesen seien (vgl. Mufwene 1994: 70).[97] Dieses "Limited-access"-Modell galt lange Zeit als unangefochtener Lehrsatz der Kreolistik, mit dessen Hilfe vor allem die Genese der Plantagenkreols (mit) erklärt wurde. McWhorter (2000b) argumentiert ausführ-

---

[97] Wenn auch Mufwene (2010: 387) selbst das "Limited-access"-Modell einen Mythos nennt: "As for insufficient access to the lexifier, its invocation to account for the emergence of creoles is a myth [...] there was no time when the slaves had insufficient access to the lexifier."

lich und vehement gegen das Modell. Er kommt zu dem Schluss, dass zu viel Evidenz dagegen spreche (vgl. McWhorter 2000b: 196).

Inzwischen ist der Umgang mit dem "Limited-access"-Modell differenzierter. Aboh (2015: 79, Fußnote) weist auf historische Quellen hin, die belegen, dass viele der Maroons (entflohene Sklaven) die Sprache der Kolonialisten fließend beherrschten. Der Faktor der *Motivation* zum Erwerb der Superstratsprache wird stärker betont (vgl. McWhorter 2000b: 207f.; Siegel 2007: 191). Schließlich wird beschränkter Zugang nicht mehr als notwendige Bedingung für die Kreolgenese betrachtet, sondern lediglich als Faktor, der mitbestimmt, wie „radikal" (basilektal) ein Kreol wird (vgl. Lefebvre 1998: 36), wie weit es also am Ende strukturell von seiner Lexifikatorsprache entfernt ist (vgl. auch Winford 2006; Schramm 2015: 256f.).

Auch in dieser kreolistischen Kontroverse kann Unserdeutsch eindeutig positioniert werden: In seinem Entstehungskontext ist offensichtlich, dass kein beschränkter Zugang zum Superstrat vorlag. Im Gegenteil: Es handelte sich um ein Umfeld sprachlicher Immersion an der deutschen Missionsstation mit gesteuertem und ungesteuertem Erwerb zugleich. Die Tatsache, dass Unserdeutsch durchaus eine beachtliche strukturelle Distanz zum Superstrat aufweist, relativiert zudem etwas die These, dass strukturelle Distanz beschränkten Zugang zum Superstrat voraussetzt. Die feinkörnigere Analyse zum Varietätengefüge *innerhalb* des Kreols von Mühlhäusler (1997) hingegen wird von Unserdeutsch vollauf bestätigt:

> Thus, in many Pidgin- and Creole-speaking areas, the domestic servants' language was considerably more acrolectal than that of the plantation workers or villagers. (Mühlhäusler 1997: 64)

Unserdeutsch-SprecherInnen und deren Familien, die später im engsten Umfeld der Missionare angesiedelt und beruflich tätig waren (zum Teil in schriftnahen, administrativen Berufen), sprechen eine akrolektalere Varietät mit weniger Substrateinfluss als SprecherInnen, die später weniger engen Kontakt zu den Missionaren hatten und bspw. auf abgelegenen Plantagen arbeiteten (vgl. Maitz 2017: 226f.). Diese offensichtlich nachträgliche Differenzierung des Varietätenspektrums fällt allerdings mehr unter den Begriff der Dekreolisierung als unter die Rolle des Zugangs zum Superstrat zur Entstehungszeit: Hier ist für die Schulzeit kaum von nennenswerten interpersonellen Unterschieden auszugehen (abgesehen von der *Kontaktdauer,* bestimmt durch das Eintrittsalter). Was für Unserdeutsch gilt, dass nämlich das "Limited-access"-Modell keine Rolle für die Genese spielte, kann auf die Klasse der Internatskreols verallgemeinert werden (vgl. etwa Tayo, für das dieser Umstand allgemein anerkannt ist, vgl. McWhorter 2000: 38). Folglich ist beschränkter Zugang zum Superstrat kein notwendiges Kriterium für die Entstehung von Kreolsprachen. Der Punkt liegt vielmehr darin, dass die Sprachschöpfer selbst schneller ein Kommunikationsmedium benötigen (nämlich *sofort*), als sie natürlicherweise die Superstratsprache erlernen können, auch unter besten (immersiven, teilgesteuerten) Bedingungen. Der restringierende Faktor ist somit die Erwerbsgeschwindigkeit. Der Erwerb *kann* zwar durchaus durch zu geringen Input gebremst werden, doch auch bei vollem Zugang verläuft er nicht schnell genug, um die Bildung von Jargons bzw. Lernervarietäten zu vermeiden, die sich dann wiederum aufgrund von sozialen Faktoren rasch stabilisieren können.

In diesem Kapitel wurde gezeigt, dass Unserdeutsch nicht als L-G-Mischsprache klassifiziert werden sollte (sondern als Kreol), dass es ein prototypischer Vertreter der kleinen Klasse von Internatskreols ist und ihm ein Jargon- und Pidginstadium vorausging. Unserdeutsch entstand abrupt und unter vollem Zugang zum Superstrat. Die Tatsache, dass diese Zuordnungen im Fall von Unserdeutsch fundiert vorgenommen werden können, ist nicht zuletzt dem geringen zeitlichen Abstand zu seinem Entstehungszeitpunkt zu verdanken: Die frühesten Anfänge verlaufen nicht wie in vielen anderen Fällen gänzlich im Dunkeln. Dies zeigt den wertvollen Beitrag, den Unserdeutsch für die Theoriebildung einzubringen vermag. Daneben stellt Unserdeutsch einmal mehr eine Herausforderung für monokausale Erklärungsversuche zur Genese von Kreolsprachen dar und stärkt den Ruf nach dem Nebeneinander verschiedener Erklärungen für verschiedene Sprachen und deren unterschiedliche Geneseszenarien (vgl. Thomason 2001: 175).

Nach der Klärung dieser zentralen theoretischen Fragen zur Genese von Unserdeutsch schließt nun mit Kap. 4 der Übergang zur weiteren Geschichte der Sprache nach ihrer Stabilisierung an. Dies erfolgt durch die Rekonstruktion der historisch bedingten Veränderungen und Umbrüche an der Missionsstation Vunapope bzw. für die Unserdeutsch-SprecherInnen.

4 Die Nativisierung von Unserdeutsch

> [T]he history of the world shows that languages of the powerless often have been more resilient, or demonstrated more vitality, than those of the powerful.
> (Mufwene 2004: 206)

Dieses Kapitel behandelt den Übergang von Unserdeutsch nach seiner Entstehung und Stabilisierung als L2-Varietät hin zu seiner Nativisierung, d. h. der Weitergabe an eine nachfolgende Generation als L1-Varietät. Dieser Prozess vollzog sich zeitlich ab dem 1. Weltkrieg bis hin zum 2. Weltkrieg. Dabei werden zunächst die einschneidenden historischen Veränderungen vor Ort auf der Makroebene zusammengefasst (Kap. 4.1), worauf dann die sprachrelevanten Verhältnisse jener Zeitspanne der Nativisierung in Vunapope beschrieben werden (Kap. 4.2). Anschließend folgt ein Abriss der linguistischen Konsequenzen daraus für Unserdeutsch (Kap. 4.3).

4.1 Historischer Wandel

Die Herz-Jesu-Mission im Bismarck-Archipel befand sich beim Ausbruch des 1. Weltkriegs 1914 in einer Blütezeit stetigen Wachstums der vergangenen Jahre (vgl. Steffen 2001: 356f.). Als die australischen Truppen im August und September 1914 das auf den Verteidigungsfall völlig unvorbereitete Schutzgebiet Deutsch-Neuguinea übernahmen, kam es überhaupt nur zu einer einzigen militärischen Auseinandersetzung. Trotz des raschen und unblutigen Verlaufs kam es zu Übergriffen auf die (weibliche) indigene Bevölkerung und auch auf Missionsschülerinnen (vgl. Hiery 2001b: 816f.). Für den Kapitulationsvertrag konnte der deutsche Unterhändler ausgesprochen günstige Bedingungen für die deutsche Kolonialbevölkerung verhandeln (vgl. Hiery 2001b: 814). Die Herz-Jesu-Mission hatte obendrein besonderes Glück: Sie war bereits 1904 auf Veranlassung von Provinzial Linckens als GmbH eingetragen worden, deren Eigentümer die Propagandakongregation der katholischen Kirche in Rom war. Deshalb wurde das gesamte Eigentum der MSC rasch an Bischof Couppé als Verwalter zurückgegeben, während deutsche Unternehmen sonst durchgängig enteignet wurden (vgl. Waldersee 1995: 550). Dabei half es zusätzlich, dass der Superior kein Deutscher, sondern Franzose war (vgl. Waldersee 1995: 538). Die Missionare mussten gegenüber der australischen Administration einen Treueid ablegen (vgl. Waldersee 1995: 539) und durften so unter Auflage ihre Arbeit fortsetzen. Letztlich wurde nur ein Pater der Station Vunapope nach Australien deportiert, für andere internierte Missionare konnte Couppé zeitnah die Freilassung erwirken (vgl. Waldersee 1995: 539).

Zunächst gewährte die australische Regierung dem Orden eine nur zweijährige Frist, alle deutschen Missionare außer Landes zu bringen und durch australische Missionare zu ersetzen. Diese Frist wurde bald auf vier Jahre verlängert, dann nach weiteren Gesprächen auf sieben Jahre (vgl. Brief von Cattaneo an Bischof Couppé, 20. August 1921, MSC-Archiv Rabaul, zit. nach Waldersee 1995: 549). Schließlich wurde daraus sukzessive totes Recht, das nie durchgesetzt wurde: Die deutschen Missionare konnten weiterhin unbegrenzt bleiben.

Auch wenn die Missionare ihre Arbeit fortsetzen konnten, so hatte die australische Besetzung für sie doch auch einige Einschränkungen zur Folge: Zunächst unterlag sämtliche Korrespondenz der Missionare fünf Jahre lang, bis 1919, einer strikten Zensur, die zum faktischen Abbruch des Briefkontakts mit dem Mutterhaus in Hiltrup führte.[98] So schrieb Bischof Couppé 1919 an den damaligen Provinzial Laumen in Deutschland:

> The only letter I received from you over the five years is dated 18 June 1915 [...]. I did not even try to answer, so strict was the censorship [...]. (Brief Bischof Couppé an Provinzial Laumen, zit. nach Waldersee 1995: 550)

Schwerer noch traf die Missionare in Vunapope, dass bis Mitte der 1920er Jahre ein striktes Einreiseverbot für reichsdeutsche Missionare aufrecht erhalten wurde und auch die heimatliche Missionshilfe blockiert war (vgl. Anonymous, 70 Jahre Hiltruper Missionsschwestern in der Südsee). Damit stagnierte die Entwicklung für einen Zeitraum von rund zehn Jahren:

> Erst der große Krieg brachte die Entwicklungen zum Stillstand. Es gab eine fast zehnjährige Ruhepause, ähnlich der von 1885–1895. (Zwinge 1932: 31)

Trotz allem verlief die Kriegszeit für die MSC in Vunapope allerdings vergleichsweise höchst glimpflich, wie ein MSC-Pater rückblickend bemerkt:

> Wir hatten also diesen günstigen Frieden für uns [...]. Wir durften alles behalten, was wir hatten, die Verordnungen für die Arbeiter, die Pflanzungen und alle Betriebe blieben in unseren Händen, und alles ging weiter wie zur deutschen Zeit. Selbst nach deutschem Gesetz wurde weiter gerichtet bis zum Frieden. Es ist dies wirklich die Rettung für unsere Mission geworden.

---

[98] Briefe aus dem Deutschen Reich nach Neuguinea wurden während der Kriegszeit grundsätzlich nicht zugestellt, sondern an die AbsenderInnen zurückgeschickt (Time Line MSC Sisters, S. 35).

(P. Anton Krähenheide, Der Anfang des Krieges 1914 in der Neupommern-Mission, Vunapope, 10. Dezember 1925)

Die konkreten Entwicklungen in Vunapope zwischen den beiden Weltkriegen werden im folgenden Kapitel zusammengefasst, sofern sie mit Blick auf die weitere Entwicklung von Unserdeutsch relevant erscheinen. Dies betrifft in erster Linie die Rolle des Englischen gegenüber dem Deutschen im Sprachgebrauch an der Mission sowie die weitere Zukunft der mixed-race SchülerInnen.

4.2 Die (Sprach-)Verhältnisse in Vunapope

Der Schulunterricht, der bis dato allein auf Deutsch stattgefunden hatte, wurde seit der australischen Übernahme „auch in Englisch" gegeben (Bley 1925: 64). Während nun Englisch als Unterrichtssprache Deutsch mit den Jahren mehr und mehr ablöste, blieb Deutsch allerdings Schulfach (vgl. Mühlhäusler 2001a: 247), und zwar sogar noch bis zum Ausbruch des 2. Weltkriegs (Auskunft u. a. von Sprecher JB, geboren 1930, der noch selbst die letzten Jahre Deutschunterricht in Vunapope miterlebte). In einem Bericht zum silbernen Jubiläum der MSC-Schwestern auf Neuguinea in den 1920er Jahren wird die Situation zusammengefasst:

> Der Unterricht muß jetzt in englischer Sprache erteilt werden. „Deutsch" ist aber noch auf dem Stoffplan und immer noch die bevorzugte Umgangssprache der Kinder. (Bericht silbernes Jubiläum MSC-Schwestern, 1920er Jahre)

Die Kinder sprachen also weiterhin untereinander bevorzugt Deutsch, d. i. mit Sicherheit in erster Linie Unserdeutsch, als ihre nach so vielen Jahren längst primäre Sprache. Ohne diesen Umstand, wenn nämlich die Missionare nun den Kindern das (Unser-)Deutsche strikt verboten hätten, wie sie ihnen vormals Tok Pisin verboten, hätte die Sprache wohl schwerlich bis in die Gegenwart überlebt. Aus den Quellen und Interviews geht allerdings vielfach hervor, dass nach wie vor, sogar über den 2. Weltkrieg hinaus (Belege vgl. Kap 5.2), deutsche Missionare untereinander und in unterschiedlichem Ausmaß auch mit den Kindern Deutsch sprachen.

De jure hatte die Unterrichtssprache, überhaupt die öffentliche Sprache an der Missionsstation, nun Englisch zu sein. In der MSC-Schwesternchronik ist dazu knapp mit Eintrag vom 25.08.1919 vermerkt: "No more German Worship [sic!] or songs in public." Dieses Verbot wurde aber offensichtlich nicht mit größter Strenge eingehalten, denn in derselben Chronik finden sich in den Folgejahren immer wieder Vermerke bei Empfängen wie bspw. vom 06.04.1925: "The children greeted them even with a German welcome song."

Auch das deutsche Schulmaterial sollte per Vorschrift durch englisches ersetzt werden. So schreibt Sr. Clothilde 1920 an die Generaloberin in Hiltrup:

> Für Lesebücher und Realien müssen wir uns an australische Bücher halten. Unsere Pensionatsschule wird mehr und mehr englisch. (Brief Sr. Clothilde nach Hiltrup, Vunapope, 15. Dezember 1920. GAMS, Nr. 1649)

Allerdings erweist sich die Beschaffung des englischen Schulmaterials als längerwieriges Unterfangen, das in den Folgejahren häufiges Thema der Briefwechsel ist:

> Bei unsern Schwestern erkundigte ich mich nach der englischen Ausgabe von Eckers Volksschulbibel. Da wir englische Schulbibeln einführen, hätten wir diese am liebsten, konnten sie aber noch nicht ermitteln, wissen nicht einmal den Verlag. Wir haben auch noch keinen hübschen Katechismus gefunden. (Brief Sr. Clothilde nach Hiltrup, Vunapope, 15. Dezember 1920. GAMS, Nr. 1649)

> Kürzlich kam aus Reading eine Sendung englischer Gedichte und Theaterstücke, von denen manches brauchbar ist; einige recht drollige Stücke sind noch immer willkommen. (Brief Sr. Clothilde nach Hiltrup, Vunapope, 29. März 1923. GAMS, Nr. 1649)

Das viel größere Problem sind allerdings die beschränkten Englischkenntnisse der Schwestern selbst. Diese haben mit dem Ende des 1. Weltkriegs neben der Unterrichtung der mixed-race Mädchen auch den (allerdings nach wie vor separierten) Unterricht der mixed-race Jungen übernommen, da die Schulbrüder aus Gründen des Personalmangels versetzt wurden (vgl. Bley 1925: 63). Beinahe 20 Jahre lang, bis knapp vor dem Ausbruch des 2. Weltkriegs, zieht sich nun durch die Briefwechsel mit dem Mutterhaus in Hiltrup das Thema, dass zu wenige Schwestern ausreichend gut Englisch könnten und dringend englischsprachige Schwestern benötigt würden. Wiederum ein Beispiel aus einem Schreiben von Sr. Clothilde, 1922:

> Aus dem Briefe vom 13.2. ersehen Sie, daß wir notgedrungen voraussetzen, Sie würden, falls genehmigt von Msgr., auf unsere Bitte geborene Amerikanerinnen herschicken, weil diese für die Schulen hier notwendig sind. Den Unterricht können wir wohl zur Not englisch geben, aber für den Umgang ist doch mehr Übung erfordert, und zur Vorbereitung fehlt uns die Zeit. (Sr. Clothilde nach Hiltrup, Vunapope, 18. März 1922. GAMS, Nr. 1649)

Die Thematik setzt sich dann in zunehmender Dringlichkeit bis zum Ausbruch des 2. Weltkriegs fort:

> Ich glaube, die Zahntechnikerin wird mit Sehnsucht erwartet, da dem Bruder die Arbeit zuviel wird. Kann diese Schwester auch Englisch? Es wäre nötig und erwünscht. Die zweite Schwester wäre für Anelaua gedacht. Sie braucht keine, d. h. nicht absolut nötig, examinierte Nurse zu sein, aber eine durchaus perfekt englischsprechende Schwester. *Mit Ausnahme*

> *von Sr. M. Secunda sind wir alle nur Stümper hier.* Msgr. merkt dies immer mehr und wohl nicht zu unseren Gunsten. [...] Wenn die Zahntechnikerin nicht Englisch kann, soll sie auf Wunsch des hochw. H. Bischofs in Melbourne bleiben zwecks Sprache bis auf weiteres. (Sr. Dominika nach Hiltrup, Vunapope, 12. Juni 1937. GAMS, Nr. 1650, Hervorhebung SL)

> Wir bitten also um eine Schulschwester, die gut Englisch kann. Msgr. ist gleicher Meinung, denn die Regierung nimmt sich mehr der Schulen an und wird bald ihre Anforderungen stellen. [...] Wir müssen sorgen, bereit zu sein. (Sr. Clothilde nach Hiltrup, Vunapope, 22. Dezember 1938. GAMS, Nr. 1649)

> Es ist nach Ansicht Sr. Exzellenz das beste, daß die Schulschwester mit den Melbourne Schwestern kommt und in Melbourne vorläufig die Sprache lerne, d. h. sich Übung im englischen Umgang erwirbt, was wir oft vermissen. (Sr. Clothilde nach Hiltrup, Vunapope, 22.03.1939, zit. in Schreiben vom 30.03.1939, Vunapope. GAMS, Nr. 1649)

Schon dies unterstreicht, dass die weitere Rolle des Deutschen in der Zwischenkriegszeit nicht zu unterschätzen ist. Deutsch war mit größter Wahrscheinlichkeit auch weiterhin Hilfssprache im Unterricht, wo das Englisch der Schulschwestern nicht genügte. Eine Sprecherin (CW, Cairns, 15.02.2016) berichtet, dass es kurz vor dem 2. Weltkrieg zwischenzeitlich eine Regelung in der Internatsschule gegeben habe, wonach zwei Schultage die Woche Deutsch und die restlichen vier Schultage die Woche Englisch gesprochen wurde, wobei das Deutschsprechen an Englischtagen verboten gewesen sei. Die Brüder und Patres, die nicht direkt den amtlichen Weisungen für den Schulunterricht unterlagen, verwendeten viel freier, auch den Mixed-race gegenüber, weiterhin das Deutsche (mündliche Information dreier MSC-Schwestern, die nach dem 2. Weltkrieg in Vunapope stationiert waren). Auch ihnen machte allerdings ihr Englisch zu schaffen, wie aus dem folgenden Schreiben eines Paters hervorgeht:

> Denn ich kann nicht genug Englisch, um solche Berichte wie diesen hier gleich auf Englisch hinzuschreiben. Sie selbst aber können mir auf Englisch antworten, weil Ihnen das sicher auch leichter wird als das Deutsche: und ich verstehe es ja ganz gut: nur das Schreiben!!! (P. Anton Krähenheide an die Mission Crusaders, Vunapope, 18. Januar 1927; PAHM, Nr. 2295c)

Ihre Muttersprache, zu der sie am meisten inneren Bezug hatten, war für die Missionare selbstverständlich weiterhin das Deutsche. Als im August 1923 der neue Bischof Gerard Vesters in Vunapope eintrifft,[99] notiert ein deutscher Pater überschwänglich:

---

[99] Als gebürtiger Niederländer durfte er in Neuguinea einreisen. Anfragen in Hiltrup durch die Herz-Jesu-Missionare in Vunapope nach weiteren in den Niederlanden geborenen Missionaren, um trotz des Einreiseverbots zu neuen, auch deutschsprachigen Missionaren kommen zu können, gehen aus Briefwechseln hervor.

> Er empfing uns alle mit grösster Freundlichkeit und Liebe, und – sprach Deutsch, ganz famos Deutsch, sodass er dadurch allein schon alle Herzen eroberte. (P. Krähenheide an die Eltern, 7. September 1923, Paparatava. PAHM, Nr. 2275a)

In der Zwischenzeit waren immer mehr australische Missionare in Vunapope angekommen, bevor erst ab 1925 wieder auch deutsche Missionare zugelassen wurden (vgl. Waldersee 1995: 553f.). Die Bemühungen um die geforderte Stärkung der englischen Sprache in den Missionsinternaten trugen Früchte, denn als der australische Gouverneur Murray am 1. September 1919 die Schulen der MSC inspiziert, vermerkt die MSC-Schwesternchronik: "He was satisfied with the achievement in English among the children". Auf eine formelle Anfrage der ständigen Mandatskommission an die Missionsorden auf Neuguinea, warum sie bei der Einführung gegen das Englische als Unterrichtssprache waren, antwortete Bischofs Vesters für den MSC-Orden:

> [...] it is notorious that in our intermediate Institutes it [English] is either used exclusively as the teaching language or is largely used, so in our training and boarding school. Our Mission in several elementary schools is teaching a little conversation English. (Brief Bischof Vesters an Erziehungsdirektor Mr. Cardew, Vunapope, 8. Oktober 1931. AEDR)

Zusammenfassend zeigt sich also, dass die Rolle des Englischen an der Missionsstation in der Zwischenkriegszeit sukzessive deutlich gestärkt wurde, dies allerdings nicht zur Aufgabe des Deutschen führte.

Die mixed-race Kinder heirateten, wie in Kap. 2.5.2.2 ausgeführt, nach Durchlaufen ihrer Schul- und Ausbildungszeit untereinander (bzw. wurden teils untereinander verheiratet), erhielten ein Stück Land in der Nähe der Missionsstation und siedelten sich dort an. Sie blieben also weitgehend im engen Einflussbereich des Ordens, zugleich hatten sie aufgrund ihrer gelernten Fertigkeiten auch unterschiedlich starken Kontakt zu europäischen Siedlern, Plantagenbesitzern und Händlern des Gebiets, die ihre Dienste schätzten (vgl. Anonymous, The Catholic Mission of the Most Sacred Heart in the Territory of New Guinea, 29. September 1932, S. 4. AEDR). In diesen Ehen der Mixed-race wurde weiterhin ihre Ingroup-Sprache verwendet, also Unserdeutsch. Als sie Kinder bekamen, wuchsen diese mit Unserdeutsch als Erstsprache auf – und wurden dann im schulfähigen Alter selbst wiederum in die nahegelegenen Schulen ihrer Eltern in Vunapope geschickt. So riss die Kontinuität des Unserdeutsch an den Missionsinternaten, bzw. in der Mixed-race Gemeinschaft überhaupt, nicht ab. Kinder, die außerhalb dieser mixed-race Ehen an der Missionsstation in dem nun australisch besetzten Territorium geboren und in die Internate von Vunapope gebracht wurden, brachten dann zwar kein Unserdeutsch mit, lernten es aber vor Ort rasch durch ihre Peergroup. Diese Fälle sind selbst nach dem 2. Weltkrieg noch belegt (Auskünfte von betroffenen Unserdeutsch-SprecherInnen, bspw. Sprecherin RM).

4.3 Linguistische Konsequenzen

In diesem Kapitel werden die linguistischen Konsequenzen aus den soziohistorischen Veränderungen an der Missionsstation Vunapope skizziert. Zunächst werden sehr knapp die Veränderungen in den Einflüssen aus den wichtigsten Kontaktsprachen von Unserdeutsch auf dieses zusammengefasst (Kap. 4.3.1), anschließend erfolgt eine Diskussion zur sogenannten „Kreolisierung" von Unserdeutsch (Kap. 4.3.2).

4.3.1 Strataänderungen

Die Veränderungen im Einfluss oder Druck der wichtigsten Stratasprachen von Unserdeutsch auf dieses lassen sich als sprecherübergreifende Tendenz für die Zwischenkriegszeit wie folgt zusammenfassen:

a) *Superstratdruck:* Der Superstratdruck durch gesprochenes Standarddeutsch nimmt (leicht) ab. Hauptgrund dafür ist, dass Englisch das Standarddeutsche als Unterrichtssprache und als Sprache öffentlicher und formeller Kommunikation mehr und mehr ersetzt. Deutsch büßt durch die soziohistorischen Veränderungen auch partiell seinen Status als Zielsprache ein ("serious weakening of German as a target language", Mühlhäusler 1996a: 350). Gleichwohl wird Deutsch in der Kommunikation zwischen deutschen Missionaren und zwischen diesen und den Mixed-race, besonders außerhalb des Schulunterrichts, weiterhin verwendet. Aus den Geburtsorten der ab 1925 bis zum 2. Weltkrieg neu ankommenden reichsdeutschen Missionare lässt sich ablesen, dass das Superstrat auch in dieser Zeit weiterhin eindeutig dominant westfälisch geprägt war.

b) *Adstratdruck:* Der Adstratdruck aus dem Englischen nimmt zu. Die Mixed-race erhalten nun regelmäßigen Input aus dem Englischen, gerade auch in der Schule. Die behördliche Kommunikation im Erwachsenenalter ist nun ebenfalls auf Englisch, da es keine deutsche Kolonialadministration mehr gibt. Es handelt sich hier primär um australisches Englisch (durch die australischen Besatzer) sowie um PNG-Englisch (zunächst durch die schon länger ansässigen L2-SprecherInnen des Englischen, deren Englisch lokale Einflüsse aufweist), wenn auch vereinzelte Missionare aus anderen englischsprachigen Gebieten neu an die Mission kommen, besonders aus Amerika.

c) *Substratdruck:* Der Substratdruck aus Tok Pisin kann als gleichbleibend beschrieben werden. Es ist nach wie vor die Kommunikationssprache mit Indigenen. Im Erwachsenenalter der Mixed-race kommt es zu personen- und familienspezifischen Unterschieden, die vom Beruf des jeweiligen Sprechers bzw. der jeweiligen Sprecherin abhängen. Personen, die beispielsweise auf Plantagen arbeiten, sind einem höheren Tok Pisin Input ausgesetzt.

4.3.2 Kreolisierung

Mit der Weitergabe von Unserdeutsch an die Kinder der Mixed-race der Sprechergeneration I wird Unserdeutsch nativisiert. Die *Nativisierung* gilt weithin als zentrales Unterscheidungsmerkmal zwischen einem Pidgin und einem Kreol:

> Unlike a pidgin, a creole has a community of native speakers, and it is not different from any other language in its full range of functions. (Siegel 1997b: 86)

Weitere theoretische Implikationen über die Nativisierung hinaus hat der Begriff der *Kreolisierung*. Ein ebenfalls weitläufig angenommenes Unterscheidungsmerkmal zwischen einem Pidgin und einem Kreol ist das im Zitat genannte *volle linguistische Funktionsspektrum* des Kreols. Es entspricht dem Funktionsspektrum anderer natürlicher Sprachen, die nicht nur – wie etwa Pidgin- und Sondersprachen – in speziellen, eingeschränkten Sprachfunktionen verwendet werden. Dieses zweite Kriterium ist zwar notwendig, aber nicht hinreichend, da es ohne das erste Kriterium (L1-Sprache) ebenso auf erweiterte Pidgins zutrifft. Diese unterscheiden sich von nicht-erweiterten Pidgins gerade dadurch, dass sie im Grunde in allen Alltagsdomänen verwendet werden können (vgl. Romaine 1988: 138; Velupillai 2015: 533) und als Mittel auch der Ingroup-Kommunikation ein breites funktionales Spektrum aufweisen. Im Fall von Unserdeutsch ist dieses Kriterium obendrein nicht sehr hilfreich, da Unserdeutsch schon deutlich vor seiner Nativisierung als Ingroup-Sprache mit deren sozial-phatischen Funktionen verwendet wurde.

Der umstrittenste Aspekt, der teilweise als charakteristisch für die Kreolisierung betrachtet wird bzw. wurde, ist ein *struktureller Ausbau* gegenüber einem vorangehenden Pidginstadium. Inwiefern dieser postulierte strukturelle Ausbau im Rahmen der Funktionserweiterung durch Erwachsene geschieht oder tatsächlich im direkten Zusammenhang mit dem kindlichen L1-Erwerb (eines reduzierten, gewissermaßen defektiven Pidgins) steht (vgl. Bickerton 1984; Singler 2006; kritisch: Mufwene 2008: 78–82), ist strittig. Im Fall von Unserdeutsch lässt sich schlichtweg aufgrund fehlender Vergleichsdaten aus dem Vor-Kreol-Stadium keine Aussage zu diesem Punkt treffen. Die Annahme eines strukturellen Ausbaus im direkten Zusammenhang mit der Nativisierung erscheint im Fall von Unserdeutsch allerdings wenig plausibel: Es besaß schon vorher die entsprechenden Sprachfunktionen, außerdem wiesen die SprecherInnen eine parallele Kompetenz in der Superstratsprache auf, die Sprache dürfte im Vor-Kreol-Stadium also nicht kommunikativ „defektiv" gewesen sein.

Da ein funktionaler und/oder ein struktureller Ausbau im Zusammenhang mit dem Übergang von Unserdeutsch von einer L2- zu einer L1-Varietät nicht nachweisbar ist, wird hier die neutrale Bezeichnung der Nativisierung beibehalten und davon ausgegangen, dass Unserdeutsch durch diese Veränderung definitorisch in die Kategorie der Kreolsprachen eintritt. Durch Familienähnlichkeit fügt sich Unserdeutsch auch gut in diese Kategorie ein: Es ist eine in kolonialem Kontext entstande L1-Kontaktsprache und ein Ergebnis sprachlicher Gewalt ("a result of 'linguistic violence'", Muysken und Smith 1995: 4) in einem asymmetrischen Machtverhältnis, wobei die späteren SprecherInnen, die mixed-race Kinder, gegenüber den SprecherInnen des Superstrats quantitativ in der Mehrzahl sind und das Setting stark multilingual geprägt ist. Das Sprachsystem ist relativ prototypisch durch Superstrateinflüsse in der Lexik und Substrateinflüsse in Grammatik und Phonologie geprägt. Die SprecherInnen weisen zunächst keine Kompetenz in der Superstratsprache auf und es sind klare L2-Effekte auszumachen, was beides die Kategorie der Mischsprachen im engeren Sinn ausschließt. Wie in Kreolkontexten ebenfalls sehr üblich, wurde Unserdeutsch von außen wie auch von den SprecherInnen selbst als korrumpierte Version einer kolonialen Zielsprache betrachtet. Zudem fügt sich das strukturelle Profil von Unserdeutsch gut in die Reihe anderer Kreolsprachen, wie in Lindenfelser und Maitz (2017) und Maitz und Lindenfelser (2018b) gezeigt. Die Kategorie der dem Lexifikator strukturell an Komplexität näherstehenden Semikreols liegt gerade aus letzterem Grund als denkbare Alternative nicht wirklich nahe.[100]

Mit der Nativisierung ist die eigentliche Entstehung von Unserdeutsch als Kreolsprache abgeschlossen. Die Genese soll daher an dieser Stelle noch einmal überblickshaft schematisiert werden. Die nachfolgende Darstellung ist dabei am visualisierten Entstehungsmodell von Maitz (2017: 221) orientiert, dem dieselben Annahmen zum Geneseszenario zugrunde liegen:

---

100 Klassifikationsvorschlag eines Hörers nach einem Vortrag des Autors 2019 aufgrund der vergleichsweise sehr guten Verständlichkeit von Unserdeutsch für SprecherInnen des Lexifikators. Die Kategorie der Semikreols ist nur sehr vage definiert, weshalb Zuordnungen zu dieser Kategorie aktuell mehr auf Intuition denn auf eindeutigen Kriterien zu beruhen scheinen. John McWhorter charakterisiert Semikreols strukturell folgendermaßen: "*Semi-creoles* retain both derivation, some non-paradigmatic and inherent inflection, and sometimes even shards of contextual inflection from the lexifier" (McWhorter 2014: 104, Hervorhebung im Original). Er selbst ordnet dieser Kategorie Afrikaans, Reunionnais Creole French und Englisch zu. Von einer produktiven Derivation kann in Unserdeutsch kaum gesprochen werden, inhärente Flexion ist auch in allen anderen Kreolsprachen erhalten und kontextuelle Flexion ist im Basilekt von Unserdeutsch absent (vgl. Lindenfelser, eingereicht a).

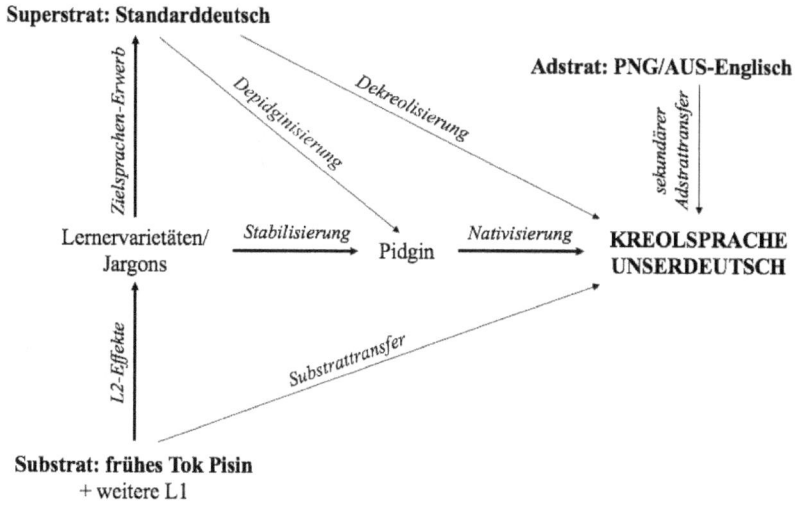

Abb. 24: Genesemodell zu Unserdeutsch, orientiert an Maitz (2017: 221).

Im ersten Schritt erwerben die mixed-race Kinder, deren L1 neben Bruchstücken verschiedener (indigener) Sprachen v.a. Tok Pisin ist, Lernervarietäten des Deutschen. An einem gewissen Punkt kommt es zu einer Aufgabelung: Parallel zum fortschreitenden Erwerb der Standardkompetenz (Zielsprache) stabilisiert sich Unserdeutsch als L2-Kontaktsprache, als Pidgin. Eine solche Konstellation ist kein Einzelfall: So rekonstruieren bspw. Kihm und Rougé (2013) für Lingua de Preto, die pidginisierte Varietät afrikanischer Sklaven in Portugal ab dem 16. Jahrhundert, ebenfalls eine Stabilisierung als separates Sprachsystem parallel zur vollen Kompetenz des Lexifikators Portugiesisch.

Das Pidgin wird dann durch L1-Erwerb, wie in diesem Kapitel beschrieben, zum Kreol nativisiert. Aufgrund der bivarietären Kompetenz beeinflussen sich Unserdeutsch und Standarddeutsch dabei im Repertoire der SprecherInnen von Anfang an seit der Stabilisierung gegenseitig.

Die Genese von Unserdeutsch ist an diesem Punkt abgeschlossen. Und kaum ist sie abgeschlossen, so deuten weitere drastische soziohistorische Veränderungen bereits die Gefährdung von Unserdeutsch an. Im folgenden Kapitel werden die folgenden und zugleich letzten ca. 30 Jahre der Sprache und ihrer Sprachgemeinschaft in Vunapope beschrieben, d. h. noch einmal die Dauer einer Generation, bevor es dann zur Auswanderung fast der gesamten Sprachgemeinschaft nach Australien kommt, womit das nahende Ende von Unserdeutsch endgültig besiegelt wird.

5 Unserdeutsch vom 2. Weltkrieg bis zur Unabhängigkeit PNGs

> [C]reolistics is inherently a theory of chaos in linguistic science. (Lang 2000: 456)

In diesem Kapitel wird die letzte, turbulente Phase von Unserdeutsch an ihrem Entstehungsort selbst, also im Umfeld der Zentralstation Vunapope, zusammengefasst. Sie reicht vom Ausbruch des 2. Weltkriegs bis zur Unabhängigkeit Papua-Neuguineas 1975, umfasst also noch einmal den Zeitraum in etwa einer Generation. Parallel zum vorangehenden Kapitel erfolgt zunächst eine allgemeine Darstellung historischen Wandels (Kap. 5.1), auf die eine Charakterisierung der näheren, v. a. sprachrelevanten Verhältnisse in Vunapope erfolgt (Kap. 5.2). Daran schließt sich erneut ein Kapitel zu linguistischen Konsequenzen auf Unserdeutsch an (Kap. 5.3).

5.1 Historischer Wandel

Der 2. Weltkrieg erreichte die Insel New Britain, wie sie seit der australischen Okkupation hieß, im Jahr 1942 mit der „Schlacht um Rabaul" endgültig. Im Rahmen des großflächigen Pazifikkriegs landeten am 23. Januar 1942 japanische Truppen in Rabaul, womit für die MSC-Missionare eine dreieinhalbjährige Leidenszeit einsetzte (vgl. Wittkemper 1975: 16). Die Missionsarbeit kam zum Erliegen (vgl. Epstein 1968: 17), die Schulen mussten geschlossen werden. Obwohl Japan mit dem Deutschen Reich im 2. Weltkrieg verbündet war, wurden die deutschen Missionare von den Besatzern alles andere als freundlich behandelt (vgl. Frings 2000: 206); im Gegenteil, sie wurden der Kollaboration mit dem Feind verdächtigt (vgl. Delbos 1985: 224; Kriegsmemoiren Sr. Theodeberta) und mussten immer wieder Hausdurchsuchungen und Appelle über sich ergehen lassen. Missionsgebäude wurden beschlagnahmt, Lebensmittel und lebensnotwendige Medikamente geplündert (vgl. Frings 2000: 206f.). Die Missionare schwebten dabei in ständiger Lebensgefahr, da die japanischen Soldaten vor Gräuelhandlungen und Exekutionen nicht zurückschreckten (vgl. bspw. Scharmach 1960: 26f.). Schließlich erhielten sie Hausarrest und wurden so auf ihrem eigenen Missionsareal interniert, zu dieser Zeit insgesamt 350 Personen (vgl. Delbos 1985: 224f.).[101]

---

101 Nach der Befreiung schrieb Sr. Hermenegildis am 7. September 1945 über diese Zeit knapp an ihre Familie: „Nur kurz von hier. Vom 23.1.1942 in jap. Händen hinter Stacheldraht. Eine Zeit

Um sich vor den Anfang 1943 beginnenden Luftangriffen der Alliierten zu schützen, ließ Bischof Scharmach ein Stollensystem in die Hügel graben (vgl. Frings 2000: 207). Dieses rettete dem größten Teil der Menschen in Vunapope das Leben, als die massiven Bombardierungen einsetzten. Die Amerikaner, die Kenntnis von auf dem Missionsareal gelagertem japanischem Kriegsgerät erlangten und anscheinend die Missionare für geflohen oder bereits tot hielten, machten das Missionsareal mit all seinen Gebäuden dem Erdboden gleich (vgl. Delbos 1985: 224f.), "destroying in 30 minutes the work of 60 years of labour" (Delbos 1985: 388):

> The saturation bombing by the Allies meant that every single one of the 57 buildings of the Vunapope head station was completely destroyed. The best equipped Catholic mission in the Pacific – hospital, church, brothers' house, priests' house, maternity hospital, three convents, seminary, workshops (engineering, carpentry, boat-building etc.), library, printing press, etc. – all were reduced to rubble. (Waldersee 1995: 565)

Als Vunapope faktisch nicht mehr existierte, wurden die Missionare 1944 mitsamt ihren Schützlingen ins Ramale-Tal verlegt. Über 300 Personen (Zahl nach Threlfall 2012: 349) lebten dort nach intensiver Vorarbeit 15 Monate lang in improvisierten Unterkünften, wo sie vor weiteren Luftangriffen verschont blieben (vgl. Delbos 1985: 225). Bis zur Befreiung am 13. September 1945 durch australische Truppen (vgl. Wittkemper 1975: 16) hatte es bereits mehrere Versuche von Seiten der Japaner gegeben, die Missionare und ihre Schützlinge kollektiv umkommen zu lassen (durch Versperren ihrer Stolleneingänge mit Stacheldraht, Aushungern, Abschneiden des Zugangs zur Malariamedizin, vgl. Scharmach 1960: 105ff.). Insgesamt fielen der Kriegszeit 58 Missionare zum Opfer, von denen 21 von der japanischen Besatzung getötet wurden (vgl. Waldersee 1995: 565).

Den verbliebenen Missionaren wurde 1946 von der nun wieder australischen Administration die Wahl gelassen, ob sie heimkehren oder bleiben wollten (vgl. MSC-Schwesternchronik, Eintrag vom 16.02.1946). Damit einhergehend gestattete die australische Regierung den MSC die Fortsetzung ihrer Missionarbeit (vgl. Frings 2000: 215), und ein verhältnismäßig schneller Wiederaufbau der Zentralstation setzte ein.[102] Zunächst wurden die Trümmer mit Hilfe Kriegsgefangener und der australischen Armee beseitigt, dann eine Zeltstadt errichtet

---

voll Angst und Not. Kirchen und blühende M.-Stationen waren bald Wohnstätten der wilden Horde." Die Zeit der japanischen Besatzung in Vunapope ist im Film *Sisters of War* (Brendan Maher, 2010) cineastisch aufbereitet.

102 Bereits einen Monat später findet sich in der MSC-Schwesternchronik der Eintrag: "The big Mixed Race boys go to Vpe. [Vunapope] to build a home for us." (27.03.1946)

und wieder Feldfrüchte angebaut. Dabei kam den Missionaren die Überlassung überschüssiger australischer Ausrüstung zustatten (vgl. Waldersee 1995: 570f.).

Abb. 25: Missionsschwestern nach der Befreiung des Ramale-Konzentrationslagers am Eingang eines Schutzstollens (1945, PAHM).

Schon 1947 wurden die ersten Außenstationen wieder in Betrieb genommen (vgl. Frings 2000: 215). Die Zentralstation erstrahlte zehn Jahre später in neuem Glanz:

> Als wir von Ramale zurückkamen, sahen wir auf dem früheren Gelände nur riesige Bombenkrater und sich ausbreitenden Dschungel. [...] Wir waren Zeugen der Zerstörung. Achtundsiebzig[103] Häuser wurden zu Ruinen und Aschehaufen reduziert. Jetzt steht die Mission wieder da – mit einer neuen Kathedrale und 128 permanenten Gebäuden, die meisten größer und zweckdienlicher als vor der Japanischen Invasion. (Scharmach 1960: 281)

Ab 1950 kamen wieder neue Missionare aus Deutschland nach New Britain, dazwischen auch vereinzelt weitere Missionare aus Australien, Amerika und Irland (vgl. Waldersee 1995: 582f.). Bischof Scharmach übergab 1963 an seinen Nachfolger Bischof Johannes Höhne (ab 1966 Erzbischof), den bis dahin ersten deutschen Bischof des Vikariats, ein vollständig wiederaufgebautes Missionsareal (vgl. Delbos 1985: 392).

Im Hintergrund dieser für den MSC-Orden erfreulichen Entwicklungen spitzte sich über die 1950er und 1960er Jahre auf Neuguinea langsam ein gesellschaftliches Problem zu: die rechtliche Diskriminierung der indigenen Bevölkerung. Dazu gehörte eine abendliche Ausgangssperre für Indigene ohne schriftliche Genehmigung eines nicht-indigenen Arbeitgebers, die Segregation durch zwei Sets von Sanitäranlagen an öffentlichen Plätzen wie dem Flughafen (vgl. Threlfall 2012: 420) und, mit besonderer symbolischer Kraft, das Alkoholverbot für Indigene, das 1962 außer Kraft gesetzt wurde (vgl. Threlfall 2012: 439). In den frühen 1970er Jahren kam es in Rabaul und Umgebung zu massiven Protesten gegen die australische Regierung, die nach gewalttätigen Auseinandersetzungen im Mord an dem amtierenden Bezirkshauptmann gipfelten. Hinzu kamen 1971 schwere Erdbeben und Tsunamis, die das Land in weitere Schwierigkeiten stürzten. In der Folge verließ eine Reihe von Einwohnern Rabaul, die Investitionen in der Region gingen zurück: "It was freely said in those years that 'Rabaul is dying'" (Threlfall 2012: 513).

Nachdem die Bevölkerung in Wahlen 1972 für die Unabhängigkeit gestimmt hatte, legte die australische Regierung die Verwaltung im Jahr 1975 in einer noch wenig stabilen Phase in die Hände der indigenen Bevölkerung. Der Staat Papua-Neuguinea war damit gegründet.

---

103 Die von der Angabe Waldersees (1995: 565) deutlich abweichende Zahl ("57 buildings of the Vunapope head station") resultiert wohl aus einer Zählung, die nicht nur den innersten Kern des Stationsareals mit berücksichtigt.

5.2 Die (Sprach-)Verhältnisse in Vunapope

a) Unterbrechung des Schulunterrichts

Die japanische Landung auf New Britain brachte den geregelten Schulunterricht in Vunapope zum Erliegen:

> All the schools had to be closed, as the soldiers tore up text books, burnt desks as firewood and then occupied the school buildings [...]. (Adela, Sr. 1971: 97)

Dies bestätigt auch eine Sprecherin, die den Krieg während ihrer Schulzeit in Vunapope miterlebte:

> During the war we had no school. Because we couldn't, we all the time have to run in the trench, because the ((unverständlich)) come bombing, you know. (Sprecherin AW, Walkamin, 16.02.2016)

Stattdessen wurden die mixed-race Jungen nach der Zerstörung Vunapopes für die Vorbereitungen zur Übersiedelung nach Ramale eingesetzt:

> Dan ale Japaner shiken uns get nach Ramale, in Ramale Camp. War ein grose valley da, with ale lo wi hat shon ma, a; jedes mal wi get da, wi anfang mahen ale loh. Un dan is, wo ale lo son gema, wi mus holen ale sahen fi ale pater, ale swester, jede aben, ale halbwaise knabe [...] jede aben bringen ale cargo get Ramale Camp. (Sprecher PK, Loganholme, 21.02.2017)
> [Dann haben uns die Japaner nach Ramale geschickt, ins Ramale Camp. Dort war ein großes Tal mit den Stollen (wörtlich: Löchern), die wir schon ausgehoben hatten. Jedes Mal, wenn wir dort hingegangen waren, hatten wir mit der Arbeit an den Stollen begonnen. Als alle Stollen fertig waren, mussten wir, die halbweißen Jungs, die Sachen der Patres und der Schwester holen – jeden Abend. Jeden Abend haben wir Gepäck zum Ramale Camp hingebracht.]

Im Konzentrationslager in Ramale hielten die Missionare die räumliche Trennung zwischen mixed-race Jungen und Mädchen aufrecht (vgl. Sprecher LEE, Bracken Ridge, 19.09.2017). Es gab offenbar durchaus Bemühungen, in dieser Zeit trotz allem eine Art improvisierten Schulunterricht abzuhalten:

> In Ramale umfaßte unsere Tätigkeit die Sorge für die Ausstattung und Instandhaltung der Sachen für [...] die halbweißen Knaben und Mädchen, die noch bei uns waren und auch soviel, wie möglich, Schulunterricht erhielten. (Bericht Sr. Clothilde 1945, zit. nach Frings 2000: 208)

Erst nach Kriegsende, mit dem einsetzenden Wiederaufbau, konnte wieder eine reguläre Beschulung stattfinden. Diese begann bereits 1946, wobei die Geschlechtertrennung unter den SchülerInnen nun aufgehoben war:

Schools start in Rabaul and Kokopo area. The Mission run schools on the stations start with new vigour again. As we have now a smaller number of Mixed Race children boys and girls are not anymore separated. (MSC-Schwesternchronik, Eintrag vom 06.05.1946)

b) Deutsch und Englisch an der Missionsstation
Ab sofort wurden die mixed-race SchülerInnen ausschließlich auf Englisch unterrichtet:

> Das war in 1945, di wais that de krig is ferti jets, di bringen uns tsurük shnel tsu de mision. [...] Da krich ferti, un wi anfang shule in English. Kain mer Doitsh. So un dise kleine Doitsh was ich wais, ich nu lernen fon heren ale mensh shprehen[104] un was i hab gelernt etwas fon fordem kri. (Sprecher PK, Cleveland, 02.02.2016)
> [Es war 1945, sie wussten, dass der Krieg nun vorbei war, und haben uns schnell zur Missionsstation zurückgebracht. Da war der Krieg vorbei, und wir haben jetzt in der Schule auf Englisch angefangen. Kein Deutsch mehr. Das bisschen Deutsch, das ich kann, habe ich nur dadurch gelernt, dass ich anderen beim Deutschsprechen zugehört habe, und durch das, was ich vor dem Krieg gelernt hatte.]

1946 informiert eine Missionsschwester, dass die australische Regierung für die Beschulung Indigener bereits „englischen Unterricht und australische Lehrkräfte" verlange. Dabei beginnt ein alter Wettlauf mit den nicht-katholischen Missionsorden wiederaufzuleben:

> Die Methodisten errichten schon neue Schulen mit englisch sprechenden teachers. Das bringt für die Mission eine große Gefahr. (Sr. Clothilde, 8. August 1946, zit. in einem Rundbrief vom 24.09.1946)

Nicht nur die Missionare verwenden nun im Unterricht konsequent Englisch, auch von den mixed-race SchülerInnen wird dies eingefordert. Verstöße werden sanktioniert, wie mehrere Unserdeutsch-SprecherInnen berichten:

> Nachdem krig in fünfunfirtsi, dan wi war ferboten fi shprehen Doitsh. Du mus nu shprehen English. (Sprecher PK, Loganholme, 21.02.2017)
> [Nach dem Krieg, im Jahr 1945, wurde uns das Deutschsprechen verboten. Man durfte nur noch Englisch sprechen.]

> For example [MK], di war gestern hir un di war am sagen, di hab bekomen punishment [fürs Deutschsprechen, SL]. So di muste shraiben tswaihundert mal: I only speak English. And things like this. (Péter Maitz im Interview mit Sprecherin EST, Brisbane, 02.02.2016, die dies bestätigt: *main tsait war selbe swi [MK]* 'Zu meiner Zeit war es genauso wie bei [MK]')

---

104 Gemeint ist hier primär das Unserdeutsch der anderen Mixed-race, denn „andre mensh alle kaputte Deutsch [...] meisten von uns prehen kaputte Deutsch nu", wie der Sprecher kurz darauf erläutert,

> [Zum Beispiel [MK], sie war gestern hier und hat gesagt, dass sie eine Strafe [fürs Deutschsprechen] bekommen hat. Sie musste zweihundert Mal schreien: Ich spreche nur Englisch. Und solche Sachen.]
>
> Wo i amfangen shule, war nime Doitsh. Wegen [...] there was the war [...]. Abe tsu haus wi hat ime gesprohen tsu uns selbs. Abe wen wi ge shule, wi shprehen, wi mus ... di punishim uns. Krich shtok or du mus shraiben: „I must not speak German. I must not speak German." (Sprecherin EW, Loganholme, 21.02.2017)
>
> [Als ich mit der Schule begonnen habe, war dort kein Deutsch mehr. Das lag am Krieg. Aber zu Hause haben wir es unter uns immer gesprochen. Wenn wir allerdings zur Schule gegangen sind, haben wir [Englisch] gesprochen – wir mussten, sie haben uns sonst bestraft. Man hat den Stock bekommen oder musste schreiben: Ich spreche kein Deutsch. Ich spreche kein Deutsch.]

Auch außerhalb des Unterrichts nimmt der Gebrauch der englischen Sprache an der Missionsstation jetzt zu:

> Nun haben wir damit begonnen, nur Englisch zu sprechen, ausgenommen die Abenderholung. Es ist schwer für den Anfang, aber es muß gehen und geht auch täglich besser. Sogar unsere lb. Sr. M. Carola, die als einzige unserer lieben, alten Mitschwestern bei uns weilt, tut mit, aber meistens wird es Plattdeutsch. [...] Monsignore bemühte sich um australische Lehrkräfte und zwar Schulbrüder und Sisters of the Lady of the S. H. Doch ist alles noch eine Frage der Zeit. (Brief Sr. Hermenegildis nach Hiltrup, Ramale, 4. April 1946. GAMS, Nr. 1687)

Der strikte Gebrauch des Englischen, insbesondere den Mixed-race gegenüber, war allerdings offenbar in erster Linie auf die (Schul-)Schwestern beschränkt.[105] Sie sprachen recht konsequent Englisch, wohingegen die Patres und Brüder auch untereinander noch deutlich mehr Deutsch gebrauchten, sich besonders anfangs gegen das Englische sperrten. Im Missionskrankenhaus beispielsweise wurde weiterhin Deutsch gesprochen, in der Schule allerdings strikt Englisch. Ein ab 1965 in Vunapope tätiger Pater hat selbst mit den Mixed-race nur noch Englisch gesprochen, lediglich mit anderen deutschen Missionaren Deutsch. Die Missionsbrüder hätten allerdings viel Deutsch mit den Mixed-race gesprochen, was auch damit zusammenhängen dürfte, dass sie aufgrund geringerer Schulbildung nicht so gut Englisch konnten. Die beiden mixed-race Schwestern Sr. Angela und Sr. Agnes haben wohl (was Unserdeutsch-SprecherInnen bestä-

---

105 Die Informationen in diesem Absatz beruhen auf mündlichen Angaben von drei MSC-Schwestern (Sr. Basilia, Sr. Gerhildis, Sr. Frederika) und einem MSC-Pater (P. Escher), die alle vier in der Nachkriegszeit (ab 1954 bzw. 1961 und 1965) bis zum Teil sogar vor wenigen Jahren in Vunapope gewirkt haben und mit denen der Autor im Februar 2017 in Hiltrup/Münster persönlich sprechen konnte.

tigen) mit den Kindern, mit denen sie sehr viel zusammen waren, sogar Unserdeutsch gesprochen.

In dieser Generation liegt der Wendepunkt, an dem die Deutschkompetenz der neuen SchülerInnen nun klar hinter die Englischkompetenz zurückfällt:

> Di sin gegründet auf englishe shprache in shule, nich. Di shprechen beser English als Doitsh. (Sprecher PA, Kokopo, 12.1979/01.1980)
> [Sie sind mit der englischen Sprache in der Schule sozialisiert worden, nicht. Sie sprechen besser Englisch als Deutsch.]

Eine zentrale Beobachtung ist dabei, dass die Mixed-race in dieser Zeit unterschiedlich gut Deutsch sprachen. Jene Mixed-race, die eng mit den deutschen Brüdern in den Werkstätten oder auf Plantagen zutun hatten, hätten besseres Deutsch gesprochen. Nur die älteren Mixed-race konnten zu dieser Zeit noch Standarddeutsch. Eine Schwester hält es für gut möglich, dass manche der mixed-race Kinder nur durch ihre Spielgefährten das „gebrochene Deutsch" gelernt hätten, das diese untereinander sprachen. Gut möglich ist außerdem, dass sich jene Kinder, die besseres Deutsch sprachen, über das schlechtere Deutsch anderer lustig machten: „Das lag denen sehr." Fest steht, dass die Mixed-race auch bei Standardkompetenz dieses untereinander, von Ausnahmen sehr missionsorientierter Familien abgesehen, nicht gebrauchten:

> Ich muss ganz umdenken, wie haben wir früher unter uns unterhalten in die deutsche Sprache. So wie ich jetz spreche – das gab's überhaupt nicht. Das gab's nicht. (Sprecher TH, Kokopo, 12.1979/01.1980)

c) Deutsch und Englisch zu Hause

Zu Hause, in den mixed-race Familien, wurde allerdings vielfach weiterhin Deutsch und Unserdeutsch gesprochen:

> Ainige menshen di wil ni ale kinde di shprehen Doitsh, di mus sprehen English [...] but unse familie, wi shprehen Doitsh. (Sprecher EUG, Victoria Point, 18.02.2017)
> [Einige Personen wollten nicht, dass die Kinder Deutsch sprachen – sie sollten Englisch sprechen. Aber in unserer Familie haben wir (weiterhin) Deutsch gesprochen.]

Dies war den mit der Unterrichtung der Kinder betrauten Missionaren ein Dorn im Auge, da der Deutsch-Input in ihren Augen auf Kosten der Englischkompetenz der Kinder ging. Daher wurden teils Familien sogar aktiv angehalten, mit ihren Kindern nicht weiter Deutsch zu sprechen:

> I send a kid, my eldest daughter, to mission. The sisters pulled me up one day and said to me: "What language you shpeak [sic!] at home?" I said: "German, to the kids", I said: "German." He [sic!] said: "No wonder she can't speak a word of English. Shtop [sic!] the

German to the children and speak only English!" But we both always spoke only German. (Sprecher JB, Brisbane, 25.01.2016)

Manche der mixed-race Eltern hingegen kamen dem Wunsch tatsächlich nach und achteten darauf, nur noch unter sich (Unser-)Deutsch zu sprechen, während sie mit ihren Kindern zur Schulzeit bereits Englisch sprachen:

Mama un papa hat geshprohen [(Unser-)Doitsh] mit di selbs [...] abe ni tsu uns, wail wi gen tsu shule, wi mus sprehen English. Un di wolte ni das Doitsh, how do you say, interrupt. (Sprecherin EST, Loganholme, 21.02.2017)
[Mutter und Vater haben (Unser-)Deutsch untereinander gesprochen. Aber nicht mit uns, weil wir zur Schule gingen und (dort) Englisch sprechen sollten. Und sie wollten nicht, dass Deutsch dabei, wie sagt man, stört.]

Der Bericht einer anderen Sprecherin zeigt ebenfalls deutlich den sich anbahnenden Sprachwechsel: Während ihre Eltern noch (Unser-)Deutsch sprechen, sprachen die Kinder durch das Internat bereits dominant Englisch. Im Elternhaus herrschte offenbar eine asymmetrische Kommunikation, die Kinder dolmetschten sogar für ihre Eltern in der Kommunikation mit Australiern.

Nur English, wo ich war in shule. At home, mum un dad would Doitsh shpreche. Wo i war tsurük fon boarding school, holidays un das, ale kinder, wir shprechen English, aber mum imer auf Doitsh. Main muter found it hard to speak Englisch, because papa always spoke German, Doitsh. So often they talked ... di haben auf Doitsh geshprochen, wir könen ales fersten. Wen main muter muste mit, say, ain Australier shpreche, si wid durch ale kinder; fragen de kind, was dise Australir wil esen und wir wid si sagen auf Doitsh. [...] Main muter was very, ähm, she hardly, you know, spoke English. (Sprecherin MS, Brisbane, 23.01.2016)
[Als ich in der Schule war, wurde nur Englisch gesprochen. Zu Hause haben Mutter und Vater Deutsch gesprochen. Wenn ich vom Internat zurückkam, etwa in den Ferien, haben wir Kinder Englisch gesprochen, aber Mutter immer auf Deutsch. Meine Mutter fand es schwer, Englisch zu sprechen, weil Vater ständig Deutsch gesprochen hat. Also haben sie viel Deutsch gesprochen – wir konnten alles verstehen. Wenn meine Mutter zum Beispiel mit einem Australier sprechen musste, hat sie ihre Kinder dolmetschen lassen: Sie hat das Kind gefragt, was dieser Australier essen will, und wir haben es ihr auf Deutsch übersetzt. Meine Mutter war sehr, ähm ... sie hat fast kein Englisch gesprochen, weißt du.]

d) Standardideologie und Scham
Die nach dem 2. Weltkrieg aufwachsende Generation weist kaum bis keine Kompetenz des Standarddeutschen mehr auf. Sie kann also nicht mehr gezielt zwischen Standarddeutsch und Unserdeutsch wechseln, um ersteres in formeller Outgroup-Kommunikation mit Deutschen und letzteres in informeller Ingroup-Kommunikation mit anderen Mixed-race zu verwenden. Sprechen sie Deutsch, so sind sie nun gezwungen, in beiden Fällen ihr Unserdeutsch zu verwenden, das für Außenstehende gebrochen erscheint. Dieses Bewusstsein, *nur*

„gebrochenes" Deutsch zu sprechen, es nicht anders/besser zu können, hängt mit einer mehr oder weniger ausgeprägten Standardideologie zusammen. Dies führt zu einem teils recht geringen Selbstbewusstsein im Umgang mit Unserdeutsch und schließlich zu Vermeidungsstrategien:

> Nimals, nimand shprehen Doitch [...]. Wia hat gehab swester fon Doitshlan, abe di hat ni geshprehen so Doitsh mit uns, fiwas di hat de hoihe Doitsh, de gute. Ja, un uns war nu kaputene Doitsh. Darum wi hat ni tsu fil geshprehen. Ainige mal wi wid sort of shprehn fi uns selbs, wen swester war ni da. (Sprecherin AH, Brisbane, 20.01.2016)
> [Niemand hat je Deutsch gesprochen. Wir hatten eine Schwester aus Deutschland, aber sie hat nicht Deutsch mit uns gesprochen, weil sie Hochdeutsch gesprochen hat. Und wir haben nur gebrochenes Deutsch gesprochen. Deshalb haben wir es nicht viel gesprochen. Manchmal haben wir es unter uns gesprochen, wenn gerade keine Schwester da war.]

Die SprecherInnen schämen sich nun teils für ihr Deutsch. Dies dürfte früher nicht der Fall gewesen sein, da sie es trotz des sicher ähnlich niedrigen overten Prestiges selbst in der Hand hatten, ob sie zum Standard wechselten oder bewusst Unserdeutsch verwendeten. Eine Wahl, die diese Generation nun nicht mehr hat:

> Du wais, ainige mal, du hat menshen, di komen un di kan gute Doitsh shprehen un san [sagen] uns kaputene Doitsh, oh, du shemen jets [...]. Of course, fiwas wi ni shprehen gute Doitsh! (All) kaputene Doitsh, darum nimal ... wi ni shprehen. (Sprecherin AH, Brisbane, 20.01.2016)
> [Weißt du, manchmal sind Leute gekommen, die Hochdeutsch (gutes Deutsch) sprechen konnten und gesagt haben, wir würden gebrochenes Deutsch sprechen. Oh, da haben wir uns geschämt. Natürlich, weil wir kein Hochdeutsch (gutes Deutsch) gesprochen haben! Alle haben gebrochenes Deutsch gesprochen, darum haben wir nie ... wir haben es nicht gesprochen.]

> Maine Doitsh nich so gut ist, so ... ain bischen angs fon when I can't speak properly. (Sprecher KK, Carolyn Beach, 13.02.2016)
> [Mein Deutsch ist nicht so gut, deshalb habe ich ein bisschen Angst davor, dass ich mich nicht ordentlich ausdrücken kann.]

In der Freizeit, beim Spielen unter sich, sprachen die Kinder allerdings weiterhin Unserdeutsch (vgl. Sprecherin JE, Caboolture, 09.03.2015). Neu hinzukommende Kinder, die vorher keine Berührung zu Standarddeutsch oder Unserdeutsch hatten, lernten dadurch sogar noch in ihrer Schulzeit von Grund auf neu Unserdeutsch und sprechen es bis heute fließend (bspw. Sprecherin RM).

Manche der mixed-race Eltern und Großeltern – keineswegs alle – versuchen inzwischen sogar selbst aktiv, ihre Kinder von Unserdeutsch abzubringen: Sie sollten entweder richtiges Deutsch oder Englisch sprechen:

Man oma sa: „Wen du wil shprehen dise Doitsh, sprek Doitsh, nich shpreken dise Unsin!"
(Sprecher EHA, North Lakes, 22.02.2017)
[Meine Oma pflegte zu sagen: Wenn du Deutsch sprechen willst, sprich Deutsch, nicht diesen Unsinn!]

Ainige war so [...] [Name] war, imer wi get shpilen mit ale kinder fi di, di sa: „In main haus du shprehen Doitsh oder English, kain kapute Doitsh!" Ja, da war ainige, war richti so, gants recht, shtram. (Sprecherin ESE und Sprecher EHA, North Lakes, 22.02.2017)
[Einige waren so ... [Name] zum Beispiel – immer, wenn wir mit ihren Kindern gespielt haben, haben sie gesagt: In meinem Haus sprecht ihr Deutsch oder Englisch, kein Unserdeutsch (gebrochenes Deutsch)! Ja, es gab einige, die da sehr geradlinig, sehr streng waren.]

Dieser familiäre Umgang mit Deutsch und/oder Unserdeutsch spiegelt sich noch heute im Bewusstsein und Anspruch der SprecherInnen aus den jeweiligen Familien bezüglich ihres Deutschs.

5.3 Linguistische Konsequenzen

In diesem Kapitel werden wiederum die linguistischen Konsequenzen aus den soziohistorischen Veränderungen an der Missionsstation Vunapope skizziert. Zunächst werden sehr knapp die Veränderungen in den Einflüssen aus den wichtigsten Kontaktsprachen von Unserdeutsch auf dieses zusammengefasst (Kap. 5.3.1), anschließend wird auf das heute im Unserdeutsch beobachtbare Kreolkontinuum eingegangen (Kap. 5.3.2), dessen Wurzeln maßgeblich in den geschilderten Entwicklungen liegen.

5.3.1 Strataänderungen

Die Veränderungen im Einfluss oder Druck der wichtigsten Stratasprachen von Unserdeutsch auf dieses lassen sich als sprecherübergreifende Tendenz für die Nachkriegszeit wie folgt zusammenfassen:

a) *Superstratdruck:* Der Superstratdruck durch das Standarddeutsche nimmt stark ab, in einigen Fällen bereits bis hin zum Verlust des Sprachkontakts. Die in diesem Zeitraum in Vunapope neu ankommenden Missionare entstammen weiterhin klar dominant dem westfälischen Raum, sprechen nun allerdings bereits häufig kein Deutsch mehr mit den mixed-race Kindern. Das Superstrat verliert seinen Status als Zielsprache. Die neue Generation, die nach dem 2. Weltkrieg aufwächst, erwirbt höchstens noch eine partielle mündliche Kompetenz. Die Schriftkompetenz wird von niemandem mehr erworben.

b) *Adstratdruck:* Die Rolle des Englischen nimmt stark zu. Während für das Jahr 1966 die bereits beachtliche Zahl von 37,4 % EnglischsprecherInnen für Rabaul angeben wird, sind es 1971, nur fünf Jahre später, schon 51,4 % (vgl. Sankoff 1980: 126, zit. nach Mühlhäusler 1996b: 84). Genau genommen ist Englisch ab dieser Zeit nicht mehr wirklich Adstrat, sondern entwickelt sich zu einem neuen Superstrat, eingeführt durch eine dominante allochthone Macht. Es löst Standarddeutsch als Zielsprache ab. Die allgemeine Erkenntnis, dass Standarddeutsch das Superstrat von Unserdeutsch ist, bleibt davon unberührt, da sich das Sprachsystem von Unserdeutsch bereits vorher entwickelt und stabilisiert hat.

c) *Substratdruck:* Der Substratdruck kann in der Tendenz höchstens als leicht abnehmend beschrieben werden, da eine zunehmende Zahl an Indigenen, insbesondere in gebildetem Umfeld wie der Missionsstation in Vunapope selbst, inzwischen eine partielle bis vollständige Englisch-Kompetenz erwirbt. Dennoch bleibt Tok Pisin das primäre Verständigungsmittel mit den Indigenen, wie aus den Interviews und Aussagen von Missionaren in der Nachkriegszeit hervorgeht. Alle Unserdeutsch-SprecherInnen sowie alle aus Vunapope zurückgekehrten Missionare dieser Zeit beherrschen (nach wie vor) Tok Pisin.

5.3.2 Dekreolisierung und Kreolkontinuum

An dieser Stelle ist die Anwendung zweier zentraler Konzepte auf Unserdeutsch zu diskutieren, die häufig mit dem vitalen Endstadium einer Kreolsprache in Zusammenhang gebracht werden: Das Konzept der *Dekreolisierung* und das Konzept des *(Post-)Kreolkontinuums* (vgl. dazu auch Maitz 2017). Beide werden häufig in engem Zusammenhang miteinander behandelt: Die Entstehung des (Post-)Kreolkontinuum gilt als Merkmal einer stattfindenden Dekreolisierung (aber kritisch dazu Mufwene 2008: 107f.).

Dekreolisierung bezeichnet die graduelle strukturelle Assimilation einer Kreolsprache an ihre Lexifikatorsprache (vgl. Bickerton 1980: 109). Bedingung dafür ist eine intensive Nähe zum Lexifikator unter Verschiebung der sprachlichen Prestige-Verhältnisse (vgl. Velupillai 2015: 221) bzw. der plötzlich weniger eingeschränkte Zugang zum Lexifikator nach einer Phase größerer Autonomie der Kreolsprache (vgl. Mesthrie et al. 2009: 292). Der Prozess gilt als letztes Stadium im Lebenszyklus einer Kreolsprache vor dem Sprachtod und als unidirektional[106] (vgl. Velupillai 2015: 221). Inwiefern kann für Unserdeutsch, das sich in

---

[106] Eine Umkehrung des Prozesses ist theoretisch allerdings durchaus denkbar, vgl. das Konzept der *Hyperkreolisierung*, definiert als "an agressive assertion of linguistic discreteness

dieser Generation nun in der Tat im letzten Stadium vor dem drohenden Sprachtod befindet, von einer stattfindenden Dekreolisierung gesprochen werden?

Für Unserdeutsch kann festgehalten werden, dass in dieser Phase ab dem 2. Weltkrieg bis zur Unabhängigkeit Papua-Neuguineas eine Dekreolisierung nicht einsetzt, sondern *endet*. Denn der für eine Dekreolisierung zwingend erforderliche enge Kontakt zum Lexifikator reißt in dieser Phase ab, während er vorher allerdings, geradezu in Form einer Diglossie, eindeutig bestand. Die Dekreolisierung von Unserdeutsch betrifft Sprechergeneration II in der Phase der Zwischenkriegszeit, also bereits unmittelbar die erste Generation, die Unserdeutsch als L1 spricht. Der gleiche Prozess struktureller Interferenz aus dem Superstrat fand allerdings genauso bereits vor der Nativisierung in Sprechergeneration I statt, da die Kinder ja weiter die Standardkompetenz erwarben und den Standard auch in der vertikalen Kommunikation mit den Missionaren und im Schulunterricht verwendeten. Man bezeichnet diesen analogen Vorgang vor dem Kreolstadium als *Depidginisierung* (vgl. Velupillai 2015: 532). Somit lässt sich eindeutig feststellen,

> dass die strukturelle Annäherung von Unserdeutsch an das Standarddeutsche im Vergleich zur Kreolisierung kein sekundärer Prozess war, der nach einer autonomen Kreolphase stattgefunden hat (Maitz 2017: 226).

Es handelt sich nun in Sprechergeneration III vielmehr um die Situation, die Velupillai beschreibt:

> If a new standard is introduced, such as when a colony changes hands from one power to another, then [...] the decreolization process is assumed to either be slowed down or to stop altogether; alternatively, the creole will start to move towards the new standard. (Velupillai 2015: 221f.)

Zwar wechselte die Kolonie bereits mit dem 1. Weltkrieg in die Hand einer englischsprachigen Nation, doch wirkt sich dies sprachlich erst jetzt so stark aus, dass tatsächlich von einem Abbruch des Kontakts zum Lexifikator gesprochen werden kann. Die im Zitat auch angesprochene ersatzweise Annäherung an den neuen Standard würde im Fall von Unserdeutsch sekundären Adstrateinfluss aus dem Englischen bedeuten. Dieser ist wahrscheinlich, lässt sich allerdings aufgrund fehlender Sprachdaten aus der Zeit vor dem 2. Weltkrieg gegenüber primärem Adstrateinfluss (bereits aus der Entstehungszeit) schwer nachweisen.

---

and superior status for creole" (DeCamp 1968: 41) durch einen Teil einer Sprechergemeinschaft, oder allgemeiner, eine *Rekreolisierung*, "[t]he phenomenon of a speech community shifting to a more basilectal form of the creole" (Velupillai 2015: 537).

Festgehalten werden kann, dass der Dekreolisierungsprozess allerspätestens mit der Unabhängigkeit Papua-Neuguineas 1975 zum Erliegen gekommen ist, da der Kontakt zum Lexifikator abgebrochen ist. Das bedeutet, dass im Fall von Unserdeutsch die Dekreolisierung keineswegs zur gänzlichen Assimilation von Kreol und Lexifikator geführt hat, die Dekreolisierung damit auch nicht den Sprachtod von Unserdeutsch eingeleitet hat.

Wie ist vor diesem Hintergrund nun die Existenz eines (Post-)Kreolkontinuums in Unserdeutsch zu bewerten, das als mögliche Folge eines Dekreolisierungsprozesses gilt?[107] Zunächst kann mit Maitz (2017: 226) festgehalten werden, dass wenn dann für Unserdeutsch überhaupt nur von einem *Kreolkontinuum* gesprochen werden sollte, da es offensichtlich nicht erst postkreolisch, nach der Kreolphase also, entstand, sondern wenn dann bereits in (und möglicherweise sogar vor) der Kreolphase.

Zentral für den Begriff des Kreolkontinuums ist die Annahme, dass die damit implizierte inter- sowie auch intrapersonale Variation zwischen einem standardfernen Pol (Basilekt) und einem standardnahen Pol (Akrolekt) über diverse Übergangsbereiche hinweg (Mesolekt) nicht willkürlich, sondern strukturiert ist:

> The variation within a post-creole continuum is not just random deviation from a norm; it consists of a whole ordered series of "switching" operations which occur as we move from one speaker to another along the continuum or as a speaker shifts his style. (DeCamp 1968: 47)

Dies bedeutet, dass es möglich ist, eine Implikationsskala linguistischer Merkmale zu erstellen, über die die SprecherInnen einer Sprachgemeinschaft auf dem Kreolkontinuum genau hinsichtlich ihrer Standardnähe bzw. -ferne angeordnet werden können (zur Methodik vgl. DeCamp 1971; Rickford 2002). Inwiefern dies für Unserdeutsch tatsächlich möglich ist, kann derzeit nicht beurteilt werden, da eine entsprechende Untersuchung noch aussteht. In Maitz (2017: 233–238) sind einige zentrale Merkmale des Unserdeutsch-Basilekts genannt, die vermutlich zu einem gewissen Grad ein Kreolkontinuum von Unserdeutsch strukturieren.

Eine impressionistische Zuordnung von SprecherInnen und Sprechlagen zu mehr basilektalen oder mehr akrolektalen Varietäten von Unserdeutsch ist gut möglich. Zugleich geht die Entwicklung keinesfalls hin zu einer überbordenden Variation; die Kernstrukturen von Unserdeutsch sind sprecherübergreifend klar feststellbar. Die soziolinguistischen Steuerungsfaktoren der Variation (vgl. dazu ausführlicher Maitz 2017: 226–229) sind offensichtlich (a) das Ausmaß des Stan-

---

107 Vgl. bspw. Mühlhäusler (1997: 12): "The pressure of standard lexifier languages can result, given the right social circumstances, in the development of a linguistic continuum."

dardinputs (bedingt durch die Enge des Kontakts zu deutschsprechendem Missionspersonal, auch durch den Beruf) sowie (b) Spracheinstellungen der Sprecher(-familien), bedingt etwa durch die soziale Position an der Mission, Aufstiegsorientierung und Schriftnähe im Beruf). Da der Terminus des Kreolkontinuums theoretisch voraussetzungsreich ist, nämlich die Möglichkeit der Erstellung einer Implikationsskala präsupponiert, wird im Folgenden neutraler und vorsichtiger von der (eindeutig beobachtbaren) Kreol-Standard-Variation in Unserdeutsch gesprochen.

Die Kreol-Standard-Variation in Unserdeutsch hat sich mit großer Plausibilität zwischen dem 1. Weltkrieg und der Unabhängigkeit Papua-Neuguineas herausgebildet, also in den Sprechergenerationen II und III. Vorher, in Sprechergeneration I, also unter den Kindern und Jugendlichen, muss der Standardinput für alle Kinder im Internat ähnlich ausgeprägt gewesen sein; sie verbrachten ihre Zeit miteinander im selben Kontext. Den einzigen Unterschied bildete die Dauer des Aufenthalts bzw. das Eintrittsalter, was sich aber in erster Linie auf das Niveau ihrer Standardkompetenz ausgewirkt haben dürfte. Mit Sprechergeneration II hingegen waren die ersten Bedingungen gegeben für ein unterschiedliches Ausmaß an Standardinput, nämlich durch das Tätigkeitsfeld und die Spracheinstellungen der Eltern dieser Generation, dazu dem Ausmaß des Kontakts zur australischen Administration und zu nichtdeutschen Missionaren. Hinzu kommt die zunehmende Anglisierung an der Missionsstation, die in unterschiedlichem Ausmaß InternatsschülerInnen, SchülerInnen der fortgeschrittenen Schulen, Auszubildende und Berufstätige betroffen hat. Das unterschiedliche Ansehen verschiedener mixed-race Familien an der Missionsstation in Abhängigkeit ihres Einsatzes für die Missionare bedeutet, dass eine gewisse soziale Mobilität gegeben ist, die als nötige Bedingung für die Entstehung eines Kreolkontinuums gilt:

> [T]he social system, though perhaps still sharply stratified, must provide for sufficient social mobility and sufficient corrective pressures from above in order for the standard language to exert real influence on creole speakers; otherwise the creole and the standard remain sharply separated as they do in the French areas. (DeCamp 1968: 43)

Dies stimmt klar überein mit den in den Daten beobachtbaren und von den SprecherInnen in Interviews übereinstimmend berichteten Unterschieden innerhalb der Sprechergemeinschaft, welche Personen und Familien wie gut „Deutsch" sprächen bzw. damals sprachen (auf einem Kontinuum zwischen basilektalem Unserdeutsch und intendiertem Standarddeutsch).

Vertieft und abgeschlossen wurde die Entwicklung der heutigen Kreol-Standard-Variation offensichtlich in der Zeit nach dem 2. Weltkrieg, also mit Sprechergeneration III, denn hier kam es zu klaren Unterschieden zwischen zwei Extrempolen: Familien, in denen nun tatsächlich bereits mit den Kindern Englisch gesprochen wurde, und Familien, in denen weiter Deutsch, sogar Standarddeutsch, mit den Kindern gesprochen wurde. Wer dann viel in Kontakt mit deutschen Brüdern (und evtl. auch Patres) war, erhielt weiterhin Standardinput an der Mission, während dies am anderen Pol, im Umgang mit deutschen Schulschwestern und natürlich allen Missionaren aus dem englischsprachigen Raum, nicht mehr der Fall war. Bis zur Unabhängigkeit Papua-Neuguineas 1975 muss die heutige Kreol-Standard-Variation von Unserdeutsch abgeschlossen gewesen sein, da danach kein Kontakt zum Standard (Lexifikator) mehr gegeben war. Sprechergeneration III hat – von vielleicht einer Hand voll Ausnahmen abgesehen, die eine partielle Standardkompetenz aufweisen bzw. aufwiesen – kein Standarddeutsch mehr gelernt.

6 Unserdeutsch von der Emigration bis heute

> Linguists concerned with rights of languages must
> ask themselves whether these rights prevail over the
> right of the speakers to adapt competitively to their
> new socioeconomic ecologies. (Mufwene 2004: 219)

Dieses Kapitel führt in die gegenwärtige Situation von Unserdeutsch. Es umfasst den Zeitraum von der Emigration des Großteils der Sprechergemeinschaft nach Australien, die gemittelt in etwa mit der Unabhängigkeit Papua-Neuguineas 1975 zusammenfällt, bis ins Jahr 2020. Im Zentrum steht somit die Sprechergeneration III im hohen Alter sowie deren Kinder und Enkel, die Generationen IV und V, die allerdings nicht mehr als *Sprecher*generationen bezeichnet werden können. Generation IV umfasst noch *Erinnerer*, in Generation V besteht überhaupt keine Unserdeutsch-Kompetenz mehr. Dieses Kapitel skizziert aus diesem Grund auch die starke Gefährdung von Unserdeutsch sowie eine neue Dynamik, die die Dokumentation der Sprache erst in den letzten Jahren seit 2015 in die Sprechergemeinschaft gebracht hat. Das Kapitel setzt erneut mit einem knappen Abriss des historischen Wandels ein, den die SprecherInnen durchlebten (Kap. 6.1). Darauf folgt eine Zusammenfassung der geänderten (Sprach-)Verhältnisse seit der Zeit der Emigration des Großteils der Sprechergemeinschaft (Kap. 6.2), woran wiederum eine knappe Diskussion linguistischer Konsequenzen anschließt (Kap. 6.3).

6.1 Historischer Wandel

Die Unabhängigkeit Papua-Neuguineas (1975) bedeutet mit dem sukzessiven Rückzug der australischen Verwaltung zugleich die Dekolonialisierung des Landes. Damit einher geht eine Lokalisierungspolitik *(Localisation Policy)*, die darauf abzielt, Stellen sowohl im öffentlichen Dienst als auch im wirtschaftlichen Sektor verstärkt mit indigenem Personal zu besetzen (vgl. Threlfall 2012: 513). Einige Mixed-race verlieren dadurch ihre Anstellung, auch an der Missionsstation in Vunapope selbst (vgl. Kap. 6.2), denn die Missionsorden verfolgen nun ebenfalls verstärkt eine Politik der Inkulturation. Die MSC-Schwestern legen in den 90er Jahren schließlich auch die Provinzleitung in die Hände einer indigenen Nonne (vgl. Frings 2000: 307).

Der neugegründete Staat Papua-Neuguinea weist von Anfang an bis heute (vgl. BTI 2018) die typischen Probleme eines Entwicklungslandes auf – von Wirtschaftsschwäche, Bildungsarmut und einem schwachen Gesundheitswesen hin zu Gewalt und Korruption. Die Stellung der Frau ist im internationalen Vergleich in kaum einem anderen Land so gravierend wie in Papua-Neuguinea (vgl. JICA 2010). Die mit alldem einhergehenden schlechten Perspektiven sind ein Mitgrund für den Exodus der Sprechergemeinschaft (vgl. Kap. 6.2).

1994 wurde Papua-Neuguinea durch eine heftige Vulkaneruption auf der Insel New Britain schwer getroffen. Obwohl dank eines gut funktionierenden Frühwarnsystems die Bevölkerung im Gefahrenbereich rechtzeitig evakuiert werden konnte und es kaum medizinische Zwischenfälle gab (vgl. Dent et al. 1995), hatte diese Naturkatastrophe doch einschneidende Folgen: Rabaul, bis dahin Hauptstadt der Provinz East New Britain und wichtiger Handelsknotenpunkt, wurde zum Großteil zerstört. Kokopo, das inzwischen Vunapope einschließt, wurde neue Hauptstadt. Die mixed-race Familien, die zu dieser Zeit ihren Wohnsitz in Rabaul hatten, verloren diesen über Nacht. Eine Sprecherin berichtet von der Rückkehr in die aschebedeckte Mondlandschaft von Rabaul nach dem Ausbruch:

> Orait, wi war am faren, un wi sa tsu de driver: Orait, du holen uns, wi wil ge tsu de airport. Wi get, wi stop at ein gants grose field. Orait, wi sa: Wo is de airport? Sa: Du bis am shten auf de airport! ((lacht)) Orait, wi faren etwas mer, I say: Wo is de golf club? De golf thing, you know? Du bis am shten auf de golf course! Ales war nix. (Sprecherin AH, Brisbane, 20.06.2018)
> [Also, wir sind mit dem Auto gefahren und haben zum Fahrer gesagt: Okay, wir wollen zum Flughafen, bring uns bitte hin. Wir sind also gefahren und haben auf einem sehr großen Feld angehalten. Also haben wir gefragt: Wo ist hier der Flughafen? Daraufhin er: Ihr steht auf dem Flughafen! – Also sind wir weitergefahren, ich habe gefragt: Wo ist der Golfclub? Das Golfdings, weißt du? Er: Du stehst auf dem Golfplatz! Alles war weg.]

Etwa zeitgleich mit der Unabhängigkeit Papua-Neuguineas endete in Australien auch die restriktive *White Australia Policy*, die es bis bis in die 1960er Jahre für Nicht-Europäer praktisch unmöglich machte, nach Australien zu immigrieren (vgl. Jupp 1995 – zur Aufnahmeprüfung gehörte ein Diktattest in einer beliebigen, von den Behörden ausgewählten europäischen Sprache), bevor die Restriktionen schrittweise gelockert wurden. Auch die Einbürgerung war zunehmend einfach erreichbar: Ab 1967 war ein Antrag bereits nach drei Jahren Aufenthalt in Australien möglich (vgl. Evans 1988: 244, 255). Den Mixed-race in Papua-Neuguinea wurde die australische Staatsbürgerschaft wenige Jahre vorher sogar direkt durch die Regierung angeboten:

> Australishe regirung, befor di habn selbshtendich tsu di New Guinea gegeben, di habn tsu de halbwaisen un tsu de Kinesen gesach: Ir kan citizenship bekom hir. Ich au, i hab. Main i hab bekomen – maisten halbwaisen haben. (Sprecher ERH, Sydney, 08.02.2016)

[Bevor die australische Regierung Papua-Neuguinea die Unabhängigkeit gegeben hat, hat sie den Mixed-race und den Chinesen die Staatsbürgerschaft angeboten. Mir auch, ich habe sie. Ich habe sie bekommen, die meisten Mixed-race haben sie.]

Die allermeisten Mixed-race nahmen dieses Angebot an und konnten daher in den Folgejahren ohne Hindernisse nach Australien umsiedeln bzw. mussten dies später in der Folge der Unabhängigkeit sogar, wenn sie bei ihrer Entscheidung für die australische Staatsbürgerschaft blieben:

Wen du bis ain PNG, du blaib – or du bis ain Australian, du mus herausgen. (Sprecherin BC, Runcorn, 22.10.2015)
[Wenn man sich für die PNG-Staatsbürgerschaft entschieden hatte, durfte man bleiben – oder man nahm die australische Staatsbürgerschaft an, dann musste man das Land verlassen.]

Die Emigration nach Australien bedeutete einen erheblichen Einschnitt im Leben der Mixed-race, wechselten sie damit doch von einem Entwicklungsland in eine moderne Industrienation. Doch rückblickend sind sich die Gewährspersonen in Australien einig, dass es die richtige Entscheidung war, wenn auch einige von ihnen von Zeit zu Zeit im Herzen das – rückblickend sicher auch etwas verklärte – Südseeleben vermissen:

Australia is gut. I ime sagen, das i blaiben jets in Australia. Abe maine herts is with PNG. (Sprecherin RM, Vunapope, 23.09.2017)
[Australien ist gut. Ich sage immer, dass ich jetzt in Australien bleibe. Aber mein Herz ist in PNG.]

Manche SprecherInnen, die Jahre nach ihrer Auswanderung besuchsweise auf die Gazelle-Halbinsel zurückkehrten, erzählen, wie sie beim Anblick des vertrauten Geländes in Tränen ausbrachen.

Die für die Arbeitssuche sehr wichtige Bedingung, Englisch zu sprechen (vgl. Price 1987: 182), erfüllten die Mixed-race nicht zuletzt durch den am Ende nur noch englischsprachigen Schulunterricht in Vunapope, sodass sie sich sprachlich gut assimilieren konnten. Die einst geschlossene Sprechergemeinschaft verteilte sich nun auf die Ballungszentren der Ostküste Australiens, insbesondere rund um Brisbane, Gold Coast, Cairns (Queensland) und Sydney (New South Wales). Die allermeisten Unserdeutsch-SprecherInnen leben damit heute im australischen Bundesstaat Queensland, wohin generell der mit Abstand größte Teil der Emigranten aus Papua-Neuguinea gezogen ist (vgl. Price 1987: 188; 191). Nur etwa eine Handvoll Unserdeutsch-SprecherInnen sind bis heute in Papua-Neuguinea sesshaft und dabei über die verschiedenen Inseln verstreut.

Historischer Wandel —— 213

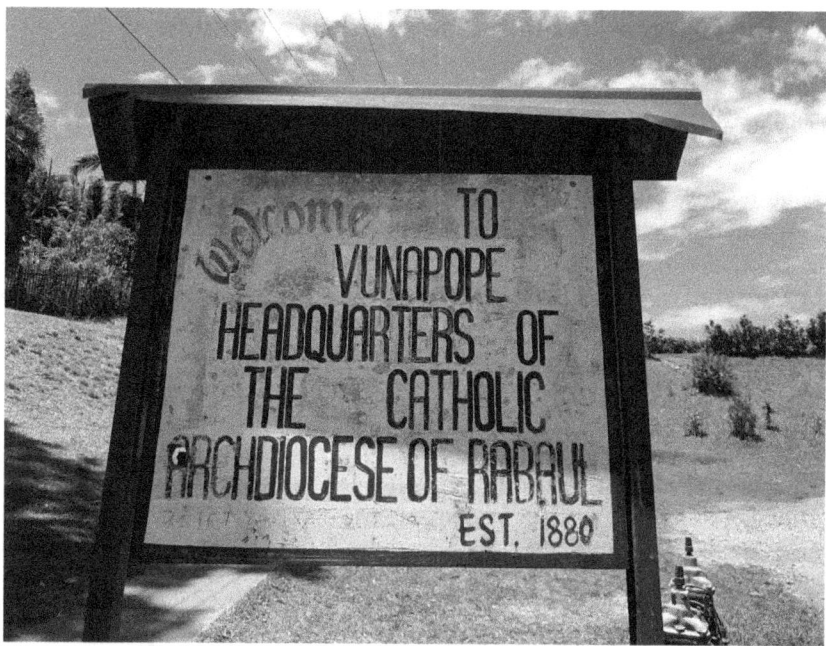

Abb. 26: Eingangstafel auf dem Areal von Vunapope heute (Foto: Lena Schmidtkunz 2017).

Abb. 27: Ein Teil der Unserdeutsch-Sprechergemeinschaft heute bei Brisbane (Foto: Unserdeutsch-Projekt 2016). Drei der abgebildeten SprecherInnen sind in der Zwischenzeit (Stand: Herbst 2019) bereits verstorben.

6.2 Die (Sprach-)Verhältnisse seit der Emigration

Die Emigration der mixed-race Sprechergemeinschaft zog sich über einen Zeitraum von etwa 35 Jahren hin (1960 Sprecher WR, 1996 Sprecherin CW). Die meisten SprecherInnen übersiedelten in den späten 60er Jahren, den 70er Jahren und den 80er Jahren, also um die Zeit der Unabhängigkeit Papua-Neuguineas herum. Für einige SprecherInnen war der Verlust ihrer Arbeit durch die neue Lokalisierungspolitik ein Beweggrund (vgl. bspw. Sprecherin EST, Brisbane, 02.06.2016). Sie wurden vor die Wahl gestellt, entweder die australische Staatsbürgerschaft wieder abzugeben oder diese zu behalten, dafür aber ihre Arbeit aufzugeben:

> Wi ale kri brif [...] erste brif war: Du hat drai monat su denken, du wil blaib Australian un dan du hat kain mer arbait, or du wid sagen: Orait, I will become PNG, nime Australian (cause we got naturalized). Un dan du kan keep your job. Big decision [...]! So i denken: Was dise country kan geben mi, when it's independent? And I said: Nothing, so I kept it [die australische Staatsbürgerschaft]. So nachdem drai monate jets, i kri mai brif: Your services are no longer required. (Sprecherin DK, Runcorn, 22.01.2016)
> [Wir haben alle Post bekommen ... der Inhalt des ersten Briefs war: Ihr habt drei Monate Bedenkzeit, ob ihr die australische Staatsbürgerschaft behalten wollt – dann verliert ihr eure Arbeit – oder ob ihr euch dafür entscheidet, Papua-Neuguineer zu werden und die australische Staatsbürgerschaft aufzugeben (wir wurden eingebürgert). In diesem Fall könnt ihr eure Arbeit behalten. Eine schwere Entscheidung! Also habe ich überlegt: Was kann mir dieses Land geben, wenn es unabhängig ist? Und ich habe mir gesagt: Nichts – also habe ich die australische Staatsbürgerschaft behalten. Nach drei Monaten kam dann der nächste Brief: Ihre Dienste werden nicht mehr länger benötigt.]

Eigentlich gab es eine briefliche Zusicherung durch Johannes Höhne (ab 1963 Apostolischer Vikar von Rabaul, von 1966 bis 1978 Erzbischof von Rabaul), dass die Mixed-race bis an ihr Lebensende an der Mission bleiben dürften. Nach seinem Tod war der Inhalt dieser Zusicherung für die Nachfolge jedoch nicht mehr von Belang (Information Sprecherin CW, Cairns, 15.02.2016). Weitere Mixed-race verloren unter Vorwänden ihre Arbeit:

> Ain aben, uns knabe war heraus, get patsiren herum am aben. Un wi muste kom tsurik am halb tsen [Anm.: gemeint ist wohl halb elf, vgl. engl. *half past ten*], muste tsurik tsu haus. Aba dan i war ni tsurik tsu haus bis elf ur. Wo i kom tsurik tsu haus, dan brude Epping sagen i: Du bis fired! I say: woah, dankeshön brude, i war am warten lang fi dise tach! (Sprecher PK, Cleveland, 02.02.2016)
> [Eines Abends waren wir Jungs draußen unterwegs, wir sind abends herumspaziert. Wir hatten die Anweisung, um halb elf zurück zu Hause zu sein. Aber dann kam ich erst um 11 Uhr zurück. Als ich zu Hause ankam, sagte Bruder Epping zu mir: Du bist entlassen! Ich sagte: Woah, danke Bruder, auf diesen Tag warte ich schon lange!]

Manche mixed-race Eltern schickten bereits in den 60er Jahren ihre Kinder zur Schule nach Australien, damit sie später eine bessere Arbeit fänden und allgemein eine bessere Perspektive hätten (vgl. bspw. Sprecher EUG, Victoria Point, 18.02.2017). Aber auch der Gedanke an das eigene Alter, insbesondere das weit fortschrittlichere Gesundheitswesen in Australien, war für manche SprecherInnen mit ein Beweggrund für die Emigration (vgl. bspw. Sprecher WR, Brisbane, 05.03.2015). Einige begannen auch, sich in dem neuen Klima der Lokalisierungspolitik, das für die Mixed-race neue Diskriminierungserfahrungen mit sich brachte – diesmal vonseiten der indigenen Bevölkerung –, unwohl zu fühlen (vgl. bspw. Sprecherin EST, Brisbane, 02.06.2016 und Sprecher WR, Brisbane, 05.03.2015). Eine Sprecherin beispielsweise berichtet von einer Diskriminierungserfahrung, die für sie den letzten Anstoß zur Auswanderung gab:

Du bis ni aine gants shwartse, du mus gen. [...] I wil kaufen petrol fi mainen auto, un er [Anm.: ein junger Indigener] shten neben, un dan er machen so: hauen de auto, un sa: Du hat gegen auf maine fus! I sa: nain, i hat ni so gemachen! [...] Er wolte hauen i. I tragen de klaine medhen un main klaine knabe, war filai fir, fir jaren, und er wolte hauen i! Maine kind, de klaine, war dise ((Geste)), un i machen so ((Geste)) fi aufpasen si, un er nu hauen maine han. Un dan i hat gefragen dise menshen in de store, ire name war Eddie, sagen: Eddie, bite, du mus kom un helfen i! Du kan shprechen dise shprehen fi ale dise kanaken. Un er sa: Nain, i kan nich helfen du, warum this is maine business. I gen holen de tswai klaine, i hat gesen aine police car. Un dan i so: Bite, bite, kom, kom – in English, a. Un dann di kom, di sagen: Orait, dise mensh mus kom. Di holen im, lasen hinten in de police car, in de wagen, gen zu de police station. [...] I dren un i sagen tsu im: Du wais, dise is maine plats au! Is ni fi du alaine. I hat gesagen im: Maine muter war shwarts au! [...] Un dan er shemen. [...] Un dan war nu aine woche, maine man kom tsurik, kaufen ale ticket, uns gen tsu Australia. (Sprecherin RM, Vunapope, 23.09.2017)
[Wenn man nicht ein „reinrassiger" Indigener war, musste man das Land verlassen. Als ich Benzin für mein Auto kaufen wollte, stand ein junger Indigener neben mir, und er tat Folgendes: Er schlug auf mein Auto und rief: Du bist mir auf den Fuß getreten! Ich sagte: Nein, das habe ich nicht getan! Er wollte mich schlagen. Ich hatte das kleine Mädchen und meinen kleinen Jungen auf dem Arm, er war vielleicht vier Jahr alt, und er (der junge Indigene) wollte mich schlagen! Mein Kind, das kleine, lag so auf meinem Arm ((Geste)) und ich habe so gemacht ((Geste)), um es zu schützen, woraufhin er nur meine Hand erwischt hat. Daraufhin habe ich den Inhaber des Ladens, sein Name war Eddie, gebeten: Eddie, bitte, du musst kommen und mir helfen! Du kannst diese Indigenensprache sprechen. Aber er sagte: Nein, ich kann dir nicht helfen, das hier ist mein Geschäft. Ich bin die zwei Kleinen holen gegangen und habe ein Polizeiauto gesehen. Ich habe dann gefleht: Bitte, bitte, kommt, kommt – auf Englisch. Sie sind dann auch gekommen und haben gesagt: Okay, diese Person (der Indigene) muss mitkommen. Sie haben ihn festgenommen, hinten ins Polizeiauto gesteckt und dann sind wir zusammen zur Polizeistation gefahren. Ich habe mich (während der Fahrt) umgedreht und zu ihm gesagt: Weißt du, das hier ist auch meine Heimat! Das Land ist nicht für dich allein. Ich habe ihm gesagt: Meine Mutter war auch eine Indigene! Daraufhin hat er sich geschämt. Nach diesem Vorfall hat es nur eine Woche gedauert, bis mein Mann zurückkam, wir die Flugtickets gekauft haben und nach Australien ausgewandert sind.]

Mit den politischen Veränderungen kommt es nun in Vunapope auch zur Schließung des Internats für (mixed-race) Jungen (1970) und einige Jahre später ebenso des Internats für (mixed-race) Mädchen (1977). Es verbleibt die nun nicht mehr nach Rassen und Geschlechtern getrennte *Sacred Heart International Catholic School Vunapope* als in ihrer Geschichte eine der ältesten Schulen ganz Papua-Neuguineas (vgl. Webauftritt SHICS, About Us).

Die letzten neu aus Deutschland entsandten Missionare kommen in den 1960er Jahren nach Vunapope. Zum gegenwärtigen Zeitpunkt (2019) befinden sich in Vunapope noch zwei letzte verbliebene deutsche Missionare, darunter der gegenwärtige Superior P. Meinhardt. In den 2020er Jahren wird diese Ära deutschen Personals an der Missionsstation in Vunapope endgültig zu Ende gehen.

Die Zerstreuung der mixed-race Gemeinschaft bringt zugleich auch die Exogamie als neuen Regelfall mit sich. Die SprecherInnen heiraten also nun häufig Partner, die selbst kein Unserdeutsch beherrschen. Selbst in mixed-race Ehen, in denen bislang noch Unserdeutsch gesprochen wurde, wird nach der Emigration mit Blick auf die Kinder und die Integration nun in der Regel zum Englischen gewechselt (vgl. Sprecher WR, Brisbane, 06.03.2015). Damit ist die Weitergabe von Unserdeutsch an die nachfolgende Generation faktisch unterbrochen. Die Nachkommen können bestenfalls noch als Erinnerer klassifiziert werden, in vielen Fällen allerdings verstehen sie Unserdeutsch auch passiv nicht mehr.

Selbst bei Treffen der Sprechergemeinschaft (sogenannten *gatherings*) ist zu beobachten, dass viele SprecherInnen und HalbsprecherInnen nicht mehr oder nur noch partiell Unserdeutsch untereinander gebrauchen. Nur einzelne SprecherInnen verwenden im Gespräch untereinander, bspw. auch im Telefongespräch, noch recht konsequent Unserdeutsch. Für andere ist Unserdeutsch bereits eine Reliktsprache, die nur noch rituell-symbolhafte Funktionen einnimmt.

6.3 Linguistische Konsequenzen

In diesem Kapitel werden die linguistischen Konsequenzen aus den soziohistorischen Veränderungen skizziert, denen die Unserdeutsch-SprecherInnen in etwa ab der Unabhängigkeit Papua-Neuguineas unterlagen. Zunächst werden sehr knapp die Veränderungen in den Einflüssen aus den wichtigsten Kontaktsprachen von Unserdeutsch auf dieses zusammengefasst (Kap. 6.3.1), anschließend wird auf den gegenwärtigen Status von Unserdeutsch eingegangen, seine Gefährdung und die Frage der Revitalisierung (Kap. 6.3.2).

6.3.1 Strataänderungen

Die Veränderungen im Einfluss oder Druck der wichtigsten Stratasprachen von Unserdeutsch auf dieses lassen sich als sprecherübergreifende Tendenz für die Zeit ab der Unabhängigkeit Papua-Neuguineas bis in die Gegenwart wie folgt zusammenfassen:

a) *Superstratdruck:* Der Kontakt zum Standarddeutschen ist abgebrochen. Erst in jüngster Zeit, mit Beginn der Dokumentation von Unserdeutsch (ab 2014), kommen manche SprecherInnen wieder etwas mit Standarddeutsch in Berührung: Durch Versuche, deutschsprachige Berichte über Unserdeutsch zu lesen oder anzuhören, durch die Verwendung von Übersetzungstools und Wörterbüchern beim Schreiben von intendiertem „gutem" Deutsch mit deutschsprachigen Forschern (Facebook, WhatsApp, E-Mail), durch teilweise Verwendung von Standarddeutsch als Interview- oder Gesprächssprache durch deutschsprechende Forscher oder Journalisten. Die Kinder- und Enkelgeneration hat keinen Kontakt zum Standarddeutschen. Die letzten dem Autor vorliegenden (intendiert) standarddeutschen Briefzeugnisse von Unserdeutsch-SprecherInnen (die damals noch in Papua-Neuguinea lebten) stammen aus der ersten Hälfte der 1980er Jahre:

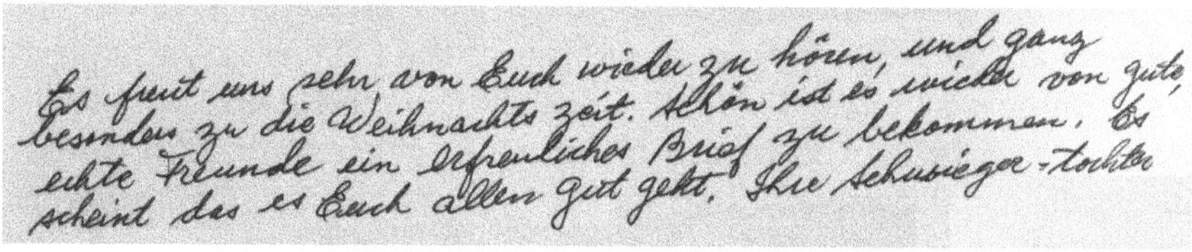

Abb. 28: Brief von Familie Hartig sen. an Familie Lundin sen., Vunapope, 12. September 1982.

Transkript:
Es freut uns sehr von Euch wieder zu hören, und ganz besonders zu die Weihnachtszeit. Schön ist es wieder von gute, echte Freunde ein erfreuliches Brief zu bekommen. Es scheint das es Euch allen gut geht. Ihre Schwieger-tochter …

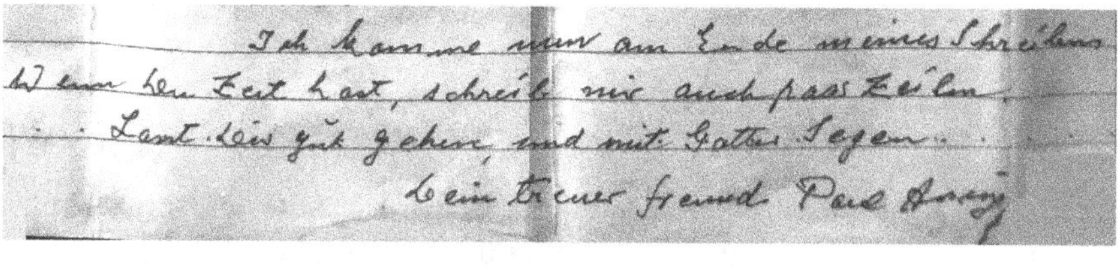

Abb. 29: Brief von Paul Aming (Ah-Ming) an Ehepaar Hartig sen., Vunapope, 13. Juli 1984.

Transkript:
Ich komme nun am Ende meines Schreibens Wenn Du Zeit hast, schreib mir auch paar Zeilen. Lasst Dir gut gehen, und mit Gottes Segen. / Dein treuer freund Paul Aming

b) *Adstratdruck:* Englisch nimmt nun im Grunde ungeteilt die Superstratrolle ein; es ist spätestens nach der Emigration die klar dominante und einzige Zielsprache. Es wird hier trotzdem aus sprachhistorischem Grund weiter als Adstrat bezeichnet. Der Adstratdruck aus dem Englischen ist in dieser bis heute andauernden Zeit maximal, da er beinahe die ganze Lebenswirklichkeit der SprecherInnen ausfüllt. Es ist deshalb von starkem sekundärem Adstrateinfluss auf Unserdeutsch auszugehen. Bei lexikalischen Lücken und sonstigen Attritionserscheinungen erfolgt automatisch ein Rückfall ins Englische. Manche SprecherInnen wechseln im Interview trotz mehrfacher expliziter Bitte, Unserdeutsch zu sprechen, immer wieder ins Englische, zum Teil offenbar von ihnen selbst unbemerkt. Englisch ist allgemein die L1 der Enkelgeneration (und mit Einschränkungen der Kindergeneration).

c) *Substratdruck:* Der Kontakt zu Tok Pisin ist für die meisten SprecherInnen in Australien abgebrochen. Für diejenigen SprecherInnen, die noch mit einzelnen Personen Tok Pisin verwenden, erfüllt es nun eher die Funktion eines Adstrats. Obwohl alle Unserdeutsch-SprecherInnen der Sprechergeneration III Tok Pisin beherrschen, hatte es für sie nur in Ausnahmefällen L1-Funktion entsprechend einem Substrat im engen Sinn. Für die wenigen SprecherInnen, die in Papua-Neuguinea verblieben sind, ist die Situation anders gelagert: Für sie ist Tok Pisin die dominante Alltagssprache. Ein auffälliger Unterschied im Transfer aus dem Englischen versus dem Tok Pisin zwischen SprecherInnen in Australien und in Papua-Neuguinea konnte bislang allerdings nicht festgestellt werden. Dies spricht für eine bereits vorher erworbene stabile Sprachstruktur, die nur überschaubarem sekundärem Einfluss im Erwachsenenalter unterliegt (abgesehen von der sprecherabhängig unterschiedlich starken Attrition). Die australische Enkelgeneration beherrscht kein Tok Pisin mehr; auf die Kindergeneration trifft dies bereits partiell, mit familienbiographischen Unterschieden, zu.

6.3.2 Attrition und Revitalisierung

Unserdeutsch ist auf der Sprachvitalitätsskala der UNESCO (2003) inzwischen ernsthaft bis kritisch gefährdet (vgl. Maitz und Volker 2017: 384–393). Ethnologue (damals noch Lewis et al. 2016) führte Unserdeutsch bis 2016 sogar als möglicherweise ausgestorben ("No known L1 speakers. May be extinct", Status

9, *dormant*). Nach Berichtigung dieser Angaben erhielt die Sprache bis 2018 den leicht verbesserten Status *beinahe ausgestorben* (8b, *nearly extinct*) zugewiesen:

> The only remaining users of the language are members of the grandparent generation or older who have little opportunity to use the language. (Eberhard et al. 2019)

Im Jahr 2019 (Eberhard et al. 2019) ist Unserdeutsch von den Herausgebern sogar noch eine Stufe aufgewertet worden zu *sterbend* (8a, *moribund*):

> The only remaining active users of the language are members of the grandparent generation and older. (Eberhard et al. 2019)

Während die erste Aktualisierung lediglich eine Korrektur auf Grund neuer Informationen zur Sprache bedeutet, impliziert die zweite Aktualisierung eine Aufwertung, also eine tatsächliche Verbesserung der Vitalität von Unserdeutsch über die letzten Jahre hinweg. Ob die SprecherInnen der Großeltern-Generation neuerdings tatsächlich als aktive Sprachnutzer beschrieben werden können, die nicht mehr nur wenig Möglichkeit zur Verwendung der Sprache haben, kann angezweifelt werden. Der Aspekt einer möglichen Verbesserung der Vitalität von Unserdeutsch in den letzten Jahren jedoch, also der potenzielle Beginn einer Revitalisierung, ist nichtsdestotrotz gleich noch näher zu betrachten.

Zunächst ist im Zusammenhang mit der akuten Gefährdung von Unserdeutsch festzuhalten, dass nicht nur die intergenerationelle Sprachübertragung abgebrochen ist, sondern die letzte Sprechergeneration auch in unterschiedlich starkem Ausmaß Attritionserscheinungen aufweist. Attrition, der nicht-pathologische Abbau einer von einem Individuum erworbenen Sprache (vgl. Köpke und Schmid 2004: 5, nach Schmid 2008: 10), betrifft „viele, wenn nicht alle L1-SprecherInnen, die längere Zeit abseits ihrer L1-Umgebung gelebt haben" (Ehrensberger-Dow und Riketts 2010: 50, Übersetzung SL). Im Fall von Unserdeutsch zeigt sich dabei das bekannte Muster, dass – teils ohne ersichtliche äußere Faktoren – die Attritionserscheinungen interindividuell sehr unterschiedlich ausgeprägt sind:

> Typically, some speakers preserve native-like competence over a very long attrition span, while others seem to attrite quite dramatically within a few years of emigrating. [...] [E]ven otherwise highly comparable speakers, who emigrated at the same age, have lived in emigration for roughly the same time span and have equal opportunities to use their L1, can vary dramatically as to the skill which they retain in their first language. (Schmid 2008: 11f.)

Es spricht einiges dafür, dass Attrition üblicherweise bereits innerhalb weniger Jahre nach der Emigration beginnt (vgl. Schmid 2011: 78f.). Da alle SprecherInnen bereits seit Jahrzehnten der geänderten Sprachsituation unterworfen sind, ist stark davon auszugehen, dass sie alle der Attrition in irgendeiner Weise unterliegen, d. h. ihr Unserdeutsch früher tendenziell elaborierter war.[108] Neben Spracheinstellungen kann für die Unterschiede im Ausmaß der Attrition auch schlichtweg ein unterschiedlicher Grad an Sprachtalent (*language aptitude*, vgl. Singleton 2017 und bspw. auch in Köpke 2007) mit verantwortlich sein.

Der strukturelle Ablauf der Attrition in ihren einzelnen Stadien ist in einem Fall wie Unserdeutsch relativ schwer nachzuzeichnen, da die Attritionsphänomene in Lexik, Morphologie und Syntax (vgl. bspw. Schmid 2011: 38–68) ganz ähnlichen Simplifizierungen entsprechen wie sie das System von Unserdeutsch aufgrund der Pidginisierung ohnehin bereits aufweist. Es gehört dazu bspw. die Beschränkung auf ein Kernvokabular mit semantischer Extension einzelner Lexeme, der Abbau von Flexionsmorphologie, insbesondere von kontextuellen Kategorien wie Kasus und von Kongruenz, sowie die Fixierung der Satzgliedstellung und der Abbau unterschiedlicher Stellungsmuster (vgl. Pearson 2011: 94f.). Da historische Vergleichsdaten für eine diachrone Analyse fehlen (bzw. viel zu spärlich vorhanden sind, nur für ca. drei noch lebende SprecherInnen existieren zumindest einige Minuten Aufnahmen von 1979/80), würde die Abgrenzung zwischen Kreolstruktur und Struktur aufgrund von Sprachschwund im Einzelfall ans Spekulative grenzen. Ein interpersoneller synchroner Vergleich wäre mit Blick auf solche Strukturmerkmale ähnlich problematisch, da die früheren Unterschiede zwischen den Sprecher-Innen bezüglich ihrer Variation im Kreolkontinuum nicht bekannt sind.

Über die von den SprecherInnen verwendeten *Kommunikationsstrategien* hingegen lässt sich das unterschiedliche Ausmaß an Attrition relativ einfach zeigen. Um an dieser Stelle lediglich die Existenz des Sprachschwunds nachzuweisen, seien Beispiele für zwei Haupttypen von Bewältigungs- bzw. Ausweichstrategien aufgewiesen: interlinguale und diskursive Strategien (vgl. Pearson 2011: 95f.). Dabei weisen die fließendsten SprecherInnen kaum solche Strategien auf, während im Bereich der HalbsprecherInnen diese Strategien drastisch zunehmen. Der dritte Haupttyp, intralinguale Strategien wie Nivellierung irregulärer Formen *(analogical leveling)*, die Verwendung semantisch ähnlicher Formen *(approximation)* und Innovation wird hier außen vor gelassen, da die Abgrenzung zu dem Kreol strukturell inhärenten Merkmalen der Simplifizierung (bzw. des unvollständigen Erwerbs) im vorliegenden Fall wiederum ein Problem darstellt. Ein weiterer Indikator für Attrition, der in den folgenden

---

108 Vgl. dazu auch die allgemeine Feststellung von Tsunoda (2005: 30): "The speech of speakers of an endangered language almost inevitably deviates from the traditional norm of the language."

Beispielen ebenfalls sichtbar wird, ist auch die Häufigkeit von (leeren wie gefüllten) Pausen.

a) *interlinguale Strategien*: Code-Switching aufgrund lexikalischer Lücken und/oder Überforderung mit der Komplexität einer Konstruktion:

> Wi wais, but si war imer (---) äh ah *in the village,* you know (.) yeah (-) äh ah un mama un papa war imer (--) heraus von ah von *town* [...]. (Sprecherin BC, Runcorn, 22.10.2015)
> [Wir wussten es, aber sie war immer im Dorf, weißt du. Ja, und meine Mutter und mein Vater waren immer außerhalb der Stadt.]

> Is nich (--) s ni rich öh ah how would I say (-) *not really it just depends* (--) *you know* (---) Lae, it's worse (.) is nich gut (-) Lae (--) but Mosbi is beser. (Sprecherin BC, Runcorn, 22.01.2016)
> [Es ist nicht richtig, öh, wie sagt man, nicht wirklich, es hängt einfach davon ab, weißt du. In Lae ist es schlimmer, dort ist es nicht gut, in Lae. Aber in Port Moresby ist es besser.]

b) *diskursive Strategien:* Kommentierung lexikalischer Lücken und Nachfragen:

> Ja, andre kinde au za ah yeah (-) sometimes, *how do you say sometimes?* (Sprecherin EST, Loganholme, 21.02.2017)
> [Ja, andere Kinder haben auch ... sometimes, wie sagt man sometimes?]

> [Name] is ain (---) ah (.) *what you call grandfather?* (---) ah (-) *gosh!* (Sprecherin AK, Cleveland, 19.01.2016)
> [[Name] ist ein ... ah, wie sagt man grandfather? Ah, meine Güte!]

Die fortschreitende Attrition auf individueller Ebene bedeutet (zusammen mit der abgebrochenen intergenerationellen Transmission), in diesem Fall, wo *alle SprecherInnen* dem Szenario ausgesetzt sind, letztlich auch den Sprachverlust der ganzen Sprachgemeinschaft. Da Unserdeutsch abseits dieser Sprechergemeinschaft nirgends auf der Welt gesprochen wird – von einer Handvoll Unserdeutsch-Forschern sei hierbei abgesehen –, bedeutet der Sprachverlust in diesem Fall zugleich den Sprachtod.

Ab welchem Zeitpunkt exakt von Sprachtod gesprochen werden kann (bspw. mit dem Tod des letzten fließenden Sprechers, Halbsprechers, Erinnerers – oder gar des letzten Forschers, der die Sprache beherrscht? – vgl. Tsunoda 2005: 36–42), ist eine Frage der Definition. Nach gegenwärtigem Stand ist jedoch die Prognose wahrscheinlich, dass Unserdeutsch in 20 bis 30 Jahren in Papua-Neuguinea und Australien keine SprecherInnen mehr haben wird (vgl. Maitz et al. i. E.). Es handelt sich dann um Sprachtod durch Sprachwechsel (vgl. Tsunoda 2005: 42–44), hervorgerufen durch geänderte soziale Umstände und damit eine veränderte „Sprachökologie" *(language ecology).* In dieser neuen

Sprachökologie besteht nicht mehr länger ein Bedarf, eine ökologische Nische für Unserdeutsch.

Geht man nun von Forscherseite aus über die Dokumentation der Sprache für linguistische Zwecke hinaus in Richtung sprachpolitischer Maßnahmen zum Spracherhalt und zur Revitalisierung, so bedarf dies zunächst einer Rechtfertigung und der Versicherung, zu diesem Zweck nicht die alte, überkommene Sprachökologie wieder herstellen zu wollen (vgl. Mufwene 2008: 224). Der wohl einzig legitime Grund hierfür ist der Wunsch der Sprechergemeinschaft selbst nach einem solchen Unterfangen. Dieser Wunsch liegt im Fall der Unserdeutsch-Sprechergemeinschaft offensichtlich vor. Bereits in Fragebögen zur Spracheinstellung gab die große Mehrheit der Sprechergemeinschaft an, dass ihr die Weitergabe von Unserdeutsch an jüngere Generationen wichtig wäre; sie wünschte, ihre Kinder und Enkel sprächen Unserdeutsch, und sie sei generell der Ansicht, Unserdeutsch solle bewahrt bleiben. Gleichzeitig äußerte die Mehrheit in diesem Punkt allerdings auch die realistische Einschätzung, dass Unserdeutsch wohl am Ende nicht erhalten bleiben würde. Trotzdem rechtfertigen die Entwicklungen der letzten Jahre seit Beginn der Sprachdokumentation zumindest eine leise Hoffnung:

a) *Prestigewandel und Medienpräsenz:* In den letzten Jahren hat sich das *overt prestige* von Unserdeutsch deutlich verbessert. Was Außenstehenden und den SprecherInnen selbst vielfach lediglich als gebrochenes Deutsch erschien, ist nun in den Rang einer eigenen Sprache getreten. Diese Sprache hat zudem Alleinstellungsmerkmale (bspw. einziges deutschbasiertes Kreol) und weckt das Forscher- und Medieninteresse auf der anderen Seite der Erdkugel. Die Sprechergemeinschaft erlebt, wie über ihre Sprache seit 2014 anhaltend Fach- und Pressetexte veröffentlicht werden, ihre Sprache international Gegenstand von Fachvorträgen ist und auch Radio und Fernsehen sowohl in Australien als auch in Europa, insbesondere im deutschsprachigen Raum, über ihr Schicksal und ihre Sprache berichten. Über eine zweisprachige Projekt-Webseite (www.unserdeutsch.unibe.ch) können die SprecherInnen und die Öffentlichkeit sich über die Dokumentation von Unserdeutsch und aktuelle Ereignisse informieren. Diese Entwicklungen haben das sprachliche Selbstvertrauen der SprecherInnen und die Bedeutung, die sie selbst ihrem sprachlichen Erbe beimessen, deutlich erhöht. Dies hat gleichzeitig auch den Wunsch gesteigert, doch noch etwas davon ihren Nachkommen hinterlassen bzw. weitergeben zu können. Zugleich ist das Interesse der Kinder- und Enkelgeneration an Unserdeutsch gewachsen, da sie selbst miterleben, wie groß die Resonanz in Medien und Forschung auf das Erbe ihrer Eltern ist.

b) *Engagement der Sprechergemeinschaft:* Seit den in den letzten Jahren regelmäßigen Besuchen von Forschern und inzwischen auch vermehrt Journalisten (bspw. Stefan Armbruster vom australischen Sender SBS und Rebekka Endler, freischaffende Journalistin aus Deutschland) finden vermehrt große informelle Treffen der Community *(gatherings)* im Raum Brisbane statt. Diese Treffen wurden in den vergangenen Jahren zunehmend stark besucht, mit einem aktuellen Höchststand im Jahr 2019. Inzwischen ist auch die Kinder- und Enkelgeneration verstärkt in diese Treffen eingebunden, um ihr bewusst den Kontakt zu Unserdeutsch und den Zugang zur Geschichte und Lebensart ihrer Eltern und Großeltern zu ermöglichen. Die mit der Emigration etwas lose gewordenen Bande innerhalb des sozialen Netzwerks der SprecherInnen selbst werden mit diesen Treffen wieder enger, alte Erinnerungen wiederbelebt. Einige SprecherInnen forcieren gezielt, dass bei den Gatherings und auch privat unter den SprecherInnen wieder mehr Unserdeutsch und weniger Englisch verwendet wird. Zugleich dienen diese Treffen auch als Möglichkeit, historische Quellen und Familienschätze mitzubringen und auszutauschen, bspw. alte Fotos, vergriffene Publikationen zur Kolonial- und Missionsgeschichte, Briefe der Vorfahren, Rezeptbücher der Vorfahren mit deutschen Rezepten und mehr.

c) *Schriftlicher Austausch:* Unserdeutsch ist originär eine rein orale Sprache, doch neuerdings wird es zum Teil auch verschriftlicht – trotz Fehlens orthographischer Normen. In einer Unserdeutsch-Facebookgruppe mit inzwischen über 300 Mitgliedern (Stand: Juli 2019) sowie in der privaten Kommunikation über Facebook, WhatsApp oder E-Mail verwendet die Mehrzahl der SprecherInnen zwar Englisch, manche SprecherInnen allerdings schreiben auch in Unserdeutsch. Inzwischen liegen dem Autor rund 180 Schriftbelege in spontan verschriftetem Unserdeutsch vor (Stand: Oktober 2019). Diese Schriftdaten bieten eine sehr aufschlussreiche Quelle zur Lautperzeption und zur kognitiven Wortsegmentierung durch die SprecherInnen, aber auch zu ihrer Spracheinstellung: Während manche SprecherInnen unverkennbar an einem intendierten Standarddeutsch orientiert sind (inklusive der partiellen Nutzung von Übersetzungstools), zeigen andere deutliche Einflüsse aus der englischen Orthographie und wieder andere schreiben in weiten Teilen phonographisch, entsprechend der Orthographie von Tok Pisin (Lindenfelser, eingereicht b). Die mit Abstand größte Verschriftungsleistung stammt jedoch von Sprecher PK, der ab 2017 die ersten Kapitel der Erzählung „Der kleine Prinz" in Unserdeutsch übersetzt hat. Sollte diese Übersetzung zu einem Abschluss gelangen, wird sie das erste konzeptionell schriftliche Werk und das erste literarische Zeugnis auf Unserdeutsch sein. Dies würde eine klare Domänen- und damit zugleich Funktionserweiterung für die Sprache bedeuten, zugleich ein visuell sichtbares und öffentlich zugängliches Sprachdokument.

d) *Sprachdokumentation:* Anfang 2020 wurde ein etwa 50-stündiges mündliches Korpus zu Unserdeutsch fertiggestellt, das teilgesteuerte narrative Interviews mit einem Großteil der noch lebenden SprecherInnen enthält. Allen Aufnahmen in diesem Korpus werden alignierte cGAT-Minimaltranskripte (vgl. Schmidt et al. 2015) zugeordnet sein, zudem enthalten die Transkripte eine (mit Modifikationen) auf dem STTS 2.0 (vgl. Westpfahl et al. 2017) basierende Wortartenannotation (PoS-Tagging). Dieses Korpus wird künftig über die Datenbank für gesprochenes Deutsch (DGD) am Institut für Deutsche Sprache (IDS) für Forschungs- und Lehrzwecke zugänglich sein (näheres zum Korpus vgl. Götze et al. 2017). Über 20 weitere Stunden erhobener Interview- und Fragebuch-Daten liegen vor. Damit ist sichergestellt, dass die Sprache für die Nachwelt konserviert bleiben wird. Zugleich ist eine solide Basis für eine Sprachbeschreibung gegeben und auch für mögliche Lernmaterialien zum Zweck einer Revitalisierung.

e) *Sprachbeschreibung:* Für die Zukunft ist als konsequenter nächster Schritt ein Drittmittelantrag zur Erstellung eines trilingualen Online-Wörterbuchs (Unserdeutsch, Englisch, Tok Pisin) geplant. Dieses Wörterbuch soll explizit als Nutzer- und Lernerwörterbuch für die Sprechergemeinschaft und interessierte LernerInnen konzipiert sein. Die Erstellung wird einhergehen mit der Normierung der Rechtschreibung von Unserdeutsch. Langfristig ist außerdem die Erstellung einer Referenzgrammatik für Unserdeutsch geplant. Wenn diese beiden Projekte erfolgreich sind, wird Unserdeutsch eine nicht nur dokumentierte, sondern auch beschriebene und sogar kodifizierte, damit trotz deskriptiven Anspruchs der Beschreibungen normierte (vgl. Beuge 2016) Sprache sein. Kodifizierung allerdings kann wiederum als „Überlebensstrategie" für Minderheitensprachen betrachtet werden (vgl. Hans-Bianchi 2016) und damit ein weiterer Schritt in Richtung Spracherhalt bzw. Revitalisierung sein.

7 Fazit

> One must admit that there has been of late a waning
> in what was a relentless search for a single hypothesis
> to account for the genesis of 'creole' languages.
> (Alleyne 2000: 125)

Die vorliegende Arbeit liefert die erste über Aufsatzlänge hinausgehende Beschreibung zur Entstehung (und weiteren Geschichte) von Unserdeutsch. Sie beruht zum ersten Mal überhaupt auch auf missionsgeschichtlichen Archivquellen. Mit der Rekonstruktion der Genese der einzigen deutschbasierten Kreolsprache, überhaupt der ersten Monographie zu Unserdeutsch, erfüllt diese Arbeit ein schon länger ausstehendes Desiderat sowohl der Germanistik als auch allgemein linguistischer Disziplinen wie der Sprachkontaktforschung. Für die Kreolistik im Besonderen hat sich einmal mehr die Problematik der Annahme uniformistischer Entstehungsszenarien über alle Kreolsprachen hinweg gezeigt. Jede Neuentdeckung kann hier zum Lackmustest etablierter Theorien werden, Adaptionsbedarf anzeigen und auch beitragen, den Schwerpunkt der theoretischen Betrachtung für eine Weile zu verschieben. Unserdeutsch ist gerade aufgrund seiner Besonderheiten – etwa die Stabilisierung unter Kindern innerhalb einer Generation, das Aufeinandertreffen einer flektierenden Sprache auf ein bereits stark simplifiziertes, isolierendes erweitertes Pidgin – für die Kreolistik ein aufschlussreiches Fallbeispiel. Zugleich bietet Unserdeutsch die Chance, umgekehrt Erkenntnisse der Kreolistik in die germanistische Linguistik zu tragen – die aus verständlichen Gründen traditionell mit Kreolsprachen wenig zu tun hatte.

Im Folgenden seien noch einmal knapp und stichpunktartig theorierelevante Einsichten und Thesen dieser Arbeit zur Entwicklung von Unserdeutsch zusammengefasst. Von einer Wiederholung der in dieser Arbeit detailliert vorgelegten historischen Informationen, insbesondere zum Entstehungsszenario, wird dabei abgesehen.

- Unserdeutsch entsteht unter mixed-race Halbwaisen an der Zentralstation eines katholischen Missionsordens. Ziel ist eine Christianisierung und partielle Europäisierung der Kinder und Jugendlichen, die dem Konzept nach von der Wiege bis zur Bahre von den v. a. deutschsprachigen Missionaren begleitet werden und dabei meist den größten Teil ihres Lebens auf dem Missionsareal verbringen. [→ Kap. 2.5]
- Der Alltag der mixed-race Kinder, unter denen Unserdeutsch entsteht, ist nach deutsch-europäischem Vorbild strukturiert. Strenge Regeln und ein

- präsentes Bewusstsein für Klassen und Rassen schweißen die Gruppe zusammen. [→ Kap. 2.6]
- Die mixed-race Kinder sind bei ihrer Ankunft in Vunapope durchschnittlich sechs Jahre alt, häufig Halbwaisen und sehr unterschiedlicher Herkunft. Der größte gemeinsame sprachliche Nenner unter ihnen ist ein frühes Tok Pisin, das sie jedoch untereinander und den Missionaren gegenüber nicht verwenden dürfen. [→ Kap. 3.1]
- Im Internatskontext erwerben die Kinder und Jugendlichen in einem immersiven Kontext gesteuert und ungesteuert mit der Zeit eine mündliche und schriftliche Kompetenz des Standarddeutschen. [→ Kap. 3.1]
- Unserdeutsch bildet sich aus Interimssprachen (Jargons) der Internatszöglinge während ihres Standarderwerbs heraus. Da eine darüber hinausgehende Standardkompetenz in dieser frühen Zeit noch nicht besteht, ist Unserdeutsch zu dieser Zeit auch Mittel der vertikalen Kommunikation mit den Missionaren, erfüllt also die klassische Lingua-franca-Funktion eines Pidgins. Aufgrund des Tok-Pisin-Verbots ist es zugleich auch schon Kommunikationsmittel der Internatszöglinge untereinander. [→ Kap. 3.2]
- Mit fortschreitender Standardkompetenz wird die elaboriertere Varietät den Missionaren gegenüber verwendet, während das Unserdeutsch ähnlich einer Jugendsprache zur Ingroup-Sprache der Internatszöglinge wird. Verschiedene Sprachfunktionen lösen bei der Entstehung und Stabilisierung einander ab. Eine Funktion von Unserdeutsch als Geheimsprache ist höchstens chronologisch nachrangig gegeben, kann aufgrund der starken lexikalischen Übereinstimmung zum Standarddeutschen jedoch nicht für das Entstehungsstadium angesetzt werden. [→ Kap. 3.2]
- Das Sprachsystem von Unserdeutsch lässt sich am plausibelsten mit einem Konvergenz-Modell motivieren, das die fünf Faktoren Substrattransfer (aus Tok Pisin), Superstrattransfer (aus einem westniederdeutsch-westfälisch geprägten Standarddeutsch), Adstrattransfer (aus dem Englischen, insbesondere PNG- und AUS-Englisch), L2-Simplifizierungen und eigenständigen Innovationen (im Sinne von Reanalysen) einbezieht. Der größte Erklärungswert kommt dabei Substrattransfer in Verbindung mit L2-Simplifizierungen zu. Formaler Transfer ist, wie für Kreolsprachen typisch, in weiten Teilen aus dem Superstrat erklärbar, funktionaler Transfer hingegen weit mehr aus dem Substrat und dem Adstrat. Adstrattransfer aus dem Englischen zeigt sich auffällig auf Ebene der Variation (bspw. Allophonie, lexikalische Varianten), was eine weniger tiefe Verankerung im System nahelegt und damit eine chronologisch erst später wirklich bedeutende Einwirkung (sekundärer Adstrateinfluss). [→ Kap. 3.3]

- Unserdeutsch ist innerhalb der Kontaktsprachen-Typologie am plausibelsten als Kreolsprache zu verorten. Die Klassifizierung von Unserdeutsch als L-G-Mischsprache würde die Kategorie ad absurdum führen. Eine Klassifizierung als Semikreol ist aufgrund der typologischen Merkmale von Unserdeutsch auch zum gegenwärtigen Zeitpunkt, wo die Kategorie strukturell nur unscharf umrissen ist, eher abwegig. [→ Kap. 3.4]
- Unserdeutsch ist ein Internatskreol, einer von etwa einer Handvoll Vertreter dieses postulierten vierten Typs von Kreolsprache neben den gängig unterschiedenen drei Typen Plantagenkreol, Maroonkreol und Siedlungskreol. Die Klasse der Internatskreols weist diesen gegenüber klar distinktive soziohistorische Charakteristika auf. [→ Kap. 3.4]
- Die Entstehung von Unserdeutsch entspricht bis zum Kreolstadium weitestgehend dem klassischen Pidgin-to-creole-Lifecycle (Jargon – Pidgin – erweitertes Pidgin – Kreol). [→ Kap. 3.4]
- Unserdeutsch ist abrupt entstanden durch eine Unterbrechung der intergenerationellen Sprachübertragung bei Sprechergeneration I. Es hat sich innerhalb nur einer Generation stabilisiert. [→ Kap. 3.4]
- Der Fall von Unserdeutsch bietet klare Gegenevidenz gegen die „Limited-access"-Hypothese, denn es bestand für die Sprachkreatoren in der Entstehungszeit unbeschränkter Zugang zum Superstrat. [→ Kap. 3.4]
- Unserdeutsch wurde innerhalb einer Generation nativisiert und damit nach gängiger Definition zur Kreolsprache. Ein struktureller Ausbau im Sinne einer „Kreolisierung" beim erstmaligen L1-Erwerb lässt sich aufgrund fehlender historischer Sprachdaten nicht nachweisen. [→ Kap. 4.3]
- Im Fall von Unserdeutsch ist es inakkurat, von einem Postkreolkontinuum zu sprechen, da sich das Kontinuum offenbar nicht erst nach der Kreolphase herausgebildet hat, sondern noch innerhalb der Kreolphase. Die Dekreolisierung als Annäherung an das Superstrat fand nicht chronologisch nachgeordnet statt, sondern ereignete sich im Gegenteil sogar in der Anfangszeit stärker als später (sogar, wie angenommen werden muss, bereits im Rahmen einer „Depidginisierung"). Grund dafür ist das Nebeneinander von Kreol und Superstrat in der Anfangszeit, während der Superstratdruck dann sukzessive abnahm bis hin zum Abriss des Sprachkontakts. Im Fall von Unserdeutsch hat der Prozess der Dekreolisierung *nicht* als Endstadium im Kreol-Lebenszyklus den drohenden Sprachtod eingeleitet. Im Gegenteil, diese setzte erst ein, als von einer Dekreolisierung nicht mehr gesprochen werden konnte. [→ Kap. 5.3]
- Die gegenwärtige Gefährdung von Unserdeutsch hängt mit der Emigration der Sprechergemeinschaft zusammen und den dadurch stark veränderten

sozialen Bedingungen. Unserdeutsch wird von Englisch verdrängt, da aufgrund der Zerstreuung der Sprechergemeinschaft und des nun freieren, nicht mehr kolonialen Lebens kein Bedarf mehr an einer Ingroup-Sprache besteht. Die SprecherInnen, deren letzte fließende alle der Großelterngeneration angehören, weisen unterschiedlich starke Attritionserscheinungen auf. [→ Kap. 6.3]
- Mit der Dokumentation von Unserdeutsch deuten sich inzwischen leichte Verbesserungen der Situation von Unserdeutsch als gefährdete Sprache an, die möglicherweise den nahen Sprachtod hinauszögern können. [→ Kap. 6.3]

Diese Arbeit soll nun den soziohistorischen Grundstock bereitstellen für die Interpretation weitergehender struktureller Analysen, wie sie nach Veröffentlichung des Unserdeutsch-Korpus hoffentlich noch zahlreich durchgeführt werden. Denn zahlreiche Fragestellungen, wie sie an den etablierten Großsprachen über Jahrzehnte hinweg bearbeitet wurden, versprechen auch mit Unserdeutsch als Untersuchungsgegenstand weitere Erkenntnis. Mit der Aufbereitung der Entstehungsgeschichte von Unserdeutsch ist gerade erst ein Fundament geschaffen, auf dem nun weitere Analysen jeder Art aufbauen mögen. Desiderata neben einer noch ausstehenden korpusbasierten Referenzgrammatik von Unserdeutsch sind dabei unter anderem Studien zur Variation in Unserdeutsch sowie vergleichende Untersuchungen, etwa mit anderen deutschbasierten Kontaktvarietäten oder mit anderen in Internatskontexten entstandenen Varietäten.

Literaturverzeichnis

Publikationen

Aboh, Enoch O. 2009. Competition and selection: That's all! In Enoch O. Aboh & Norval Smith (eds.), *Complex processes in new languages*, 317–344. Amsterdam & Philadelphia: John Benjamins.

Aboh, Enoch O. 2015. *The emergence of hybrid grammars. Language contact and change.* Cambridge: Cambridge University Press.

Aboh, Enoch O. & Umberto Ansaldo. 2007. The role of typology in language creation: A descriptive task. In Umberto Ansaldo, Stephen Matthews & Lisa Lim, (eds.), *Deconstructing Creole*, 39–66. Amsterdam & Philadelphia: John Benjamins.

AdA. 2003ff. = Stephan Elspaß & Robert Möller. 2003ff. *Atlas der deutschen Alltagssprache.* URL: http://www.atlas-alltagssprache.de [15.10.2019].

Adamcová, Lívia. 2007. Kontrastive Analyse der Lautsysteme des Deutschen und des Slowakischen und ihre Bedeutung im Prozess des Spracherwerbs. *Zeitschrift für Interkulturellen Fremdsprachenunterricht* 12(2). 131–138.

Adela, Sr. (FDNSC). 1971. *A challenge to you. Catechists and Lay Missionaries in the Sacred Heart Missions of Papua New Guinea.* Rabaul: Mission Press.

Adone, Dany. 1994. Creolization and language change in Mauritian Creole. In Dany Adone & Ingo Plag (eds.), *Creolization and language change*, 23–43. Tübingen: Niemeyer.

Adone, Dany. 2012. *The acquisition of Creole languages. How children surpass their input.* Cambridge: Cambridge University Press.

Agnes, Sr. (MSC). 1904. Brief der ehrw. Schw. Agnes an ihre Mitschwestern in Hiltrup, Vuna-Pope, den 4. Juli 1904. *Hiltruper Monatshefte.* 491–494.

Aikhenvald, Alexandra Y. 2006. Serial verb constructions in typological perspective. In Alexandra Y. Aikhenvald & R. M. W. Dixon (eds.), *Serial verb constructions*, 1–68. Oxford: Oxford University Press.

Alleyne, Mervyn C. 2000. Opposite processes in „creolization". In Ingrid Neumann-Holzschuh & Edgar W. Schneider (eds.), *Degrees of restructuring in Creole languages*, 125–133. Amsterdam & Philadelphia: John Benjamins.

Andersen, Roger. 1990. Models, processes, principles and strategies: Second language acquisition inside and outside of the classroom. In Bill VanPatten & James F. Lee (eds.), *Second language acquisition – Foreign language learning*, 45–68. Clevedon u. a.: Multilingual Matters.

Anderson, Janet I. 1983. Syllable simplification in the speech of second language learners. *Interlanguage Studies Bulletin* 7(1). 4–36.

Androutsopoulos, Jannis K. 2005. Research on youth language. In Ulrich Ammon, Norbert Dittmar, Klaus J. Mattheier & Peter Trudgill (eds.), *Sociolinguistics/Soziolinguistik. An International Handbook of the Science of Langage and Society /Ein internationales Handbuch zur Wissenschaft von Sprache und Gesellschaft*, Band 2 (HSK 3.2), 2. Auflage, 1496–1505. Berlin & New York: De Gruyter.

Ansaldo, Umberto, Stephen Matthews & Lisa Lim (eds.). 2007. *Deconstructing Creole.* Amsterdam & Philadelphia: John Benjamins.

Arends, Jacques. 1986. Genesis and development of the equative copula in Sranan. In Pieter Muysken & Norval Smith (eds.), *Substrata versus universals in Creole genesis*, 103–128. Amsterdam & Philadelphia: John Benjamins.

Arends, Jacques. 1993. Towards a gradualist model of creolization. In Francis Byrne & John Holm (eds.), *Atlantic meets Pacific. A global view of pidginization and creolization*, 371–380. Amsterdam & Philadelphia: John Benjamins.

Arends, Jacques. 1995. The socio-historical background of creoles. In Jacques Arends, Pieter Muysken & Norval Smith (eds.), *Pidgins and Creoles: An introduction*, 15–24. Amsterdam & Philadelphia: John Benjamins.

Arends, Jacques, Silvia Kouwenberg & Norval Smith. 1995. Theories focussing on the non-European input. In Jacques Arends, Pieter Muysken & Norval Smith (eds.), *Pidgins and Creoles: An introduction*, 99–110. Amsterdam & Philadelphia: John Benjamins.

Arnon, Inbal & Morten H. Christiansen. 2014. Chunk-based language acquisition. In Patricia J. Brooks & Vera Kempe (eds.), *Encyclopedia of language development*, 88–90. Thousand Oaks: SAGE.

Attaviriyanupap, Korakoch. 2006a. Aussspracheabweichungen im Hochdeutsch thailändischer Immigrantinnen in der Deutschschweiz. *Linguistik Online* 26(1). 1–13. URL: https://bop.unibe.ch/linguistik-online/article/view/619/1066 [15.10.2019].

Attaviriyanupap, Korakoch. 2006b. Der Erwerb der Verbflexion durch thailändische Immigrantinnen in der Schweiz. Eine Bestandsaufnahme. *Linguistik Online* 29(4). 3–30. URL: https://bop.unibe.ch/linguistik-online/article/view/556/940 [15.10.2019].

Auer, Peter. 2001. Silben- und akzentzählende Sprachen. In Martin Haspelmath, Ekkehard König, Wulf Oesterreicher & Wolfgang Raible (eds.), *Language typology and language universals: An international handbook*, 1391–1399. Berlin & New York: De Gruyter.

Baker, Philip. 1990. Off target? *Journal of Pidgin and Creole Languages* 5. 107–119.

Baker, Philip. 2000. Theories of creolization and the degree and nature of restructuring. In Ingrid Neumann-Holzschuh & Edgar Schneider (eds.), *Degrees of restructuring in Creole languages*, 41–63. Amsterdam & Philadelphia: John Benjamins.

Bakker, Peter. 1995. Pidgins. In Jacques Arends, Pieter Muysken & Norval Smith (eds.), *Pidgins and Creoles: An introduction*, 25–40. Amsterdam & Philadelphia: John Benjamins.

Bakker, Peter. 2002. Some future challenges for pidgin and creole studies. In Gilbert Glenn (ed.), *Pidgin and Creole linguistics in the twenty-first century*, 69–92. New York u. a.: Peter Lang.

Bakker, Peter. 2003. Mixed languages as autonomous systems. In Yaron Matras & Peter Bakker (eds.), *The mixed language debate. Theoretical and empirical advances*, 107–150. Berlin & New York: De Gruyter.

Bakker, Peter. 2008. Pidgins versus creoles versus pidgincreoles. In Silvia Kouwenberg & John V. Singler (eds.), *The handbook of Pidgin and Creole studies*, 130–157. Malden u.a.: Wiley-Blackwell.

Bakker, Peter. 2017. Key concepts in the history of creole studies. In Peter Bakker, Finn Borchsenius, Carsten Levisen & Eeva Sippola (eds.), *Creole studies – Phylogenetic approaches*, 5–33. Amsterdam & Philadelphia: John Benjamins.

Bakker, Peter & Maarten Mous (eds.). 1994a. *Mixed languages. 15 case studies in language intertwining*. Amsterdam: Uitgave IFOTT.

Bakker, Peter & Maarten Mous. 1994b. Introduction. In Peter Bakker & Maarten Mous (eds.), *Mixed languages. 15 case studies in language intertwining*, 1–11. Amsterdam: Uitgave IFOTT.

Bakker, Peter & Yaron Matras. 2013. Introduction. In Peter Bakker & Yaron Matras (eds.), *Contact languages. A comprehensive guide*, 1–14. Berlin & Boston: De Gruyter Mouton.

Bakker, Peter, Aymeric Daval-Markussen, Mikael Parkvall & Ingo Plag. 2011. Creoles are typologically distinct from non-creoles. *Journal of Pidgin and Creole Languages* 26(1). 5–42.

Bakker, Peter, Finn Borchsenius, Carsten Levisen & Eeva Sippola (eds.). 2017. *Creole studies – Phylogenetic approaches*. Amsterdam & Philadelphia: John Benjamins.

Baumann, Adalbert. 1915. *Wede, die Verständigungssprache der Zentralmächte und ihrer Freunde, die neue Welt-Hilfs-Sprache*. Diessen: Huber.

Baumann, Adalbert. 1916. *Das neue, leichte Weltdeutsch (das verbesserte Wedé) für unsere Bundesgenossen und Freunde. Seine Notwendigkeit und seine wirtschaftliche Bedeutung*. Diessen: Huber.

Becker, Thomas. 1998. *Das Vokalsystem der deutschen Standardsprache*. Frankfurt am Main: Peter Lang.

Bender, Josef. 1932. Missionshilfe in der Heimat. In Josef Hüskes (ed.), *Pioniere der Südsee. Werden und Wachsen der Herz-Jesu-Mission von Rabaul zum Goldenen Jubiläum 1882–1932*, 197–205. Hiltrup & Salzburg: Missionare vom hl. Herzen Jesu.

Berg, Margot van den & Rachel Selbach. 2009. One more cup of coffee: On gradual creolization. In Rachel Selbach, Hugo C. Cardoso & Margot van den Berg (eds.), *Gradual Creolization. Studies celebrating Jacques Arends*, 3–12. Amsterdam & Philadelphia: John Benjamins.

Bergs, Alexander. 2012. The uniformitarian principle and the risk of anachronisms in language and social history. In Juan Manuel Hernández-Campoy & Juan Camilo Conde-Silvestre (eds.), *The Handbook of historical sociolinguistics*, 80–99. Oxford: Blackwell.

Bernabé, Jean, Patrick Chamoiseau, Raphaël Confiant & Mohamed B. Taleb Khyar. 1990. In praise of Creoleness. *Callaloo* 13(4). 886–909.

Beuge, Patrick. 2016. Präskription durch Deskription? Zur normativen Kraft der Kodizes. In Wolf Peter Klein & Sven Staffeldt (ed.), *Die Kodifizierung der Sprache. Strukturen, Funktionen, Konsequenzen*, 138–148. WespA/Würzburger elektronische sprachwissenschaftliche Arbeiten 17.

Bickerton, Derek. 1980. Decreolization and the creole continuum. In Albert Valdman & Arnold Highflied (eds.), *Theoretical orientations in Creole studies*, 109–128. New York: Academic Press.

Bickerton, Derek. 1981. *Roots of language*. Ann Arbor: Karoma.

Bickerton, Derek. 1984. The language bioprogram hypothesis. *Behavioral and Brain Sciences* 7. 173–221.

Bickerton, Derek. 1988. Creole languages and the bioprogram. In Frederick J. Newmeyer (ed.), *Linguistics: The Cambridge survey, Band 2: Linguistic theory: Extensions and implications*, 268–284. Cambridge: Cambridge University Press.

Bickerton, Derek. 2009. *Adam's tongue. How humans made language, how language made humans*. New York: Hill & Wang.

Bickerton, Derek. 2016. *Roots of language*. Berlin: Language Science Press. Webversion: http://langsci-press.org/catalog/book/91 [15.0.2019].

Birdsong, David. 2014. The critical period hypothesis for second language acquisition: Tailoring the coat of many colors. In Mirosław Pawlak & Larissa Aronin (eds.), *Essential topics in applied linguistics and multilingualism. Studies in honor of David Singleton*, 43–50. Cham: Springer.

Blair, David & Peter Collins (eds.). 2001. *English in Australia*. Amsterdam & Philadelphia: John Benjamins.

Bley, Bernhard. 1925. *Die Herz-Jesu-Mission in der Südsee. Geschichtliche Skizze über das Apostolische Vikariat Rabaul*. Hiltrup bei Münster: Verlag d. Missionare vom hlst. Herzen Jesu.

Bley, Bernhard. 1932. Zustände und Wandlungen in der ersten Zeit. In Josef Hüskes (ed.), *Pioniere der Südsee. Werden und Wachsen der Herz-Jesu-Mission von Rabaul zum Goldenen Jubiläum 1882–1932*, 87–103. Hiltrup & Salzburg: Missionare vom hl. Herzen Jesu.

Boas, Hans C., Ana Deumert, Mark L. Louden & Péter Maitz (eds.) i. V. *Varieties of German worldwide*. Oxford: Oxford University Press.

Boer, Jennifer & Cori Williams. 2017. Tok Pisin phonology: A preliminary study. *Language and Linguistics in Melanesia* 35. 55–81.

Bögershausen, Georg. 1932. Erzbischof Ludwig Couppé. In Josef Hüskes (ed.), *Pioniere der Südsee. Werden und Wachsen der Herz-Jesu-Mission von Rabaul zum Goldenen Jubiläum 1882–1932*, 172–179. Hiltrup & Salzburg: Missionare vom hl. Herzen Jesu.

Booij, Geert. 1993. Against split morphology. In Geert Booij & Jaap van Marle (eds.), *Yearbook of morphology 1993*, 27–51. Dordrecht u. a.: Kluwer.

Booij, Geert. 1995. Inherent versus contextual inflection and the split morphology hypothesis. In Geert Booij & Jaap van Marle (eds.), *Yearbook of morphology 1995*, 1–16. Dordrecht u.a.: Kluwer.

Botha, Rudolf. 2016. *Language evolution. The windows approach*. Cambridge: Cambridge University Press.

Broner, Maggie A. & Elaine E. Tarone. 2001. Is it fun? Language play in a fifth-grade Spanish immersion classroom. *The Modern Language Journal* 85(3). 363–379.

BTI 2018 = Bertelsmann Stiftung. 2018. *BTI 2018 Country Report – Papua New Guinea*. Gütersloh: Bertelsmann Stiftung.

Bucholtz, Mary & Kira Hall. 2010. Locating identity in language. In Carmen Llamas & Dominic Watt (eds.), *Language and identities*, 18–28. Edinburgh: Edinburgh University Press.

Büttner, C. G. 1884. Die Kulturarbeit der Heidenmission. *Deutsche Kolonialzeitung. Organ der deutschen Kolonialgesellschaft* 1(2), 1(7), (1)9 und 1(20). Digitalisat Univ. Frankfurt. URL: http://sammlungen.ub.uni-frankfurt.de/kolonialbibliothek/periodical/titleinfo/ 7720783 [15.10.2019]

Canoğlu, Hatice Deniz. 2012. Kanak Sprak versus Kiezdeutsch – *Sprachverfall oder sprachlicher Spezialfall? Eine ethnolinguistische Untersuchung*. Berlin: Frank & Timme.

Cathcart-Strong, Ruth L. 1986. Input generation by young second language learners. *TESOL Quarterly* 20(3). 515–530.

Čekaitė, Asta & Karin Aronsson. 2004. Repetition and joking in children's second language conversations: Playful recyclings in an immersion classroom. *Discourse Studies* 6(3). 373–392.

Čekaitė, Asta & Karin Aronsson. 2005. Language play, a collaborative resource in children's L2 learning. *Applied Linguistics* 26(2). 169–191.

Chaudenson, Robert. 1977. Toward the reconstruction of the social matrix of creole language. In Albert Valdman (ed.), *Pidgin and Creole linguistics*, 259–277. Bloomington: Indiana University Press.

Chaudenson, Robert. 2001. *Creolization of language and culture*. Revised in collaboration with Salikoko S. Mufwene, translated from the French edition originally published in 1992. London & New York: Routledge.

Chowning, Ann. 1986. The development of ethnic identity and ethnic stereotypes on Papua New Guinea plantations. *Journal de la Société des océanistes* 82–83(42). 153–162.

CIA. 2016. *The world factbook.* Washington: CIA. URL: https://www.cia.gov/library/publications/the-world-factbook/index.html [15.10.2019].

Clements, Clancy J. 2009. Gradual vs. abrupt creolization and recent changes in Daman Creole Portuguese. In Rachel Selbach, Hugo C. Cardoso & Margot van den Berg (eds.), *Gradual Creolization. Studies celebrating Jacques Arends*, 55–75. Amsterdam & Philadelphia: John Benjamins.

Clothilde, Sr. (MSC) 1912. Aus dem Kinderleben auf Neupommern. *Hiltruper Monatshefte.* 490–496.

Clothilde, Sr. (MSC) 1913. Ein Besuch bei den Missionsschwestern in Vunapope. *Hiltruper Monatshefte.* 11–14 & 55–60.

Cook, Guy. 1997. Language play, language learning. *ELT (English Language Teaching) Journal* 51(3). 224–231.

Cook, Guy. 2000. *Language play, language learning.* Oxford: Oxford University Press.

Coseriu, Eugenio. 1974. *Synchronie, Diachronie und Geschichte: das Problem des Sprachwandels.* München: Fink.

Couppé, Louis. 1898. Bericht. In Auszügen abgedruckt als „Nachrichten aus der Herz Jesu-Mission". *Monatshefte zu Ehren U. L. Frau vom hh. Herzen Jesu.* 260f.

Croft, William. 2000. *Explaining language change. An evolutionary approach.* London: Longman.

Croft, William. 2003. Mixed languages and acts of identity: An evolutionary approach. In Yaron Matras & Peter Bakker (eds.), *The mixed language debate. Theoretical and empirical advances*, 41–72. Berlin & New York: De Gruyter.

Crystal, David. 1996. Language play and linguistic intervention. *Child Language Teaching and Therapy* 12(3). 328–344.

Czingler, Christine. 2014. Der Einfluss des Alters auf die Erwerbsgeschwindigkeit: Eine Fallstudie zur Verbstellung im Deutschen als Zweitsprache. In Bernt Ahrenholz & Patrick Grommes (eds.), *Zweitspracherwerb im Jugendalter*, 23–40. Berlin & Boston: De Gruyter Mouton.

DeCamp, David. 1968. The study of pidgin and creole languages. In Dell Hymes (ed.), *Pidginization and Creolization of languages. Proceedings of a conference held at the University of the West Indies Mona, Jamaica, April 1968.* Cambridge: Cambridge University Press, 13–39.

DeCamp, David. 1971. Toward a generative analysis of a post-creole speech continuum. In Dell Hymes (ed.), *Pidginization and Creolization of languages*, 349–370. Cambridge: Cambridge University Press.

DeGraff, Michel. 1999. Creolization, language change, and language acquisition. An epilogue. In Michel DeGraff (ed.), *Language creation and language change. Creolization, diachrony, and development*, 473–543. Cambridge, MA/London: The MIT Press.

DeGraff, Michel. 2002. Relexification: A reevaluation. *Anthropological Linguistics* 44(4). 321–414.

DeGraff, Michel. 2005. Linguists' most dangerous myth: The fallacy of Creole Exceptionalism. *Language in Society* 34. 533–591.

Delbos, Georges. 1985. *The mustard seed. From a French Mission to a Papuan Church, 1885–1985.* Port Moresby: Institute of Papua New Guinea Studies [= Translation of: ders. (1984): *Cent ans chez les Papous.* Issoudun: Fraternité Notre-Dame du Sacré-Coeur].

Dent, Andrew W., Glen Davies, Paul Barrett & Patrice de Saint Ours. 1995. The 1994 eruption of the Rabaul volcano, Papua New Guinea: injuries sustained and medical response. *The Medical Journal of Australia* 163(11/12). 635–639.
Deumert, Ana. 2003. Markedness and salience in language contact and secondlanguage acquisition: Evidence from a non-canonical contact language. *Language Sciences* 25, 561–613.
Deumert, Ana. 2009. Namibian *Kiche Duits:* The making (and decline) of a Neo-African language. *Journal of Germanic Linguistics* 21(4). 349–417.
Devette-Chee, Kilala. 2011. Decreolization in Tok Pisin: Is there a Tok Pisin-to-English continuum? *Language & Linguistics in Melanesia* 29. 95–103.
Dimroth, Christine. 2008. Kleine Unterschiede in den Lernvoraussetzungen beim ungesteuerten Zweitspracherwerb: Welche Bereiche der Zielsprache Deutsch sind besonders betroffen? In Bernt Ahrenholz (ed.), *Kinder und Migrationshintergrund: Spracherwerb und Fördermöglichkeiten*, 117–133. Freiburg: Fillibach.
Dornseif, Golf. 2010a. *Deutsch-Neuguinea war kein Schlaraffenland. Pazifische Inseln und ihre Bedeutung für das Kaiserreich*. URL: http://www.golf.dornseif.de [20.09.2016; nicht mehr verfügbar].
Dornseif, Golf. 2010b. *Koloniale Sprachakrobatik: Pidgin German und Küchen-Deutsch*. URL: http://www.golf.dornseif.de [20.09.2016; nicht mehr verfügbar].
Downes, William. 1998. *Language and society*. 2. Auflage. Cambridge: Cambridge University Press.
Duden. 2015. *Duden. Das Aussprachewörterbuch*. 7., komplett überarbeitete und aktualisierte Auflage. Bearbeitet von Stefan Kleiner und Ralf Knöbl in Zusammenarbeit mit der Dudenredaktion. Berlin: Dudenverlag.
Eberhard, David M., Gary F. Simons & Charles D. Fennig (eds.). 2019. *Ethnologue. Languages of the world*. Dallas, Texas: SIL International. URL: http://www.ethnologue.com [15.10.2019].
Eckman, Fred R. 2008. Typological markedness and second language phonology. In Jette G. Hansen Edwards & Mary L. Zampini (eds.), *Phonology and second language acquisition*, 95–115. Amsterdam & Philadelphia: John Benjamins.
Edgerly, John E. 1982. Surviving traditional art of Melanesia. *The Journal of the Polynesian Society* 91(4). 543–579.
Ehrensberger-Dow, Maureen & Chris Ricketts 2010. Language attrition: Measuring how 'wobbly' people become in their L1. In Esther Galliker & Andrea Kleinert (eds.), *Messen in der Linguistik. Beiträge zu den 5. Tage der Linguistik*, 41–61. Baltmannsweiler: Schneider.
Ehrhart, Sabine. 2014. Acts of identity in the continuum from multilingual pracices to language policy. In Patrick Grommes & Adelheid Hu (eds.), *Plurilingual education: Policies – practices – language development*, 75–85. Amsterdam & Philadelphia: John Benjamins.
Ehrhart, Sabine. 2017. Bridging the gap: Childhood language acquisition and creole genesis. In Péter Maitz & Craig A. Volker (eds.), *Language contact in the German colonies: Papua New Guinea and Beyond* (= Sonderausgabe von *Language and Linguistics in Melanesia*), 178–196.
Ehrhart, Sabine & Chris Corne. 1996. The creole language Tayo and language contact in the "Far South" region of New Caledonia. In Stephen A. Wurm, Peter Mühlhäusler & Darrell T. Tryon (eds.), *Atlas of intercultural communication in the Pacific, Asia, and the Americas*, Band 2, 265–270. Berlin & New York: De Gruyter.
Eichinger, Ludwig M., Albrecht Plewnia & Claudia M. Riehl (eds.). 2008. *Handbuch der deutschen Sprachminderheiten in Mittel- und Osteuropa*. Tübingen: Narr.

Elspaß, Stephan. 2005. *Sprachgeschichte von unten. Untersuchungen zum geschriebenen Alltagsdeutsch im 19. Jahrhundert.* Tübingen: Niemeyer.
Elspaß, Stephan. 2015. Grammatischer Wandel im (Mittel-)Neuhochdeutschen – von oben und von unten. Perspektiven einer Historischen Soziolinguistik des Deutschen. *Zeitschrift für Germanistische Linguistik* 43(3). 387–420.
Elspaß, Stephan. 2016. Typisch und nicht so typisch Westfälisches in der nicht-dialektalen Alltagssprache. In Helmut H. Spiekermann, Line-Marie Hohenstein, Stephanie Sauermilch & Kathrin Weber (eds.), *Niederdeutsch: Grenzen, Strukturen, Variation*, 359–382. Wien u.a.: Böhlau.
Enfield, N. J. 2002. Parallel innovation and 'coincidence' in linguistic areas: On a bi-clausal extent/result construction of mainland Southeast Asia. *Proceedings of the Twenty-Eighth Annual Meeting of the Berkely Linguistics Society: Special Session on Tibeto-Burman and Southeast Asian Linguistics,* 121–128.
Engelberg, Stefan. 2008. The German language in the South Seas. Language contact and the influence of language politics and language attitudes. In Mathias Schulze, James M. Skidmore & David G. John (eds.), *German diasporic experiences. Identity, migration, and loss,* 317–329. Waterloo: Wilfrid Laurier University Press.
Engelberg, Stefan. 2014. Die deutsche Sprache und der Kolonialismus. Zur Rolle von Sprachideologemen und Spracheinstellungen in sprachenpolitischen Argumentationen. In Heidrun Kämper, Peter Haslinger & Thomas Raithel (eds.), *Demokratiegeschichte als Zäsurgeschichte. Diskurse der frühen Weimarer Republik,* 307–332. Berlin & Boston: De Gruyter Mouton.
Engelberg, Stefan. i. E. German in Oceania. In Hans Boas, Ana Deumert, Mark Louden & Péter Maitz (eds.), *German worldwide.* Oxford: Oxford University Press.
Epstein, Trude Scarlett. 1968. *Capitalism, primitive and modern: Some aspects of Tolai economic growth.* New Jersey: Transaction Publishers.
Evans, M. D. R. 1988. Choosing to be a citizen: The time-path of citizenship in Australia. *International Migration Review* 22(2). 243–264.
Faraclas, Nicholas, Don E. Walicek, Mervyn Alleyne, Wilfredo Geigel & Ortiz, Luis. 2007. The complexity that really matters: The role of political economy in creole genesis. In Umberto Ansaldo, Stephen Matthews & Lisa Lim (eds.), *Deconstructing Creole,* 227–264. Amsterdam & Philadelphia: John Benjamins.
Fellmann, Heinrich. 1903. Our work in New Britain (Neu Pommern). *Methodist,* Ausgabe vom 24. Januar 1903. Sydney, 8.
Fellmann, Ulrich (ed.). 2009. *Von Schwaben in den Bismarckarchipel. Tagebücher der Missionarsfrau Johanna Fellmann aus Deutsch-Neuguinea 1896–1903.* Wiesbaden: Harrassowitz.
Fiedler, Marit. 2007. Das Phonemsystem des Modernhebräischen und des Deutschen im Vergleich und Schlussfolgerungen für den Phonetikunterricht in DaF. *Zeitschrift für Interkulturellen Fremdsprachenunterricht* 12(2). 1–22.
Flemming, Edward & Stephanie Johnson. 2007. *Rosa's roses:* Reduced vowels in American English. *Journal of the International Phonetic Association* 37(1). 83–96.
Fon Sing, Guillaume. 2017. Creoles are not typologically distinct from non-creoles. *Language Ecology* 1(1). 44–74.
Foster-Cohen, Susan H. 1999. *An introduction to child language development.* London & New York: Longman.
Franklin, Karl J. 1968. *Tolai language course.* Ukarumpa: SIL International.

Franziska, Sr. (MSC). 1903. Auszug aus dem Briefe der ehrw. Schw. Franziska, Oberin der Missionsschwestern vom hlst. Herzen Jesu auf Neupommern, Vuna Pope, den 10. Januar 1903. *Monatshefte zu Ehren U. L. Frau vom hh. Herzen Jesu.* 20.

Freeman's Journal (1904) = o. V. 1904. The Mission massacre. Terrible murders at New Britain. Priests, Brothers and Sisters slain. The story of the Sacred Heart Mission. *Freeman's Journal,* Ausgabe vom 17. September 1904. Sydney, 20–21.

Frings, Bernhard. 2000. *Mit ganzem Herzen. Hundert Jahre Missionsschwestern vom Heiligsten Herzen Jesu in Hiltrup.* Dülmen: Laumann.

Frowein, Friedel. 2005. *Prozesse der Grammatikalisierung, Reanalyse und Analogiebildung in Pidgin- und Kreolsprachen. Was Konjunktionen, Cheeseburger und völlige Verblödung gemeinsam haben.* Online-Publikation. URL: https://bit.ly/2BfFbd6 [15.10.2019].

Frowein, Friedel. 2006. *Transfer, continuity, relexification and the bioprogram. What the substratist/universalist debate in creolistics implies for modern theories of language acquisition.* Online-Publikation. URL: https://bit.ly/1OWFuWG [15.10.2019].

García, Ofelia & Li Wei. 2014. *Translanguaging. Language, bilingualism and education.* Basingstoke: Palgrave Macmillan.

Gárgyán, Gabriella. 2013. Der am-Progressiv im heutigen Deutsch. Neue Erkenntnisse mit besonderer Hinsicht auf die Sprachgeschichte, die Aspektualität und den kontrastiven Vergleich mit dem Ungarischen. *Networx* 63. URL: http://www.mediensprache.net/networx/networx-63.pdf [15.10.2019].

Garrett, John. 1992. *Footsteps in the sea. Christianity in Oceania to World War II.* Genf & Suva: World Council of Churches/Institute of Pacific Studies.

George, Poikail John. 1970. Racist assumptions of the 19th century missionary movement. *International Review of Mission* 59. 271–284.

Gilmore, Perry. 1979. A children's pidgin: The case of a spontaneous pidgin for two. *Sociolinguistic Working Paper* 64. Austin: Southwest Educational Development Lab. URL: https://files.eric.ed.gov/fulltext/ED250935.pdf [15.10.2019].

Gilmore, Perry. 2011. We call it "our language": A children's Swahili pidgin transforms social and symbolic order on a remote hillside in up-country Kenya. *Anthropology & Education Quarterly* 42. 370–392.

González Vilbazo, Kay Eduardo. 2005. *Die Syntax des Code-switching. Esplugisch: Sprachwechsel an der Deutschen Schule Barcelona.* Dissertation Universität Köln.

Goodman, Morris. 1993. African substratum: Some cautionary words. In Salikoko S. Mufwene & Nancy Condon (eds.), *Africanisms in Afro-American language varieties,* 64–74. Athens & London: University of Georgia Press.

Görlach, Manfred. 1986. Middle English – a creole? In Dieter Kastovsky & Aleksander Szwedek (eds.), *Linguistics across historical and geographical boundaries.* Vol. 1: *Linguistic theory and historical linguistics,* 329–344. Berlin & New York: De Gruyter.

Götze, Angelika, Siegwalt Lindenfelser, Salome Lipfert, Katharina Neumeier, Werner König & Péter Maitz. 2017. Documenting Unserdeutsch (Rabaul Creole German): A workshop report. In Péter Maitz & Craig A. Volker (eds.), *Language contact in the German colonies: Papua New Guinea and beyond* (= Sonderausgabe von *Language and Linguistics in Melanesia*), 65–90.

Grant, Anthony P. 2001. Language intertwining: Its depiction in recent literature and its implications for theories of creolisation. In Norval Smith & Tonjes Veenstra (eds.), *Creolization and contact,* 81–111. Amsterdam & Philadelphia: John Benjamins.

Gründer, Horst. 1982. *Christliche Mission und deutscher Imperialismus. Eine politische Geschichte ihrer Beziehungen während der deutschen Kolonialzeit (1884–1914) unter besonderer Berücksichtigung Afrikas und Chinas.* Paderborn: Schöningh.

Gründer, Horst. 1997. Die Gründung des Missionshauses Hiltrup aus historischer Sicht. In MSC (ed.), *Hundert Jahre Missionshaus Hiltrup und Deutsche Provinz der Herz-Jesu-Missionare. Dokumentation 1897–1997*, 26–32. Münster: Hiltruper Missionare.

Gründer, Horst. 2001. Die historischen und politischen Voraussetzungen des deutschen Kolonialismus. In Hermann Hiery (ed.), *Die deutsche Südsee 1884–1914. Ein Handbuch*, 27–58. Paterborn u. a.: Schöningh.

Gründer, Horst. 2004. „... diese menschenfressenden und niedrigstehenden Völker in ein völlig neues Volk umzuwandeln" – Papua-Neuguinea: eine letzte christliche Utopie. In Franz-Joseph Post, Thomas Küster & Clemens Sorgenfrey (eds.), *Horst Gründer: Christliche Heilsbotschaft und weltliche Macht. Studien zum Verhältnis von Mission und Kolonialismus, gesammelte Aufsätze*, 105–125. Münster: LIT.

Hall, Robert A. 1962. The life cycle of pidgin languages. *Lingua* 11. 151–156.

Halliday, Michael A. K. 1976. Anti-languages. *American Anthropologist* 78(3). 570–584.

Hammarström, Harald, Robert Forkel & Martin Haspelmath. 2017. *Glottolog 3.0*. Jena: Max Planck Institute for the Science of Human History. URL: http://glottolog.org [15.10.2019].

Han, ZhaoHong & Elaine Tarone (eds.). 2014. *Interlanguage. Forty years later.* Amsterdam & Philadelphia: John Benjamins.

Hans-Bianchi, Barbara. 2016. Kodifizierung als Überlebensstrategie? Orthographische Kodifizierungsversuche in Pennsylvania Deitsch. Wolf Peter Klein & Sven Staffeldt (eds.), *Die Kodifizierung der Sprache. Strukturen, Funktionen, Konsequenzen. = WespA/ Würzburger elektronische sprachwissenschaftliche Arbeiten* 17. 42–69

Harris, John W. 1986. *Northern Territory Pidgins and the origin of Kriol.* Canberra: Australian National University.

Harris, Roxy & Ben Rampton. 2007. Creole metaphors in cultural analysis. In Umberto Ansaldo, Stephen Matthews & Lisa Lim (eds.), *Deconstructing Creole*, 265–285. Amsterdam & Philadelphia: John Benjamins.

Hasyim, Sunardi. 2002. Error analysis in the teaching of English. *k@ta* 4(1), 42–50. URL: http://www.academypublication.com/issues/past/tpls/vol02/08/06.pdf [15.10.2019].

Heine, Bernd & Tania Kuteva. 2005. *Language contact and grammatical change.* Cambridge: Cambridge University Press.

Heydari, Pooneh & Mohammad S. Bagheri. 2012. Error analysis: Sources of L2 learner's errors. *Theory and Practice in Language Studies* 2(8). 1583–1589.

HFP = Heidelberger Forschungsprojekt „Pidgin-Deutsch". 1975. Zur Sprache ausländischer Arbeiter: Syntaktische Analysen und Aspekte des kommunikativen Verhaltens. *Zeitschrift für Literaturwissenschaft und Linguistik* 18. 78–121.

Hiery, Hermann. 2001a. Schule und Ausbildung in der deutschen Südsee. In Hermann Hiery (ed.), *Die deutsche Südsee 1884–1914. Ein Handbuch*, 198–238. Paderborn u. a.: Schöningh.

Hiery, Hermann. 2001b. Der Erste Weltkrieg und das Ende des deutschen Einflusses in der Südsee. In Hermann Hiery (ed.), *Die deutsche Südsee 1884–1914. Ein Handbuch*, 805–854. Paderborn u. a.: Schöningh.

Hiery, Hermann. 2007. Die Baininger. Einige historische Anmerkungen zur Einführung. In Karl Hesse (ed.), *A Jos! Die Welt, in der die Chachet-Baininger leben. Sagen, Glaube und Tänze von der Gazelle-Halbinsel Papua-Neuguineas*, VII–XXX. Wiesbaden: Harrassowitz.

Higgins, Christina. 2015. Insults or acts of identity? The role of stylization in multilingual discourse. *Multilingua* 34(2). 135–158.
Hoff-Ginsberg, Erika. 1997. *Language development*. Pacific Grove u. a.: Brooks/Cole.
Holm, John A. 1988. *Pidgins and Creoles*. Vol. 1: *Theory and structure*. Cambridge: Cambridge University Press.
Holm, John A. 1989. *Pidgins and Creoles*. Vol. 2: *Reference survey*. Cambridge: Cambridge University Press.
Holm, John A. 2000. *An introduction to Pidgins and Creoles*. Cambridge: Cambridge University Press.
Holm, John A. & Incanha Intumbo. 2009. Quantifying superstrate and substrate influence. *Journal of Pidgin and Creole Languages* 24(2). 218–274.
Holm, John A. & Peter L. Patrick. 2007. *Comparative Creole syntax. Parallel outlines of 18 Creole grammars*. Plymouth: Battlebridge.
Hurford, James R. 1991. The evolution of the critical period for language acquisition. *Cognition* 40(3). 159–201.
Hüskes, Josef (ed.). 1932. *Pioniere der Südsee. Werden und Wachsen der Herz-Jesu-Mission von Rabaul zum Goldenen Jubiläum 1882–1932*. Hiltrup & Salzburg: Missionare vom hl. Herzen Jesu.
Huygens Instituut voor Nederlandse Geschiedenis. 2011. *Repertorium van Nederlandse zendings- en missie-archieven 1800–1900*, Eintrag: Dochters van Onze Lieve Vrouw van het Heilig Hart. URL: http://bit.ly/2mBBoyC [15.10.2019].
Ischler, Paul M.S.C 1932. Die Zentrale Vunapope. In Josef Hüskes (ed.), *Pioniere der Südsee. Werden und Wachsen der Herz-Jesu-Mission von Rabaul zum Goldenen Jubiläum 1882–1932*, 180–184. Hiltrup & Salzburg: Missionare vom hl. Herzen Jesu.
Janssen, Arnold. 1912. Dringende Bitte um einen Baustein für ein neues Schul- bzw. Schwesternhaus in Vunapope. *Hiltruper Monatshefte*. 22–24.
Janssen, Arnold. 1932. Die Erziehungsanstalt für halbweiße Kinder. In Josef Hüskes (ed.), *Pioniere der Südsee. Werden und Wachsen der Herz-Jesu-Mission von Rabaul zum Goldenen Jubiläum 1882–1932*, 150–155. Hiltrup & Salzburg: Missionare vom hl. Herzen Jesu.
Jansson, Fredrik, Mikael Parkvall & Pontus Strimling. 2015. Modeling the evolution of creoles. *Language Dynamics and Change* 5(1). 1–51.
Jiang, Nan. 2018. *Second language processing. An introduction*. New York & London: Routledge.
JICA 2010 = Japan International Cooperation Agency. 2010. *Country gender profile: Papua New Guinea*. URL: https://www.jica.go.jp/english/our_work/thematic_issues/gender/background/ pdf/e10png.pdf [15.10.2019].
Johnson, Jacqueline S. & Elissa L. Newport. 1989. Critical period effects in second language learning. The influence of maturational state on the acquisition of ESL. *Cognitive Psychology* 21(1). 60–99.
Junges, Mágat N. 2009. *Interphonologie: Realisierung des Ichlautes [ç] & Achlautes [x] bei brasilianischen DaF-Studenten*. Unveröffentlichte Abschlussarbeit. Florianópolis: Universidade Federal de Santa Catarina.
Jupp, James. 1995. From 'white Australia' to 'part of Asia': Recent shifts in Australian immigration policy towards the region. *The International Migration Review* 29(1). 207–228.
Kauschke, Christina. 2012. *Kindlicher Spracherwerb im Deutschen. Verläufe, Forschungsmethoden, Erklärungsansätze*. Berlin & Boston: De Gruyter Mouton.

Kaye, Alan & Mauro Tosco. 2003. *Pidgin and Creole languages*. München: LINCOM.
Keller, Rudi. 1994. *Sprachwandel. Von der unsichtbaren Hand in der Sprache*. 2., überarb. und erw. Aufl. Tübingen & Basel: Francke.
Kerswill, Paul. 2013. Identity, ethnicity and place: The construction of youth language in London. In Peter Auer, Martin Hilpert, Anja Stukenbrock & Benedikt Szemrecsanyi (eds.), *Space in language and linguistics. Geographical, interactional, and cognitive perspectives*, 128–164. Berlin & Boston: De Gruyter Mouton.
Kerswill, Paul & Ann Williams. 2000. Creating a new town koine: Children and language change in Milton Keynes. *Language in Society* 29. 65–115.
Kihm, Alain. 2013. Pidgin-creoles as a scattered sprachbund: Comparing Kriyol and Nubi. In Parth Bhatt & Tonjes Veenstra (eds.), *Creole languages and linguistic typology*, 95–140. Amsterdam & Philadelphia: John Benjamins.
Kihm, Alain & Jean-Louis Rougé. 2013. *Lingua de Preto*, the basic variety at the root of West African Portuguese creoles. *Journal of Pidgin and Creole Languages* 28(2). 203–298.
King, David & Stephen Ranck (eds.). 1982. *Papua New Guinea atlas. A nation in transition*. Bathurst: Brown.
Kiparsky, Paul. 1983. *Explanation in phonology*. Berlin & New York: De Gruyter.
Kleer, Martin. 2015. Besuch in Papua Neuguinea. *Hiltruper Missionshefte* 5. 131–135.
Klein, Thomas. 2004. Creole phonology typology: Phoneme inventory size, vowel quality distinctions and stop consonant series. In Path Bhatt & Ingo Plag (eds.), *The structure of Creole words: Segmental, syllabic and morphological aspects*, 3–21. Tübingen: Niemeyer.
Klein, Wolfgang & Clive Perdue. 1997. The basic variety (or: Couldn't natural languages be much simpler?). *Second Language Research* 13(4). 301–347.
Kleintitschen, August. 1932. Die Schwestern in der Mission. In Josef Hüskes (ed.), *Pioniere der Südsee. Werden und Wachsen der Herz-Jesu-Mission von Rabaul zum Goldenen Jubiläum 1882–1932*, 136–144. Hiltrup & Salzburg: Missionare vom hl. Herzen Jesu.
Koch, Gerd. 2001. Die Menschen der Südsee. In Hermann Hiery (ed.), *Die deutsche Südsee 1884–1914. Ein Handbuch*, 113–131. Paderborn u. a.: Schöningh.
Kochmar, Ekaterina & Ekaterina Shutova. 2017. Modelling semantic acquisition in second language learning. *Proceedings of the 12th Workshop on Innovative Use of NLP for Building Educational Applications*, Kopenhagen: Association for Computational Linguistics. 293–302.
König, Werner, Stephan Elspaß & Robert Möller. 2015. *dtv-Atlas Deutsche Sprache*. 18. Auflage. München: Deutscher Taschenbuch Verlag.
König, Werner. 2004. Die Aussprache des Standarddeutschen als Sprachkontaktphänomen. In Horst H Munske (ed.), *Deutsch in Kontakt mit germanischen Sprachen*, 175–201. Tübingen: Niemeyer.
Köpke, Barbara. 2007. Language attrition at the crossroads of brain, mind, and society. In Barbara Köpke, Monika S. Schmid, Merel Keijzer & Susan Dostert (eds.), *Language attrition. Theoretical perspectives*, 9–37. Amsterdam & Philadelphia: John Benjamins.
Köpke, Barbara & Monika S. Schmid. 2004. First language attrition: The next phase. In Monika S. Schmid, Barbara Köpke, Merel Keijzer & Lina Weilemar (eds.), *First language attrition: Interdisciplinary perspectives on methodological issues*, 1–43. Amsterdam & Philadelphia: John Benjamins.
Kortmann, Bernd & Benedikt Szmrecsanyi (eds.). 2012. *Linguistic complexity. Second language acquisition, indigenization, contact*. Berlin & Boston: De Gruyter Mouton.

Kortmann, Bernd & Edgar W. Schneider (eds.). 2004a. *A handbook of varieties of English*. Vol. 1: *Phonology*. Berlin & New York: De Gruyter.
Kortmann, Bernd & Edgar W. Schneider (eds.). 2004b. *A handbook of varieties of English*. Vol. 2: *Morphology and syntax*. Berlin & New York: De Gruyter.
Kouwenberg, Silvia. 2001. Convergence and explanations in creole genesis. In Norval Smith & Tonjes Veenstra (eds.), *Creolization and contact*, 219–247. Amsterdam & Philadelphia: John Benjamins.
Kouwenberg, Silvia. 2005. Creole formation and second language acquisition: Contentious issues. *Languages et Linguistique* 31. 91–110.
Kouwenberg, Silvia. 2012. The Ijo-derived lexicon of Berbice Dutch Creole: An a-typical case of African lexical influence. In Angela Bartens & Philip Baker (eds.), *Black through white: African words and calques in Creoles and transplanted European languages*, 135–154. London: Battlebridge.
Kremer, Ludger. 2000. Westfälische Sprachgeschichte von 1850 bis zur Gegenwart. In Jürgen Macha, Elmar Neuß & Robert Peters, unter Mitarbeit von Stephan Elspaß (eds.), *Rheinisch-Westfälische Sprachgeschichte*, 315–335. Köln: Böhlau.
Kühl, Karoline H. 2008. *Bilingualer Sprachgebrauch bei Jugendlichen im deutsch-dänischen Grenzland*. Hamburg: Kovač.
Kusters, Wouter. 2003. *Social complexity. The influence of social change on verbal inflection*. Utrecht: LOT.
Kusters, Wouter. 2008. Prehistoric and posthistoric language in oblivion. In Regine Eckhardt, Gerhard Jäger & Veenstra Tonjes (eds.), *Variation, selection, development. Probing the evolutionary model of language change*, 199–217. Berlin & New York: De Gruyter.
Labov, William. 1971. The notion of 'system' in creole studies. In Dell Hymes (ed.), *Pidginization and Creolization of languages. Proceedings of a conference held at the University of West Indies Mona, Jamaica, April 1968*, 447–472. Cambridge: Cambridge University Press.
Labov, William. 1972a. *Sociolinguistic patterns*. Philadelphia: University of Pennsylvania Press.
Labov, William. 1972b. Some principles of linguistic methodology. *Language in Society* 1. 97–120.
Lakaff, Josef. 1932. Die Katechisten. In Josef Hüskes (ed.), *Pioniere der Südsee. Werden und Wachsen der Herz-Jesu-Mission von Rabaul zum Goldenen Jubiläum 1882–1932*, 165–171. Hiltrup & Salzburg: Missionare vom hl. Herzen Jesu.
Lambert, Wallace E. 1974. Culture and language as factors in learning and education. In Frances E. Aboud & Robert D. Meade (eds.), *Cultural factors in learning and education*, 91–122. Bellingham: 5th Western Symposium on Learning.
Lang, George. 2000. Chaos and creoles. Towards a new paradigm? In John McWhorter (ed.), *Language change and language contact in Pidgins and Creoles*, 443–457. Amsterdam & Philadelphia: John Benjamins.
Lantolf, James P. 1997. The function of language play in the acquisition of L2 Spanish. In William R. Glass & Ana T. Perez-Leroux (eds.), *Contemporary perspectives on the acquisition of Spanish*, 3–24. Somerville: Cascadia Press.
Lapun, Emma & Veronica Hatutasi. 2011. OLSH congregation launch 125 years program. Brief history of OLSH nuns in PNG. *The Catholic Reporter* 76. 2.
Laycock, Donald C. 1972. Towards a typology of ludlings, or play-languages. *Linguistic Communications* 6. 61–114.
Laycock, Donald C. 1985. Phonology: Substratum elements in Tok Pisin phonology. In Stephen A. Wurm & Peter Mühlhäusler (eds.), *Handbook of Tok Pisin (New Guinea Pidgin)*, 295–

307. Canberra: Department of Linguistics, Research School of Pacific Studies, Australian National University.

Laycock, Donald C. 1989. The status of Pitcairn-Norfolk: Creole, dialect, or cant? In Ulrich Ammon (ed.), *Status and function of languages and language varieties*, 608–629. Berlin & New York: De Gruyter.

Lee, Harper. 1988 [1960]. *To kill a mockingbird*. New York: Grand Central Publishing.

Lefebvre, Claire. 1998. *Creole genesis and the acquisition of grammar. The case of Haitian Creole*. Cambridge: Cambridge University Press.

Lefebvre, Claire. 2002. The field of pidgin and creole linguistics at the turn of the millennium: The problem of the genesis and development of PCs. In Glenn Gilbert (ed.), *Pidgin and Creole linguistics in the twenty-first century*, 247–285. New York u. a.: Peter Lang.

Lefebvre, Claire. 2004. *Issues in the study of Pidgin and Creole languages*. Amsterdam & Philadelphia: John Benjamins.

Lenneberg, Eric H. 1967. *Biological foundations of langauge*. New York: Wiley.

Lewis, Paul, Gary F. Simons & Charles D. Fennig (eds.). 2015. *Ethnologue. Languages of the Americas and the Pacific*. 18. Auflage. Dallas, Texas: SIL International.

Lewis, Paul, Gary F. Simons & Charles D. Fennig (eds.). 2016. *Ethnologue. Languages of the world*, 19. Auflage. Dallas, Texas: SIL International. URL: http://www.ethnologue.com [01.02.2017].

Lidwina, Sr. (MSC). 1932. Die Mission im Dienst der Kranken und Kinder. In Josef Hüskes (ed.), *Pioniere der Südsee. Werden und Wachsen der Herz-Jesu-Mission von Rabaul zum Goldenen Jubiläum 1882–1932*, 156–164. Hiltrup & Salzburg: Missionare vom hl. Herzen Jesu.

Linckens, Hubert. 1905. Die Unterrichtsanstalten in der Herz Jesu-Mission auf Neupommern. *Monatshefte zu Ehren U. L. Frau vom hh. Herzen Jesu*. 545–550.

Linckens, Hubert. 1921. *Streiflichter aus der Herz-Jesu-Mission (Neupommern)*. Hiltrup: Herz-Jesu-Missionare.

Lindenfelser, Siegwalt. eingereicht a. Asymmetrical complexity in languages due to L2 effects.

Lindenfelser, Siegwalt. eingereicht b. Orthographien in Kontakt: Erkenntnisse aus spontan verschriftetem Unserdeutsch.

Lindenfelser, Siegwalt & Péter Maitz. 2017. The creoleness of Unserdeutsch (Rabaul Creole German): A typological perspective. In Péter Maitz & Craig A. Volker (eds.), *Language contact in the German colonies: Papua New Guinea and beyond* (= Special issue of *Language and Linguistics in Melanesia*), 91–142.

Lipfert, Salome. 2017. *Die Polyfunktionalität von fi im Unserdeutschen*. Unveröffentlichte Bachelorarbeit, Universität Augsburg.

Liu, Tong. 2015. *„Ich verstehe nur Chinesisch!". Kontrastierung der chinesischen und deutschen Phonetik/Phonologie als Basis für die Entwicklung von Lehr- und Lernmaterialien für Deutschlernende chinesischer Muttersprache*. Dissertation Humboldt-Universität zu Berlin. URL: http://dx.doi.org/10.18452/17269 [15.10.2019].

Loeliger, Carl. 1982. Christian Missions. In David King & Stephen Ranck (eds.), *Papua New Guinea atlas. A nation in transition*, 24f. Bathurst: Brown.

Löhr, Erwin. 2008. Die Missionare vom Heiligsten Herzen Jesu und Hiltrup. *Hiltruper Monatshefte* 6. 175–177.

Long, Michael H. 1990. Maturational constraints on language development. *Studies in Second Language Acquisition* 12(3). 251–285.

Loosen, Livia. 2014. *Deutsche Frauen in den Südseekolonien des Kaiserreichs. Alltag und Beziehungen zur indigenen Bevölkerung, 1884–1919*. Bielefeld: transcript.

Madigan, J. G. 1940. The Catholic Missionary in New Guinea. His work for the native races. *Catholic Freeman's Journal*, Ausgabe vom 25. Juli 1940. Sydney, 3.
Maitz, Péter. 2016. Unserdeutsch. Eine vergessene koloniale Varietät des Deutschen im melanesischen Pazifik. In Alexandra N. Lenz (ed.), *German abroad. Perspektiven der Variationslinguistik, Sprachkontakt- und Mehrsprachigkeitsforschung*, 211–240. Göttingen: V & R unipress.
Maitz, Péter. 2017. Dekreolisierung und Variation im Unserdeutsch. In Helen Christen, Peter Gilles & Christoph Purschke (eds.), *Räume – Grenzen – Übergänge. Akten des 5. Kongresses der Internationalen Gesellschaft für Dialektologie des Deutschen (IGDD)*, 225–252. Stuttgart: Steiner (ZDL-Beihefte).
Maitz, Péter. 2019. Deutsch als Minderheitensprache in Australien und Ozeanien. In Joachim Herrgen & Jürgen Erich Schmidt (eds.), *Language and space: An international handbook of linguistic variation.* Vol. 4: *Areale Sprachvariation im Deutschen*, 1191–1209. Berlin & Boston: De Gruyter Mouton.
Maitz, Péter. i. E.. Language emergence in the boarding school: Theoretical and typological issues of boarding school contact languages. In Alexandra Y. Aikhenvald & Péter Maitz (eds.), *Language contact and the emergence of hybrid grammars.* Leiden: Brill.
Maitz, Péter & Craig A. Volker. 2017. Documenting Unserdeutsch. Reversing colonial amnesia. *Journal of Pidgin and Creole Languages* 32(2). 365–397.
Maitz, Péter & Siegwalt Lindenfelser. 2018a. Gesprochenes Alltagsdeutsch im Bismarck-Archipel um 1900. Das Zeugnis regional markierter Superstrateinflüsse in Unserdeutsch. In Alexandra N. Lenz & Albrecht Plewnia (eds.), *Variation – Normen – Identitäten*, 305–337. Berlin & Boston: De Gruyter Mouton.
Maitz, Péter & Siegwalt Lindenfelser. 2018b. Unserdeutsch: ein (a)typisches Kreol? *Zeitschrift für Dialektologie und Linguistik* 85(3). 307–347.
Maitz, Péter, Siegwalt Lindenfelser & Craig A. Volker. i. E. Unserdeutsch (Rabaul Creole German), Papua New Guinea. In Hans C. Boas, Ana Deumert, Mark L. Louden & Péter Maitz (eds.), *Varieties of German worldwide.* Oxford: University Press.
Maitz, Péter, Werner König & Craig A. Volker. 2016. Unserdeutsch (Rabaul Creole German). Dokumentation einer stark gefährdeten Kreolsprache in Papua-Neuguinea. *Zeitschrift für germanistische Linguistik* 44(1). 93–96.
Marouani, Zahida. 2006. *Der Erwerb des Deutschen durch arabischsprachige Kinder. Eine Studie zur Nominalflexion*. Dissertation Universität Heidelberg.
Martineau, France. 2013. Accessing the vernacular in written documents. Christine Mallinson, Becky Childs & Gerard van Herk (eds.), *Data collection in sociolinguistics. Methods and applications*, 179–182. New York & London: Routledge.
Masson, Elsie R. 1915. *An untamed territory. The Northern Territory of Australia*. London: Macmillan.
Mather, Patrick-André. 2007. Creole studies. In Dalila Ayoun (ed.),: *French Applied Linguistics*, 409–424. Amsterdam & Philadelphia: John Benjamins.
Matras, Yaron & Peter Bakker. 2003. The study of mixed languages. In Yaron Matras & Peter Bakker (eds.), *The mixed language debate. Theoretical and empirical advances*, 1–20. Berlin & New York: De Gruyter.
Maurer, Philippe & APiCS Consortium. 2013. Gender distinctions in personal pronouns. In Susanne M.Michaelis, Philippe Maurer, Martin Haspelmath & Magnus Huber (eds.), *The atlas of Pidgin and Creole language structures online*. URL: http://apics-online.info/parameters/13#2/33.0/10.6 [15.10.2019].

McWhorter, John. 1997. *Towards a new model of Creole genesis*. New York u. a.: Peter Lang.
McWhorter, John. 1998. Identifying the creole prototype: Vindicating a typological class. *Language* 74(4). 788–818.
McWhorter, John. 1999. A debate on Creole origins. In Markus Huber & Mikael Parkvall (eds.), *Spreading the word. The issue of diffusion among the Atlantic Creoles*, 305–318. London: University of Westminster Press.
McWhorter, John. 2000a. Defining "creole" as a synchronic term. In Ingrid Neumann-Holzschuh & Edgar Schneider (eds.). 2000. *Degrees of restructuring in Creole languages*, 85–124. Amsterdam & Philadelphia: John Benjamins.
McWhorter, John. 2000b. *The missing Spanish Creoles. Recovering the birth of plantation contact languages*. Berkeley u. a.: University of California Press.
McWhorter, John. 2005. *Defining Creole*. Oxford: Oxford University Press.
McWhorter, John. 2007. *Language interrupted. Signs of non-native acquisition in standard language grammars*. Oxford: Oxford University Press.
McWhorter, John. 2012. Case closed? Testing the feature pool hypothesis. *Journal of Pidgin and Creole Languages* 27(1). 171–182.
McWhorter, John. 2014. Mesolect as the norm: Semi-recoles revisited. *PAPIA* 24(1). 91–110.
Meakins, Felicity. 2013. Mixed languages. In Peter Bakker & Yaron Matras (eds.), *Contact languages. A comprehensive guide*, 159–228. Berlin & Boston: De Gruyter Mouton.
Mertens, Bernhard. 1932. Baining und das Blutbad von St. Paul. In Josef Hüskes (ed.), *Pioniere der Südsee. Werden und Wachsen der Herz-Jesu-Mission von Rabaul zum Goldenen Jubiläum 1882–1932*, 33–46. Hiltrup & Salzburg: Missionare vom hl. Herzen Jesu.
Mesthrie, Rajend, Joan Swann, Ana Deumert & William Leap. 2009. *Introducing sociolinguistics*. 2. Auflage. Edinburgh: Edinburgh University Press.
Meyer zum Farwig, Werner. 2012. Zwischen Tradition und Moderne. *Hiltruper Monatshefte* 2. 37–43.
Michaelis, Susanne, Philippe Maurer, Martin Haspelmath & Magnus Huber (eds.). 2013. *Atlas of Pidgin and Creole language structures online*. Leipzig: Max-Planck-Institut für Evolutionäre Anthropologie. URL: http://apics-online.info/ [15.10.2019]. Printausgabe: Oxford: Oxford University Press.
Miestamo, Matti, Kaius Sinnemäki & Fred Karlsson (eds.). 2008. *Language complexity. Typology, contact, change*. Amsterdam & Philadelphia: John Benjamins.
Migge, Bettina. 1998. Substrate influence in creole formation: The origin of give-type serial verb constructions in the Surinamese Plantation Creole. *Journal of Pidgin and Creole Languages* 13(2). 215–266.
Migge, Bettina. 2003. *Creole formation as language contact. The case of the Suriname Creoles*. Amsterdam &Philadelphia: John Benjamins.
Mihalic, Francis. 1971. *The Jacaranda dictionary and drammar of Melanesian Pidgin*. Milton, Queensland: Jacaranda.
Mosel, Ulrike. 1980. *Tolai and Tok Pisin: The influence of the substratum on the development of New Guinea Pidgin*. Canberra: Australian National University Press.
MSC-Album = Missionare vom hh. Herzen Jesu (ca. 1900): *Album der Herz-Jesu-Mission in der Deutschen Südsee auf Neupommern (Bismarckarchipel)*. Salzburg: MSC.
Mückler, Hermann. 2010. *Mission in Ozeanien*. Wien: Facultas.
Mückler, Hermann. 2014. *Missionare in der Südsee. Pioniere, Forscher, Märtyrer. Ein biographisches Nachschlagewerk zu den Anfängen der christlichen Mission in Ozeanien*. Wiesbaden: Harrassowitz.

Mufwene, Salikoko S. 1994. On decreolization: The case of Gullah. In Marcyliena Morgan (ed.), *Language and the social construction of identity in Creole situation*, 63–99s. Los Angeles: Center for Afro-American Studies.

Mufwene, Salikoko S. 2001. *The ecology of language evolution.* Cambridge: Cambridge University Press.

Mufwene, Salikoko S. 2002. Competition and selection in language evolution. *Selection* 3(1). 45–56.

Mufwene, Salikoko S. 2004. Language birth and death. *Annual Review of Anthropology* 33. 201–222.

Mufwene, Salikoko S. 2005. Language evolution: The population genetics way. In Günter Hauska (ed.), *Gene, Sprachen und ihre Evolution*, 30–52. Regensburg: Universitätsverlag.

Mufwene, Salikoko S. 2008. *Language evolution. Contact, competition and change.* London & New York: Continuum.

Mufwene, Salikoko S. 2010. SLA and the emergence of Creoles. *Studies in Second Language Acquisition* 32. 359–400.

Mufwene, Salikoko S. 2014. The case was never closed. McWhorter misinterprets the ecological approach to the emergence of creoles. *Journal of Pidgin and Creole Languages* 29(1). 157–171.

Mufwene, Salikoko S. 2015. The emergence of creoles and language change. In Nancy Bonvillain (ed.), *The handbook of linguistic anthropology*, 345–368. London: Routledge.

Mühlhausler, Peter. 1977. Bemerkungen zum „Pidgin Deutsch" von Neuguinea. In Carol Molony, Helmut Zöbl & Wilfried Stölting (eds.), *Deutsch im Kontakt mit anderen Sprachen. German in contact with other languages*, 58–70. Kronberg: Scriptor.

Mühlhausler, Peter. 1979. Bemerkungen zur Geschichte und zum linguistischen Stellenwert des „Pidgindeutsch". In Leopold Auburger & Heinz Kloss (eds.), *Deutsche Sprachkontakte in Übersee. Forschungsberichte des Instituts fur deutsche Sprache*, Band 43, 59–87. Tübingen: Narr.

Mühlhäusler, Peter. 1981. Foreigner talk: Tok Masta in New Guinea. *International Journal of the Sociology of Language* 28. 93–114.

Mühlhäusler, Peter. 1984. Tracing the roots of Pidgin German. *Language & Communication* 4(1). 27–55.

Mühlhäusler, Peter. 1985a. Inflectional morphology of Tok Pisin. In Stephen A. Wurm & Peter Mühlhäusler (eds.), *Handbook of Tok Pisin (New Guinea Pidgin)*, 335–340. Canberra: Department of Linguistics, Research School of Pacific Studies, Australian National University.

Mühlhäusler, Peter. 1985b. Syntax of Tok Pisin. In Stephen A. Wurm & Peter Mühlhäusler (eds.), *Handbook of Tok Pisin (New Guinea Pidgin)*, 341–421. Canberra: Department of Linguistics, Research School of Pacific Studies, Australian National University.

Mühlhäusler, Peter. 1986 [1997 = 2. Aufl.]. *Pidgin and Creole linguistics.* Oxford: Blackwell.

Mühlhäusler, Peter. 1996a. German in the Pacific area. In Stephen Wurm, Peter Mühlhäusler & Darrel Tyron (eds.), *Atlas of languages of intercultural communication in the Pacific, Asia and the Americas*, Bd. 2.1, 345–351. Berlin & New York: De Gruyter.

Mühlhäusler, Peter. 1996b. *Linguistic ecology. Language change and linguistic imperialism in the Pacific region.* London & New York: Routledge.

Mühlhäusler, Peter. 1999. On the origins of Pitcairn-Norfolk. *Stellenbosch Papers in Linguistics* 32. 67–84.

Mühlhäusler, Peter. 2001a. Die deutsche Sprache im Pazifik. In Hermann Hiery (ed.), *Die deutsche Südsee 1884–1914. Ein Handbuch*, 239–262. Paderborn u. a.: Schöningh.

Mühlhäusler, Peter. 2001b. Typology and universals of Pidginization. In Martin Haspelmath, Ekkehard König, Wulf Oesterreicher & Wolfgang Raible (eds.), *Language typology and language universals. An international handbook*. 2. Halbband, 1648–1655. Berlin & New York: De Gruyter.

Mühlhäusler, Peter. 2002. Pidgin English and the Melanesian mission. *Journal of Pidgin and Creole Languages* 17(2). 237–263.

Mühlhäusler, Peter. 2012. Sprachliche Kontakte in den Missionen auf Deutsch-Neuguinea und die Entstehung eines Pidgin-Deutsch. In Stefan Engelberg & Doris Stolberg (eds.), *Sprachwissenschaft und kolonialzeitlicher Sprachkontakt. Sprachliche Begegnungen und Auseinandersetzungen*, 71–100. Berlin: Akademie Verlag.

Muysken, Pieter. 1981. Half-way between Quechua and Spanish: The case for relexification. In Arthur R. Highfield & Albert Valdman (eds.), *Historicity and variation in Creole studies*, 52–79. Ann Arbor: Karoma.

Muysken, Pieter. 2013. Language contact outcomes as the result of bilingual optimization strategies. *Bilingualism: Language and Cognition* 16(4). 703–730.

Muysken, Pieter & Norval Smith. 1995. The study of pidgin and creole languages. In Jacques Arends, Pieter Muysken & Norval Smith (eds.), *Pidgins and Creoles: An introduction*, 3–14. Amsterdam & Philadelphia: John Benjamins.

Navarre, Louis-André. 1987. *Handbook for missionaries of the sacred heart working among the natives of Papua New Guinea*. Übersetzt aus dem Französischen von Sr. Sheila Larkin. Kensington: Chevalier Press.

NDR. 2013ff. *Plattdeutsches Wörterbuch online*. URL: https://www.ndr.de/kultur/norddeutsche_sprache/plattdeutsch/woerterbuch101_abc-K.html [15.10.2019].

Negele, Michaela. 2012. *Varianten der Pronominaladverbien im Neuhochdeutschen. Grammatische und soziolinguistische Untersuchungen*. Berlin & Boston: De Gruyter Mouton.

Neumann-Holzschuh, Ingrid & Edgar Schneider (eds.). 2000. *Degrees of restructuring in Creole languages*. Amsterdam & Philadelphia: John Benjamins.

Neumeier, Katharina. eingereicht. The emergence of creole syntax: Evidence from Unserdeutsch.

NOSA 2015 = Elmentaler, Michael & Peter Rosenberg (ed.). 2015. *Norddeutscher Sprachatlas*. Band 1: *Regionale Sprachlagen*. Hildesheim: Olms.

O'Malley, James. 1903. The New Britain Mission. Glourious triumph of catholicity and truth. The system of the mission. *Freeman's Journal*, Ausgabe vom 28. November 1903. Sydney, 37.

Pagel, Steve. 2015. Beyond the category. Towards a continuous model of contact-induced change. *Journal of Language Contact* 8. 146–179.

Paijmans, K. 1982. Vegetation. In David King & Stephen Ranck (eds.), *Papua New Guinea atlas. A nation in transition*, 92f. Bathurst: Brown.

Parkinson, Richard. 2010. *Thirty years in the South Seas*. Neuauflage (Erstdruck 1907). Sydney: University Press.

Parkvall, Mikael. 2000. *Out of Africa. African influences in Atlantic Creoles*. London. Battlebridge.

Parkvall, Mikael & Peter Bakker. 2013. Pidgins. In Peter Bakker & Yaron Matras (eds.), *Contact languages. A comprehensive guide*, 15–64. Boston & Berlin: De Gruyter Mouton.

Parkvall, Mikael, Peter Bakker & John H. McWhorter. 2018. Creoles and sociolinguistic complexity: Response to Ansaldo. *Language Sciences* 66. 226–233.

Pearson, Christen M. 2011. Where did it go? The hide and seek of language attrition and the freeze tag of language stagnation. In James M. Perren, Kay M. Losey, Dinah Ouano Perren & Allison Piippo (eds.), *"Transforming Learning: Teaching & Advocay" and "ESL at the Crossroads". Selected Proceedings of both the 2009 and 2010 Michigan Teachers of English Speakers of Other Languages Conferences*, 90–104. Eastern Michigan University: MITESOL.

Pech, Rufus. 2001. Deutsche evangelische Missionen in Deutsch-Neuguinea 1886–1921. Hermann Hiery (ed.), *Die deutsche Südsee 1884–1914. Ein Handbuch*, 384–416. Paderborn u. a.: Schöningh.

Petri, Heinrich. 1932. Das Knabeninternat. In Josef Hüskes (ed.), *Pioniere der Südsee. Werden und Wachsen der Herz-Jesu-Mission von Rabaul zum Goldenen Jubiläum 1882–1932*, 125–129. Hiltrup & Salzburg: Missionare vom hl. Herzen Jesu.

Philomena, Sr. (FDNSC). 1932. Die Mädcheninternate. In Josef Hüskes (ed.), *Pioniere der Südsee. Werden und Wachsen der Herz-Jesu-Mission von Rabaul zum Goldenen Jubiläum 1882–1932*, 145–149. Hiltrup & Salzburg: Missionare vom hl. Herzen Jesu.

Plag, Ingo. 2008a. Creoles as interlanguages: Inflectional morphology. *Journal of Pidgin and Creole Languages* 23(1). 109–130.

Plag, Ingo. 2008b. Creoles as interlanguages: Syntactic structures. *Journal of Pidgin and Creole Languages* 23(2). 307–328.

Plag, Ingo. 2009a. Creoles as interlanguages: Phonology. *Journal of Pidgin and Creole Languages* 24(1). 121–140.

Plag, Ingo. 2009b. Creoles as interlanguages: Word-formation. *Journal of Pidgin and Creole Languages* 24(2). 339–362.

Pléh, Csaba & Péter Bodor. 2000. Linguistic Superego in a normative language community and the stigmatization-hypercorrection dimension. *Multilingua* 19(1). 123–139.

Price, Charles A. 1987. The Asian and Pacific island peoples of Australia. In James T. Fawcett & Benjamin V. Carino (eds.), *Pacific bridges: The new immigration form Asia and the Pacific Islands*, 175–197. Staten Island/New York: Center for Migration Studies.

Raphaele, Sr. (MSC). 1909. Eine Erstkommunionfeier in Vuna-Pope. Brief der ehrw. Schw. Raphaele an ihre Mitschwestern in Hiltrup, Vuna-Pope, den 3. Februar 1909. *Hiltruper Monatshefte*. 354–356.

Rascher, Matthäus. 1909. M.S.C. und Baining (Neu-Pommern). Land und Leute. In MSC (ed.), *Aus der deutschen Südsee. Mitteilungen der Missionare vom heiligsten Herzen Jesu*, Band 1. Münster: Aschendorff.

Rheeden, Hadewych van. 1994. Petjo: The mixed language of the Indios in Batavia. In Peter Bakker & Maarten Mous (eds.), *Mixed languages: 15 case studies in language intertwining*, 223–237. Amsterdam & Antwerpen: IFOTT.

Richter, Gabriele. 2009. *The "occupation" of a mission field. Wilhelm Bergmann's mission work in the 1930s in Chimbu (Highland New Guinea) in the autobiography "Vierzig Jahre in Neuguinea" and Other Sources*. Rostock: University Press.

Rickford, John R. 2002. Implicational scales. In J. K. Chambers, Peter Trudgill & Natalie Schilling-Estes (eds.), *The handbook of language variation and change*, 142–167. Oxford: Blackwell.

Riehl, Claudia Maria. 2014. *Sprachkontaktforschung. Eine Einführung*. 3., überarbeitete Auflage. Tübingen: Narr.

Roberge, Paul. 2012. Pidgins, creoles, and the creation of language. In Maggie Tallerman & Kathleen Gibson (eds.), *The Oxford handbook of language evolution*, 537–544. Oxford: Oxford University Press.

Roberts, Sarah J. & Joan Bresnan. 2008. Retained inflectional morphology in pidgins: A typological study. *Linguistic Typology* 12. 269–302.

Robin, Robert. 1980. Missionaries in contemporary Melanesia: Crossroads of cultural change. *Journal de la Société des océanistes* 69(36). 261–278.

Rojo, Luisa M. 2010. Jargon. In Mirjam Fried, Jan-Ola Östman & Jef Verschueren (eds.), *Variation and change. Pragmatic perspectives. Handbook of pragmatic highlights (HoPH)*, Band 3, 155–170. Amsterdam & Philadelphia: John Benjamins.

Romaine, Suzanne. 1988. *Pidgin and Creole languages*. London & New York: Longman.

Ruberg, Tobias. 2015. Diagnostische Aspekte des Genuserwerbs ein- und mehrsprachiger Kinder. *Forschung Sprache* 2. 22–40.

Rupp, Laura. 2013. The function of Student Pidgin in Ghana. *English Today* 29(4). 13–22.

Rutherford, William E. (ed.). 1984. *Language universals and second language acquisition*. Amsterdam & Philadelphia: John Benjamins.

Salisbury, Richard F. 2009. Politics and shell-mony finance in New Britain. In Marc J. Swartz, Victor W. Turner & Arthur Tuden (eds.), *Political anthropology*. 3rd edn, 113–128. New Brunswick & London: Transaction.

Sampson, Geoffrey, David Gil & Peter Trudgill (eds.). 2009. *Language complexity as an evolving variable*. Oxford: Oxford University Press.

Sankoff, Gillian. 1980. *The social life of language*. Philadelphia: University of Pennsylvania Press.

Sato, Charlene. 1985. Linguistic inequality in Hawai'i: The post-creole dilemma. In Joan Manes & Nessa Wolfson (eds.), *Language of inequality*, 256–272. Berlin & New York: De Gruyter.

Saville-Troike, Muriel. 1989. *The ethnography of communication*. Oxford: Basil Blackwell.

Saville-Troike, Muriel. 2006. *Introducing second language acquisition*. Cambridge: University Press.

SBS. 2016. Dash to document disappearing PNG language. Fernsehbeitrag von Stefan Armbruster für SBS World News, Australien, 14. März 2016. URL: http://bit.ly/1RhT2h2 [15.10.2019].

Schaengold, Charlotte C. 2003. The emergence of bilingual Navajo: English and Navajo languages in contact regardless of everyone's best intentions. In Brian D. Joseph, Johanna DeStefano, Neil G. Jacobs & Ilse Lehiste (eds.), *When languages collide. Perspectives on language conflict, language competition, and language coexistence*, 235–254. Columbus: Ohio State University Press.

Schaengold, Charlotte C. 2004. *Bilingual Navajo: Mixed codes, bilingualism and language maintenance*. PhD dissertation, Columbus: Ohio State University.

Schafroth, Marie M. 1916. *Südsee-Welten vor dem Großen Krieg*. Bern: Francke.

Scharmach, Leo. 1960. *This crowd beats us all*. Sydney: Catholic Press Newspaper Company.

Schellong, D. 1889. Der Deutsche in Kaiser Wilhelmsland in seiner Stellungnahme zum Landeseingeborenen. *Deutsche Kolonialzeitung. Organ der deutschen Kolonialgesellschaft*. Neue Folge, zweiter Jhg. Hefte 10/11, Digitalisat Univ. Frankfurt, 74 f. & 85–87. URL: http:// sammlungen.ub.uni-frankfurt.de/kolonialbibliothek/periodical/titleinfo/7720783 [15.10.2019].

Schleyer, Johann Martin. 1880. Volapük. *Die Weltsprache. Entwurf einer Unversalsprache für alle Gebildete der ganzen Erde*. Sigmaringen: Tappen.

Schmid, Monika S. 2008. Defining language attrition. *Babylonia* 2(08). 9–12.
Schmid, Monika S. 2011. *Language attrition.* Cambridge: Cambridge University Press.
Schmidlin, Joseph. 1913. *Die katholischen Missionen in den deutschen Schutzgebieten.* Münster: Aschendorff.
Schmidt, Thomas, Wilfried Schütte & Jenny Winterscheid. 2015. *cGat. Konventionen für das computergestützte Transkribieren in Anlehnung an das Gesprächsanalytische Transkriptionssystem 2 (GAT 2).* Version 1.0, November 2015. URL: http://agd.ids-mannheim.de/download/cgat_handbuch_version_1_0.pdf [15.10.2019].
Schmidtkunz, Lena. eingereicht. The effects of language contact on the aspect system of Unserdeutsch: A contrastive analysis.
Schmidtkunz, Lena. i. V. *Zum TMA-System in Unserdeutsch.* Dissertation Universität Erlangen.
Schnee, Heinrich (ed.). 1920. *Deutsches Kolonial-Lexikon.* Leipzig: Quelle & Meyer. Digitalisat des Originals: http://www.ub.bildarchiv-dkg.uni-frankfurt.de/Bildprojekt/Lexikon/Standardframeseite.php [15.10.2019].
Schneider, Andreas. 1995. Missionare und Eingeborenengesellschaft in Papua-Neuguinea am Beispiel der Hiltruper Mission. Unveröffentlichte Zulassungsarbeit, Universität Münster.
Schneider, Edgar W. 2013. Written data sources. In Christine Mallinson, Becky Childs & Gerard van Herk (eds.), *Data collection in sociolinguistics. Methods and applications*, 169–178. New York & London: Routledge.
Schramm, Mareile. 2015. *The emergence of Creole syllable structure. A cross-linguistic study.* Berlin & Boston: De Gruyter Mouton.
Schreier, Daniel, Nicole Eberle & Danae M. Prez. 2017. Settler migration and settler varieties. In Suresh Canagarajah (ed.), *The Routledge handbook of migration and language*, 243–257. London & New York: Routledge.
Schultze-Berndt, Eva, Felicity Meakins & Denise Angelo. 2013. Kriol. In Susanne Maria Michaelis, Philippe Maurer, Martin Haspelmath & Magnus Hubertus (eds.), *The survey of Pidgin and Creole languages. Bd. 1: English-based and Dutch-based languages.* Oxford: Oxford University Press. Webversion: https://apics-online.info/surveys/25 [15.10.2019].
Schuy, Josef. 1975. Ehe und Geburt bei den Tolai auf New Britain. In Hermann Janssen, Joachim Sterly & Karl Wittkemper (eds.), *Carl Laufer MSC, Missionar und Ethnologe auf Neu-Guinea. Eine Gedenkschrift für P. Carl Laufer MSC gewidmet von seinen Freunden*, 40–106. Freiburg i. Br.: Herder.
Schwörer, Emil. 1916. *Kolonial-Deutsch. Vorschläge einer künftigen deutschen Kolonialsprache in systematisch-grammatikalischer Darstellung und Begründung.* Diessen: Hubers.
Sebba, Mark. 1997. *Contact languages. Pidgins and Creoles.* Houndmills et al.: Macmillan.
Selbach, Rachel. 2008. The superstrate is not always the lexifier. Lingua Franca in the Barbary Coast 1530–1830. In Susanne M. Michaelis (ed.), *Roots of Creole structures. Weighing the contribution of substrates and superstrates*, 29–58. Amsterdam & Philadelphia: John Benjamins.
Selinker, Larry. 1972. Interlanguage. *International Review of Applied Linguistics in Language Teaching* 10. 209–241.
Senghas, Ann. 1995. The development of Nicaraguan Sign Language avia the language acquisition process. In Dawn MacLaughlin & Susan McEwen (eds.), *Proceedings of the Boston University Conference on Language Development* 19, 543–552. Boston: Cascadilla Press.
Senghas, Ann & Marie Coppola. 2001. Children creating language: How Nicaraguan Sign Language acquired a spatial grammar. *Psychological Science* 12(4). 323–328.

Siegel, Jeff. 1997a. Pidgin and English in Melanesia: is there a continuum? *World Englishes* 16(2). 185–204.
Siegel, Jeff. 1997b. Using a pidgin language in formal education: Help or hindrance? *Applied Linguistics* 18(1). 86–100.
Siegel, Jeff. 2007. Sociohistorical contexts: Transmission and transfer. In Umberto Ansaldo, Stephen Matthews & Lisa Lim (eds.), *Deconstructing Creole*, 167–202. Amsterdam & Philadelphia: Benjamins.
Siegel, Jeff. 2008a. *The emergence of Pidgin and Creole languages*. Oxford: Oxford University Press.
Siegel, Jeff. 2008b. In praise of the cafeteria principle. Language mixing in Hawai'i Creole. In Susanne M. Michaelis (ed.), *Roots of Creole structures. Weighing the contribution of substrates and superstrates*, 59–82. Amsterdam & Philadelphia: John Benjamins.
Siegel, Jeff. 2013. Multilingualism, indigenization, and creolization. In Tej K. Bhatia & William C. Ritchie (eds.), *The handbook of bilingualism and multilingualism*, 517–541. 2nd edn. Malden etc.: Wiley-Blackwell.
Singler, John V. 1996. Theories of creole genesis, sociohistorical considerations, and the evaluation of evidence. The case of Haitian Creole and the Relexification Hypothesis. *Journal of Pidgin and Creole Languages* 11(2). 185–230.
Singler, John V. 2006. Children and creole genesis. *Journal of Pidgin and Creole Languages* 21(1). 157–173
Singleton, David. 2005. The critical period hypothesis: A coat of many colours. *International Review of Applied Linguistics in Language Teaching* 43(4). 269–285.
Singleton, David. 2017. Language aptitude: Desirable trait or acquirable attribute? *Studies in Second Language Learning and Teaching* 7(1). 89–103.
Sirbu, Anca. 2015. The significance of language as a tool of communication. *Mircea cel Batran* 18(2). 405–406.
Skutnabb-Kangas, Tove. 1989. Multilingualism and the education of minority children. *Estudios Fronterizos* 8(18/19). 36–67.
Smith, Geoff P. 2008a. Tok Pisin in Papua New Guinea: Phonology. In Kate Burridge & Bernd Kortmann (eds.), *Varieties of English 3: The Pacific and Australasia*, 188–209. Berlin & New York: De Gruyter.
Smith, Geoff P. 2008b. Tok Pisin: Morphology and syntax. In Kate Burridge & Bernd Kortmann (eds.), *Varieties of English 3: The Pacific and Australasia*, 488–513. Berlin & New York: De Gruyter.
Smith, Geoff P. & Jeff Siegel. 2013. Tok Pisin structure dataset. In Susanne Maria Michaelis, Philippe Maurer, Martin Haspelmath & Magnus Huber (eds.), *Atlas of Pidgin and Creole language structures online*. Leipzig: Max Planck Institute for Evolutionary Anthropology. URL: http://apics-online.info/contributions/22 [15.10.2019].
Smith, Norval. 1995. An annotated list of creoles, pidgins, and mixed languages. In Jacques Arends, Pieter Muysken & Norval Smith (eds.), *Pidgins and Creoles. An introductio*, 331–374n. Amsterdam & Philadelphia: John Benjamins.
Speedy, Karin. 2013a. Mission-educated girls in 19th century Saint-Louis and their impact on the evolution of Tayo. *Shima: The International Journal of Research into Island Cultures* 7(1). 60–79.
Speedy, Karin. 2013b. Reflections on creole genesis in New Caledonia. *Acta Linguistica Hafniensia* 45(2). 187–205.

Sprouse, Rex A. 2009. Creoles and interlanguages, conclusions and research desiderata: A reply to Plag. *Acquisition et Interaction en Langue Étrangère* 1. 283–301.

Steffen, Paul. 2001. Die katholischen Missionen in Deutsch-Neuguinea. In Hermann Hiery (ed.), *Die deutsche Südsee 1884–1914. Ein Handbuch*, 343–383. Paterborn u. a.: Schöningh.

Steffen, Paul. 2012. Die ganzheitliche Evangelisierungsmethode der katholischen Mission und ihr Beitrag zur Landesentwicklung in Papua-Neuguinea. *Annales Missiologici Posnanienses* 18. 7–56.

Storch, Anne. 2017. Typology of secret languages and linguistic taboos. In Alexandra Y. Aikhenvald & R. M. W. Dixon (eds.), *The Cambridge handbook of linguistic typology*, 287–321. Cambridge: Cambridge University Press.

Strommer, Martina A. 2013. Creating secret pidgin languages as an act of indigenous resistance? A case study from Papua New Guinea. Paper presented at the SPCL (Society for Pidgin and Creole Linguistics) Conference in Boston.

Syea, Anand. 2017. *French Creoles. A comprehensive and comparative grammar*. London & New York: Routledge.

Szczepaniak, Renata. 2007. *Der phonologisch-typologische Wandel des Deutschen von einer Silben- zu einer Wortsprache*. Berlin & New York: De Gruyter.

Thomason, Sarah G. 1993. On identifying the sources of creole structures. A discussion of Singler's and Lefebvre's papers. In Salikoko S. Mufwene (ed.), *Africanisms in Afro-American language varieties*, 280–295. Athens: University of Georgia Press.

Thomason, Sarah G. 1997. A typology of contact languages. In Arthur K. Spears & Donald Winford (eds.), *The structure and status of Pidgins and Creoles*, 71–88. Amsterdam & Philadelphia: John Benjamins.

Thomason, Sarah G. 2001. *Language change. An introduction*. Edinburgh: Edinburgh University Press.

Thomason, Sarah G. 2003. Social factors and linguistic processes in the emergence of stable mixed languages. In Yaron Matras & Peter Bakker (eds.), *The mixed language debate. Theoretical and empirial advances*, 21–39. Berlin & New York: De Gruyter.

Thomason, Sarah G. 2008. Pidgins/creoles and historical linguistics. In Silvia Kouwenberg & John V. Singler (eds.), *The handbook of Pidgin and Creole studies*, 242–262. Malden u. a.: Wiley-Blackwell.

Thomason, Sarah G. 2015. *Endangered languages. An introduction*. Cambridge: Cambridge University Press.

Thomason, Sarah G. & Terrence Kaufmann. 1988. *Language contact, creolization, and genetic linguistics*. Berkeley: University of California Press.

Threlfall, Neville. 2012. *Mangroves, coconuts and frangipani. The story of Rabaul*. Rabaul: Historical Society.

Thurston, William R. 1987. *Processes of change in the languages of north-western New Britain*. Canberra: Australian National University Press.

Touchie, Hanna Y. 1986. Second language learning errors. Their types, causes, and treatment. *JALT Journal* 8(1). 75–80.

Traugott, Elizabeth C. & Graeme Trousdale. 2013. *Constructionalization and constructional changes*. Oxford: Oxford University Press.

Trudgill, Peter. 1996. Dual-source pidgins and reverse creoloids: Northern perspectives on language contact. In Ernst Håkon Jahr & Ingvild Broch (eds.), *Language contact in the Arctic. Northern Pidgins and contact languages*, 5–14. Berlin & New York: De Gruyter.

Trudgill, Peter. 2001. Contact and simplification. Historical baggage and directionality in linguistic change. *Linguistic Typology* 5(2/3). 371–374.

Trudgill, Peter. 2019. The uniformitarian hypothesis and historic sociolinguistics: What were stone-age languages like? Vortrag an der Universität Bern, 12.03.2019.

Tsunoda, Tasaku. 2005. *Language endangerment and language revitalization*. Berlin & New York: De Gruyter.

UNESCO Ad Hoc Expert Group on Endangered Languages. 2003. Language vitality and endangerment. Document submitted to the International Expert Meeting on UNESCO Programme Safeguarding of Endangered Languages, Paris, 10.–12. März 2003. Webversion: http://www.unesco.org/culture/ich/doc/src/00120-EN.pdf [15.10.2019].

Velupillai, Viveka. 2013. Hawai'i Creole. In Susanne Maria Michaelis, Philippe Maurer, Martin Haspelmath & Magnus Huber (eds.), *The survey of Pidgin and Creole languages*. Bd. 1: *English-based and Dutch-based languages*. Oxford: Oxford University Press. Webversion: https://apics-online.info/surveys/26 [15.10.2019].

Velupillai, Viveka. 2015. *Pidgins, Creoles and mixed languages. An introduction*. Amsterdam & Philadelphia: John Benjmains.

Verhaar, John W. 1995. *Toward a reference grammar of Tok Pisin. An experiment in corpus linguistics*. Honolulu: University of Hawai'i Press.

Voeste, Anja. 2005. „Die Neger heben"? Die Sprachenfrage in Deutsch-Neuguinea (1884–1914). In Elisabeth Berner, Manuela Böhm & Anja Voeste (eds.), *Ein gross vnnd narhafft haffen. Festschrift für Joachim Gessinger*, 163–174. Potsdam: University Press.

Volker, Craig A. 1982. *An introduction to Rabaul Creole German (Unserdeutsch)*. Unveröffentlichte Masterarbeit, University of Queensland. Online zugänglich: https://bit.ly/2iJoNdX [15.10.2019].

Volker, Craig A. 1989a. Rabaul Creole German syntax. *Working Papers in Linguistics* 21(1). 153–189. University of Hawai'i at Mānoa, Honolulu.

Volker, Craig A. 1989b. The relationship between traditional secret languages and two school-based Pidgin languages in Papua New Guinea. *Horizons. Journal of Asia-Pacific Issues* 3. 19–24.

Volker, Craig A. 1991. The birth and decline of Rabaul Creole German. *Language and Linguistics in Melanesia* 22. 143–156.

Volker, Craig A. 2007. The German language in Papua New Guinea. In Toru Okamura (ed.), *Language in Papua New Guinea*, 107–126. Tokyo: Kuroshio.

Volker, Craig A. 2011. The applicability of the bioprogram to the languages of Papua New Guinea. *Annuals of Gifu Shotoku University* 50. 53–59.

Volker, Craig A. 2016. Unserdeutsch: Was wir noch nicht wissen. Vortrag im Rahmen des internationalen Workshops „Koloniale Varietäten des Deutschen", Universität Augsburg, 03.06.2016.

Waldersee, James. 1995. *"Neither eagles nor saints". MSC missions in Oceania 1881–1975*. With the collaboration of John F. McMahon MSC who wrote the last three chapters. Sydney: Chevalier Press.

WdU. 1977ff. = Eichhoff, Jürgen. 1977ff. *Wortatlas der deutschen Umgangssprachen*. Bd. I/II [1977/78]. Bern: Francke; Bd. III [1993]. München u. a.: Saur; Bd. IV [2000]. Bern & München: Saur.

Webauftritt SHICS = Webseite der Sacred Heart International Catholic School Vunapope, o. J. URL: http://www.shics.ac.pg/ [15.10.2019].

Weeks, Lee Ann. 1990. Cross-linguistic research on early grammatical mapping. In Monika Rothweiler (ed.), *Spracherwerb und Grammatik. Linguistische Untersuchungen zum Erwerb von Syntax und Morphologie*, 50–86. Wiesbaden: Springer.

Weinrich, Harald. 2007. *Textgrammatik der deutschen Sprache*. 4. Auflage. Hildesheim: Olms.

Westpfahl, Swantje, Thomas Schmidt, Jasmin Jonietz & Anton Borlinghaus. 2017. *STTS 2.0 Guidelines für die Annotation von POS-Tags für Transkripte gesprochener Sprache in Anlehnung an das Stuttgart Tübingen Tagset (STTS)*. URL: https://ids-pub.bsz-bw.de/frontdoor/index/index/docId/6063 [15.10.2019].

Whalen, Doug H. 2004. How the study of endangered languages will revolutionize linguistics. In Piet van Sterkenburg (ed.), *Linguistics today – Facing a greater challenge*, 321–342. Amsterdam & Philadelphia: John Benjamins.

Wiese, Heike. 2012. *Kiezdeutsch. Ein neuer Dialekt entsteht*. München: Beck.

Wiese, Heike. 2018. *Die Konstruktion sozialer Gruppen: Fallbeispiel Kiezdeutsch*. In Eva Neuland & Peter Schlobinski (ed.), *Handbuch Sprache in Gruppen*, 331–351. Berlin & Boston: De Gruyter.

Winford, Donald. 1985. The concept of "diglossia" in Caribbean creole situations. *Language in Society* 14(3). 345–356.

Winford, Donald. 2006. The restructuring of tense/aspect systems in creole formation. In Ana Deumert & Stephanie Durrleman-Tame (eds.), *Structure and variation in language contact*, 85–110. Amsterdam & Philadelphia: John Benjamins.

Winford, Donald. 2013. Social factors in contact languages. In Peter Bakker & Yaron Matras (eds.), *Contact languages. A comprehensive guide*, 363–416. Berlin & Boston: De Gruyter.

Wittkemper, Karl. 1975. Lebensabriß Pater Carl Laufer. In Hermann Janssen, Joachim Sterly & Karl Wittkemper (eds.), *Carl Laufer MSC, Missionar und Ethnologe auf Neu-Guinea. Eine Gedenkschrift für P. Carl Laufer MSC, gewidmet von seinen Freunden*, 15–18. Freiburg i. Br.: Herder.

Wray, Alison & George W. Grace. 2007. The consequences of talking to strangers: Evolutionary corollaries of socio-cultural influences on linguistic form. *Lingua* 117. 543–578.

Wurm, Stephen. 1982. Indigenous languages. In David King & Stephen Ranck (eds.), *Papua New Guinea atlas. A nation in transition*, 34f. Bathurst: Brown.

Wurm, Stephen & Peter Mühlhäusler (eds.). 1985. *Handbook of Tok Pisin (New Guinea Pidgin)*. Canberra: Australian National University.

WWB. 2011 = Damme, Robert. 2011. *Westfälisches Wörterbuch*. Band 2. Neumünster: Wachholtz.

Zimmermann, Janna L. 2010. *The increasing Anglicisation of Tok Pisin: An analysis of the Wantok Corpus*. Dissertation Univ. Regensburg.

Zöller, Hugo. 1891. *Deutsch-Neuguinea und meine Ersteigung des Finisterregebirges*. Stuttgart u. a.: Union Dt. Verlagsgesellschaften.

Zwinge, Hermann. 1932. Die Missionierung. Gunantuna (Kanaken der Gazellehalbinsel Neubritannien). In Josef Hüskes (ed.), *Pioniere der Südsee. Werden und Wachsen der Herz-Jesu-Mission von Rabaul zum Goldenen Jubiläum 1882–1932*, 23–32. Hiltrup & Salzburg: Missionare vom hl. Herzen Jesu.

Archivalien

(Anm.: Die Nummerierung der Bestände des GAMS ist eine vorläufige)

Anonymous [vermutl. Sr. Clothilde MSC], Brief an das Mutterhaus Hiltrup, o. J. [1902–1904], GAMS, Nr. 1565.
Anonymous [höchstwahrscheinlich Sr. Elisabeth MSC], Brief an das Mutterhaus Hiltrup, an Bord des Dampfers „Sachsen", 7. Oktober 1902. GAMS, Nr. 1551.
Anonymous, 70 Jahre Hiltruper Missionsschwestern in der Südsee. Ohne Ort und Datum. GAMS, Nr. 1731.
Anonymous, The Catholic Mission of the Most Sacred Heart in the Territory of New Guinea, 29. September 1932, AEDR.
[Bericht silbernes Jubiläum MSC-Schwestern] = Anonymous, Zum silbernen Jubiläum der Missionsschwestern vom hlst. Herzen Jesu auf New-Britain. Apostolisches Vicariat Rabaul, 1920er Jahre. GAMS, Nr. 1731.
Bley, Bernhard: Einige Erinnerungen aus meiner Vergangenheit 1880–1890. PAHM, Nr. 2241.
[Chronik Vikariat Rabaul] = Kurze Chronik der Geschehnisse im Vikariat Rabaul nach dem II. Weltkriege. Verfasst von P. Krampe, 1946/49. PAHM, ohne Nummer.
Sr. Dominika, Brief an Generaloberin Electa in Hiltrup, Vunapope, 12. Juni 1937. GAMS, Nr. 1650.
Hehsling, Hermann: Schreiben vom 19.11.1911, Vunapope. PAHM, Nr. 2279.
[Historischer Abriss Vikariat Rabaul] = Kurzer Abriss über die geschichtliche Entwicklung der Genossenschaft im Vikariat Rabaul. Ohne Verfasser, ohne Jahr. GAMS, Nr. 1730.
Janssen, Arnold: Meine 20 Missionsjahre 1902–1922. Tagebuch. PAHM, Nr. 2260.
[Jassmeier 1971] = Missionaries who serve or have served. The church and the people of New Britain (Archdiocese of Rabaul), from 29th September 1882 to 31st December 1970. Compiled and typed by Bro. Jos. Jassmeier, M.S.C., Vunapope, 25th February 1971.
Krähenheide, Anton: Der Anfang des Krieges 1914 in der Neupommern-Mission. Vunapope, 10. Dezember 1925. PAHM, Nr. 2279.
Krähenheide, Anton: Die Feier der Einführung und Konsekration unseres neuen Missionsbischofs Dr. Gerhardus Vester, M.S.C. Auszug aus einem Brief an die Eltern, Paparatava, 7. September 1923. PAHM, Nr. 2275a.
Krähenheide, Anton: Brief an die Mission Crusaders, Vunapope, 18. Januar 1927. PAHM, Nr. 2295c.
[Kriegsmemoiren Sr. Theodeberta] = Sr. Theodeberta o. J.: Unsere Erlebnisse unter der aufgehenden und untersinkenden „Sonne". GAMS.
Laufer, Karl: Plan zu einer Regulierung unserer Volksschulen. Rakunai, 17. Juli 1938. PAHM, Nr. 2039.
[MSC-Schwesternchronik] = MSC Sisters' Chronicle Part One, 1902–1993. GAMS, Nr. 1750.
Nachrichten aus Vunapope, Jhg. 1928–1932. PAMV, Nr. 2227.
Rundbrief der MSC-Schwestern vom 24. September 1946. In: Berichte aus New Britain nach Kriegsschluß. GAMS, Nr. 1687.
[Schulregister] = Boarding School Admissions 1901–1963. PAMV, ohne Nummer.
Sr. Agnes, Brief an die Schwestern der Ordensgemeinschaft von der Göttlichen Vorsehung in Friedrichsburg, Vunapope, 18. September 1903. GAMS, Nr. 1563.
Sr. Angela, Brief an das Mutterhaus Hiltrup, Vunapope, 20. März 1904. GAMS, Nr. 1566.
Sr. Angela, Brief an das Mutterhaus Hiltrup, Vunapope, 22. Juli 1904. GAMS, Nr. 1566.

Sr. Clothilde, Brief an die Generaloberin Sr. Electa in Hiltrup, Vunapope, 15. Dezember 1920. GAMS, Nr. 1649.
Sr. Clothilde, Brief an die Generaloberin Sr. Electa in Hiltrup, Vunapope, 18. März 1922. GAMS, Nr. 1649.
Sr. Clothilde, Brief an die Generaloberin Sr. Electa in Hiltrup, Vunapope, 29. März 1923. GAMS, Nr. 1649.
Sr. Clothilde, Brief an die Generaloberin Sr. Franziska in Hiltrup, Vunapope, 22. Dezember 1938. GAMS, Nr. 1649.
Sr. Clothilde, Brief an Generaloberin Sr. Franziska in Hiltrup, Vunapope, 22.03.1939, GAMS, Nr. 1649.
Sr. Clothilde, Brief an Generaloberin Sr. Franziska in Hiltrup, Vunapope, 30.03.1939, GAMS, Nr. 1649.
Sr. Clothilde: Schwester M. Agnes. Einiges aus ihrem Missionsleben. Nach Hiltrup geschickt am 27. August 1955. GAMS, Nr. 1563.
Sr. Elisabeth, Brief an das Mutterhaus Hiltrup, Vunapope, 9. Mai 1903. GAMS, Nr. 1551.
Sr. Elisabeth, Brief an das Mutterhaus Hiltrup, Vunapope, 6. März 1904. GAMS, Nr. 1551.
Sr. Elisabeth, Brief an das Mutterhaus Hiltrup, Vunapope, 11. September 1904. GAMS, Nr. 1551.
Sr. Elisabeth, Brief an das Mutterhaus Hiltrup, St. Paul, 2. Mai 1905. GAMS, Nr. 1551.
Sr. Elisabeth, Brief an das Mutterhaus Hiltrup, St. Paul, 19. Juni 1910, GAMS, Nr. 1551.
Sr. Hermenegildis, Brief an die Familie, Vunapope-Bitagalip-Camp, 7. September 1945. GAMS, Nr. 1686.
Sr. Hermenegildis, Brief an Generaloberin Mutter Felicitas, Ramale, 3. April 1946. GAMS, Nr. 1687.
Sr. Lidwina, Brief an das Mutterhaus Hiltrup, Vunapope, 21. Februar 1905. GAMS, Nr. 1557.
Sr. Lidwina, Brief an das Mutterhaus Hiltrup, Vunapope, 27. März 1905. GAMS, Nr. 1543.
Sr. Mary Venard, The History of the Daughters of our Lady of the Sacred Heart in Papua New Guinea. Missionary Beginnings FDNSC. 1978. AEDR.
Sr. Philomena, Brief an das Mutterhaus Hiltrup, Vunapope, 19. Dezember 1904. GAMS, Nr. 1543.
Sr. Philomena, Brief an das Mutterhaus Hiltrup, Vunapope, 18. Februar 1905. GAMS, Nr. 1543.
Sr. Philomena, Brief an das Mutterhaus Hiltrup, Vunapope, 26. Februar 1905, GAMS, Nr. 1543.
Sr. Philomena, Brief an das Mutterhaus Hiltrup, Vunapope, 17. Juli 1905. GAMS, Nr. 1543.
Sr. Philomena, Brief an das Mutterhaus Hiltrup, Vunapope, 6. August 1905. GAMS, Nr. 1543.
Sr. Philomena, Brief an das Mutterhaus Hiltrup, Vunapope, 10. September 1905. GAMS, Nr. 1543.
Sr. Theodeberta, Brief an das Mutterhaus Hiltrup, Vunapope, 3. Juni 1946. GAMS, Nr. 1687.
Sr. Winfrieda: Die Hiltruper Missionsschwestern in Milmila und Vunapope, 1931. GAMS, Nr. 1705.
[Time Line MSC Sisters] = Anonymous, Time Line: Chronology of Significant Dates and Happenings in the Lives of the MSC Sisters and their Communities in PNG. AEDR.
Verwaltung Vunapope, Budgetplan, 20.07.1938. AEDR.
Vesters, Gerard Julius: Brief an Erziehungsdirektor H. C. Cardew in Rabaul, Vunapope, 8. Oktober 1931. AEDR.
Vesters, Gerard Julius: Die Mädcheninternate. Ziel und Zweck der Internate. Vunapope, 13. Mai 1938. PAHM, Nr. 2309.

Autorenindex

Aboh, Enoch O. 146ff., 182
Adamcová, Lívia 150f.
Adela, Sr. 26, 38, 41, 70, 198
Adone, Dany 175, 180f.
Agnes, Sr. 46, 53ff., 61, 74f., 82f., 85, 87, 200
Aikhenvald, Alexandra Y. 114
Alleyne, Mervyn C. 225
Andersen, Roger 120, 159
Anderson, Janet I. 151
Androutsopoulos, Jannis K. 104
Angela, Sr. 47, 132f., 200
Ansaldo, Umberto 4, 146f.
Arends, Jacques 122, 166, 180
Arnon, Inbal 157
Aronsson, Karin 98f., 108
Attaviriyanupap, Korakoch 150, 153f.
Auer, Peter 112

Bagheri, Mohammad S. 81
Baker, Philip 108, 122, 167
Bakker, Peter 4, 90, 122, 147, 164ff., 168, 170f., 175f., 178, 180
Baumann, Adalbert 22
Becker, Thomas 111
Bender, Josef 26f., 31f., 34, 130
Berg, Margot van den 181
Bergs, Alexander 6
Bernabée, Jean V
Beuge, Patrick 224
Bickerton, Derek 6, 11f., 172, 177, 179, 191, 205
Birdsong, David 73
Blair, David 142
Bley, Bernhard 15, 25, 27ff., 34, 36f., 40f., 44, 49, 54, 56, 58, 130, 186f.
Boas, Hans C. 3
Bodor, Péter 84
Boer, Jennifer 111f.
Bögershausen, Georg 28, 32
Booij, Geert 152, 158
Botha, Rudolf 6
Bresnan, Joan 178
Broner, Maggie A. 98f.

Bucholtz, Mary 102
Büttner, C. G. 24, 35

Canoğlu, Hatice Deniz 105
Cathcart-Strong, Ruth L. 98
Čekaitė, Asta 98f., 108
Chaudenson, Robert 110, 135, 140f., 180
Chowning, Ann 16
Christiansen, Morten H. 157
Clements, Clancy J. 181
Clothilde, Sr. 40, 42, 53ff., 57, 71, 74f., 78, 81ff., 88, 99, 133, 187f., 198f.
Collins, Peter 142
Cook, Guy 98f.
Coppola, Marie 172
Corne, Chris 106
Coseriu, Eugenio 86
Couppé, Louis 19, 24ff., 31ff., 37f., 44, 46, 53, 55f., 184f.
Croft, William 92f., 159, 165
Crystal, David 98ff.
Czingler, Christine 155

DeCamp, David 178, 206ff.
DeGraff, Michel 121, 148, 176
Delbos, Georges 28f., 31, 37, 39f., 194f., 197
Dent, Andrew W. 211
Deumert, Ana 3, 91, 95, 97f., 151, 153f.
Devette-Chee, Kilala 142
Dimroth, Christine 154f.
Dominika, Sr. 188
Dornseif, Golf 23, 38, 124
Downes, William 104

Eberhard, David M. 12, 14, 219
Eckman, Fred R. 150
Edgerly, John E. 16
Ehrensberger-Dow, Maureen 219
Ehrhart, Sabine 106, 172f.
Eichinger, Ludwig M. 3
Elisabeth, Sr. 41, 63, 75, 84, 126, 133f.
Elspaß, Stephan 125, 127ff.
Enfield, N. J. 159
Engelberg, Stefan 12, 20f., 44, 87f., 135

Epstein, Trude Scarlett 194
Evans, M. D. R. 211

Faraclas, Nicholas 64
Fellmann, Heinrich 24, 38
Fellmann, Ulrich 24
Fiedler, Marit 151
Flemming, Edward 143
Fon Sing, Guillaume 4
Foster-Cohen, Susan H. 69
Franklin, Karl J. 82
Franziska, Sr. 66
Frings, Bernhard 27, 33f., 37, 49, 53, 66, 130, 194f., 197f., 210
Frowein, Friedel 12, 123, 166

García, Ofelia 85
Gárgyán, Gabriella 127
Garrett, John 24, 31
George, Poikail John 39, 46
Gilmore, Perry 95f., 101
González Vilbazo, Kay Eduardo 105
Goodman, Morris 122, 141
Görlach, Manfred 181
Götze, Angelika 224
Grace, George W. 108
Grant, Anthony P. 164
Gründer, Horst 18f., 27f., 30, 37ff., 41f.

Hall, Kira 102
Hall, Robert A. 179
Halliday, Michael A. K. 103
Hammarström, Harald 16
Han, ZhaoHong 148
Hans-Bianchi, Barbara 224
Harris, John W. 173
Harris, Roxy 8
Hasyim, Sunardi 81
Heine, Bernd 110
Hermenegildis, Sr. 194, 200
Heydari, Pooneh 81
Hiery, Hermann 16, 19, 25, 45, 47, 184
Higgins, Christina 99
Hoff-Ginsberg, Erika 69
Holm, John A. 95, 118, 120ff., 159, 162
Hurford, James R. 73
Hüskes, Josef 23, 26, 46

Intumbo, Incanha 118
Ischler, Paul 29f.

Janssen, Arnold 32, 45ff., 49f., 52f., 56f., 62, 65ff., 118
Jansson, Fredrik 122
Jiang, Nan 150, 154
Johnson, Jacqueline S. 73
Johnson, Stephanie 143
Junges, Mágat N. 150
Jupp, James 211

Kaufmann, Terrence 122, 158, 177
Kauschke, Christina 154
Kaye, Alan 177
Keller, Rudi 160
Kerswill, Paul 104
Kihm, Alain 103, 159, 176, 193
Kiparsky, Paul 158
Kleer, Martin 35
Klein, Thomas 12
Klein, Wolfgang 148
Kleintitschen, August 27, 40f.
Koch, Gerd 15
Kochmar, Ekaterina 156
König, Werner 112, 125, 128ff.
Köpke, Barbara 219f.
Kortmann, Bernd 142, 149
Kouwenberg, Silvia 120, 147, 162
Krähenheide, Anton 56, 186, 188f.
Kremer, Ludger 134
Kühl, Karoline H. 105
Kusters, Wouter 6, 149
Kuteva, Tania 110

Labov, William 6, 121
Lakaff, Josef 41
Lambert, Wallace E. 73
Lang, George 194
Lantolf, James P. 98
Laufer, Karl 40
Laycock, Donald C. 93, 96, 111
Lee, Harper 102
Lefebvre, Claire 4f., 64, 119ff., 167, 182
Lenneberg, Eric H. 73
Lewis, Paul 1, 3, 12, 15, 218
Lidwina, Sr. 40, 70, 126, 133

Linckens, Hubert 25ff., 30, 32, 34f., 38ff., 44, 47, 49f.
Lindenfelser, Siegwalt 12, 84, 87, 112, 122f., 125, 130, 139, 149, 151f., 154, 156, 158, 164, 192
Lipfert, Salome 139
Liu, Tong 81
Loeliger, Carl 15, 23
Löhr, Erwin 27
Long, Michael H. 73
Loosen, Livia 19, 130

Madigan, J. G. 29f.
Maitz, Péter 1f., 5, 8, 11f., 52, 55, 77, 83f., 86ff., 90ff., 97, 103, 108, 111f., 122f., 125, 129f., 138f., 147, 149, 151, 154, 156, 164, 168f., 176ff., 182, 192f., 199, 205ff., 213, 218, 221
Marouani, Zahida 152
Martineau, France 81
Mary Venard, Sr. 55
Masson, Elsie R. 173
Mather, Patrick-André 140
Matras, Yaron 4, 165, 168
Maurer, Philippe 153
McWhorter, John 4, 9, 148, 158, 165ff., 178ff., 192
Meakins, Felicity 147, 164ff.
Mertens, Bernhard 16
Mesthrie, Rajend 5, 175, 205
Meyer zum Farwig, Werner 15
Michaelis, Susanne 12
Miestamo, Matti 149
Migge, Bettina 9, 121, 140, 142, 157f., 163
Mihalic, Francis 111
Mosel, Ulrike 9, 11, 16, 111, 119
Mous, Maarten 147, 165
Mückler, Hermann 27, 32, 130
Mufwene, Salikoko S. 3ff., 122, 135, 140, 146, 148, 159, 176, 178, 180f., 184, 191, 205, 210, 222
Mühlhäusler, Peter 3, 11f., 15, 20ff., 71, 88, 90ff., 96, 112, 114, 120, 135, 171, 176ff., 182, 186, 190, 205, 207
Muysken, Pieter 109, 119, 121, 140f., 147, 157, 192

Navarre, Louis-André 42, 44
Negele, Michaela 127
Neumeier, Katharina 139
Newport, Elissa L. 73

O'Malley, James 19, 39, 42

Pagel, Steve 164, 167
Paijmans, K. 14
Parkinson, Richard 15f., 38, 82
Parkvall, Mikael 110, 153, 178
Patrick, Peter L. 118
Pearson, Christen M. 220
Pech, Rufus 24
Perdue, Clive 148
Petri, Heinrich 39f.
Philomena, Sr. 38f., 41f., 55, 57, 62, 70, 75, 82, 87, 126
Plag, Ingo 5, 105, 158
Pléh, Csaba 84
Price, Charles A. 212

Rampton, Ben 8
Raphaele, Sr. 48f., 71f., 85
Rascher, Matthäus 16, 38, 40, 45, 53f., 130
Rheeden, Hadewych van 106
Richter, Gabriele 14, 21
Rickford, John R. 207
Riehl, Claudia Maria 3
Riketts, Chris 219
Roberge, Paul 6, 176, 178
Roberts, Sarah J. 178
Robin, Robert 23, 25, 37
Rojo, Luisa M. 109
Romaine, Suzanne 179, 191
Rougé, Jean-Louis 193
Ruberg, Tobias 152
Rupp, Laura 106
Rutherford, William E. 149

Salisbury, Richard F. 16
Sampson, Geoffrey 149
Sankoff, Gillian 205
Sato, Charlene 172
Saville-Troike, Muriel 73, 98
Schaengold, Charlotte C. 106
Schafroth, Marie M. 88

Scharmach, Leo 93, 194f., 197
Schellong, D. 21, 29
Schleyer, Johann Martin 22
Schmid, Monika S. 219f.
Schmidlin, Joseph 25, 28f., 36, 49f., 53, 65
Schmidt, Thomas 224
Schmidtkunz, Lena 126, 143
Schnee, Heinrich 18
Schneider, Andreas 55
Schneider, Edgar W. 80f., 142
Schramm, Mareile 182
Schreier, Daniel 135
Schultze-Berndt, Eva 173
Schuy, Josef 38
Schwörer, Emil 22
Sebba, Mark 167
Selbach, Rachel 122, 181
Selinker, Larry 148
Senghas, Ann 171f.
Shutova, Ekaterina 156
Siegel, Jeff 82, 117, 120, 142, 162, 166, 179, 182, 191
Singler, John V. 6, 121, 191
Singleton, David 73, 220
Sirbu, Anca 102
Skutnabb-Kangas, Tove 87, 89
Smith, Geoff P. 82, 111f., 114
Smith, Norval 164f., 192
Speedy, Karin 14, 106f., 173
Sprouse, Rex A. 158
Steffen, Paul 23, 27ff., 31f., 34, 41, 44, 49, 130, 184
Storch, Anne 93, 99
Strommer, Martina 86, 103
Syea, Anand 140, 181
Szczepaniak, Renata 112
Szmrecsanyi, Benedikt 149

Tarone, Elaine E. 98f., 148
Theodeberta, Sr. 136, 194

Thomason, Sarah G. 1, 4, 109, 120, 122, 158, 164, 166f., 175ff., 181, 183
Threlfall, Neville 16ff., 21, 26, 195, 197, 210
Thurston, William R. 108
Tosco, Mauro 177
Touchie, Hanna Y. 81
Traugott, Elizabeth C. 159
Trousdale, Graeme 159
Trudgill, Peter 6, 168
Tsunoda, Tasaku 220f.

Velupillai, Viveka 12, 68, 106, 120, 170ff., 177, 179, 191, 205f.
Verhaar, John W. 112, 114
Vesters, Gerard Julius 32, 39, 188f.
Voeste, Anja 12, 20ff., 90
Volker, Craig A. 2, 7f., 11f., 58, 71, 77f., 88ff., 92f., 96f., 102, 107, 113, 119, 123, 125, 133, 135, 139f., 143f., 169f., 172, 177f., 218

Waldersee, James 24, 28, 31, 34f., 37ff., 42, 44, 46, 54, 130, 184f., 189, 195ff.
Weeks, Lee Ann 153
Wei, Li 85
Weinrich, Harald 139
Westpfahl, Swantje 224
Whalen, Doug H. 6
Wiese, Heike 105
Williams, Ann 104
Williams, Cori 111f.
Winford, Donald 165, 167, 182
Winfrieda, Sr. 62
Wittkemper, Karl 194f.
Wray, Alison 108
Wurm, Stephen 14, 22

Zimmermann, Janna L. 142
Zöller, Hugo 22
Zwinge, Hermann 23, 26, 29, 37, 44, 185

Sprachenindex

Afrikaans 153, 192
Ambonesisch 119
Angloromani 165

Baining-Sprache 16, 82
Bilingual Navajo 106, 172

Chinesisch 70f., 119
– Kantonesisch 119
Creole
– Berbice Dutch Creole 147
– Hawai'i Creole 172
– Kreol-Gebärdensprache 171
– Réunion French Creole/Reunionnais Creole French 140, 192

Deutsch 11, 20f., 23, 27, 31f., 40, 45, 50, 54, 56, 58, 66, 70ff., 74f., 78, 82ff., 87ff., 102, 104f., 108, 115, 118f., 123f., 126f., 135, 169, 173, 186, 188ff., 199f., 209, 217, 222, 224
– Gastarbeiterdeutsch 3, 91
– Hochdeutsch 89, 94, 119, 134, 203
– Kiezdeutsch 105
– Kolonialdeutsch 22
– Standarddeutsch 2, 5f., 75, 77f., 80, 83, 86f., 89, 91, 94, 97, 107, 124ff., 136, 139, 144, 150, 158, 190, 193, 201ff., 208f., 217, 223, 226
– Weltdeutsch (siehe auch *Wede*) 22
Dobu 172

Englisch 2, 8, 14f., 31, 41f., 44, 50f., 53, 55ff., 69ff., 79, 82, 87, 89, 91f., 96f., 99f., 106f., 118f., 121, 136, 138, 141f., 144, 147, 156, 170, 173, 186ff., 190, 192, 199ff., 209, 212, 215, 218, 223f., 228
– African American English 153
– AUS-Englisch/australisches Englisch 190, 226
– Camron Pidgin English 96, 172
– Hawai'i Creole English 157, 177
– Hawai'i Pidgin English 172
– Mission English 71
– Palmerston English 172
– Pidgin-Englisch 21f., 57f., 70ff., 88, 173
– PNG-Englisch 142, 190, 226
Esplugisch 105

Französisch 32, 56, 70, 173

German
– Ali German (siehe auch *Ali Pidgin*) 3
– Namibian Black German/Kiche Duits 3, 91, 95, 97f., 151f.
– Rabaul Creole German 1, 8
Gunantuna (siehe *Kuanua, Tolai*) 16

Hebräisch 150
Hiri Motu 14

Japanisch 119
Javindo 164

Kara 119
Kâte 21
Kriyol 103
Kuanua (siehe auch *Tolai*) 16f., 21, 24, 29, 40, 44f., 58, 71, 82, 119

Lingala 153
Lingua de Preto 193

Ma'a 96, 165
Malaiisch 57, 119, 145
Michif 153, 165

Nalik 119
Niederländisch 147
Norf'k 153
Nubi 103

Ontong Java 119

Petjo 106, 172
Pidgin
– Ali Pidgin (siehe auch *Ali German*) 3, 91
– Children's Swahili Pidgin 95f., 101

– Gebärdensprachen-Pidgin/ Nicaraguan Sign
    Language 171
– Student Pidgin 106
Pitcairn-Norfolk 96
Portugiesisch 121, 193

Roper River Kriol 172f.
Russenorsk 168

Saramaccan 121
Schwedisch 70
Singlish 153
Südschleswigdänisch 105
Swahili 96

Tabar 119
Tagalog 119

Tayo 106, 172, 177, 182
Tok Boi 21, 57
Tok Masta 71
Tok Pisin 2, 8, 14f., 21f., 51, 54, 57f., 69ff.,
    78ff., 82f., 87, 89, 92, 95, 99f., 107,
    110ff., 121, 124, 128, 136ff., 141ff., 146ff.,
    153, 156ff., 160, 164, 168f., 178, 186,
    190, 193, 205, 218, 223f., 226
Tolai (siehe auch *Kuanua*) 16, 21, 24, 29, 38,
    40, 56, 58, 71, 82

Volapük 22
Vulgär-Papuanisch 22

Wede/Weltdeutsch 22

Yabem 21

Sachindex

abrupt 157, 163, 165, 174, 179, 181, 183, 227
Adstrat 141f., 146, 205, 218, 226
Akrolekt 165, 207
am-Konstruktion 137ff.
am-Progressiv 126f., 143
antilanguage 103f., 107f.
Aspekt 137f., 144
Attributivmarker 137, 147, 152
Attrition 218ff.
Auxiliar 143f., 153ff.

Baining 16, 32, 38, 41f., 61
Basilekt 138, 165, 192, 207
Basilektalisierung 180f.
bilingual/Bilingualismus 73, 105f., 164, 167f., 172, 174, 176

cant 92, 103
Christianisierung 15, 35f., 39, 45f., 225
Code-switching 79f., 85, 105, 221
Critical Period Hypothesis 73f.

Dekreolisierung 12, 182, 205ff., 227
Depidginisierung 206, 227
Deutschunterricht 11, 20, 44, 47, 77, 186
Diglossie 165, 206
Diminutiv 128f.
Diskursmarker 116f.
Divergenz 103, 140
Dokumentation 6, 8, 12, 78f., 89, 210, 217, 222, 224, 228

Emigration 94, 210, 212, 214ff., 223, 227
endogen 110, 171
Englischunterricht 53, 55
Erinnerer 4, 210, 216, 221
Erstsprache 15, 69, 72, 92, 165, 175, 189
Erstspracherwerb 175f.
Erziehung 30, 35f., 38f., 42, 44, 46f., 50, 52, 62f., 66, 68, 72, 121, 132, 134, 174
exogen 110, 170f.

FDNSC 27, 32, 35, 41, 49, 52f., 55f.
Feature-Pool 164ff.

Finalstellung 83, 114, 144
Flexion 83, 99, 112, 114, 152, 154, 156ff., 192, 220
FMI 27, 34, 40f.
Foreigner Talk 90, 108
Funktionswort 12, 84, 128, 139, 145, 156
Futur 137, 153

Gebersprache (siehe *Quellsprache*) 110f., 146, 148
Geheimsprache 11, 86, 92ff., 107, 172, 226
Genus 84, 143, 152f., 160
graduell 141, 158f., 163ff., 175, 179ff., 205
Grammatik 2, 7, 20, 44, 50, 77, 82, 89, 111, 119f., 139f., 159, 164, 166, 192, 224, 228
Grammatikalisierung 12, 127, 138, 180
Gruppensprache 5, 86, 98, 102f., 106f.
g-Spirantisierung 124f.

habituell 126, 137f., 143f., 159
HalbsprecherInnen 8, 157, 216, 220f.
Herz-Jesu-Mission 16, 23ff., 28, 35, 60, 127, 184, 188
Hyperkorrektur 84f.

Identität 5, 73, 102ff., 165ff., 173f.
Ingroup-Sprache 97, 103, 106ff., 134, 167ff., 172, 174, 189, 191, 202, 226, 228
Initialstellung 114, 144
Innovation 99, 104, 109, 147, 159ff., 220, 226
Interimsprache 158f.
Interlanguage (siehe *Interimsprache*) 6, 148, 158, 173, 175f.
Internatskreol 170ff., 174ff., 181ff., 227
Interrogativum 83, 114
Irrealis 137, 144

Jargon 90f., 109, 120, 174, 176f., 179, 181, 183, 226f.
Jugendsprache 104f., 107f., 226

Kasus 77, 83, 152, 157f., 160, 162, 220
Klammer 82, 138f., 144, 155
Koda 83, 112, 117, 124, 150f.

262 — Sachindex

Kolonialzeit 3, 15, 18, 62
kommunikative Funktion 86, 90, 108f., 169
Komplexität 83, 108, 148ff., 155, 167, 192, 221
Kongruenz 147, 154, 220
Konsonant 81f., 111f., 117, 137, 151
Kontaktsprache 3f., 9, 11, 77, 91f., 105, 108ff., 122, 158f., 163, 175f., 190, 192f., 204, 216, 227
Kontaktvarietät 1, 87, 89, 92, 105, 125, 169, 175, 228
Konvergenz 72, 109, 118f., 124, 147, 162, 226
Kreolgenese 9, 13, 157, 167, 176, 182
Kreolkontinuum (siehe *Kreol-Standard-Variation*) 12, 158, 204ff., 220, 227
Kreolisierung 6, 172f., 175, 177f., 190f., 206, 227
Kreolistik 1, 3f., 11f., 135, 158, 163, 174, 176, 179, 181, 225
Kreolmerkmal 11, 163
Kreolsprache 1, 3ff., 8, 11, 68, 103, 106f., 109f., 117, 119ff., 135, 141, 147f., 153, 157ff., 162ff., 174f., 177ff., 192, 205, 225ff.
Kreol-Standard-Variation 208f.
Kreoluniversalie (siehe *Kreolmerkmal*) 4
kryptische Funktion 92, 08, 101, 108f.

L1-Erwerb (siehe *Erstspracherwerb*) 6, 98, 154, 175, 191, 193, 227
L2-Effekt 74, 80f., 86, 154, 157, 159, 192
L2-Erwerb (siehe *Zweitspracherwerb*) 5, 73, 85f., 98, 112, 120, 148ff., 154, 157, 159, 162
L2-Universalie 110, 149, 158
Lebenszyklus 205, 227
Lehnübersetzung 116, 118, 146
Lernervarietät 3, 141, 149, 155f., 158, 168f., 174, 176ff., 183, 192
Lexifikatorsprache (siehe *Superstrat*) 3, 5, 105, 122, 139f., 165, 168, 180ff., 205
Lexik 2, 78f., 82, 85, 92f., 104f., 116, 118ff., 128f., 136, 138ff., 145ff., 153, 156f., 160f., 163ff., 172, 192, 218, 220f., 226
Liebenzeller Mission 23
life-cycle (siehe *Lebenszyklus*) 177, 179
limited access 121, 174, 181f.

Lingua franca (siehe *Verkehrssprache*) 20ff., 90f., 106, 110, 122, 133, 169, 226
Linksversetzung 116, 138
ludische Funktion 96, 99, 101, 108

Maristen 23, 172
Maroonkreol 121, 170, 227
MCS 108
Mesolekt 180, 207
Methodisten 23ff., 29, 38, 199
MIC 108
Mischsprache 135, 164ff., 170, 172, 174, 176, 183, 192, 227
mixed language 3, 106, 147, 164f., 167
Modus 98, 144
Morphologie 112, 114, 125, 137f., 143f., 146, 151, 153f., 158, 220
MSC 2, 8, 15f., 19, 25ff., 31ff., 60, 63f., 66, 69, 74, 78, 80f., 88, 91, 130f., 184ff.
multilingual 2, 85, 106, 192

Nativisierung 4, 9, 109, 174, 176, 178f., 184, 191f., 206
Neuendettelsauer Mission 23
norddeutsch 27, 35, 123, 125, 128f., 132f.
Numerus 83, 154, 160

Onset 83, 111, 150f.
Orthographie 50, 77f., 223

Partizip 85, 136, 146, 153ff.
Passiv 137, 143
Peergroup 6, 98, 108, 189
phatische Funktion 102, 109
Phonologie 111f., 123f., 137, 140, 142f., 149, 151, 158, 192
Pidginsprache 6, 91, 95, 106, 174, 177, 180
Plantagenkreol 121, 140f., 169ff., 174, 181, 227
Plural 84, 112f., 138, 147, 154, 162
Possessivkonstruktion 115, 153
Präposition 115, 146
Prestige 5, 16, 60, 84, 88, 105, 122, 203, 205, 222
progressiv 126, 137, 143
Pronomen 77, 113, 115, 137, 143, 152f., 162
Protosprache 6f.

Quantitätsopposition 111, 124, 150
Quellsprache 164ff.

Reanalyse 54, 137, 153, 159f., 161f., 226
Reduktion 82f., 90, 111f., 124f., 148ff., 161, 176
Relexifizierung 119f.,
Revitalisierung 216, 218f., 222, 224
Rheinische Mission 23

Schrift 8, 11, 29, 47, 50, 54, 73, 77f., 127, 135, 146, 151, 157, 204, 223, 226
Schule 20f., 27, 30, 34, 39ff., 65f., 68, 72, 96, 105ff., 130, 134, 171ff., 188ff., 194, 200, 208, 215f.
Semantik 116, 128, 139f., 145f., 156
Semikreol 3, 158, 192, 227
Siedlervarietät 135, 140
Siedlungskreol 166, 171, 227
Simplifizierung 6, 83, 99, 106, 108ff., 114, 124, 148ff., 154f., 158ff., 163, 167ff., 174, 220, 226
Sondersprache 104, 191
Spielsprache 86, 96, 98, 101, 107
Spaltungskonstruktion 127f.
Spracheinstellung 5, 12, 87, 89, 208, 220, 222f.
Sprachkontakt 1, 4, 95, 105f., 135, 204, 225, 227
sprachliche Ideologie (siehe *Spracheinstellung*) 87, 89, 202f.
Sprachtod 4, 13, 205ff., 221, 227f.
Sprachübertragung (siehe *Transmission*) 179ff., 219, 227
Sprechergeneration 2, 4, 7ff., 55, 62, 64, 75f., 78, 94, 96, 109, 124f., 131, 191, 206, 208ff., 218f., 227
Stabilisierung 91, 104, 107, 174, 177f., 181, 183f., 193, 225f.
Standardkompetenz 5, 45, 74f., 78, 80, 85, 89, 106, 169, 175, 178, 193, 201, 206, 208f., 226
Steyler Mission 23, 88
Stigma 87ff.
Substantiv 77, 83, 146
Substitution 81ff., 150

Substrat 4, 110ff., 140, 146, 153, 157f., 162f., 168ff., 174, 177, 182, 190, 192, 205, 218, 226
Superstrat 4, 12, 116, 120ff., 146, 151, 157f., 163, 166, 169, 171, 174f., 177, 181ff., 190ff., 204ff., 217f., 226f.
süddeutsch 27, 123, 125, 129, 133
SVO 84, 114, 138, 147, 155
Syntax 2, 11, 84, 114, 116, 127, 138f., 144f., 155f., 220
synthetisch 83, 125, 138, 144, 154

Tempus 125, 153, 158
Tolai 16, 38
Transfer 4, 12, 78ff., 99f., 109f., 126ff., 136, 138, 142, 146f., 158, 163, 169, 176, 218, 226
Transitivmarker 113, 146
translanguaging 85, 87
Transmission 2, 91, 107, 141, 157, 221
Transparenz 108, 149, 157
trilingual 4, 224
Typologie 12, 109, 112, 157f., 163, 171, 227

Unterrichtssprache 52ff., 186, 189f.

Variation 5, 12 78ff., 111ff., 164, 178, 207ff., 220, 226, 228
Verb 125f., 154, 160
Verbdrittstellung (V3) 138, 144, 155
Verbmarker 137, 146, 160
Vergangenheit 126, 137, 153f., 160, 174
Verkehrssprache 2, 19ff., 34, 69, 72, 87, 135f.
vertikale Kommunikation 90f., 108, 177, 206, 226
Vokal 83, 111f., 124, 137, 143, 150f.

Waisen 27, 30, 37ff., 44ff., 55, 67, 109, 225f.
Weltkrieg 2, 7f., 19, 21, 28, 34, 40f., 45, 54f., 64, 77f., 80, 91ff., 97, 131, 141, 184, 186ff., 194, 202, 204, 206, 208
Wesleyaner (siehe *Methodisten*) 24
Wortbildung 99, 160

Zielsprache 120, 122, 148, 156ff., 180f., 190, 192f., 204f., 218
Zweitspracherwerb 158, 167, 175

www.ingramcontent.com/pod-product-compliance
Lightning Source LLC
Chambersburg PA
CBHW070936180426
43192CB00039B/2231